T0349533

Paul Griffiths: Geschichte der Musik

Paul Griffiths

Geschichte der Musik

Vom Mittelalter bis in die Gegenwart

Aus dem Englischen von
Corinna Steinbach und Stephanie Staudacher

Metzler
Bärenreiter

Dieses Buch ist zuerst erschienen unter dem Titel
Paul Griffiths: A Concise History of Western Music
bei Cambridge University Press, 2006
© Paul Griffiths

Bibliografische Information der Deutschen Nationalbibliothek
Die Deutsche Nationalbibliothek verzeichnet diese Publikation in der
Deutschen Nationalbibliografie; detaillierte bibliografische Daten sind im
Internet über http://dnb.d-nb.de abrufbar.

Gedruckt auf chlorfrei gebleichtem, säurefreiem und alterungsbeständigem Papier

978-3-476-02100-7 (Metzler)
978-3-7618-2042-1 (Bärenreiter)

© 2008 J.B. Metzler'sche Verlagsbuchhandlung und Carl Ernst Poeschel Verlag
GmbH in Stuttgart
Gemeinschaftsausgabe der Verlage J. B. Metzler, Stuttgart und Weimar,
und Bärenreiter, Kassel

www.metzlerverlag.de
info@metzlerverlag.de
www.baerenreiter.com

Einbandgestaltung: Melanie Weiß unter Verwendung eines Gemäldes
von Marc Chagall: Der Cellist (© VG Bild-Kunst, Bonn 2008)
Satz: Typomedia GmbH, Ostfildern
Druck und Bindung: C. H. Beck, Nördlingen
Printed in Germany
Oktober 2008
Verlag J. B. Metzler Stuttgart · Weimar

Inhalt

für Anne

Danksagung

Penny Souster regte dieses Buch an; Lucy Carolan schützte
es vor vielen Irrtümern. Beiden gilt mein bleibender Dank.

P. G., Manorbier/Wales, November 2005

Kapitel 0

Vorgeschichte

Da sitzt jemand in einer Höhle, bohrt Löcher in einen Knochen, aus dem er zuvor das Mark herausgelöst hat, führt ihn zum Mund und bläst – in eine Flöte. Atem wird zu Klang, und durch diesen Klang erhält Zeit eine Gestalt. Und so, als Klang und Gestalt gewordene Zeit, beginnt Musik.

Sie muss viele Male begonnen haben. Nahezu sicher begann sie in der Geißenklösterle-Höhle auf der Schwäbischen Alb und in Divje Babe in Slowenien – zwei Orte, an denen man Fragmente ausgehöhlter Knochen mit anders nicht erklärbaren Löchern fand, die aus einer Zeit stammen, die 45000 bis 40000 Jahre zurückliegt und sich fast mit dem Aufkommen unserer Spezies dort deckt. Kaum gab es uns, da machten wir höchstwahrscheinlich auch schon Musik. Bestimmt haben wir dazu auch andere Instrumente verwendet, die mit der Zeit zerfielen oder nicht als solche erkannt wurden; vielleicht waren Rohrblattflöten darunter, Baumstammtrommeln, klingende Steine oder Rasseln aus Samenhülsen, und natürlich haben wir mit den Füßen gestampft, mit den Händen geklatscht oder geklopft und unsere Stimmen benutzt.

Tausend Generationen später (vor 17000 bis 11000 Jahren) zeugen andere zerbrochene Knochenflöten von der Musik der Magdalenier, eines Höhlen ausmalenden Volks im südlichen Frankreich und Spanien. Deren Zeitgenossen im östlichen Mittelmeerraum bastelten sich Klappern und Schwirrgeräte (Holzstücke, die an einer Schnur im Kreis geschwungen wurden). Vollständig erhaltene Flöten aus Flügelknochen von Kranichen fand man bei den Ausgrabungen des neolithischen Dorfes Jiahu in Zentralchina; ihr Alter wird auf 8000 bis 9000 Jahre geschätzt. Eine von ihnen ist in so gutem Zustand, dass sie heute noch spielbar ist und uns vermuten lässt: Wer immer sie geschnitzt hat, wusste, wie die Löcher für eine Skala von sechs Tönen innerhalb einer Oktave anzuordnen waren. Welche Musik allerdings damals aus diesen Flöten erklang, wissen wir nicht.

Doch wir können an uns selbst archäologische Forschung betreiben, schließlich sind wir quasi lebende Fossilien der Musiker aus der

Steinzeit. Auch unser Körper hat – genau wie ihrer damals – Lungen, Herz, Arme, Beine und Rhythmen. Wenn ein Steinzeitmensch sang oder Flöte spielte, brauchte er (und das ist heute nicht anders) immer wieder Pausen, um Atem zu holen, und das bedeutet, dass eine Phrase nicht länger als etwa zehn Sekunden dauerte. Grundpuls der Musik damals war vermutlich – besonders wenn sie mit Bewegung einherging, und das tut sie oft in modernen Kulturen – ein Zweierschlag, entweder ein langsamer mit zwei Schlägen pro Sekunde (entsprechend dem Links-Rechts-Schwung beim langsamen Gehen) oder ein schneller mit vier (wie beim Rennen oder schwungvollen Tanzen). Sehr rasche Tonfolgen mit zwei bis drei Zweierschlägen pro Sekunde führten den Spieler sicher schnell an die Grenzen seines einfachen Instruments und deuteten wohl das Herzklopfen der Erregung an – der Erregung der Jagd, des Kampfes oder beim Sex, alles immerwährende Themen der Musik. Ein Steinzeitmusiker, der auf einer solchen Flöte gespielt hat, hat sich sicher auch Gedanken gemacht, wie er zu einem Ende kommt. Dabei stellten sich ihm gleich mehrere Fragen, nämlich wie er einen wirklich überzeugenden, das heißt harmonischen Schlusston finden und wie er den Übergang zurück zur Stille bewerkstelligen soll, das heißt wie er sein Spiel vollendet und seine Weise ausklingen lässt. All das sind Aspekte – formale, strukturelle, expressive, existenzielle –, die seit je fest zur Musik gehören.

Eine weitere Konstante liegt in der Psychologie des Hörens. Die Erfahrung von Klang entsteht durch Veränderung des Luftdrucks am und im Ohr. Ist diese Veränderung unregelmäßig, empfinden wir das als Geräusch, zum Beispiel als Knall, wenn eine Autotür zufällt, oder als Knistern, wenn ein Papierstück zerknüllt wird. Erreichen aber die Luftdruckveränderungen das Ohr als regelmäßige Schwingungen, hören wir einen Klang, der eine bestimmte Tonhöhe hat und je nach Frequenz höher oder tiefer ist – einen Ton. Die tiefsten Töne (beispielsweise von großen Trommeln) entsprechen Frequenzen von etwa dreißig periodischen Schwingungen pro Sekunde, die höchsten (Winseln und Pfeifen) entsprechen mehreren tausend Schwingungen, und die Frequenz der menschlichen Stimme liegt im Hunderterbereich. Musik entsteht nun aus der Kombination solcher Töne. Wir wissen heute – ob aus Laboruntersuchungen oder aus den Musikkulturen der ganzen Welt –, dass unser Gehirn besonders positiv auf Kombinationen von Tönen reagiert, deren Frequenzen in einem einfachen Verhältnis zueinander stehen. Das einfachste Verhältnis ist 2:1, was einer Oktave entspricht. Ebenso eindeutig ist, dass eine Kombination von zwei Noten als nicht so angenehm empfunden wird, wenn der Tonabstand zwischen ihnen kleiner ist als das Sechstel einer Oktave. Die Jiahu-Flöten symbolisieren somit schon gleich zu Beginn der Entwicklung das Universelle in der Musik des Menschen.

Natürlich haben diese Konstanten der menschlichen Biologie nicht verhindert, dass vieles sich verändert hat. Die Kulturen der Welt waren schon immer unterschiedlich – nicht nur was den Klang angeht, sondern auch hinsichtlich der Zwecke, die mit Musik verbunden werden. Aber auch die Definition, was Musik ist, hat sich gewandelt. Der Begriff »Musik« mit seinen Entsprechungen in den meisten europäischen Sprachen leitet sich von den altgriechischen Musen ab und umfasste ursprünglich alle dichterischen und darstellerischen Künste, die unter ihrem Schutz standen. Auch in vielen anderen Kulturen gibt es kein eigenständiges Wort für eine von Tanz, Ritual und Theater unabhängige Klangkunst. Doch ebenso wenig gibt es eine menschliche Kultur, in der sich nichts entwickelt hätte, was nach westlichem Verständnis als Musik bezeichnet würde. In den Sprechgesängen des afrikanischen Buschs und der europäischen Kathedrale, den Klängen der gezupften Saiten einer indischen Sitar oder einer E-Gitarre, den unterschiedlichen Tonhöhen, die der Atem auf einer Panflöte der Anden, auf der Querflöte eines Orchesters oder auch auf der Knochenflöte von Jiahu hervorbringt – überall zeigt sich eine bunte Vielfalt, die dennoch in der Natur des menschlichen Körpers eine unveränderliche Basis hat.

Musik, die so eng mit unserer Wahrnehmung verknüpft ist, erhellt den Geist. Da sie selbst immateriell ist, spricht sie das Immaterielle in uns an – den Strom der Gedanken und Gefühle, das Göttliche und den Tod. Musik als Klang kann die akustische Welt darstellen: das Ächzen des Windes, das wiederkehrende Geflüster sanfter Wellen, den Ruf der Vögel. Musik als idealisierte Stimme kann singen oder seufzen, lachen oder weinen. Musik als Rhythmus hält Schritt mit unserer kontemplativen Rast und unserer hektischen Aktivität. Musik bewegt sich in der Zeit – und darin gleicht sie unserem Leben.

TEIL I

Zeit als Ganzes

Musik kann, da sie aus Zeit besteht, durch die Zeit reisen. Die Aufführung einer Beethoven-Sinfonie etwa transportiert eine komplette Zeitstruktur von vor 200 Jahren in die Gegenwart, so dass wir sie jetzt erleben können. Und da wir Musik weder sehen noch berühren, sondern nur hören können, spricht sie uns aus ihrer Vergangenheit so ganz unmittelbar an. Dinge, die wir sehen oder berühren, sind zwangsläufig außerhalb unseres Körpers. Musik dagegen scheint in unseren Köpfen stattzufinden, sie dringt ein in unsere Gedanken und Gefühle. Sie ist hier bei uns und gleichzeitig weit weg, in der längst vergangenen Zeit, in der sie geschaffen wurde. Dorthin kann Musik uns mitnehmen, sie kann uns das Gefühl vermitteln, in einer anderen Epoche zu sein, Zeit so zu erleben, wie sie damals war. Oder sie erzählt uns von dem, was über die Zeit Bestand hatte, von der Unveränderlichkeit der Gedanken und Gefühle.

Damit dies alles passieren kann, brauchen wir nicht nur die Instrumente dieser Musik, sondern auch die entsprechenden Anweisungen, die entweder mündlich, in Form direkter Mitteilung, oder schriftlich, also in Form von Notation, überliefert sind. Alle Musikkulturen leben davon, dass Informationen von Generation zu Generation weitergegeben werden, zweifellos mit Veränderungen. So entstehen Traditionen. Was speziell die Tradition der westlichen Musik von anderen unterscheidet, ist, dass sie zudem in großem Maß von Notation abhängig ist, was einige bedeutsame Folgen hat.

In erster Linie eröffnet Notation die Möglichkeit zu unterscheiden zwischen einerseits dem Komponisten (der Musik für die Dauer erschafft) und andererseits den Aufführenden (die diese Musik für den Augenblick nacherschaffen). Zwar gibt es diese Unterscheidung auch in einigen anderen Kulturen, etwa in der traditionellen chinesischen Musik, aber nirgendwo sonst findet man eine Parallele zum westlichen Werkgedanken, wonach eine Komposition – wie etwa eine Beethoven-

Sinfonie – bis ins Detail genau schriftlich fixiert wird und deshalb immer wieder Aufführungen erleben kann, die sofort als Versionen ebendieses Stückes wiedererkannt und die gern bei Diskussionen über den Stil des Komponisten, über das Orchester oder gar die Musikgeschichte an sich herangezogen werden. Doch in der Musik gibt es, wie bei den meisten Dingen, keine absoluten Gewissheiten, und die Vorstellung, ein Werk sei unveränderlich, sollte modifiziert werden. Schließlich muss man immer mit einrechnen, dass sich die Bedeutung von Notation im Lauf der Zeit gewandelt haben kann (ihr Sinn kann vielleicht sogar ganz verloren gegangen sein) oder dass uns die Verschiedenheit von Aufführungen wichtiger erscheinen mag als die Gleichheit. Dennoch ist die westliche klassische Musik in erster Linie durch ihre Komponisten und deren Werke geprägt. Sie haben ihr nicht nur eine Tradition gegeben, die sich mit der Zeit verändert hat wie eine verwitternde Landschaft, sondern auch eine Geschichte – und durch Notation erst haben wir die Möglichkeit, einen flüchtigen Blick auf Teile dieser Landschaft in einem früheren Zustand zu werfen, auch wenn das Bild unscharf ist.

Wir sollten aber auch sehen, wie diese Geschichte selbst sich verändert. Vor hundert Jahren etwa begann die Musikgeschichte praktisch mit Johann Sebastian Bach (1685–1750), dem ersten Komponisten, dessen Musik einigermaßen regelmäßig gespielt wurde. Heute, da uns CDs die Möglichkeit bieten, nahezu alles immer wieder zu hören, sind auch Kompositionen leicht zugänglich, die Jahrhunderte vor Bach entstanden, schließlich hat die Musik ja eine wesentlich längere Geschichte. Zudem ist diese Geschichte breiter, da das auf Tonträger aufgenommene Repertoire noch viel mehr an Musik aus jeder Epoche einschließt, beispielsweise alles, was Bach geschrieben hat, nicht nur den winzigen Teil, der damals bekannt war, und dazu Werke Dutzender seiner Zeitgenossen. Dass wir Musik aufnehmen und konservieren können, hat auch die neueste Musikgeschichte noch um eine Komponente erweitert, wir können nämlich nicht nur Musik aufführen, die in den 1930er Jahren entstand, wir können auch Musik hören, die damals aufgenommen wurde, sei es Musik dieser Zeit (Strawinski, Cole Porter) oder einer früheren Epoche (Beethoven, von Wilhelm Furtwängler oder Arturo Toscanini dirigiert). Eine Aufnahme erlaubt uns also, drei Zeiten gleichzeitig zu erleben: das Jetzt, in dem wir sie hören, das Damals, als sie aufgenommen wurde, und das noch weiter zurückliegende Damals, als sie komponiert wurde.

Vor der Möglichkeit der Tonaufnahme und vor der Notation gab es nur das Jetzt. Musik konnte nicht fixiert werden. Sie war wie der Wald und das Meer, immer wieder sich erneuernd und doch immer gleich. Es gab sie nur so lange, wie sie in Erinnerung blieb, und das Gedächtnis war das einzige Mittel, die Vergangenheit festzuhalten.

Einem Menschen, dem dieses Gedächtnis wohlvertraut ist und der ausschließlich von ihm abhängig ist, ist die Vergangenheit nichts Fremdes, sie ist in seinem Bewusstsein immer gegenwärtig. Für ihn ist die Zeit ein Ganzes. Sie bemisst sich nach natürlichen Abläufen: dem Kreislauf des Tages oder Jahres, dem Altern der Menschen, Tiere, Pflanzen und Dinge, dem Fließen des Wassers oder dem Herunterbrennen einer Kerze.

Musik für solche Menschen – also die Musik der ältesten Traditionen, die wir kennen, was in Westeuropa auch den Choral mit einschließt, den Sprechgesang, in dem der Gottesdienst abgehalten wurde – ist auf das Maß des menschlichen Gedächtnisses gearbeitet und sie bewegt sich furchtlos durch ihr Medium Zeit. Sie geht nicht weg. Sie ist da.

Kapitel 1

Von den Babyloniern zu den Franken

Notation wurde in verschiedenen antiken Kulturen erfunden – in Babylon, Griechenland, Indien und China –, aber nur sporadisch und zu bestimmten Zwecken, als Teil eines theoretischen Werks oder, noch seltener, um eine Melodie niederzuschreiben, und zwar immer nach einem großen Wandel in der Gesellschaftsstruktur. So kamen mit den neuen städtischen Lebensformen des 4. und 3. vorchristlichen Jahrtausends neue Instrumente in Mode, vor allem Zupfinstrumente: Harfen, Leiern und Lauten, zuerst in Mesopotamien, dann im östlichen Mittelmeerraum und in Nordafrika, sowie Zithern in China. Mit ihnen entstand auch eine elitäre Musik, nämlich die der Tempel und Höfe, wie wir aus spektakulären Funden wie der 2 500 Jahre alten etwa einen Meter hohen vergoldeten Leier aus einem Königsgrab von Ur schließen können. Sicher haben auch die sumerischen Weber und Baumeister gesungen, doch die am höchsten geschätzte Musik (das legt schon das Gold nahe) war die eines neuen Berufsstandes: dem des Musikers. Mit zunehmendem Wissen um Stimmung und Intervalle und wachsender Kunstfertigkeit auf dem Instrument stieg auch dessen Ansehen. Dann kamen die Komponisten, und rund zwei Jahrhunderte nach der Zeit der großen Leier haben wir einen ersten Namen: Enheduanna, Hohepriesterin des Mondgottes von Ur.

Beim Stimmen und Spielen ihrer neuen Instrumente entdeckten Mesopotamier und Chinesen das Verhältnis zwischen Länge der Saite und Höhe des gezupften Tons, ein Verhältnis das konstant bleibt, da die Saitenlänge die Schwingungsfrequenz bestimmt. Je kürzer eine Saite ist, desto schneller schwingt sie, vorausgesetzt alle anderen Faktoren bleiben gleich; wird die Saite auf halber Länge gedrückt, schwingt sie doppelt so schnell und der entstehende Ton klingt eine Oktave höher, usw. Dieses Wissen verschaffte den Musikern die Möglichkeit, Töne und damit Skalen anzugeben. Beispiele hierfür finden sich auf einer mesopotamischen Schrifttafel von ca. 1 800 v. Chr., die Siebenton-Skalen dokumentiert, die viel später auch in Griechenland üblich waren.

Auf einer anderen, vierhundert Jahre jüngeren Tontafel aus dem alten Stadtstaat Ugarit (das moderne, nahe der syrischen Küste gelegene Ras Schamra) ist die älteste schriftlich festgehaltene Musik eingeprägt, die bislang entdeckt wurde: ein Hymnus an die Mondgöttin. Da die Inschrift jedoch rudimentär ist und die entscheidende Tradition, wie sie umzusetzen wäre, längst verloren, bietet uns dieser prototypische Fund nicht mehr als einen schwaches Echo. Andere Hinweise auf die Musik ungefähr derselben Zeit sind die bronzenen und silbernen Trompeten aus dem Grab des jugendlichen Pharaos Tutenchamun (ca. 1325 v. Chr.), die Verherrlichung der Musik in den frühesten Lobliedern aus Indien oder die Glocken der chinesischen Shang-Dynastie.

Im nächsten Jahrtausend entwickelten sich Instrumente und Musiktheorie parallel, und die Philosophen der Zeit versuchten, diese Entwicklung bewusst zu lenken. Konfuzius (551–479 v. Chr.) unterschied wohltuende von nicht wohltuender Musik, wobei erstere Harmonie im Individuum und Ordnung im Staatswesen erzeuge. Die gleiche Ansicht vertrat auch Platon (ca. 429–347 v. Chr.), einer der ersten Griechen, die über Musik schrieben. Aristoxenos, zwei Generation jünger, beschäftigte sich mit der Theorie der Intervalle, Tonleitern und melodischen Komposition. Melodien konnten im antiken Griechenland durchaus schon aufgezeichnet werden, und zwar mithilfe von Buchstaben, die für einzelne Töne standen. Allerdings ist nichts erhalten außer einigen Fragmenten aus dem dritten vorchristlichen Jahrhundert, und vollständig ist kein Fund vor den beiden Hymnen, die im späten 2. Jahrhundert vor Christus in Delphi in Stein gemeißelt wurden. Zur gleichen Zeit entwickelte sich in China bereits eine melodische Notenschrift, doch auch davon ist wenig erhalten.

Schriftliche Belege zeigen uns, dass das Singen von Psalmen in christlichen Ländern schon im 4. Jahrhundert n. Chr. weit verbreitet war. Ein Zeitzeuge, der Erzbischof von Konstantinopel und christliche Prediger Johannes Chrysostomos (ca. 345–407), vertrat Platons Unterscheidung zwischen guter und schädlicher Musik: »Damit nicht Dämonen mit lüsternen Liedern alles zerstören, hat Gott die Psalmen geschaffen, auf dass sie Erbauung als auch Nutzen bringen.« Andere Theologen dieser Zeit wie etwa der Heilige Hieronymus (ca. 340–420) fanden Platons Lehre in der Bibel bestätigt, und zwar in der Geschichte, wo David Saul mit seiner Leier beruhigt. Der römische Philosoph Boethius (ca. 480 – ca. 524) stimmte mit Platon nicht nur in dem überein, was jener über die Macht der Musik gesagt hatte – »Nichts kennzeichnet die menschliche Natur stärker, als dass sie durch süße Weisen beruhigt und durch das Gegenteil beunruhigt wird« –, sondern auch in Bezug auf dessen Aussagen über ihr Wesen. Er sagt, dass »die Seele des Universums durch musikalische Harmonie zusammengehalten wird«, und beschreibt drei Ebenen der Musik: die der Himmelskörper in Bewegung (Sphärenmusik, die wir, wie spätere Theoretiker meinen, nicht hören können, weil sie allgegenwärtig ist), die des Menschen (die Eintracht von Körper und Seele) und die der Instrumente. Diese Ideen sowie die detaillierte Beschreibung der griechischen Musiktheorie machten Boethius' Schrift *De institutione musica* (Die Grundlagen der Musik) zur wichtigsten Autorität für die Musiker des Mittelalters.

Zu Boethius' Zeiten entwickelten die Menschen in ganz Eurasien, von Frankreich bis nach Japan, bessere Methoden, um Musik niederzuschreiben. Wieder einmal war hier das Gebiet um Mesopotamien führend: Dort lebende Christen fügten biblischen Texten Zeichen hinzu, die deutlich machten, wie diese zu singen waren. Wir können diese Zeichen heute nicht mehr verstehen und umsetzen, aber damals verbreiteten sie sich westwärts zu den Juden, den Byzantinern und zur römischen Kirche, vielleicht sogar auch ostwärts bis nach Tibet. In China und Japan entstand unterdessen ein gänzlich anderes Notationssystem – die Tabulatur, eine Griffschrift mit graphischen Anweisungen für den Instrumentalisten. Während in der jüdisch-christlichen Welt jegliche Musik, die bis Ende des 13. Jahrhunderts schriftlich festgehalten wurde, gesungene Musik war, und zwar geistlicher Gesang, hatte in Ostasien die instrumentale Musik den stärksten Anspruch darauf, bewahrt zu werden – im Westen dagegen wurde sie bis ins 16. Jahrhundert praktisch ignoriert. Aus der Tang-Dynastie (618–907) kennen wir seltene Tabulaturen für die edelsten Instrumente der Chinesen, die Qin (Griffbrettzither) und die Pipa (Laute). Quellen zur höfischen Instrumentalmusik in Japan, Gagaku genannt, gibt es in umfangreichen Archiven, die bis ins 8. Jahrhundert zurückreichen und auch Werke aus dem China der Tang-Zeit und aus Korea beinhalten.

Hätte sich jemand im 8. Jahrhundert auf Weltreise begeben, hätte er in der gesamten christlichen Welt die Tradition der Kirchengesänge vorgefunden, in China dagegen ein hoch entwickeltes Solo-Instrumentalspiel sowie dort und in Japan eine bunte Vielfalt an höfischen Ensembles. In Indien hätte er einen großen Reichtum an instrumentaler und Theatermusik (von der wir nur aus Schriften sowie aus bildlichen Darstellungen wissen) erleben können – ganz zu schweigen von den weitgehend nicht dokumentierten musikalischen Kulturen Javas,

Burmas, Zentralamerikas und vieler Teile Afrikas und der gänzlich vergessenen Musik anderer Regionen. Doch selbst da, wo die Quellenlage besonders klar ist, handelt es sich immer noch um stumme Musik – Musik, deren Notation nicht präzise entschlüsselt werden kann oder die nie etwas anderes sein wollte als ein grobes Gerüst. Da Musiker in den verschiedensten Regionen der Welt nicht für eine ferne Zukunft schrieben, sondern für sich selbst und ihre Schüler, befanden sie es nicht für nötig, mehr als eine Gedächtnisstütze zu hinterlassen. Wer sollte schon 1 300 Jahre später ihre Musik hören wollen?

Dann kam es zum Wandel, einem Wandel, der speziell in Westeuropa aus dem Bedürfnis heraus entstand, Musik – vor allem die liturgischen Gesänge – regional weiterzugeben. Diese Musik in schriftlicher Form zu haben, also in Notation, war nicht nur nützlich, sondern wurde bald zur Notwendigkeit, als im Rahmen eines großen kulturellen Aufschwungs immer mehr Kirchengesänge neu komponiert wurden. Das Repertoire an Hymnen und Messgesängen wuchs derart an, dass es den Klerikern an den Kirchen unmöglich wurde, alles im Gedächtnis zu behalten.

Die Krönung Karls des Großen im Jahr 800 zum Kaiser durch den Papst in Rom bestätigte den hohen Rang, den Karl als Schutzherr der Kirche innehatte. Mit der Krone übernahm er aber auch den Auftrag, das Werk seines Vaters Pippin III. fortzuführen und die Liturgie im Frankenreich (das damals große Teile Westeuropas umfasste und von Mittelitalien bis nach Dänemark und von den Pyrenäen bis zur Donau reichte) den römischen Bräuchen entsprechend zu reformieren. Ein Ergebnis dieser Liturgiereform war ein neuer Bestand an Kirchengesängen für die Hauptzeremonien (Messe und Stundengebete, d.h. die Gottesdienste zu den verschiedenen Tageszeiten), Gesänge, die die römischen Vorbilder vereinfachten. Mündlich verbreitet, wurden sie von den großen Kirchen und Klöstern im Reich Karls des Großen übernommen und gelangten im Laufe der nächsten drei Jahrhunderte langsam auch in andere Gebiete Westeuropas sowie zurück nach Rom und in die gerade christianisierten Regionen im Osten und Norden. Währenddessen griff ein Mythos immer weiter um sich: Diese – zunehmend universelle – Musik sei gar nicht auf fränkische Musiker aus dem 8. und 9. Jahrhundert zurückzuführen, der Heilige Geist selbst habe sie Papst Gregor dem Großen (im Amt von 590 bis 604) ins Ohr gesungen. Aus dieser Vorstellung heraus entstand dann die Bezeichnung »Gregorianischer Gesang«.

Die moderne Notenschrift begann vermutlich in der ersten Hälfte des 9. Jahrhunderts mit den Neumen, graphischen Symbolen, die über einem Text eingezeichnet sind und für einzelne Noten und kurze Notengruppen stehen. Mag sein, dass die Nachfolger Karls des Großen damals nichts vorzuweisen hatten, was vergleichbar gewesen wäre mit den Instrumentalensembles der Tang-Herrscher, die zur gleichen Zeit in China regierten. Aber ihre Kantoren und Kirchenmänner besaßen jetzt ein Werkzeug von ungeheurer Bedeutung für die Zukunft: eine einfache Methode, wie Musik bewahrt werden konnte, und damit die Basis für diesen riesigen Korpus an schriftlichen Kompositionen, der die westliche musikalische Tradition von allen anderen unterscheidet.

Wichtiger war ihnen allerdings, an eine Vergangenheit anzuknüpfen, die sie hoch verehrten – an das musikalische Wissen der alten Griechen. Sie legten für die Kirchengesänge acht Modi fest, wobei jeder Modus sieben Töne innerhalb einer Oktave umfasste (in der Grundform darstellbar auf den weißen Tasten einer modernen Klaviertastatur). Diese Einteilung war direkt aus Byzanz übernommen worden, hatte aber ihre Wurzeln bei Boethius und damit in der Musiktheorie der alten Griechen. Tatsächlich reichte sie sogar noch weiter zurück, denn die Theoretiker des 9. Jahrhunderts hatten, ohne es zu wissen, gerade mal eine einzige Tonart zu jenen hinzugefügt, die schon die Babylonier dreitausend Jahre zuvor gekannt hatten.

Leider können die Neumen des 9. und 10. Jahrhunderts nicht wirklich eindeutig verstanden werden, denn was noch immer fehlte, war ein festes Raster, das steigende und fallende Melodielinien nachzeichnen konnte. Dieses gab es erst mit einem System von parallelen horizontalen Linien (den Notenlinien) und einem vorangestellten Zeichen (dem Notenschlüssel), das angab, für welche Note die jeweilige Linie steht – beides auch heute noch Grundlagen der musikalischen Notation. Sobald dieses System etabliert war – und das war es, als die von Guido von Arezzo in seinem *Micrologus* (ca. 1026) formulierten Neuerungen dann allgemein üblich waren –, war man in der Lage, die Melodien der Kirchengesänge so niederzuschreiben, dass sie für alle dieser Notation kundigen Menschen lesbar waren und überall nachgesungen werden konnten – und auch jederzeit, bis in unsere Gegenwart. Dieser lesbaren Notenschrift verdankt die westliche Musik eine Geschichte, die sich vollkommen von der anderer Kulturen unterscheidet, und ausschließlich dieser Geschichte werden wir nun folgen.

Es ist häufig so: Technische Innovation – in diesem Fall die neue Notation auf einem Liniensystem und die Einführung der Kirchenmodi – beschneidet bestehenden Überfluss und fördert zugleich neues Wachstum. Vieles ging verloren. Die kirchlichen Gesänge waren zu unterschiedlichen Zeiten und an ganz verschiedenen Orten entstanden, und in den zwei Jahrhunderten nach Karl dem Großen hatten sich in Bezug auf Notenschrift und sicher auch in Bezug auf die Aufführungspraxis viele eigenständige lokale Traditionen entwickelt.

Natürlich konnte diese große Vielfalt nicht so einfach in einer einheitlichen Notationssprache untergebracht und in ein homogenes Tonartensystem eingepasst werden, das aus sehr ferner zweiter Hand aus dem klassischen Athen übernommen worden war. Auch hatten die Reformen Karls des Großen einige liturgische Traditionen fast ganz verdrängt, darunter die ambrosianischen Gesänge aus Mailand, die mozarabischen Gesänge aus Spanien und die altrömischen Gesänge des Vatikans – und die waren nur teilweise oder gar nicht schriftlich fixiert.

Positiv dagegen war, dass die Liniennotation eine weitere Verbreitung der Gesänge förderte und so eine überstaatliche Kultur schuf, die es Komponisten ab dem 14. Jahrhundert erlaubte, von England nach Frankreich oder von Frankreich und aus den damaligen Niederlanden (sie umfassten außer den heutigen Niederlanden auch Belgien und die angrenzenden Gebiete) nach Italien zu reisen und überall dieselbe Musik vorzufinden. Und sie hat von Anfang an offenbar dazu angeregt zu komponieren, denn jetzt konnten Musikstücke genau wie literarische Werke auf Papier weitergegeben werden. Im großen Zeitalter des Gregorianischen Choralgesangs, das sich in Westeuropa zu Guidos Zeit dem Ende zuneigte, konnte man Melodien noch direkt von den Sängern lernen. Doch sich eine Musik zu merken, bei der zwei oder mehr unterschiedliche Melodien gleichzeitig gesungen wurden, war nicht mehr so einfach. Die Entwicklung dieser mehrstimmigen, polyphonen Musik wurde durch die Notation ganz wesentlich begünstigt.

Zudem verhalf genaue Notation dem Gregorianischen Choral dazu, über tausend Jahre präsent zu bleiben, bis in die Gegenwart, wenn auch der Stil der Interpretation sich immer wieder ändern mag.

Aber was genau hören wir heute noch von damals? Einer der großen Plattenerfolge von 1994 war »Chant«, eine Anthologie Gregorianischer Gesänge aus dem nahe der spanischen Stadt Burgos gelegenen Benediktinerkloster Santo Domingo de Silos. Die Aufnahme begann mit *Puer natus est nobis* (Uns ist ein Knabe geboren), eigentlich ein Messe-Introitus (Einzugslied), der ursprünglich nur an Weihnachten in Klosterkirchen gesungen und gehört werden sollte. Jetzt aber war die Musik überall und jederzeit verfügbar. Auch entstammte die Melodie nicht etwa einer mittelalterlichen Quelle, sondern einer modernen Ausgabe. Diese war im Zusammenhang mit der großen Bewegung zur Erneuerung des Gregorianischen Chorals entstanden, die im späten 19. und frühen 20. Jahrhundert von der Abtei Solesmes in Nordwestfrankreich ausging. Entsprechend richtete sich auch der Aufführungsstil – ruhig in Tempo und Lautstärke, mit generell gleich langen Notenwerten, die nur modifiziert wurden, um einen sanft fließenden Rhythmus zu schaffen – nach dem von Solesmes und damit nach einer Tradition, die erst um 1850 begründet wurde, als die Mönche dort begannen, vergessene mittelalterliche Quellen in moderne Notenschrift zu übertragen, und die nur bis 1904 sicher zurückverfolgt werden kann, als die Nachfolger dieser Mönche die ersten Aufnahmen machten.

Es mag enttäuschend erscheinen, dass die Gregorianischen Gesänge, so wie wir sie vom Hören kennen, auch nicht älter sind als das Flugzeug oder allenfalls der Regenschirm. Wir wollen ja eigentlich mehr. Wir wollen, dass sie als die älteste Musik in Liniennotation am Anfang einer tausendjährigen ununterbrochenen Geschichte stehen, in deren Lauf bestimmte Teile beibehalten, andere weiterentwickelt oder wieder andere aufgegeben wurden. *Puer natus est nobis* steht mit seiner nach den Textphrasen geformten Melodie in dem von Guido und seinen Vorgängern definierten siebten oder – wie Theoretiker des Mittelalters und späterer Zeit diese Kirchentonart nannten – mixolydischen Modus, dessen Skala vom Grundton g aus den weißen Tasten eines modernen Klaviers g-a-h-c-d-e-f-g entspricht. Bezeichnenderweise beginnt dieser Weihnachts-Introitus mit einer Explosion von Licht, einem Sprung zur Quinte g-d (die Quinte ist aufgrund ihres einfachen Frequenzverhältnisses zum Grundton von 3:2 eines der harmonischsten Intervalle). Interessant ist auch der Schluss. Die Melodie muss im System der Kirchentonarten immer zum Grundton, der »Finalis« zurückkehren – in diesem Fall also zum g, was mit einem kleinen Auf-ab-Motiv (g-a-g) bestätigt wird. Wir wissen, dass solche melodischen Floskeln alt sind. Wenn sie nun in späterer Musik wieder aufgegriffen werden, wie manchmal bei Debussy, der aus derselben Kultur stammt wie die Schriftforscher aus Solesmes, erwecken sie in uns den Eindruck des Mittelalterlichen.

Und doch können wir, wenn Choralmelodien uns von der Vergangenheit erzählen, nicht sicher sein, dass sie dies auch mit der Stimme

der Vergangenheit tun. Die ursprünglichen Traditionen des Choralgesangs, die sich offensichtlich auseinander entwickelten, kaum dass
Karl der Große und seine geistlichen Berater sie vereinheitlicht hatten,
sind unwiederbringlich verloren. In einem Traktat aus dem 9. Jahrhundert wird zwar beschrieben, wie ein »Organum« zu singen sei – die
Sänger müssen sich aufteilen, einige singen den Choral, während andere eine zweite Stimme in harmonischen Intervallen, meist der
Quinte, dazusetzen. Es gibt aber noch ein »Organum« ganz anderer
Art, nämlich die Kirchenorgel mit Pfeifen und Manual, wie sie sich
etwa im 10. Jahrhundert aus Byzanz und den islamischen Ländern
kommend in Westeuropa etabliert hatte. Sie konnte durchaus das
Choralsingen mit einem Bordun (einem tiefen Dauerton) oder sogar
einer eigenen Melodiestimme begleitet haben. Wofür sonst war sie
da?

Wenn bei modernen Wiedergaben solchen Möglichkeiten eher selten nachgegangen wird, mag das daran liegen, dass wir den Choral so
gesungen hören wollen, als käme er aus einem einheitlichen Chor und
verschaffe so dem Zuhörer ein einzigartiges Zeiterleben und ein ein-
heitliches Medium für die eigene innere Stimme. Relevant ist in diesem Zusammenhang auch die Tatsache, dass die moderne Wiederbelebung des Gregorianischen Chorals im Wesentlichen ein Phänomen
des Tonträgers ist, der im Konzertbetrieb keine Entsprechung gefunden hat. Der Plattenhörer mag das Gefühl haben, als könne er durch
die Aufnahme – durch nicht sichtbaren Klang – über die Jahrhunderte
hinweg direkten Kontakt zu den Mönchen oder Nonnen einer großen
Abtei des Hochmittelalters herstellen. Wer diesem Eindruck erliegt,
ignoriert allerdings Fehler, Lücken in der Quellenlage und das
Wunschdenken, das häufig dahintersteht. Trotzdem ist diese Vorstellung irgendwie überzeugend und mag nicht ganz ungerechtfertigt
sein. Ein Gregorianischer Choral ist wie ein Rundbogenfenster im Ge-
mäuer einer Kirche aus dem 9. Jahrhundert. Möglicherweise hat man
es im 19. Jahrhundert restauriert und es zeigt eventuell sogar Spuren
noch jüngerer Denkmalspflege. Aber wenn wir uns sehr bemühen und
ganz genau hinsehen, sehen wir durch dieses Fenster vielleicht doch all
das Licht, das da ist.

Die Wiederbelebung der Alten Musik – die sporadisch im 19. Jahrhundert begann, Mitte des 20. Jahrhunderts an Intensität gewann und
in den 1980er Jahren zur Reife gelangte – hat uns gezeigt, wie wichtig
es ist, nicht nur wissenschaftlich mit Quellen umzugehen, sondern
auch da Fantasie zu zeigen, wo die Quellenlage mangelhaft ist. Eine

fantasievolle Restaurierung kann eine Welt heraufbeschwören, die ganz verloren ist, so zum Beispiel die der altisländischen Mythenerzählung, und hat ihre Berechtigung durchaus auch in bekannteren Kontexten. Jedes Aufführen von Musik – jedes Hören von Musik – ist ein heroisches Auflehnen gegen die Verheerungen der Zeit, ein Versuch, nicht nur aus der Vergangenheit zu lernen, sondern diese wieder Wirklichkeit werden zu lassen.

TEIL II

Gemessene Zeit: 1100–1400

Notation bot der westlichen Musik ein Mittel zur schriftlichen Aufzeichnung, zuerst allerdings nur für eine bestimmte Art von Musik, den liturgischen Choralgesang, der, so glaubte man, seinen Ursprung in der mindestens 500 Jahre zurückliegenden Vergangenheit hatte, also im Grunde alterslos war. Frühe mittelalterliche Kirchengesänge entstammten der Zeit der ewigen Gleichheit, welche sie so mühelos vermitteln. Sie kannten auch noch kein Maß für die ihnen innewohnende Zeit – den Rhythmus. Doch dann kam das Maß. Und mit ihm kamen die ersten identifizierbaren Komponisten und präzise datierbaren Werke.

Während der Choral anderen musikalischen Traditionen insofern glich, als er nicht mehr war als eine sich selbst genügende Melodie, die innerhalb eines modalen Systems funktionierte, keinem Schöpfer gehörte (nur Gott allein) und zu Kultzwecken gedacht war, öffnete die neue Musik des 12. Jahrhunderts einen ganz eigenen westlichen Weg. Das Messen von Zeit war der Anfang nicht nur der rhythmischen Notation – die weit außerhalb Europas dem indischen Theoretiker Sarngadeva in der ersten Hälfte des 13. Jahrhunderts bekannt war –, sondern auch einer Musik, die eine gewisse Koordination zwischen Sängern verlangte, da sie verschiedene, polyphone Melodien hatte. Auch das war keineswegs auf den Ausschnitt der Länder zwischen Mittelmeer und Atlantik beschränkt: Die Gamelan-Musik Balis, eine von Europa unabhängige Tradition, ist in ihrer Überlagerung verschiedener schneller und langsamer Zeitströme mit der frühen abendländischen Polyphonie durchaus vergleichbar, während die Musik vieler unterhalb der Sahara ansässiger Völker oft unterschiedliche Rhythmusebenen übereinander schichtet, und zwar in einer Art, wie sie, abgesehen von bestimmten Bereichen des Repertoires (dem Lied im 14. Jahrhundert und einigen Werken seit 1950), in Europa unbekannt war. Jedoch bewegte sich vom 12. bis 15. Jahrhundert die Polyphonie im

Westen nach und nach weg von den Wiederholungsstrukturen, die auf Bali oder in Zentralafrika beibehalten wurden, als die Europäer entdeckten, wie man mithilfe von Harmonie einen stetigen Fluss erreichen konnte.

Quelle hierfür war, wie so oft in der westlichen Kultur, ein Missverstehen dessen, was man über das antike Griechenland wusste, in diesem Fall wiederum durch Boethius. Boethius sagte nichts über Harmonie im Sinne von Akkorden, aber er beschrieb eine Vorliebe der Griechen für Oktav- und Quintintervalle. Mittelalterliche Musiker übernahmen diese als Inbegriff von Konsonanz (wohlklingenden Kombinationen von Tönen), doch ebenso wesentlich waren dissonante Kombinationen ohne jeden Wohlklang, denn sie verstärkten das Bedürfnis nach Konsonanz. Stellte man eine solche Dissonanz direkt vor eine Schlusskonsonanz, erzielte man einen sehr überzeugenden Schluss – eine Kadenz, etwas, das in der späteren westlichen Musik so wesentlich werden würde. Rückschließend von der Kadenz konnten die harmonischen Kräfte – geordnet durch Beziehungen von einem Akkord zum nächsten – diesen schon in der Melodie vorhandenen, zielgerichteten Sinn unterstreichen – den Sinn von Bewegung hin zu einem Ruhepunkt auf der letzten Note. So wurde gemessene Zeit zu einer Zeit, die entschieden auf ein Ziel zuging, und Musik konnte die Fortschritte jeder menschlichen Seele auf dem Weg zur Ewigkeit nachzeichnen.

In der Musik spiegelte sich auch, wie Zeit im Allgemeinen vermittelt wurde. Guidos Liniennotation entstand in etwa zur gleichen Zeit, als auch die Wasseruhren aus Byzanz und den islamischen Ländern wieder eingeführt wurden. Damit waren Mönche in der Lage, genau zu wissen, wann ein Gottesdienst fällig war, und zwar anhand des Stands, den das Wasser erreicht hatte, das langsam ein Gefäß füllte. Das Lesen eines Gesangbuchs oder Ablesen einer Wassermessgeräts war ein Ersatz für Gedächtnis und Intuition. Exakte Synchronität von Musik und Zeit war ein wenig verloren gegangen, als in der Mitte des 13. Jahrhunderts das Uhrwerk und ein halbes Jahrhundert zuvor die zahnradgetriebene Musik erfunden wurde, die an der Kathedrale von Notre Dame in Paris entstand. Die Perfektion eines Uhrwerks, das stündlich zu läuten vermochte – der astronomischen Uhr, die Abt Richard von Wallingford für die Abtei St. Alban in Oxford (1327–1336) baute – entstand auffallenderweise zeitgleich mit der Perfektion rhythmischer Notation, die von Paris ausging und die der Musik ihren eigenen Mechanismus gab, um die Länge von Zeit zu bemessen.

Kapitel 2

Troubadours und Organisten

Die Macht des Chorals wird durch Anonymität noch verstärkt: Choralbücher geben keine Verfasser an, und nur wenige Dichter – und noch weniger Komponisten – sind in Chroniken aufgeführt. Deshalb wirken Choralgesänge, wenn auch vielleicht nicht wie die Stimme des Heiligen Geistes, der zu einem Papst spricht, so aber doch wie die Stimme eines überpersonellen Wesens.

Es gibt aber durchaus auch geistliche Lieder, die uns mit einer recht gesunden Individualität ansprechen, etwa die der deutschen Äbtissin, Predigerin und Seherin Hildegard von Bingen (1098–1179). Sie ist eine bemerkenswerte Erscheinung, nicht zuletzt deshalb, weil sie erst vor nicht allzu langer Zeit in die scheinbare Unabänderlichkeit der geschriebenen Geschichte hineingeplatzt ist. Ihre Kompositionen, überwiegend geistliche Lieder, scheinen über das kleine Gebiet am Rhein, wo sie ihr Leben verbrachte, nie hinausgekommen zu sein und waren bald vergessen. Doch gegen Ende des 20. Jahrhunderts erlangte ihre Musik mit dem Wiedererwachen einer christlichen Mystik und einer neuen Offenheit für weibliche Visionen enorme Aufmerksamkeit. Zu verdanken ist das der Veröffentlichung mehrerer Bücher und zahlreicher Aufnahmen, zugleich wissenschaftlicher und spekulativer Art. Hildegard wurde allerdings so plötzlich aus ihrem Kontext in unsere Zeit katapultiert, dass ihre wahre Bedeutung nur noch schwer zu erkennen war. Bestimmte Merkmale ihrer Melodien, die heute ungewöhnlich und sehr eigen erscheinen – große Intervalle, großer Tonumfang –, mögen zu ihrer Zeit und in ihrer Umgebung durchaus normal gewesen sein. Sie war auch nicht die einzige komponierende Äbtissin ihrer Generation und keineswegs hat nur sie damals Lieder verfasst. Die Kirchenlieder von Adam von Saint-Victor etwa – er gehörte der königlichen Augustinerabtei außerhalb von Paris an – wurden in einem weit größeren Umkreis und deutlich länger bewundert als die Hildegards, denn sie hatten etwas, das sowohl die Dichtung als auch die Musik fundamental veränderte: akzentuierende Metrik und Reim. In dieser Hinsicht war Adam auf dem gleichen Weg wie seine Zeitgenossen in Südfrankreich, die damals gerade eine neue Sprache

Troubadour

(das Provenzalische) entdeckten, neue Themen (Liebe, Sehnsucht, Klage) und das Lied an sich als ihre neue Form. Diese Troubadours – *trobadors,* wie sie sich selbst in ihrer Sprache nannten: »Finder« – waren Dichter-Komponisten, die Fürstenhöfen angehörten. Einige von ihnen waren selbst Fürsten, wie etwa Wilhelm IX., Herzog von Aquitanien und Graf von Poitiers (1071–1129), der erste Troubadour, dessen Gedichte zusammen mit einem, wenn auch unvollständigen, Strang seiner Musik überliefert sind. Andere mussten von ihrer Kunst leben, darunter drei, die in der zweiten Hälfte des 12. Jahrhunderts, dem Höhepunkt der Troubadour-Kultur, aktiv waren: Giraut de Bornelh, Arnaut Daniel und Bernart de Ventadorn. Sie und ihre Kollegen waren produktive Künstler, deren Lieder – mit jeweils gleicher Melodie zu jeder Stanze – von Musikern aufgeführt wurden, die man später im Provenzalischen als *joglars* oder im Nordfranzösischen als *jongleurs* kannte. Welche Gegenden die Troubadours selbst bereisten, mag unbekannt sein (sich auf Kreuzzug zu begeben war damals ein beliebtes Unterfangen, über das in ihren Lebensbeschreibungen berichtet wird,

und Richard Löwenherz ein beliebter Herrscher), aber mit Sicherheit
kamen ihre Lieder weit herum und regten parallele Entwicklungen an.
Dies gilt vor allem für die Trouvères in Nordfrankreich (wo Französisch die Sprache ihrer Dichtungen und Namen war) und die deutschen Minnesänger, die ihren Namen vom buchstäblichen Besingen
der *Minne* haben, der ritterlichen Liebe und Verehrung einer unerreichbaren hohen Dame.

Diese Kunst der Liebe war ein direktes Erbe der Troubadours, zu
deren Quellen wiederum wohl nicht nur Volklieder und islamische
Liebeslieder gehört hatten, sondern auch geistliche Gesänge. In der Liturgie war das Thema des Verlangens auf der poetischen Ebene als spi-
rituelle Metapher gegenwärtig: als Verlangen nach Erfüllung im Himmel und – bis es soweit war – nach Schutz durch eine angebetete hohe
Dame (die Heilige Jungfrau). Aber auch musikalisch gab es Verbindungen zwischen Troubadour-Lied und Kirchengesang. Nachdem die
lesbare Notenschrift ein ganzes Vierteljahrtausend lang der liturgischen Musik vorbehalten gewesen war, schrieb man nun erstmals um
1300 auch die Lieder der Troubadours, Trouvères und Minnesänger
auf, und so überrascht es nicht, dass sie im gleichen System der acht
Modi aufgezeichnet wurden. Es kann aber durchaus sein, dass sie so
bereits komponiert wurden, aus einer immer wandlungsfähigeren musikalischen Ordnung heraus.

Giraut de Bornelhs wunderbares *Reis glorios* (Glorreicher König)
beginnt genau wie das *Puer natus est nobis* mit einem Quintsprung
nach oben. Es geht dann allerdings ganz anderes weiter, in Phrasen,
die sich nach den metrischen Formen richten, sich entsprechend den
Rhythmuspaarungen gegenseitig ausbalancieren und so eher ein Lied
als einen Sprechgesang entstehen lassen. Das nun war mehr als nur
eine Formveränderung, denn diese Phrasenstruktur gab der Musik de-
finierbare Ideen und Möglichkeiten, sie zu variieren – und so auch die
Mittel, modellhafte Muster für Gefühle auszubilden. Wenn der Re-
frain von *Reis glorios* »Et ades sera l'alba« (Und bald schon dämmert
der Morgen) wieder zur Finalis zurücksinkt, vervollständigt er damit
nicht nur einen Bewegungsablauf, der mit dem Quintaufgang begann,
sondern er tut das mit einem Sinn für Auflösung; hier wird Musik expressiv – sie drückt Worte aus, Gefühle und ihr eigenes Wesen. Auch
wenn Troubadour-Lieder eine kürzere Renaissance erlebt haben mögen als der Choralgesang im Stil von Solesmes (die früheste Ausgabe
erschien 1960, allerdings wurden schon ab den 1930er Jahren sporadisch Aufnahmen für historische Anthologien gemacht) und auch

wenn wir nicht wissen können, wie sie ursprünglich vorgetragen wurden (vor allem, ob mit Instrumenten oder ohne, denn Fideln, Lauten und Harfen waren zu der Zeit in ganz Westeuropa bekannt), scheint der Duktus der lyrischen Sprache, festgehalten in der Notation, uns direkt mit den Musiker-Dichtern von vor acht Jahrhunderten und mehr in Kontakt zu bringen.

Die Zeit der Troubadours fiel zusammen mit dem Aufkommen einer anderen musikalischen Neuerung: Kirchenmusiker an der Kathedrale von Notre Dame in Paris entwickelten eine neue Organum-Technik, um Kompositionen von nie dagewesener Länge und Kunstfertigkeit zu schaffen. Das frühe Organum hatte immer aus zwei Singstimmen bestanden: dem Tenor (mit Betonung auf »e«, wörtlich übersetzt: »Träger«), der die Choralmelodie trug, und einer zweiten Stimme, die sich in den von Boethius sanktionierten Intervallabständen Quinte, Quarte, Einklang und Oktave um den Tenor herumbewegten (meist darüber). Beispiele für diese Form sind in zwei Handschriften der großen Pilgerstätte von Santiago de Compostela bzw. der Abtei von Saint-Martial in Limoges, das auf dem Weg nach Compostela liegt, überliefert. Beide Manuskripte (ca. 1100–1160 entstanden) dokumentieren eine offenbar improvisierte musikalische Praxis. (Der Zweck der Notierung war wohl bis ins 15. Jahrhundert hinein, Musik aufzuzeichnen, und nicht, sie genau vorzuschreiben, obwohl moderne Aufführende sie oft in letzterem Sinn verstehen müssen.) So konnte die zweite, hinzugefügte Stimme mit dem Choral Note gegen Note voranschreiten, was man als »Diskantstil« bezeichnet; sie konnte aber auch über jeder Note in einem Stil, für den der polyvalente Begriff »Organum« üblich war, reiche Verzierungen entfalten. In Stücken aus Saint-Martial und Compostela kommen beide Stile vor – entweder alternierend miteinander oder im Wechsel mit reinem Gesang. Die gleiche Praxis zeigt sich auch bei den offenbar älteren Stücken des Notre-Dame-Repertoires, das in einem »großen Buch«, dem in drei Abschriften erhaltenen *Magnus liber*, zusammengetragen wurde. Aber gegen Ende des 12. Jahrhunderts hat man dieses Repertoire aus einer neuen Begeisterung für Diskantpartien heraus umgearbeitet – und Motor dieser Partien war jetzt, wie schon gelegentlich zuvor, der Rhythmus. Mit Rhythmus, der in den Choralbüchern und den Liedern der Troubadours nicht notiert war, konnte Zeit in gleichartigen Blöcken genau bemessen werden. Mit Rhythmus konnten die Notre-Dame-Komponisten bauen – genau wie die Maurer um sie herum die gewaltige Kathedrale bauten.

Dieser Rhythmus kam, soviel scheint klar zu sein, vom Lied und damit von der Dichtung. Er wurde vorgegeben von einem der sechs Rhythmus-Modi – jeder Modus eine wiederkehrende Abfolge von kurzen, langen oder kurzen und langen Schlägen entsprechend dem Versmaß des Textes, z.B. des jambischen Metrums mit der Abfolge kurz-lang, kurz-lang (zweiter Modus). Aus diesen rhythmischen Formeln konnten nun Phrasen geschaffen werden. Eine jede Phrase bestand meist aus vier Grundeinheiten, vergleichbar in Länge und Struktur den Versen vieler Troubadour-Lieder und lateinischer Hymnen. Solche Elemente ähnlicher Struktur bilden die Grundbausteine der menschlichen Sprachen und sind auch feste Einheiten in – vom mittelalterlichen Paris aus gesehen – einer so entlegenen Musikkultur wie der der zentralafrikanischen Pygmäen. Das deutet stark darauf hin, dass sie dem entsprechen, was unser Gehirn als einen Sinnzusammenhang verarbeiten kann. Kein Wunder, dass die viertaktige Phrase noch Jahrhunderte lang durch die westliche Musik hallte. An der Kathedrale von Notre Dame wurden Phrasen in den allermeisten Fällen paarweise konzipiert, entsprechend den zwei Versen eines Reimpaares, und auch diese paarige Phrasierung sollte sich als Konstante der westlichen Musik erweisen. Aber erst einmal kommt der Choral nur sehr langsam voran, jede Note schreitet durch verschiedene lebhafte Phrasen und Phrasenpaare – wobei sich jede kleine Phrase aus einer Konsonanz aufschwingt, üblicherweise einer Quinte oder, im Fall von Sätzen mit drei oder vier Stimmen, aus einer Quinte plus Oktave.

Auf moderne Ohren wirkt diese Harmonik kalt wie weißes Licht und sie verleiht dem Notre-Dame-Organum sowohl eine grelle Intensität als auch einen ausgesprochen altertümlichen Klang. Zur damaligen Zeit allerdings war Ersteres vermutlich so wenig hörbar wie Letzteres. Was wir über die damalige Musik – und ihre Wirkung – wissen, verdanken wir zum großen Teil einem Theoretiker, den die Wissenschaft als Anonymus IV kennt. Sein Traktat stammt vermutlich aus den 1270er Jahren, entstand also erst deutlich im Nachhinein. Auf weite Strecken befasst es sich mit den rhythmischen Modi und der Notation des Rhythmus. Aber es behandelt auch die Frage der Konsonanzen und zeigt uns, dass die Terz damals – in späterer Musik so honigsüß, nicht zuletzt in den Liebesduetten der italienischen Oper – außer in England (dessen Musik jener Zeit fast vollständig verschollen ist wie so vieles aus dem Mittelalter) als dissonant galt und auch das Sextintervall ein »hässlicher und abscheulicher Missklang« war. Anonymus IV sagt auch ein wenig über die Komponisten, die an der Kathedrale von Notre Dame wirkten, vor allem über Leonin und seinen Nachfolger Perotin. Letzterem schreibt er die zwei frühesten Beispiele eines vierstimmigen Organums zu. Sie sind zugleich auch die frühesten Werke in vierstimmiger Textur – und auch die wurde später zur Norm in der westlichen Musik. Beide Stücke sind Gradualien (Abschnitte der Messe zwischen den Lesungen des Evangeliums und der Epistel) für die Weihnachtszeit, datierbar auf die letzten Jahre des 12. Jahrhunderts: *Viderunt omnes* (Alle sahen) und *Sederunt principes* (Fürsten saßen). Es sind gewaltige Kompositionen – sie ganz zu singen dauert etwa eine Viertel Stunde – und sie müssen großes Erstaunen hervorgerufen haben in einer Welt, die nichts Derartiges kannte. Plötzlich eröffnete sich eine ganz neue Klangpracht: Da sangen Solisten, die in der neuen Kunst, ihre Stimme gegen andere zu halten, extra ausgebildet worden waren. Drei zusätzliche Stimmen rankten sich im engen Verbund und in lebhafter, rhythmisch gemessener Bewegung um die gedehnten tiefen Liegetöne der originalen Choralmelodie und erzielten so eine Wirkung wie gemalte Initialen im Text des sie umgebenden Chorals.

Alle Schriften aus der Zeit (auch die von Anonymus IV) legen nahe, dass das Organum additiv komponiert wurde, und zwar in zwei Dimensionen. Zum originalen Choral kam eine erste organale Zusatzstimme, und dieser konnte eine zweite und eine dritte folgen. Ähnlich sah man das Stück in seinem zeitlichen Ablauf als eine Abfolge von Segmenten: Für jedes Wort gab es eigene polyphone Klauseln, wobei jede Klausel wiederum aus Unterabschnitten bestand, je einem für jede Note des Choralfundaments. Formal gesehen war das Stück demnach eine Verkettung auf verschiedenen Ebenen – von der rhythmischen Grundeinheit über Phrase, Unterabschnitt und Klausel bis zum vollständigen Graduale.

Diese häppchenartige und auf Wiederholung beruhende Struktur erhält ihre energisch vorwärts drängende Dynamik erst durch harmonische Kräfte, die zum einen innerhalb der Phrasen wirken (durch die ähnlichen Akkordfortschreitungen in jedem Phrasenpaar und durch das beständige Schwingen von und zur leeren Quinte) und zum anderen am Schluss jeder Klausel (der jeweils dramatisch hervorgehoben wird durch ein deutliches Ankommen auf der letzten Choralnote des Klausel-Wortes). Auch wenn die Musik Stück für Stück und Stimme für Stimme geschaffen wurde, wie Anonymus IV das teilweise bestätigt, war sich ihr Komponist damals vermutlich sehr wohl der gesamten Textur und Struktur bewusst. Nur mit dem Ganzen im Blick konnte er mit Wiederholung und Variation innerhalb der Akkordfortschreitungen oder mit Wiederkehr und Wechsel in melodischen Formeln spielen oder so wunderbare Einfälle umsetzen wie den Austausch von Material zwischen einzelnen Stimmen.

Die herausragenden Qualitäten der vierstimmigen Organa Perotins sind seit der Entdeckung mittelalterlicher Musik in der Mitte des 19. Jahrhunderts durchaus anerkannt; in Aufführungen zu neuem Leben erweckt wurde die Musik allerdings erst wieder im 20. Jahrhundert. 1930 veröffentlichte der deutsche Wissenschaftler Rudolf von Ficker eine Bearbeitung des *Sederunt principes* für Sinfonieorchester, und seit den 1970er Jahren entstanden zahlreiche Aufnahmen (die sich mehr an die originalen Quellen halten). Perotin wurde so, viele Jahrhunderte überspringend, absolut begreifbar als Kollege Strawinskis oder Meister der freudigen Wiederholung, der großen harmonischen Klangverschiebungen und kurzzeitigen Kollisionen, wie man sie auch in der Musik von Steve Reich findet.

Ihren Platz in der Geschichte der abendländischen Musik haben Perotins Werke aber nicht nur deshalb, weil sie den Weg für symmetrische Phrasenbildung und vierstimmigen Kontrapunkt (Musik, bei der vier Stimmen gleichzeitig, und zwar Note gegen Note, voranschreiten) bereitet haben. Sie machen auch eine Unterscheidung deutlich, die fast in der gesamten westlichen Musik besteht, die Unterscheidung zwischen dem Komponisten, der auf Papier arbeitet, und den Aufführenden, die auch Leser sein müssen. Notation war also nicht einfach ein neutrales Medium, sie prägte auch das, was aufgeschrieben wurde, und führte damit ein weiteres großes Thema der westlichen Musik ein: den Dialog zwischen Ohr und Stift, zwischen dem Aufschreiben dessen, was man hört (in der Wirklichkeit oder in der eigenen Vorstellung), und dem Hören dessen, was geschrieben steht. Wenn ein Choral, ein Troubadour-Lied oder ein frühes Organum aufgezeichnet wurde, mag das durchaus nichts anderes als eine Hilfe gewesen sein, um eine Musik zu lehren, zu bewahren oder weiterzugeben, die die Menschen damals im Grunde kannten. Perotins Strukturen dagegen können auf keinen Fall anders erschaffen worden sein als auf Papier, und man muss annehmen, dass sie erlernt – und vermutlich auch aufgeführt – wurden von Sängern, die das schriftliche Material vor sich hatten. Diese Strukturen lassen die schriftliche Konzeption auch in der Art durchscheinen, wie sie klingen, etwa in der regelmäßigen Wiederkehr der Quint-Oktav-Konsonanz oder in solchen Details wie den Stellen mit Stimmtausch, wo ein visuelles Muster hörbar wird.

Die Pracht oder vielleicht auch die Kompliziertheit jener Werke hat damals offenbar jede Nachahmung verstummen lassen. Sammlungen von Stücken und auch Traktate wie das von Anonymus IV belegen, dass das Notre-Dame-Organum bis weit in die zweite Hälfte des 13. Jahrhunderts aktuell blieb und sowohl das originale Pariser Repertoire als auch seine kompositorischen Prinzipien in einem weiten Bereich Westeuropas bekannt waren. Aber nie wieder wurde etwas vom Format des *Sederunt principes* oder des *Viderunt omnes* geschrieben (es sei denn, es ist verschollen), und gegen Ende des 13. Jahrhunderts scheint die große Welle des Organums vorbei zu sein. Mit ihm verschwanden auch seine rhythmischen Modi; sie wurden ersetzt von einem neuen System, das Franco von Köln, ein Theoretiker und Zeitgenosse von Anonymus IV, propagierte. In diesem machte die aus der Neumenschrift hervorgegangene Modalnotation Platz für eine neue Art von Noten, und zwar Noten, mit denen man erheblich differenziertere Rhythmen darstellen konnte. Möglich wurde das durch bestimmte Zeichen, die die »Mensurierung« angaben, das heißt, die bestimmten, ob lange Noten sich in zwei oder drei kleinere Einheiten untergliederten und ob diese wiederum zwei- oder dreizeitig auszuführen waren. Eine dreizeitige Teilung galt wegen der Assoziation mit der Dreifaltigkeit als perfekt, doch konnten auch imperfekte Teilungen als Kontrast gebracht werden. Unterdessen waren seit Beginn des 13. Jahrhunderts Kompositionen mit drei Melodiestimmen die Norm geworden, was eine große Vielfalt an Akkorden und Kadenzen erlaubte, die grundsätzlich zur immer noch allgegenwärtigen Schlusskonsonanz des Quint-Oktav-Klangs führten.

Im Lauf dieses Jahrhunderts wurde das Organum als die am weitesten verbreitete polyphone Form abgelöst von der Motette, ihrem direkten Nachfahren. Das Organum hatte verlangt, dass die Sänger lange, tonreich verzierte Passagen auf einen einzigen Vokal vortrugen. Irgendwann fingen sie an – vielleicht um solche Musik interessanter zu machen oder sie sich leichter zu merken –, Worte zu unterlegen. So war der Conductus entstanden, eine Gattung des 12. Jahrhunderts, bei der bis zu vier Vokalstimmen mit identischem Text im Diskantstil komponiert wurden, und zwar unabhängig von einem festen liturgischen Tenor; und so war auch die Motette entstanden, bei der ein Diskantusabschnitt quasi eine eigenständige Existenz annahm und die Oberstimmen einen anderen Text bekamen als der Tenor (was der Gattung, abgeleitet vom lateinischen *motetus*, Wortträger, ihren Namen einbrachte). Auf diese Art entstand die sogenannte »Cantus firmus«-Technik: zum Tenor als »festem Gesang«, das heißt zu einer vorgegebenen Melodie gesellten sich andere Stimmen, die nach den damals gerade entstehenden Regeln des Kontrapunkts hinzukomponiert wurden – eine Technik, die bis ins 15. Jahrhundert hinein von zentraler Bedeutung war.

Die von Franco beschriebene rhythmische Notation versetzte Komponisten des späten 13. Jahrhunderts in die Lage, Motetten zu erschaffen, in denen zum sehr langsamen Tenor zwei schnelle, flexible Stimmen hinzutraten (alle drei noch mit weitgehend gleichem Stimmumfang). Motetten haben im 13. Jahrhundert zwar meist lateinische Texte (Französisch kam erst gegen Ende des Jahrhunderts in Mode) und entstanden in klerikalen Kreisen (auf die sich die musikalische Lese- und Schreibfertigkeit beschränkte), aber sie waren nicht unbedingt zum liturgischen Gebrauch bestimmt. Die Texte konnten weltlich oder geistlich sein. Oft sind sie mehrdeutig und komplex, spielen mit den Ähnlichkeiten und Reibungen zwischen zwei verschiedenen Texten und den ironischen Anspielungen in ihren Bezügen auf den Tenor. Darüber, wie oder unter welchen Umständen diese komplizierten Kompositionen aufgeführt und wie sie von den Hörern damals aufgenommen wurden, wissen wir fast nichts. Man neigt heute dazu, sie – genau wie das Organum – als rein vokal und als Werke der Kunst anzusehen. Wie bei der meisten Musik, wird der ursprüngliche Kontext heute ersetzt durch den des Konzertsaals, des spezialisierten Ensembles und der Plattensammlung.

Andere Lieder der Epoche sahen ähnlich aus wie die der Troubadours: Sie bestanden aus einer einstimmigen Melodie, für die eine improvisierte instrumentale Begleitung plausibel erscheint. Viele von ihnen spiegeln den Zeitgeschmack des Volks sowohl in religiöser als auch anderer Hinsicht und sind so gesehen dann doch ganz anders als die kultivierten Produktionen individueller Empfindsamkeit der Troubadours. Beispiele hierfür sind unter anderem die mehr als vierhundert *Cantigas de Santa Maria* (Lieder der Heiligen Jungfrau Maria), die auf Geheiß des spanischen Königs Alfons des Weisen (1221–1284) gesammelt wurden, die Gesänge des munteren *Ludus Danielis* (Danielsspiel) aus dem Kloster Beauvais des frühen 13. Jahrhunderts (wichtig für das Revival, das die mittelalterliche Musik im 20. Jahrhundert erlebte), die Sammlung derber lateinischer Lieder aus der bayerischen Abtei Benediktbeuern, die von ihrem Herausgeber im 19. Jahrhundert *Carmina burana* (Lieder aus Beuren) benannt wurde, die *Laude* (Andachtsgesänge) italienischer Städte und die wertvollen wenigen Bei-

spiele englischer Liedkunst, deren bemerkenswerteste Stücke, wie etwa
das *Man mai longe lives weene* (Möge der Mensch ein langes Leben erwarten), die Sinnlosigkeit der Welt beklagen. Den Troubadours wieder näher, schrieb Adam de la Halle – er war in den 1270er und 1280er
Jahren aktiv und einer der letzten Trouvères – ein Theaterstück mit
Liedern, *Le jeu de Robin et de Marion* (Das Spiel von Robin und Marion), während die Tradition des Minnesangs erst etwas später mit
Frauenlob (†1318) ihr Ende fand. Zu der Zeit allerdings stand Paris
schon wieder kurz vor einer Revolution.

Kapitel 3

Ars nova und die Uhr des Narziss

Philippe de Vitry (1291–1361), einer der führenden Intellektuellen seiner Zeit und späterer Berater des französischen Königs Jean II., verfasste ein Musiktraktat, das er kühn mit *Ars nova*, neue Kunst, überschrieb. Was an ihr so besonders neuartig war – und so besonders zukunftweisend –, war ihr Wechsel zu rhythmischer Notation. Diese Schrift kam nun aber in eine Welt, die sowieso gerade einen völlig neuen Geist in der Musik entdeckte – die sich einerseits an der Mathematik ausrichtete, anderseits aber auch bestrebt war, Gefühle zu zeigen (was sich keinesfalls gegenseitig ausschließt). Die Musik wurde melodischer und die Stücke wurden länger: Sind Motetten des 13. Jahrhunderts nach ein oder zwei Minuten schon wieder vorbei, dauern die von Vitry und seinen Nachfolgern doppelt oder dreimal so lang. Vitrys Traktattitel wurde dann auch als Bezeichnung für eine ganze Epoche der Musikgeschichte übernommen, die bis zum Ende des 14. Jahrhunderts und sogar darüber hinaus reichte.

In rein rhythmischer Hinsicht schuf Vitry eine neue Klarheit über die Dauer der einzelnen Notenwerte, indem er unter Beibehaltung des Mensuralsystems Zeichen verwendete, die direkte Vorläufer unserer heutigen Noten sind. Grundeinheiten waren Minima, Semiminima, Brevis und Longa, die wir als Achtel-, Viertel-, Halbe und Ganze Note notieren würden. Mit diesen Zeichen waren Veränderungen im rhythmischen Schema sofort erkennbar und vielfältigere Details konnten genau notiert werden. Rhythmische Lebendigkeit kennzeichnet denn auch Vitrys wenige ihm sicher zugeschriebene Werke, Motetten, die von seiner geistigen Brillanz zeugen. Oft ist ihr Inhalt satirisch, z. B. bei einer ziemlich langen musikalisch-poetischen Allegorie, dem *Roman de Fauvel* (Roman von Fauvel). Wesentlich mehr Musik haben wir von seinem jüngeren Zeitgenossen Guillaume de Machaut (ca. 1300–1377), der zwar auch Verbindungen zum französischen Königshaus hatte, Paris jedoch mied und sich im Alter von etwa vierzig Jahren als Kanonikus nach Reims zurückzog. Dort überwachte er die Anfertigung prachtvoller Kopien seiner gesamten musikalischen Werke, ein Unterfangen, dem wir die Überlieferung von fast hundert seiner

Guillaume de Machaut schreibt eine Ballade

lyrischen Lieder, 23 Motetten, 19 Lais (lange, erzählende Lieder) sowie einer Messe verdanken. Damit ist er für die Zeit vor Dufay im
nächsten Jahrhundert der mit Abstand am besten dokumentierte
Komponist. Seine Werke hatten dementsprechend auch einen führenden Platz beim Revival der mittelalterlichen Musik. Seine Messe wurde
seit Anfang des 19. Jahrhunderts in Musikgeschichten zitiert, sie
wurde 1936 zumindest teilweise aufgenommen und, zusammen mit
dem Rest seines Schaffens, zum Thema von Monographien, Editionen und Aufnahmen seit den 1950er Jahren. Sowie Machauts Musik
Bekanntheit erlangt hatte, begann sie auch schon Komponisten zu beeinflussen, die sechs Jahrhunderte nach ihm lebten, darunter Igor Strawinski (in seiner eigenen Messe), Olivier Messiaen und Jean Barraqué.
Bald schrieben andere, vor allem Harrison Birtwistle und György Kurtág, Bearbeitungen einiger seiner Stücke.

Was all diese späteren Kollegen faszinierte, war, zumindest zum
Teil, die resolute Art, wie Machaut mit Rhythmus als einer Komponente umging, die mit der harmonischen Struktur zwar eng verzahnt

war, sich aber nicht glatt integrierte, sondern sich eher mit ihren eigenen Mustern befasste. Diese Eigenheit hatte er von den Motetten des 13. Jahrhunderts übernommen, wo in vielen Fällen die Choralmelodie in der Tenorstimme wiederholt wurde, damit die anderen Stimmen Zeit bekamen zu sagen, was sie zu sagen hatten. Machaut aber wiederholte sie nach bestimmten rhythmischen Mustern, die bei der Wiederkehr ein anderes Tempo annehmen konnten. In seiner Motette *De bon espoir – Puisque la douce rose* (In fester Hoffnung – Für die süße Rose: zwei Titel, da beide hinzugefügten Stimmen eigene Texte haben) etwa ist die Choralmelodie (bestehend aus 18 Tönen), auch Color genannt, viermal zu hören, aber wird überlagert von einer rhythmischen Sequenz (bestehend aus 12 Tönen), Talea genannt, die insgesamt sechsmal wiederkehrt, wobei die zweiten drei Wiederholungen doppelt so schnell sind wie die ersten drei. Der Color setzt also auf halbem Weg durch die zweite Talea erneut ein, und die beiden fallen folglich nur zu Beginn der dritten Wiederholung des Color und der vierten Wiederholung der Talea zusammen – an dem Punkt, wo das Tempo des Tenors (aber nicht das der anderen beiden) schneller wird. Diese Technik der »Isorhythmie«, bei der rhythmische Muster unabhängig von den Melodietönen wiederholt werden, konnte alle Stimmen betreffen, so zum Beispiel im Amen, das das Credo der Messe von Machaut beschließt.

Diese Messe, die *Messe de Nostre Dame* (Messe unser Heiligen Jungfrau), wie der Komponist sie nannte, vertont die Elemente des Gottesdienstes, die in jeder Messfeier gleich sind und das gemeinsame Beten, Lobpreisen und Bestätigen zum Ausdruck bringen: Kyrie, Gloria, Credo, Sanctus mit Benedictus (als Paar behandelt), Agnus Dei und schließlich noch die Antwort auf die Entlassung »Ite missa est«. Lässt man Letztere weg, hat man mit diesem Zyklus aus fünf Sätzen die gewichtigste Form, die Komponisten ab der Mitte des 15. Jahrhunderts bis Ende des 16. zur Verfügung stand. Doch Machauts Messe ist bei weitem das früheste Beispiel (abgesehen von zwei Messen, die in Barcelona und Tournai aus nicht zusammenhängenden Sätzen zusammengesetzt wurden), und sie ist zudem eine kraftvolle und glänzende Komposition. Wie Perotin schon anderthalb Jahrhunderte zuvor schrieb auch Machaut für vier Männerstimmen, jetzt allerdings in zwei unterschiedlichen Registern (Tenor und Bass oder möglicherweise Kontratenor und Bariton – welche Stimmlagen damals der Standard waren, wissen wir nicht genau), was vollere Akkorde erlaubte; Hauptkonsonanz blieb aber weiterhin der Quint-Oktav-Klang. Statt

sich in mehr oder weniger ähnlichen kleinen Kreisen zu bewegen, übt
die Harmonik hier einen starken, wenn auch sanften Druck auf längere Passagen aus, indem sie sich auf grelle Kadenzen hinbewegt, die
von benachbarten Noten aus in einen, wie man es später bezeichnen
würde, Mollakkord münden (so löst sich etwa cis-e-gis nach d-a-d
auf). Diese allgegenwärtige Kadenz artikuliert sowohl die kurzen Segmente des Gloria und Credo, wo alle vier Stimmen den Text Phrase
um Phrase meist gleichzeitig vortragen, als auch die längeren Abschnitte, wo ein minimaler Text – nur das »Amen« am Ende des Glo-
rias und des Credos – Gelegenheit bietet für einfallsreiche Isorhyth-
mik und Kontrapunktik.

Machauts Motetten sind im Stil ähnlich, die meisten weisen Isorhythmie zumindest in ihren Tenorstimmen auf. Doch werden die
langen Melismen (Tonfolgen, die auf einer Silbe gesungen werden) in
den Motetten mit ganzen Wortströmen unterlegt, so dass die Zusatz-
stimmen mit ihren so entstehenden unterschiedlichen Texten denen
der Motetten aus dem vorigen Jahrhundert ähneln. Auch ist die Motette, wie schon zuvor, keine liturgische Gattung, nicht einmal in den
wenigen Beispielen von Machaut, die sich in lateinischer Sprache mit
sakralen Themen befassen. Die jetzt üblicheren französischen Texte
handeln von dem, was Hauptthema des volkstümlichen Lieds seit der
Zeit der Troubadours war: von Liebe, vom Versprechen der Beständigkeit, von der Furcht vor Trennung und dem Schmerz des Undanks. In
Machauts Motetten allerdings werden die Entschlossenheit des Liebenden und sein Leiden besonders intensiv dargestellt, denn die Kadenz wird durch eine lange, polyphon gearbeitete Strecke, die bittere
Dissonanzen durchläuft, hinausgezögert. Auch zeichnen die Oberstimmen jeder Motette (meist zwei mit ungefähr gleichem Tonumfang
über einem darunterliegenden Tenor) den Widerstreit der Gefühle innerhalb einer einzigen Person nach. In *Dame, je suis cilz – Fins cuers
doulz* (Dame, ich bin derjenige – Süßes feines Herz) zum Beispiel –
ein Lied von besonderer harmonischer Melancholie, wenn auch ungewöhnlich in seinen klaren Dreier-Rhythmen und dem Fehlen von Isorhythmie – sind beide Stimmen bei der Aussicht, einer Dame fernblei-
ben zu müssen, die dies so wünscht, der Verzweiflung nahe und beide
finden Befriedigung nur im Gehorsam, selbst wenn das den eigenen
Tod bedeutet, wobei einer von beiden doch noch Hoffnung hegt auf
einen Sinneswandel seitens der Dame. Solche kleinen Unterschiede
finden sich nicht nur in den Worten, die vom Komponisten selbst
stammen; der etwas optimistischere Part ist auch der musikalisch leb-

haftere, und die Vertonung kommentiert die Texte in dem, wie sie die Stimmen ausrichtet, wie sie die eine Stimme der anderen antworten oder die eine den Gedanken der anderen fortsetzen lässt. Die poetische Struktur, die Rhythmus und Metrum vermitteln, ist der Musik hier deutlich weniger wichtig als dieser Dialog, den sie schafft.

Bei anderen Liedern folgte Machaut den Pfaden seiner Troubadour- und Trouvère-Vorgänger und komponierte musikalische Phrasen, die die Textstruktur nicht außer Acht lassen, sondern mit ihr übereinstimmen – vor allem bei drei Typen, die zu den *Formes fixes* (festen Formen) des nächsten Jahrhunderts wurden: Ballade, Rondeau und Virelai. Machauts Balladen und Rondeaus sind wie seine Motetten meist dreistimmig angelegt. Sie unterscheiden sich von der Motette aber in ihrer regelmäßigen Phrasierung, die Machauts Melodik deutlicher hervortreten lässt, und darin, dass sie generell melismatischer sind. An dem Punkt unterscheiden sich Ballade und Rondeau vom Virelai, denn dieses ist weitgehend syllabisch (d.h. auf jede Silbe kommt ein Ton). Mit seiner nackten Melodie ohne zusätzliche Stimmen verweist es außerdem direkt auf ältere Traditionen, und manchen Virelais liegt eine Volksliedmelodie zugrunde, mal munter (*Quant je suis mis au retour;* Als ich zurückkehrte), mal wehmütig (*Comment qu'a moy lointeinne soies;* Wie fern du mir du auch sein magst).

Vielseitig, wie er war, und sicherlich stolz auf sein Werk (deshalb kümmerte er sich auch selbst um dessen Präsentation), genoss Machaut zu seiner Zeit große Anerkennung. Wie kein anderer Komponist vor ihm (aber viele seither) wurde ihm die postume Ehre eines Denkmals in der eigenen Kunst zuteil, und zwar in Form einer Ballade des größten französischen Dichters der nächsten Generation, Eustace Deschamps, die der ansonsten unbekannte Komponist Andrieu vertonte. Eines seiner eigenen Gedichte wurde von einem italienischen Komponisten vertont, Antonello da Caserta, was bestätigt, dass seine Manuskripte weit verbreitet waren und seine Musik weithin geschätzt wurde. Diesen Einfluss spürte auch einer der bedeutenden Nachfolger Machauts, Solage (auch von ihm ist nur der Nachname bekannt), der möglicherweise dessen Schüler war und der Machauts Stil zu bestechender harmonischer Raffinesse weiterentwickelte. Viele andere erweiterten, so sie nicht direkt an ihn anknüpften, zumindest die Möglichkeiten der Ars nova, die Machaut zur klassischen Perfektion gebracht hatte. Die Hauptzentren der Entwicklung verlagerten sich jetzt im späten 14. Jahrhundert nach Südfrankreich und in die an Italien und Spanien angrenzenden Gebiete sowie nach Zypern, wo die Kenntnis von Machauts Musik die Grenze der westeuropäischen Zivilisation erreicht hatte.

Unter den Komponisten dieser Periode ragt der Florentiner Francesco Landini (ca. 1325–1397) heraus, allein schon aufgrund des Umfangs und der Vielfalt seines erhaltenen Werks, auch wenn er sich fast ausschließlich auf zwei- oder dreistimmige italienische Lieder konzentriert hatte. Manche sind tanzartig, folgen einem lebhaften Grundpuls; viele andere haben den unregelmäßigen, wenn auch fließenden Rhythmus, den er vielleicht über italienische Zeitgenossen Machauts, wie etwa Jacopo da Bologna und Lorenzo da Firenze, aus der französischen Ars nova übernommen hatte. Diese italienischen Komponisten unterscheidet zumindest teilweise von ihren französischen Kollegen die Art und Weise, wie sie mithilfe von melodischen und harmonischen Details den Text direkt ausdrücken, eine Art, die schon auf die Madrigale zwei Jahrhunderte später hindeutet. In Landinis Lied *Quanto piu caro faj* (Je teurer du machst) etwa spiegelt sich das Bild des wachsenden Feuers in Motiven, die trillern wie flackernde Flammen, und das Wort »niemals« erhält eine lange Ausarbeitung, als wolle die Musik niemals enden.

Ähnlich schon die beginnende Renaissance andeutend sind die immer häufigere Verwendung des vollständigen Dreiklangs (Akkord mit Terz und Quinte, z. B. d-f-a oder f-a-c, der dann im Dur-Moll-System des 17. Jahrhunderts und darüber hinaus fundamentale Bedeutung bekommt) in italienischen und französischen Liedern des 14. Jahrhunderts und die Stellen, an denen eine polyphone Stimme imitiert, was eine andere gerade gesungen hat. Beide Elemente waren natürlich nicht gänzlich neu. Dreiklänge kommen gelegentlich schon bei Perotin vor, und imitierende Kontrapunktik in einer sehr einfachen Form – als Kanon, bei dem verschiedene Stimmen nacheinander das Gleiche singen – gibt es mindestens seit dem englischen Lied *Sumer is icumen in* (Der Sommer kommt ins Land) aus der Mitte des 13. Jahrhunderts. Doch jetzt fingen Komponisten an, sowohl Harmonik als auch Kontrapunktik bewusst einzusetzen, um einen glatten Verlauf zu schaffen, in dem musikalische Ereignisse hörbare Ursachen und Wirkungen haben – eine Parallele in der damaligen Kunst zur Perspektive, die die Malerei zu leiten begann.

Dass Landini im kunstliebenden Florenz lebte, ist dabei bezeichnend. Er war der Sohn eines Malers, Jacopo da Casentino, und wäre vielleicht in die Fußstapfen seines Vaters getreten, wäre er nicht als kleines Kind an Pocken erkrankt und erblindet. Vermutlich schuf er seine Kompositionen an der Orgel, an der er ein anerkannter Meister war, und ließ sie von einem Assistenten aufschreiben – was die Frage aufwirft, wie es damals um die Fertigkeit des Musiklesens und -schreibens bestellt war. Obwohl eine kirchliche Ausbildung (wie sie die meisten Komponisten bis zum 16. Jahrhundert durchliefen) die Unterweisung im Lesen des Gregorianischen Gesangs einschloss, ist es unwahrscheinlich, dass die Befähigung, die rhythmischen Feinheiten eines Machaut oder Landini zu erfassen, oft verlangt wurde oder weithin entwickelt war. Sänger mussten in erster Linie seltene Virtuosen sein – Instrumentalisten auch, soweit sie an polyphoner Musik mitwirkten und nicht nur derbe Tänze spielten, von denen einige wenige aus diesem Jahrhundert erhalten sind.

Kompetente Interpreten für die hochentwickelte Musik, die in Südfrankreich und Norditalien um 1400 geschaffen und für die das moderne Etikett »Ars subtilior« (verfeinerte Kunst) erfunden wurde, waren sicherlich noch rarer. Als dieses Repertoire in den 1970er Jahren erstmals wiederaufgeführt wurde, war es vor allem dessen rhythmische Fremdheit, die Interesse weckte und zu einem Vergleich mit der neuesten zeitgenössischen Musik einlud. Ein extremes Beispiel hierfür ist die Ballade *Le greygnour bien* (Der höchste Gott) von Matteo da Perugia († um 1418), die in der Unabhängigkeit der einzelnen Stimmen der Musik eines Conlon Nancarrow nahe steht oder in ihren stark nuancierten Werten der von Pierre Boulez. Hier war eine Stimme aus der Vergangenheit, die, ähnlich wie Machaut etwas früher, bemerkenswert zeitgenössisch klang. Und das tut sie noch immer, in vielerlei, sich wandelnder Hinsicht. Je mehr Ensembles sich auf das mittelalterliche Lied spezialisierten, desto deutlicher zeigte sich nämlich auch, wie wichtig es ist, welche Auswahl die Aufführenden treffen, was sie wissen und was sie vermuten, und bei Ensembles für Neue Musik ist das exakt genauso. Trotz aller schriftlichen Präzision eines Matteo da Perugia – oder eines Brian Ferneyhough aus unserer Zeit – wird Musik erst durch die Art und Weise lebendig, wie sie präsentiert wird. In der Tat mag eine Musik, die übergenaue Angaben macht – uns mehr sagt, als wir aufnehmen können, mehr, als die Musiker ausdrücken können –, sich dadurch bei der Aufführung als biegsamer, nicht als starrer erweisen. Und Musik, die sich in unterschiedlichen Stimmen durch ein kompliziertes Geflecht hindurch verständlich machen muss, spricht uns, auch wenn sie aus einer lang zurückliegenden Zeit kommt, direkt in unserer Gegenwart an.

Matteos bizarres Stück ist selbst innerhalb des Repertoires der Ars

subtilior außergewöhnlich, und doch ist es nur *ein* außergewöhnliches
Element in der bunten Musikwelt des frühen 15. Jahrhunderts. Die
Musik dieser Zeit bewegte sich jetzt in mehrerlei Hinsicht auf die Ideale der Renaissance zu, nicht nur durch beständig konsonante Harmonik und Imitation zwischen den Stimmen: melodische Linien wurden
einheitlicher und fließender, polyphone Stimmen ähnlicher in Tempo
und rhythmischem Detail, musikalische Bilder besser abgestimmt auf
Rhythmus, Klang und Bedeutung der Worte. Aber die unterschiedlichen Komponisten bewegten sich in unterschiedlichen Geschwindigkeiten auf diesen parallelen Wegen, als wäre der gesamte Verlauf der
Kunst ein Stück später Ars-nova-Polyphonie. Die Lieder von Paolo da
Firenze (ca. 1355–?1436), die aus der Landini-Tradition kommen und
ebenfalls von Tanznummern bis hin zu lieblich-expressiven Stücken
reichen, haben Melodien, die sich mühelos und bewusst durch den
Satz bewegen. Sie überkreuzen sich in fließender Imitation und lassen
die Worte lebendig werden. Das geschieht allerdings innerhalb einer
harmonischen Welt der Zeit, als der Komponist geboren wurde – der
Zeit, als Machaut auf seinem Höhepunkt war. Umgekehrt war der
englische Komponist Pycard – bekannt nur als Verfasser zweier Messe-
Abschnitte im Old-Hall-Manuskript (ca. 1415–1421), einer umfangreichen Sammlung geistlicher Musik, die vermutlich für Heinrichs V.
Bruder Thomas, den Herzog von Clarence, zusammengestellt wurde –
ein Meister der sonoren, weitgehend aus Dreiklängen bestehenden
konsonanten Harmonik mit aufregenden Imitationseffekten zwischen
den Stimmen. Und doch schauten der streng gepulste Rhythmus und
die klare Trennung der Funktionen (einige Stimmen schnell, einige
langsam) zurück ins 13. oder sogar ins 12. Jahrhundert.

Ein anderes Grundmuster in der Musik dieser beiden Komponisten
ist das der nationalen Tradition, denn Paolos Art, Stimme, Wort und
Melodie sich gegenseitig streicheln zu lassen, klingt ganz und gar italienisch, während Pycard englische Gediegenheit und englischen Humor besitzt. Solche Unterschiede hielten sich teilweise gerade durch
Befruchtung von außen. Musik war lange in schriftlicher Form weitergegeben worden. So hatten sich der Gregorianische Choral, die Notre-
Dame-Polyphonie und der Ars-nova-Stil verbreitet. Jetzt aber begannen die Komponisten selbst zu reisen – und wo Machaut das nur als
Sekretär von Jean de Luxembourg, dem König von Böhmen, getan
hatte, wurden seine Nachfolger allein wegen ihres musikalischen Kön-
nens eingeladen. Johannes Ciconia, gegen 1370 in Lüttich geboren,
verbrachte die meiste Zeit seines Erwachsenenlebens erst in Rom

(während der 1390er Jahre) und dann in Padua, wo er 1411 starb. Er bereitete so einen Weg von den Niederlanden nach Italien, den dann im Lauf der nächsten zwei Jahrhunderte mehrere Komponisten nahmen, darunter Dufay, Josquin und Lasso. Wie sie alle war er mehrsprachig, vertonte Texte aus mehr als einer Sprache (Italienisch und Französisch in seinem Fall) und kombinierte verschiedene musikalische Traditionen (bei ihm waren das die französische Ars nova und der italienische Sinn für Melodik und Expressivität). Seine Musik verbreitete sich bis nach Polen, und am Charme seines Lieds *O rosa bella* (O schöne Rose) erfreute man sich noch ein halbes Jahrhundert nach seinem Tod, denn das Stück war wiederholt von späteren Komponisten bearbeitet worden, einem von ihnen diente es gar als Basis für eine Messe. Während dieses Lied ihn als heimlichen Florentiner zeigt, erahnt er in seinen Motetten für Padua und Venedig schon die venezianische Staatsmusik, die zweihundert Jahre später mit Giovanni Gabrieli und Claudio Monteverdi ihre Blütezeit haben sollte.

Vielleicht schaut Paolo da Firenze ja noch weiter voraus. Wie Ciconia war er Priester; er war zudem Benediktiner und stieg in den Rang eines Bischofs auf. Seine Musik aber besteht fast ausschließlich aus weltlichen Liedern. Eines davon, *Non più 'nfelic* (Nicht mehr unglücklich), fixiert das Bild vom Blick des Narziss, der am Wasser sitzt und sein Spiegelbild betrachtet, und das tut es mit einer so konstanten Intensität – die Phrasen bewegen sich langsam zwischen schnellen tonleiterartigen kleinen Wellen bei völlig bewegungsloser Harmonik –, dass die Musik selbst zum Teich wird. Melodische Figuren spiegeln sich darin, wenn eine Stimme die andere imitiert; das Schmeicheln der Vokalstimme, ob zurückhaltend oder redselig, rückt den menschlichen Körper ins Bild, so wie sicherlich der Körper des Narziss im Spiegel der Wasseroberfläche zu sehen ist; und in alledem – im Stillstand, in der Erotik, in der Ruhe – können wir auch einen italienischen Komponisten aus einer sechs Jahrhunderte späteren Zeit erkennen: Salvatore Sciarrino. Natürlich mag das daran liegen, dass Interpreten von Paolos Musik heute in der gleichen Welt leben, aus der auch Sciarrino spricht, es mag sogar durchaus sein, dass sie auch seine Musik aufführen. Doch das ändert nichts an der Tatsache, dass hier im 21. Jahrhundert das Mittelalter noch nicht vorbei ist.

Obwohl Paolo Mönch war, hinterließ er in seinem Testament einige Dinge, die ihm persönlich gehört hatten. Darunter war auch eine Tischuhr. Jetzt war die Zeit gezähmt.

Teil III

Empfundene Zeit: 1400–1630

Der Begriff »Renaissance« wurde zwar erst 1855 von dem französischen Historiker Jules Michelet eingeführt, aber den Menschen des 15. Jahrhunderts war sicherlich bewusst, dass sie in einer Zeit der Wiedergeburt lebten. So schrieb der Musiktheoretiker Johannes Tinctoris (um 1435–?1511) in einem seiner Traktate aus den 1470er Jahren: »Die Möglichkeiten unserer Musik haben sich so wunderbar erweitert, dass man eine neue Kunst erkennen kann, wenn ich so sagen darf, deren Quelle und Ursprung, so heißt es, bei den Engländern liegen soll.« Das war an sich nichts Neues. Dreißig Jahre zuvor hatte dies schon der französische Dichter Martin Le Franc (um 1410–1461) erkannt. In seinem *Champion des Dames* (Kämpfer für die Frauen) bezieht er sich an einer Stelle auf zwei Komponisten, die er als jemand, der an den künstlerisch bedeutenden Höfen von Burgund und Savoyen verkehrte, sicherlich kannte: Guillaume Dufay (?1397–1474) und Gilles de Bins, genannt Binchois (um 1400–1460). »Denn sie haben einen neuen Weg gefunden, frische Zusammenklänge zu schaffen ... und den englischen Stil [*la contenance angloise*] übernommen.« Sowohl Tinctoris als auch Le Franc hoben als führenden Kopf der englischen Schule ausdrücklich John Dunstable (um 1390–1453) hervor.

Diese wenigen Zeilen aus den gut 24 000 von Le Francs Gedicht wurden zigmal genau untersucht, denn sie sind nicht nur vage, sondern beziehen sich auch auf eine Zeit, aus der nur sehr wenige Kompositionen einigermaßen genau datiert werden können. Drei Dinge scheinen allerdings eindeutig zu sein: Um 1430 kam es in den Niederlanden, Frankreich und Italien zu einem grundlegenden Wandel in der Musik; mit englischer Musik – die man möglicherweise vom Konzil von Konstanz (1414–1418) her kannte, dem auch englische Prälaten und ihre Sänger beiwohnten – verband man eine katalysatorische Wirkung; und das, was diesen Prozess in Gang gebracht hatte, war der Dreiklang. In einem anderen Traktat von 1477 benennt Tinctoris die

Veränderung sehr konkret: »Man kann sich nicht genug wundern, dass es unter den Kompositionen, die älter als vierzig Jahre sind, nicht eine gibt, die von den Gebildeten als hörenswert erachtet wird.« Die Musik orientierte sich jetzt – wie die anderen Künste und Wissenschaften auch – an neuen Ideen. Eine der wichtigsten war, dass man Musik nicht mehr nach Maßstäben bewerten sollte, die aus der antiken Philosophie stammten, sondern danach, wie sie klingt.

Grundsätzliches Kennzeichen der Renaissance war ein Respekt vor der Natur, so, wie sie vom Menschen wahrgenommen wird. Maler verwendeten jetzt natürliche Farben, sie konnten schattieren, um räumliche Tiefe darzustellen, kannten eine neue Genauigkeit im Maßstab und vor allem die Zentralperspektive. Endlich konnte die Abbildung der realen Welt gleichen. Architekten stützten ihre Entwürfe auf einfache Formen und Proportionen, die das Auge unmittelbar und intuitiv erfassen konnte und die deshalb natürlich erschienen. Tinctoris' Datierung setzt den Beginn der musikalischen Renaissance auf eine Zeit fest, in der Masaccios Gemälde und Brunelleschis bahnbrechende Baupläne entstanden. Auch hier war der Impuls zur Veränderung dem Wunsch entsprungen, Realität so widerzuspiegeln, wie sie von den Sinnen wahrgenommen wurde: als Realität der Zeit – die im frühen 15. Jahrhundert mit der Entwicklung der frühesten genauen Uhrwerke erstmals als kontinuierlich fließend und geordnet empfunden wurde – und als Realität des Hörens.

So wie ein Renaissance-Gemälde das Auge in eine Szenerie einlädt, die ganz echt wirkt, so lädt die Renaissance-Musik das Ohr in lichte Weiten von Zeit ein, dorthin, wo Harmonie und Rhythmus dem natürlichen Hören entsprechen. Selbstverständlich kann kein Musikstück die Wirklichkeit dessen, was wir hören, so nachahmen, wie ein Gemälde das wiedergeben kann, was man sieht. Es mag daher sein, dass wir in der Musik etwas als natürlich ansehen, was nicht wirklich natürlich, sondern nur vertraut ist. Besonders mit der Natürlichkeit des Dreiklangs ist es so eine Sache: Erleben wir Dreiklänge, verglichen mit den »leeren« Quinten Perotins, deshalb als voll und weich, weil wir wirklich so hören, oder nur deshalb, weil wir sie schon so oft gehört haben? Liegt es an der Funktionsweise unseres Gehörs oder hat sich unser Ohr schlicht an die allgegenwärtige dreiklanggeprägte Musik der westlichen Tradition gewöhnt? Möglicherweise steckt die Antwort bereits in der Frage, denn es kann gut sein, dass der Dreiklang nie so große Bedeutung erlangt hätte, wäre er nicht in der auditiven Verarbeitung als vollkommen natürlich wahrgenommen worden.

Dass dem so ist, wird manchmal auf seine einfachen Frequenzverhältnisse zurückgeführt. Mindestens genauso wichtig ist aber die Funktion des Dreiklangs als Orientierungshilfe, seine Bedeutung nicht nur für den Klang, sondern auch für die Zeit. Dreiklänge sind, da sie aus drei Tönen bestehen, viel stärker vernetzt als bloße Zweiklänge. Ein Renaissance-Stück im mixolydischen Modus beispielsweise hat als Ruhe- und Schlusspunkt den Akkord g-h-d, dazu gibt es eine Vielzahl anderer Dreiklänge, die man mal als dem Grundakkord näher (etwa die Umkehrungen h-d-g und d-g-h), mal als ihm ferner empfindet. Die Melodie kann nun quer durch dieses harmonische Labyrinth einen roten Faden ziehen und der Rhythmus ihren Lauf unterstützen, indem er ein Gefühl der Regelmäßigkeit vermittelt – Regelmäßigkeit hinsichtlich Grundschlag, Metrum und Phrase. So war das jedenfalls noch bei Perotin, doch in der subtilen Musik des 14. Jahrhunderts hatte sich dies geändert: In der Renaissance-Polyphonie kam die herausragende Rolle des Melodieträgers nun der obersten Stimme zu, gleichzeitig übernahm der Bass als tiefste Stimme die Funktion einer Basis der Harmonie. Weitere Änderungen betrafen zum einen die Textur – nach der Dreistimmigkeit im 13. und 14. Jahrhundert entwickelte sich jetzt der vierstimmige Satz zur Norm, was vollständige Dreiklänge mit dem Grundton an oberster und tiefster Stelle ermöglichte (z. B. g-h-d-g) – und zum anderen die frühere rhythmische Vielfalt, die jetzt beschnitten wurde zugunsten von Zyklen, die so regelmäßig waren wie der menschliche Atem.

Zeit wurde von dieser Musik weniger erzeugt als vielmehr entdeckt. Während etwa Machauts Messe energisch ihre Position in einem Zeitvakuum behauptet, bewegen sich die Messen der Komponisten des 15. und 16. Jahrhunderts durch Zeiträume, die bereits existierten, weil harmonische Beziehungen diese Räume definiert und gefestigt hatten. In diesem zentralen Aspekt ist die Musik der Renaissance in der Tat eins mit dem, was und wie wir wahrnehmen, denn sie bietet uns Modelle dafür, wie wir den Ablauf von Zeit empfinden.

Kapitel 4

Harmonie, das Licht der Zeit

Die Renaissance entstand natürlich nicht einfach über Nacht. Das, was ihre Musik ausmacht – Dreiklangsharmonik mit Melodien, die im ruhigen, gleichmäßigen Rhythmus der Akkordwechsel dahinfließen –, entwickelte sich ganz allmählich und über Jahrzehnte hinweg im Lauf des späten 14. und frühen 15. Jahrhunderts, und manche Elemente aus dem Mittelalter hielten sich teilweise sogar bis ins 15. oder gar 16. Jahrhundert. Als besonders langlebig erwies sich eine Technik, bei der über oder um einen meist liturgischen Cantus firmus ein polyphoner Satz gebaut wurde. Allerdings erscheint es eher unwahrscheinlich, dass im 15. Jahrhundert Werke noch Stimme für Stimme geschrieben wurden. Der Fluss dieser Musik legt eher nahe, dass ein Perspektivewechsel stattgefunden hat. Statt ein Stück horizontal zu konzipieren, also eine Stimme nach der anderen zu schreiben, wurde es nun vertikal angelegt, die gesamte Textur auf einmal entworfen und der vorgegebene Cantus firmus in die sich harmonisch entfaltenden neuen Stimmen eingebunden.

Aus dem Mittelalter überlebt hatte auch eine etwas kantige Art von Melodie, deren Konturen nicht glatt mit der Harmonie verschmolzen, sondern deutlich heraustachen, sowie eine reichlich komplizierte Rhythmik, die ebenso dem Eindruck eines einheitlichen Dahinfließens in allen Stimmen entgegenwirkte. Eine solche rhythmische Komplexität konnte sich in plötzlichen Häufungen kurzer Notenwerte oder an Stellen zeigen, an denen verschiedene Stimmen zwar gleichzeitig, aber in verschiedenen Metren fortschreiten, denn die mittelalterliche Mensur, die unverändert galt, ermöglichte ein leichtes Wechseln zwischen dreizeitigen und zweizeitigen Untergliederungen auf zwei Ebenen, so dass eine Stimme plötzlich innerhalb eines Grundrhythmus von vier Schlägen in einen mit neun Schlägen wechseln konnte. Und Isorhythmie mit ihren festen rhythmischen Mustern, die leichter auf Papier anzusehen als zu hören waren, wurde selbst vom späten Dufay noch in Motetten bevorzugt verwendet.

Erstaunlicherweise brachte die musikalische Renaissance keine wesentlichen Veränderungen in einem Notationssystem mit sich, das sich

Guillaume Dufay (links) und Gilles Binchois (Illustration im Werk des Martin Le Franc)

schon dem rhythmisch höchst komplizierten Stil eines Matteo da Perugia oder anderer Komponisten des frühen 15. Jahrhunderts so wunderbar angepasst hatte. Musik wurde außerdem noch bis in die Mitte des 16. Jahrhunderts in so genannten Chorbüchern angelegt: die Stimmen eines Werks oder eines Werkabschnitts wurden einzeln auf gegenüberliegenden Doppelseiten notiert. In der heutigen Aufführungspraxis wird deshalb oft angenommen, dass sich nur wenige Sänger in einer kleinen Gruppe um so ein Buch scharen konnten. Es kann aber durchaus sein, dass die Chöre größer waren und die Sänger ihre Partien kopierten oder auswendig lernten. Ebenso ist unklar, inwieweit polyphone Werke – egal ob es sich hierbei um kirchliche Musik oder ein weltliches Lied handelte – mit Instrumentalisten oder Sängerknaben aufgeführt wurden. Lieder aus dem 15. Jahrhundert wirken besonders gut, wenn die tieferen Stimmen auf der Laute, der Harfe oder den Blasinstrumenten dieser Zeit gespielt werden, deren Klang ebenso exotisch ist wie ihre Namen: Kortholt (Kurzholz), Krummhorn oder Sackbut (Renaissanceposaune). Die Existenz des Buxheimer Orgelbuchs (um 1470) beweist, dass Lieder – wenn man den Text wegließ –

als kontrapunktische Inventionen auf dem Manual verstanden werden konnten. Sie klingen aber auch gut, wenn sie von einem reinen Vokalensemble aufgeführt werden. Hinweise auf ein Mitwirken von Instrumentalisten in der Kirche findet man gelegentlich bei wichtigen Zeremonien, im Allgemeinen war allerdings wohl der Chor allein für die Musik verantwortlich. Die übliche vierstimmige Textur des 15. Jahrhunderts (die schon im 14. Jahrhundert aufkam), besteht aus Tenor I und II, einer darunter liegenden Stimme in Baritonlage sowie einer hohen Stimme, die von Kontratenören oder Knaben gesungen werden konnte.

Gewiss fingen Komponisten oft als Chorknaben an – in diesem wie in anderen Punkten ist Dufays Laufbahn exemplarisch. Vermutlich mit elf oder zwölf Jahren wurde er in den Chor der Kathedrale von Cambrai aufgenommen (das im heutigen Frankreich nahe der belgischen Grenze liegt), und er blieb dort als Sängerknabe, bis er ungefähr sechzehn war. Die Kathedrale von Cambrai war ein bedeutender Ort, ein mächtiges Bauwerk, angesehen und reich. Man pflegte engen Kontakt zu Rom und bekam Besuch von Königen, da die Kirche ein Porträt der Jungfrau Maria besaß, das angeblich der Heilige Lukas gemalt hatte. Dementsprechend gehörten gleich mehrere Komponisten zu ihrem musikalischen Personal – auch wenn es wohl etwas anachronistisch ist, jemanden aus dieser Epoche als Komponisten zu bezeichnen: Es waren Männer (zwangsläufig, in einer von Männer bestimmten Kirche), die in verschiedenen Funktionen als Lehrer und Chorleiter tätig und alle auch Priester waren. Wie manch anderem Jungen mit Talent, aber ohne adlige Herkunft hatte man wohl auch dem jungen Dufay geraten, seinen Lebensunterhalt in der Kirche zu verdienen. Die Kirche hatte zur Zeit seiner Jugend begonnen, Polyphonie in größerem Umfang zuzulassen, die noch im vorangegangenen Jahrhundert weitgehend auf das weltliche Lied beschränkt geblieben war. Typisch für das neue Zeitalter war auch, wie schnell sich der Ruf eines jungen Mannes verbreiten konnte. So kam Dufay schon mit Mitte zwanzig nach Rimini, wo er der Familie Malatesta diente. Die Jahre zwischen 30 und 40 verbrachte er meist im Gefolge von Papst Eugen IV. und nahm danach eine Einladung an den Hof Ludwigs I. von Savoyen an (ein Gebiet zwischen Alpen und Mittelmeer, das sich heute Schweiz, Frankreich und Italien teilen). Seine Stelle in Cambrai aber behielt er trotzdem bei, und dort starb er dann auch mit über 70 Jahren.

Cambrai gehörte zu Dufays Zeit, zumindest während seines Erwachsenenlebens, zum burgundischen Reich Herzog Philipps des Guten, eines großen Förderers der Künste. Binchois, der aus der gleichen Gegend kam, stand lange Jahre in dessen Diensten, und beide Komponisten hatten vermutlich regelmäßigen Kontakt. Wahrscheinlich betrachteten sie sich, anders als ihre Vorgänger, auch schon selbst als Komponisten, denn als solche waren sie weithin bekannt, wie Martin Le Franc bestätigt. Genau wie ihre Zeitgenossen Donatello und Jan van Eyck konnten sie ihr Ansehen als Beweis dafür werten, dass die Welt sie aufgrund ihres künstlerischen Werks achtete; so hatten sie möglicherweise ein Selbstverständnis als Künstler, das unter den früheren Musikern allenfalls Machaut gehabt haben kann. Besonders Dufay ließ man gern zu Ereignissen von herausragender Bedeutung kommen, wie etwa zur Einweihung des Florentiner Doms (1436) durch den Papst, für die er eigens eine Motette schrieb: *Nuper rosarum flores* (Jüngst schmückten Blüten von Rosen).

Isorhythmische Grundlage dieses Stücks sind, was ungewöhnlich war, zwei tiefe Stimmen, die beide passenderweise einen Choral zur Weihe einer Kirche zitieren. Dieser Choral ist viermal in verschiedenen Geschwindigkeiten zu hören, und zwar in einem Längenverhältnis von 2:3:6:4 – ein Verhältnis, das offenbar den Proportionen des Baus entspricht, für den das Werk geschrieben war. Genau wie der 1294 begonnene Dom eine Renaissance-Architektur auf einen mittelalterlichen Grundriss setzte, benutzte Dufays Motette das mittelalterliche Choral-Fundament als Stütze für zwei höhere Stimmen, die sich mit der Klarheit und Leichtigkeit der Renaissance bewegen. Diese beiden Oberstimmen – eine liegt über der anderen, beide tragen den gleichen Text – sorgen für die harmonische Kontinuität. Sie vervollständigen oder implizieren Dreiklänge über den isorhythmischen Unterstimmen, die immer wieder in ihren Gesang einstimmen – und es kann gut sein, dass sie dies auf Instrumenten taten. All das hörte damals nicht nur der Papst zum ersten Mal, der eine Tiara trug, die er beim Florentiner Meister Lorenzo Ghiberti bestellt hatte, sondern hörten auch andere, die zur Fertigstellung des Doms beigetragen hatten: Brunelleschi, der Architekt der Kuppel, und Donatello, der die Statuen geschaffen hatte. Hier konnte sich Dufay einer Gemeinschaft von Künstlern zugehörig fühlen.

Damit aber sind wir an der Grenze dessen, was wir uns ausmalen dürfen. Niemand hat damals Anekdoten über die großen Komponisten gesammelt wie Giorgio Vasari über die Maler, Bildhauer und Architekten. Der einzige erhaltene handschriftliche Brief von Dufay, ein geschäftliches Schreiben an die Medici in Florenz, lässt nichts von seiner Persönlichkeit erkennen. Auch aus seiner Musik können wir kaum etwas erschließen, was über die offensichtliche Klarheit, Beweglichkeit und den Einfallsreichtum seines Geistes hinausgeht – wenn auch hier und da berechtigter Stolz durchscheint. Allem Anschein nach war es Dufay, der erstmals die später beliebte Praxis einführte, eine Messe von einem Tenor ausgehend zu schreiben, der kein liturgischer Choral war, sondern aus einem polyphonen Lied stammte – er wählte dazu seine eigene Chanson *Se la face ay pale* (Wenn mein Gesicht bleich ist). Er komponierte, wie er in seinem Testament erwähnte, ein Requiem für seine eigene Totenmesse (das verschollen ist) und verfügte, seine Vertonung des *Ave regina celorum* (Heil der Himmelskönigin) möge von drei Männern und den Chorknaben an seinem Sterbebett gesungen werden – womit bewiesen wäre, dass zumindest um 1474 Knaben polyphone Stücke sangen. Dieses Werk signierte Dufay zudem mit seinem Namen: Zweimal erscheint er im Text, jeweils in Bitten um Erbarmen, beim zweiten Mal mit berührender Emphase auf dem Wort »miserere« (erbarme dich).

Dass er großes Ansehen genoss, ist eindeutig. Die wichtigsten Mäzene schätzten seine Musik, darunter – neben dem Papst und den Herzögen von Burgund und Savoyen – Lorenzo de' Medici, »der Prächtige«, der als 18-Jähriger dem Komponisten ein Gedicht zur Vertonung zugesandt hatte (die Musik dazu, wenn sie denn je komponiert wurde, ist nicht erhalten). Sehr wahrscheinlich gibt es auch eine Verbindung Dufays zum berühmten Fasanenfest, das Philipp der Gute 1454 in der vergeblichen Hoffnung ausrichtete, ein Jahr nach der Eroberung Konstantinopels einen Kreuzzug gegen die Türken anregen zu können, denn in dem genannten Brief an die Medici verweist Dufay auf vier Klagegesänge, die er auf den Fall der Stadt geschrieben hatte (nur einer davon ist erhalten). Ein weiterer Beweis für seinen hohen Status zeigt sich auch darin, wie viele seiner Werke dem Schicksal der drei verschollenen Klagelieder entgehen konnten – weit mehr und zudem in einer weit größeren formalen und stilistischen Vielfalt als bei jedem anderen Komponisten seiner Zeit. Überliefert sind über hundert kleinere Kirchenmusik-Stücke – darunter nicht nur die ambitionierten und großartigen isorhythmischen Motetten, sondern auch schlichte Choralbearbeitungen –, etwa ebenso viele Lieder, überwiegend in französischer Sprache, teils ausgelassen fröhlichen, teils melancholischen Charakters sowie vermutlich neun Messen, bei denen in einigen Fällen die Zuschreibung nicht gesichert ist.

Ohne die Pracht der Motetten oder den Charme seiner Chansons oder anderer geistlicher Stücke schmälern zu wollen, sind doch die Messen Dufays sowohl in beiläufigen Details wie auch hinsichtlich ihres Umfangs seine bemerkenswertesten Werke. Wie er sich gerade die große Länge einer Messekomposition zunutze machte, ist leicht zu hören – alle Abschnitte sind musikalisch miteinander verbunden. Diese Form der »zyklischen Messe« gehörte zu den Dingen, die er aus der englischen Musik übernommen hatte. Sowohl Dunstable als auch Leonel Power (um 1375–1445) hatten etwa in den 1440er Jahren solche Werke für drei Stimmen komponiert und damit die seit Machaut unterbrochene Tradition wieder aufgegriffen. Dufays Messen allerdings sind alle vierstimmig und zeugen von seinen überragenden Fähigkeiten. Einige dieser Messen sind relativ späte Werke, darunter eine, die als Tenor das anonyme Lied *L'homme armé* (Der bewaffnete Mann) verwendet.

Diese Melodie wurde im späten 15. Jahrhundert und noch danach immer wieder bearbeitet. Vielleicht ging der besondere Reiz von den geheimnisvollen Worten aus, die vor dem bewaffneten Mann warnen, vielleicht auch von den esoterischen Anspielungen, die etwas mit dem Labyrinth zu tun haben. Ganz sicher aber waren die abrupten Melodiesprünge interessant. In Dufays Bearbeitung bewegt sich der Tenor, wie bei jeder Cantus-firmus-Messe, im unteren Bereich des kontrapunktischen Gefüges meist langsam voran, er kann das Tempo aber wechseln und Verzierungen anbringen. Es gibt auch Passagen, in denen er ganz fehlt, was insbesondere in den Duetten der Fall ist, die hier, wie schon in *Nuper rosarum flores,* gliedernde Kontraste zu den Abschnitten in vierstimmiger Textur bilden – eine Technik, die das ganze 15. Jahrhundert hindurch und noch länger gebräuchlich war. Der Tenor konnte entweder hervorgehoben oder eher versteckt werden. Dufay versteckt seinen oft in dieser Messe, deren offenkundige Geschlossenheit sich eher aus anderen Faktoren speist: zum einen aus der Eleganz der Melodie, die durch die charakteristischen regelmäßigen Akkordwechsel entsteht, zum anderen aus dem Geschick, mit dem die Auflösungen (im Dreiklang über der Finalis der Tonart) zu neuen Ausgangspunkten werden, so dass zum Beispiel das ganze lange Credo sich in zwei große Bögen gliedert, und schließlich aus der Tatsache, dass jeder Abschnitt mit einer neuen Version desselben graziösen Duetts beginnt, ganz so, als solle nach den dazwischenliegenden Teilen des Gottesdienstes wieder das erzählende Moment in den Vordergrund gestellt werden. Indem diese Musik sich mit vollkommener Gelassenheit entfaltet, bringt sie uns Zeit quasi im Schein des natürlichen Lichts dar.

Zu der Zeit, als Dufay an seinen späten Messen arbeitete, war er deutlich über 50, und das Zentrum kompositorischer Aktivität lag wieder da, wo es schon während seiner Kindheit gewesen war: in den Niederlanden, Nordfrankreich und England. Inzwischen war auch eine neue Generation herangewachsen. Ihr gehörten unter anderen der Niederländer Johannes Ockeghem (um 1410–1497), der Franzose Antoine Busnois (um 1430–1492) sowie die Engländer Robert Morton (um 1430–1497) und Walter Frye († ca. 1474) an. Busnois und Morton hatten beide Verbindungen zum Hof von Burgund und konzentrierten sich dort in der Nachfolge Binchois' vor allem auf französische Chansons. Ockeghem war zwar älter – vielleicht nur ein gutes Jahrzehnt jünger als Dufay –, aber er scheint ein Spätentwickler gewesen zu sein, denn alles, was von seiner Musik erhalten ist, stammt aus der Zeit nach 1450, also aus der langen Periode, in der er in Diensten des französischem Hofes der Chapelle Royale angehörte (kein Gebäude, sondern eine Gruppe von Klerikern und Musikern, die mit dem König reisten). In dieser Zeit besuchte er mindestens zweimal Dufay in Cambrai, und sicherlich kannte er auch Binchois (möglicherweise war dieser sein Lehrer gewesen), denn er komponierte eine seiner schönsten Messen über Binchois' Chanson *De plus en plus* (Mehr und mehr) und schuf zudem eine imposante Ballade zum Gedenken an Binchois, *Mort tu as navré* (Tod, du hast verwundet).

Wie alle Komponisten des 14. und 15. Jahrhunderts schrieb auch Ockeghem polyphone Liebeslieder, aber den Großteil seines Schaffens bildeten die Messen – klangvolle Werke, die sich von denen Dufays, die etwa zur selben Zeit entstanden, recht deutlich unterschieden. Als um die Mitte des 20. Jahrhunderts die Musik des 15. Jahrhunderts wiederentdeckt wurde, sah man Ockeghem als einen Meister des schwer Zugänglichen – der komplexen rhythmischen Beziehungen und der kunstvollen Umarbeitungen des Cantus firmus. In der Tat haftet seinem Werk etwas Arkanes, Undurchsichtiges an, so wie es in der Gedankenwelt der Renaissance neben aller Klarheit, neben Rationalismus und Humanismus einen Hang zum Hermetischen gibt. Der einflussreiche Musiktheoretiker Franchino Gafori (1451–1522) beschrieb zum Beispiel Zusammenhänge zwischen den Modi und den Planeten, und viele Renaissancestücke wurden genau berechnet und so konstruiert, dass sie mit der Menge der rhythmischen Einheiten, die sie enthielten, eine bestimmte Zahl darstellten, zum Beispiel 40 Einheiten für den Namen »Maria« (wenn man die Zahlen addiert, die den Positionen der einzelnen Buchstaben im Alphabet entsprechen).

Erlebt man Ockeghems Musik jedoch als Klang – was seit den späten 1980er Jahren deutlich besser möglich war, da in puncto Aufführungspraxis polyphoner Musik des 15. Jahrhunderts größere Sicherheit herrschte – erkennt man einen ganz anderen Komponisten, der vielleicht noch immer rätselhaft, aber doch auch ergreifend persönlich ist. Während Dufays Melodik und Harmonik den Anschein erwecken, als bewege man sich stetig durch einen lichtdurchfluteten Raum voran, ist Ockeghems Musik klar und verschleiert zugleich: Jede Bewegung folgt einer direkten Logik, aber das große Ziel des Ganzen ist nicht in Sicht. Der Unterschied ist der gleiche wie der zwischen einem Gemälde, das Heilige in einer Landschaft darstellt und bei dem die Perspektive den Blick in eine imaginäre Ferne im hellen Licht öffnet, und einem Schauplatz im Inneren, bei dem das Auge des Betrachters in einem engen Raum gefangen bleibt. Vielleicht liegt der Grund dafür darin, dass Ockeghems Welt der Norden war, nicht Italien, wohin er nie gereist ist. In ihrer düsteren Zurückhaltung und dunklen Farbgebung lässt seine Musik Vergleiche mit den flämischen Malern seiner Zeit aufkommen, insbesondere mit Petrus Christus. Sein einziges italienisches Lied – *O rosa bella*, über ein Gedicht, das Johannes Ciconia Jahrzehnte zuvor als dreistimmige Ballade vertont hatte – ist bemerkenswert in der fließenden, aber eng verwobenen Kontrapunktik, bei der beide Stimmen oft ihre eigenen Gedanken zu denken scheinen, die eine vielleicht um eine Idee kreist, während die andere vorwärts drängt, als wären sie zwei Fremde im selben Raum. Das Bild, das wir uns von Ockeghem aufgrund zeitgenössischer Aufzeichnungen machen – das des weisen, frommen Mannes, der seiner Kunst still ergeben ist –, passt gut zum introvertierten Charakter dieser Kunst.

Seine englischen Zeitgenossen Morton und Frye geben ein recht gegensätzliches Paar ab, sie verbindet eigentlich nur, dass es für beide kaum biographische Details gibt. Morton scheint für sich vollkommen den burgundischen Stil angenommen zu haben, wogegen Frye eher englisch blieb. Fryes Schaffensperiode lag im dritten Viertel des 15. Jahrhunderts, der Zeit von Ockeghems größter Reife und Dufays späten Messen, doch seine Musik ist wieder ganz anders. Bei ihm schwingen die Harmonien zwischen ruhenden Konsonanzen hin und her wie Glocken, dazwischen lockern dicht gedrängte Rhythmen mit wiederkehrenden Kleinmotiven die oberen Stimmen auf. Dieser Stil scheint typisch englisch gewesen zu sein, er lässt sich zurückführen auf die vorige Generation von Dunstable und Power und wurde an Komponisten, die gegen Ende des Jahrhunderts arbeiteten, weitergegeben

– wenn auch Frye in seiner harmonischen Ausdruckskraft besondere Eigenständigkeit zeigt. Wie Morton mag er zu einer Zeit, da England zum dynastischen Schlachtfeld der Rosenkriege geworden war, Gelegenheiten, die sich im Ausland boten, gern aufgegriffen haben. Seine Werke und ihre weite Verbreitung erinnern uns daran, dass polyphone Musik quer durch Europa, von Portugal bis Prag, geschätzt wurde und dass ihre Regeln, die Tinctoris geordnet und in Form gebracht hatte, weder nationale Traditionen noch Individualität behinderten.

Auch Ockeghems Stil ist höchst individuell, selbst wenn er von jüngeren Komponisten imitiert wurde. Und doch ging er konform mit seinen Zeitgenossen, was die sakrale Thematik betraf. Sieht man von der Tradition der *L'homme armé*-Messen (zu der auch er und Busnois einen Beitrag geleistet hatten) ab, basieren die meisten Messen dieser Zeit auf liturgischen Mariengesängen oder auf Liedern wie *Se la face ay pale* oder *De plus en plus*, die aus der Perspektive desjenigen vorgetragen werden, der sich nach der Liebe einer unerreichbaren oder nicht zu erweichenden Dame verzehrt. Im neuen kirchlichen Kontext war diese Dame mit der Jungfrau Maria gleichzusetzen, deren Bild in den Messen der Zeit ebenso durchscheint wie in den vielen Madonnenbildern. Sie ist auch in vielen anderen höchst imposanten sakralen Werken der Zeit gegenwärtig, zum Beispiel in Dufays *Ave regina celorum*. Über den Topos der reinen Angebeteten vermischten die Komponisten geistliche und weltliche Liebe – so, wie es sicherlich auch die Troubadours und Kirchenliederdichter des 12. Jahrhunderts getan hatten – und wandelten damit die Messe als eigentlich universelles Gedenken um zu einem Gebet um persönliche Erlösung.

Themen wie Tod und Erlösung beschäftigen junge Menschen eher selten, doch muss das Erlebnis, solche Musik zu hören – oder sogar zu singen – die Chorknaben der 1450er und 1460er Jahre beeindruckt haben, und möglicherweise sind deshalb viele von ihnen selbst Komponisten geworden. Einer, Loyset Compère (um 1445–1518), schrieb ein großartiges Stück, in dem fünfzehn andere Komponisten erwähnt werden. Es setzt, sehr passend, mit den Worten »Omnium bonorum plena« (Voll aller guten Dinge) ein. Es kann gut sein, dass diese Motette anlässlich eines Treffens des burgundischen und französisches Hofes 1468 in Cambrai entstanden ist und dass alle genannten Komponisten bei der Aufführung dabei waren: Jungmusiker wie Compère selbst, die mittlere Generation von Ockeghem, Busnois und Tinctoris sowie, allen voran, Dufay, der im Text als »Mond der Musik und Licht der Sänger« gewürdigt wird. Mehr als dreißig Jahre nach dem großen

Tag im Dom zu Florenz war Dufay jetzt von einer anderen Gemeinschaft umgeben, von Musikern, die sich langsam selbst als Mitglieder
einer eigenen Zunft sahen, mit eigenen Verantwortlichkeiten, Traditionen und Techniken. Und es kann gut sein, dass ein Mann unter ihnen war, der jüngste unter den Genannten, der der nächste »Mond der
Musik« sein würde: Josquin des Prez.

Kapitel 5

Das Leuchten der Hochrenaissance

In den hundert Jahren, die zwischen Dufays Jugend und den späten Jahren von Josquin (um 1440–1521) liegen, blieb vieles stabil. Bei geistlicher Musik wie auch bei weltlichen Liedern war die vierstimmige Polyphonie weiterhin die Norm. In Messen und anderer Kirchenmusik, die nach wie vor sehr oft der Jungfrau Maria galt, wurde noch immer die Cantus-firmus-Technik gepflegt, bei der sich die Musik über einem Tenor aus dem gregorianischen Choralrepertoire oder aus einem weltlichen Lied entfaltet. Das Mensuralsystem hielt sich seit inzwischen über zweihundert Jahren, und der Quint-Oktav-Klang, auf dem jedes Stück endete, stammte noch aus der Zeit des frühen Organums. Dieser Klang ist es auch, den wir heute in der Musik der Josquin-Generation als besonders mittelalterlich empfinden. Und über all die Jahre hatten die Niederlande, Frankreich und England weiterhin viele überaus geschätzte Komponisten hervorgebracht.

Dennoch offenbaren Werke aus Josquins Reifezeit, wie zum Beispiel seine späte Messe auf den Fronleichnamshymnus *Pange lingua*, eine neue Klangwelt. Die Musik ist durchzogen von Imitation und, da Imitation immer etwas zum Nachahmen braucht, von einer Abfolge verschiedener Motive, die jeweils eine Passage anführen, in der sich die Stimmen ineinander verschlingen. Oft beziehen sich diese Motive direkt auf den Tenor, der jetzt kein nahezu geheimes Dasein mehr führt wie noch in einem großen Teil von Dufays Messe *L'homme armé*, sondern der durch die Art, wie die Stimmen sich verhalten, in kunstvoller Verzierung hervortritt. Das motivische Prinzip wird klar herausgestellt, und die Musik erschließt sich jetzt in ihrer Klarheit, die in Einklang steht mit dem Humanismus der Renaissance, dem aufmerksamen Ohr. Die in die Zeit gerichtete Perspektive eines Dufay ist nicht nur selbstverständlich vorhanden, sondern auch als Schaffensprozess hörbar in der Art, wie die Stimmen sich ineinander verweben. Hier öffnet sich ein Weg, der direkt zum Triumph der sich überkreuzenden Imitation in den Fugen von Bach und Händel führt.

Josquins Musik ist aber nicht nur einfacher verständlich, sondern auch heller im Klang, was daran liegt, dass die bis dahin übliche vier-

Josquin des Prez

stimmige Konzeption für eine Alt-, zwei Tenor- und eine Bariton-
stimme aufgegeben wird und sich die Textur öffnet. Jede Stimmlage
bekommt jetzt ihr eigenes Zentrum, und es entsteht eine neue Norm
von Sopran, Alt, Tenor und Bass – ein Standard, der bei chorischen
Kompositionen auch ein halbes Jahrtausend später noch gilt. Da dies
zeitgleich mit dem Aufkommen von Imitation geschah, waren beide
Entwicklungen möglicherweise miteinander gekoppelt. Schließlich
klingen Stimmen, die mit derselben Melodielinie einsetzen, dann besonders wirkungsvoll, wenn sie das in verschiedenen Registern tun.
Vermutlich hat das alles auch etwas mit der Besetzung zu tun, denn
der größere Tonumfang lässt jetzt definitiv auf eine Sängergruppe
schließen, der auch Knaben angehörten. Noch mehr Klangfülle und
Brillanz konnte man erreichen, wenn man den vier Grundstimmen
weitere Stimmen hinzufügte. Dufay schrieb nichts, was mehr als vierstimmig war – bei Motetten von Josquin und seinen Zeitgenossen dagegen ist der fünf- oder sechsstimmige Satz recht normal, und die Os-
termesse *Et ecce terrae motus* des Franzosen Antoine Brumel (um
1460–ca. 1515) ist sogar zwölfstimmig.

Auch reagiert die Musik jetzt mehr auf den Text – etwa wenn er
vom Leiden der Kreuzigung oder den Freuden des gelobten Reichs
handelt. Das war im Einklang mit einem Prinzip der Renaissance, wie
es beispielsweise der Florentiner Philosoph Marsilio Ficino (1433–
1499) im letzten Band seiner *De vita libri tres* (Drei Bücher über das
Leben) darlegt: »Gesang ist ein überaus mächtiger Nachahmer aller

Dinge. Er ahmt die Absichten und Leidenschaften der Seele ebenso nach wie die Worte; auch stellt er die körperlichen Gesten, Bewegungen und Handlungen der Menschen dar.« Ficino schreibt weiter, Musik habe, obwohl sie nur in der Luft existiere, die gleiche Art sich zu bewegen wie ein lebendiger Körper und könne Sinn tragen wie der menschliche Geist, »so dass man von ihr sagen kann, sie sei eine Art luftiges und rationales Wesen«.

Josquin, dessen Musik so gut auf diese Beschreibung passt, könnte solchen Ideen in der Zeit zwischen den späten 1480ern und den ersten Jahren des nächsten Jahrhunderts begegnet sein, als er sich mehrmals in Italien aufhielt und drei mächtigen Gönnern diente: dem Kardinal Ascanio Sforza, Papst Alexander VI. und Ercole d'Este, dem Herzog von Ferrara. Weitere Details über sein Leben gibt es kaum. Er stammte aus dem heutigen Grenzgebiet zwischen Frankreich und Belgien, und dorthin zog er sich auch im Alter zurück, so dass sein Leben nach demselben Muster wie das von Dufay begann und endete. Möglicherweise erhielt er von diesem großen Landsmann und musikalischen Vorfahren eine gewisse Unterweisung, und angeblich hat er auch bei Ockeghem studiert, für den er eine Elegie, die *Nymphes des bois* (Nymphen der Wälder), schrieb.

Doch der offene Appell an das Verständnis seiner Hörer – daran, sowohl die Struktur als auch den Ausdruck zu erfassen – ist der einer neuen Generation, und auch er steht in Zusammenhang mit anderen Aspekten der reifenden Renaissance. Er macht klar, dass man Musikalität – zumindest beim Hören – als etwas dem Menschen Eigenes betrachtete, und das zu einer Zeit, als Musik zunehmend auch in der Ausübung universal wurde (zumindest unter den Wohlhabenden) und sich aus dem Kreis der Kleriker und Berufsmusiker, auf die das Wissen um die Notation bisher beschränkt war, herausbewegte. Baldassare Castigliones *Libro del Cortegiano* (Buch des Hofmanns) zum Beispiel zeigt, dass es während Josquins späten Jahren in adeligen Kreisen durchaus üblich war, selbst zur Laute zu singen und die Gambe zu spielen (ein Saiteninstrument, das wie die Laute oder die Gitarre Griffbünde hat, aber mit einem Bogen gestrichen wird). Und was Castiglione als höfischen Zeitvertreib beschreibt, war sicher etwas, das das aufstrebende städtische Bürgertum nur zu gern übernehmen wollte.

Sowohl die Laute als auch die Gambe scheinen sich gleich zu Beginn des 16. Jahrhunderts von Spanien und damit aus der islamischen Kultur (der Begriff »Laute« stammt aus dem Arabischen *al'ūd*) kommend rasch in ganz Europa verbreitet zu haben. Beide Instrumente spielten möglicherweise bei Aufführungen vokaler polyphoner Musik mit, was in gleichem Maße auch für Tasteninstrumente galt, die schon seit längerem importiert oder erfunden waren, aber jetzt erst zu ihrem eigenen Recht kamen, insbesondere Orgel und Cembalo. Als dann einige Komponisten begannen, ausdrücklich Musik für Instrumente zu schreiben, nahmen sie sich die imitierende Polyphonie zum Vorbild, und vielleicht ist der Erfolg dieses Kompositionsstils zum Teil auch darauf zurückzuführen, dass er sich so leicht an das instrumentale Spiel anpassen ließ, da er eine vom gesungenen Wort unabhängige Logik hatte. Somit gab es sehr schnell einen Fundus von Werken für Tasteninstrument oder Laute solo – oder auch für ein Consort (eine Gruppe) von Gamben oder Blasinstrumenten wie Blockflöten – unter verschiedenen Namen: Fantasia, Fancy, Sonata (»erklungenes« Stück), Ricercar (ein Stück, das ein Thema in imitierender Polyphonie verarbeitet). Mit diesen Formen entstand im 16. Jahrhundert auch die Variation, bei der ein Lied, ein Choralthema oder eine beliebte Akkordfolge jeweils mit diversen Veränderungen wiederholt wird. Die zweite Möglichkeit für instrumentales Musizieren – einst eine Nische, die sich nun erheblich erweiterte, weil das neue Bürgertum freie Zeit zur Verfügung hatte – war der Tanz.

Castiglione gehört auch zu jenen, die belegen, welchen Ruhm Josquin schon zu Lebzeiten genoss, obwohl sein Zeugnis eher ironisch ausfällt, wenn er nämlich bemerkt, dass ein neues Stück bei der Aufführung für die Herzogin von Urbino »weder erfreute noch für gut befunden wurde, bis man erfuhr, dass dies eine Komposition von Josquin des Prez war«. Es kann gut sein, dass jene markenbewusste Herzogin ›ihren Josquin‹ bereits als gedrucktes Werk erhalten hatte, denn im Jahr 1501 veröffentlichte Ottaviano Petrucci (1466–1539) in Venedig den ersten Notendruck, der mit beweglichen Metalltypen gesetzt worden war (statt mit einem gravierten Druckstock), dem bald schon weitere Bände mit Liedern, Lautenmusik, Messen und Motetten (unter diesen Begriff fiel nun jede Art kürzerer Vertonungen für die lateinische Liturgie) folgten. Petrucci, der offenbar den Geschmack der Herzogin teilte oder vielleicht auch einfach den Marktwert kannte, druckte viele Werke Josquins und lieferte damit einen weiteren Beweis für dessen hohes Ansehen. Wir kennen auch die Einschätzung eines der Gesandten, die Ercole d'Este losgeschickt hatte, um zu sondieren, ob Josquin oder ein anderer Komponist, nämlich Heinrich Isaac (um 1450–1517) für den Hof in Ferrara gewonnen werden solle: »Josquin ist zugegebenermaßen der bessere Komponist, doch er komponiert nur, wenn es ihm passt, anstatt sich den Wünschen anderer zu fügen.« Ercole entschied sich dann für Qualität statt Fügsamkeit, denn Isaac blieb am Hof des österreichischen Kaisers Maximilian I.

Ein weiterer Fürsprecher Josquins war der Kirchenreformator Martin Luther (1483–1546), der versicherte: »Josquin ist der Noten Meister, die habens müssen machen, wie er wollt; die anderen Sangmeister müssens machen, wie es die Noten haben wollen.« Selbst noch lange nach Josquins Tod hatte sein Name die gleiche Strahlkraft, die die Herzogin erkannt hatte. Sein Name führt auch die Liste von Musikern an, die 1560 der französische Dichter Pierre de Ronsard (1524–1585) in der Einleitung zu einem Liederbuch voranstellt, und er war das große Vorbild, das der Schweizer Theoretiker Heinrich Glarean (1488–1563) in einer wichtigen, 1547 veröffentlichten Abhandlung über die Tonarten lobte, dieser Josquin, der »nichts hervorbrachte, was das Ohr nicht entzückte und von den Gebildeten nicht als kunstvoll gewürdigt wurde«.

Josquins kolossales Ansehen – das zum Teil erklärt, wieso so viele seiner Werke erhalten geblieben sind – birgt für seine Zeitgenossen die Gefahr, als zweitrangig und sonderbar empfunden zu werden. Und doch war dies eine reich gesegnete Generation, der viele andere Meister der neuen imitierenden Polyphonie angehörten und natürlich auch viele führende Maler wie Leonardo, Botticelli, Perugino und Bosch – auch wenn der Künstler, der Josquin damals und später an Ansehen am nächsten kam, eine Generation jünger war: Raffael. Wie Raffael prägte Josquin mit der Klarheit und Anmut seiner Werke den Stil seiner Zeit. Aber auch andere Komponisten hatten einflussreiche Stellungen, schrieben Werke, die in Abschriften oder Drucken große Verbreitung fanden. Zu diesen Altersgenossen zählten Isaac in Österreich, Compère und Jean Mouton (um 1455–1522) am französischen Hof, der weit gereiste Brumel sowie der ebenso reisefreudige Alexander Agricola (1446–1506) und schließlich einer, der, wie Brumel und Josquin, kurze Zeit am Hof von Ferrara weilte: Jacob Obrecht (1457/58–1505).

Genau wie seine Zeitgenossen, von Josquin wieder abgesehen, war Obrecht bereits kurz nach seinem Tod vergessen und seine Musik kaum bekannt, bis Wissenschaftler und Musiker sie in den 1990ern wieder ausgruben. Sie wollten zeigen, dass Obrechts Stil sich von dem Josquins doch recht deutlich unterschied. Lässt man einige frühe Werke, die unter dem Einfluss Ockeghems geschrieben sind, außer Acht, steht Obrechts Musik insofern in einer Linie mit der von Josquin, als sie sich in imitierender Polyphonie bewegt; man hat sogar angenommen, dass Obrecht in den 1480er Jahren einer der Wegbereiter dieser Technik war. Wie dem auch sei, er benutzte sie jedenfalls auf die ihm eigene Weise. Beide Komponisten arbeiten den Text Phrase für Phrase durch, indem sie jede einzelne imitierend in verschiedenen Stimmen wiederholen. Doch wo Josquins Melodien ihre Gestalt über Rhythmus und Wortausdeutung erhalten, werden die von Obrecht ausschließlich von rein musikalischer Energie angetrieben. Das führt dazu, dass ein ganzes Stück oder ein Abschnitt von Anfang bis Ende in einem Zug durchläuft. Hier gibt es kein neues Ansetzen mit jeder neuen Phrase, die vertont wird, wie bei Josquin. Die Worte werden bei Obrecht weniger musikalisch ausgedeutet als vielmehr von Musik angeleuchtet.

Pracht der Textur ist auch in der englischen Musik des späten 15. Jahrhunderts allgegenwärtig, die sich jetzt in relativer Isolation weiterentwickelte: Anders als ihre Vorgänger von Dunstable und Power bis Morton und Frye kamen die englischen Komponisten der Josquin-Generation nicht viel herum, und Abschriften ihrer Musik fanden keine große Verbreitung. Selbst John Browne (geb. um 1453), der bedeutendste von ihnen, ist nur aus einer einzigen Quelle bekannt, dem großen Chorbuch des Eton College, in das um 1490 einige Werke von ihm eingetragen wurden. Ebenso wenig überquerten kontinentale Musiker den Ärmelkanal, und nach Dufay scheint keine Musik aus dem Ausland auf der britischen Insel im Umlauf gewesen zu sein. Wie andere Komponisten, die im Eton Chorbuch vertreten sind, mag Browne dennoch die kontinentalen Techniken der Imitation und Textausdeutung gekannt haben. Seine sechsstimmige Vertonung des *Stabat mater* (Es stand die Mutter; ein mittelalterliches Gedicht, das die Gottesmutter in ihrem Schmerz um den Gekreuzigten besingt) weist zum Beispiel ein kleines Motiv aus abfallenden Tönen auf, das den Kummer Marias andeutet, doch sind solche berührenden Details vollständig eingebettet in eine majestätisch schwingende und klanglich aufregende Musik. Aber wie seine Kollegen behielt auch er Elemente aus der Mitte des Jahrhunderts bei, insbesondere Paarungen und andere Gruppierungen langer Linien, die trotz der Unterschiedlichkeit ihrer melodischen Wendungen und rhythmischen Ausschmückungen perfekt zueinander passen. Diese Komponisten hatten auch eine Vorliebe für breit angelegte Texturen und hohe Stimmen, schrieben sie doch meist zwei Stimmen für Knaben, und zwar in Sopran- und Mezzosopranlage; Brownes *Stabat mater,* mit einem Tonumfang

von drei Oktaven, ist so gesehen nur ungewöhnlich in seiner Qualität.
Ansonsten gehört es in eine Reihe mit vielen anderen Werken im
Chorbuch, nicht nur, was seinen Stil und Tonumfang, sondern auch
was den eindringlichen Ton betrifft, mit dem hier die Gottesmutter
angesprochen wird, deren Bildnis der College-Chor jeden Abend zu
ehren hatte, indem er eine Motette sang. Ähnliche Bräuche der Mari-
enverehrung müssen, der Zahl der Marienmotetten von britischen
und kontinentalen Musikern dieser Zeit nach zu urteilen, weit verbreitet gewesen sein. Nirgends allerdings kann die Wirkung so prachtvoll gewesen sein wie in Eton und anderen englischen Kapellen, in denen die Musik von Browne und seinen Zeitgenossen gesungen wurde.
Oft und durchaus passend wird ihre Musik mit dem spätgotischen
Perpendikularstil der Architektur verglichen, der damals ebenfalls eine
englische Besonderheit war. Die Kapelle von Eton befand sich zu der
Zeit, als das Chorbuch zusammengestellt wurde, gerade im Bau. So
verbanden sich im Aufstreben von Klang und Stein die Symmetrie
und das Licht der Renaissance mit den Mustern und Verzierungen des
Mittelalters.

Während in Eton in den Jahren um 1500 Kapelle und Chorbuch
langsam Gestalt annahmen, erlebte auch die Musik in Spanien und
Portugal einen Aufschwung. Das war zum Teil dem Kontakt mit Musikern der franko-flämischen Schule zu verdanken: Sowohl Pierre de la
Rue (um 1452–1518) als auch Agricola hatten Spanien bereist, Josquin wurde dort (wie überall) verehrt, und führende Komponisten der
iberischen Halbinsel – darunter der Spanier Francisco de Peñalosa (um
1470–1528) und der Portugiese Pedro de Escobar (um 1465 – nach
1535) – hatten den Stil der imitierenden Polyphonie übernommen.
Zudem erhielt der kulturelle Fortschritt in Spanien Auftrieb durch die
Vereinigung des Landes und den Fall der letzten maurischen Enklave
im Jahr 1492. Bald jedoch kamen die Spanier durch die Eroberung
Mexikos (1521) und Perus (1533) mit neuen, völlig fremden Arten
von Musik in Kontakt – wie umgekehrt auch die Mexikaner und Pe-
ruaner. Was die ersten spanischen Zeitzeugen an aztekischer oder In-
ka-Musik hörten, deuteten sie entweder als im Grunde vertraut oder,
in typischer Renaissance-Manier, als Beleg für die universale Natürlichkeit der Musik, wie man sie auch für die Musik der griechischen
Antike annahm. Ihre Berichte sind alles, was wir haben, denn die einzige Musik, die schriftlich festgehalten wurde, war diejenige für die religiösen Zwecke der Eroberer.

Der Erste, der in der Neuen Welt Unterricht in europäischer Musik erteilte, kam 1523 nach Mexiko, und er war – wie sollte es anders sein – Niederländer. Pedro de Gante oder Pieter van Gent (um 1486–1572) stammte also aus demselben Gebiet wie zwei seiner Zeitgenossen, die die franko-flämische Polyphonie in die Schlussphase ihres internationalen Siegeszugs führten: Nicolas Gombert (ca. 1495 – ca. 1560) und Adrian Willaert (um 1490–1562). Beide bekleideten zu der Zeit, als Pedro in Mexiko-Stadt ankam, wichtige Ämter in Europa. Gombert, der bei Josquin studiert haben könnte, trat 1526 in die Hofkapelle Kaiser Karls V. ein, des Herrschers nicht nur über das Heilige Römische Reich Deutscher Nation, sondern auch über Spanien, die Niederlande und eben Mexiko. Im Jahr darauf wurde Willaert, der ein Schüler Moutons war, Kapellmeister am Markusdom in Venedig, wo die Republik ihre religiösen Feste mit zunehmendem Pomp zelebrierte. Beide Komponisten behielten die imitierende Polyphonie ihrer Vorgänger bei, doch war ihr Stil geprägt von volleren und weicheren Konsonanzen. Das lag unter anderem daran, dass ihre Musik vorwiegend Modi verwendete, die einer Durtonart (zum Beispiel c-d-e-f-g-a-h-c) oder dem natürlichen Moll (zum Beispiel a-h-c-d-e-f-g-a) entsprachen, und daran, dass sie eher auf vollständigen Dreiklängen ihre Ruhepunkte hatte und nicht auf leeren Quinten. Diese tonalen Aspekte waren auch die Hauptmerkmale der Musik jüngerer Komponisten, wie etwa des Spaniers Cristóbal Morales (um 1500–1553), der in der Mitte seiner Schaffenszeit der päpstlichen Kapelle diente, oder des Niederländers Jacob Clement (um 1512–1555/56), der postum den Spitznamen Clemens non Papa bekam (um zu betonen, dass er nicht der zur gleichen Zeit lebende Papst Clemens VII. war). Clements außergewöhnliche Produktivität spricht sowohl für die Leichtigkeit, mit der er die neue Musiksprache beherrschte, als auch dafür, dass er offenbar erkannt hatte, wie groß der Bedarf an katholischer Kirchenmusik nun weltweit war.

Ein weltliches Lied war mehr etwas für den lokalen Bereich, allein schon wegen seiner Sprache. Dennoch waren Gombert, Willaert, Morales und Clemens im Laufe ihrer Schaffenszeit auch auf diesem Feld höchst aktiv, im Gegensatz zu anderen, die sich nur auf diese Form spezialisiert hatten. Aus gutem Grund, denn waren die Lieder der Generation von Machaut bis Josquin noch für eine Aufführung durch Berufsmusiker vor einem adeligen Publikum bestimmt, so entwickelte sich in den 1520ern Jahren ein einfacherer Stil, der sich der neuen Klientel anpasste: den Lesern von Castiglione – Lesern, die möglicherweise dem neuen städtischen Bürgertum angehörten. Sie verlangten nach Liedern, die man einfach zum Vergnügen sang, sei es allein zur Laute oder vierstimmig zusammen mit Freunden. Der philosophische Humanismus des späten 15. Jahrhunderts wandelte sich also zu einer mehr praktisch orientierten Demokratisierung. Die Ziele – Ausdrucksfähigkeit und Logik – blieben allerdings die gleichen, und jene geforderte Logik war mit Hilfe der imitierenden Polyphonie zu verwirklichen. Neu war, dass jetzt auch eine gewisse Derbheit und Fröhlichkeit möglich war und man besonderen Wert auf eine gute Melodie legte. Natürlich sind auch die Lieder bei Machaut oder Dufay melodiös, aber im zweiten Viertel des 16. Jahrhunderts weist die Melodik eine neue Geradlinigkeit auf, die zum Teil auf die jetzt bevorzugt verwendeten Dur- und Moll-Modi mit ihren klareren harmonischen Beziehungen zurückzuführen ist und zum Teil darauf, dass sie ihre Wurzeln in Tanzrhythmen hat.

Da Paris mit etwa einer Viertelmillion Einwohnern die größte europäische Stadt dieser Zeit war, überrascht es nicht, dass die neue Mode mit französischsprachigen Chansons von Komponisten wie Gombert, Claudin de Sermisy (um 1490–1562) und Clément Janequin (ca. 1485–1558) begann, wobei Letzterer vor allem für die ausgelassenen lautmalerischen Effekte seiner Lieder über Vogelgesang und Schlachtengeschrei bekannt ist. Ein Franzose, Philippe Verdelot (ca. 1482 – ca. 1531), ging nach Florenz und wurde Hauptverfasser eines ersten Sammelbands mit italienischen Liedern, die dann 1530 der neuen Gattung auch gleich einen Namen gab: Madrigal. Ein anderer nach Florenz zugewanderter Komponist, der Niederländer Jacques Arcadelt (um 1505–1568), veröffentlichte 1539 eine Sammlung mit Madrigalen von so großer melodiöser Schönheit, dass sie mehr als ein Jahrhundert lang immer wieder nachgedruckt wurde. Die Modewelle breitete sich bis nach Spanien aus, wo Mateo Flecha (?1481–?1553) »Ensaladas« schuf (Potpourris aneinandergereihter populärer Melodien in vier Stimmen), sowie in die deutschsprachigen Gebiete und nach England. Zu den dort entstanden Songs gehört auch einer, der dem 1509–1547 regierenden König Heinrich VIII. zugeschrieben wird: *Pastime with good company* (Zeitvertreib in guter Gesellschaft).

Zwangsläufig fand der neue Liedstil auch Eingang in die Kirchenmusik. Komponisten übertrugen ihn auf geistliche Texte und schufen so Motetten, die ebenso schwungvoll und ausdrucksstark waren wie ihre Madrigale. Außerdem schrieben sie Messen, die auf solchen Motetten oder direkt auf weltlichen Madrigalen beruhten, allerdings nicht mithilfe der alten Cantus-firmus-Technik, sondern indem sie das polyphone Gefüge im Ganzen übernahmen, adaptierten, wiederholten und, soweit nötig, erweiterten. Diese Umformung einer bestehenden Komposition bezeichnet man als »Parodie«, allerdings nicht im Sinne von ›Verspottung‹, und Gombert, Morales und Clemens non Papa schrieben zahlreiche solcher Parodiemessen auf Basis eigener und fremder Werke.

Nur in England ging die Geschichte wieder einen anderen Weg, da englische Komponisten noch immer isoliert waren und die heimischen Traditionen fortführten, die vom Eton Chorbuch bis in die Mitte des 15. Jahrhunderts zurückreichten: die figurative Schreibweise für Knabenstimmen, die strukturelle Komplexität, die Cantus-firmus-Technik, die Harmonik, die noch die leere Quint-Oktav-Konsonanz des 15. Jahrhunderts verwendete, und eine Polyphonie in üppigem freiem Dahinfließen, die weitgehend unabhängig von Imitation war. In Schottland führt Robert Carver (ca. 1485 – ca. 1570) in seiner Messe *O bone Jesu* (O guter Jesus) 19 Stimmen durch Akkordfolgen von rauer Erhabenheit und lässt so sein eigenes Land als ebenso exotischen Außenposten der Christenheit erscheinen wie Mexiko. In England war John Taverner (um 1490–1545) der begabteste Komponist jener Zeit. Den größten Teil seines Lebens verbrachte er im heimischen Lincolnshire und wechselte nur für wenigen Jahre (1526–1530) nach Oxford an das von Kardinal Wolsey gegründete College. Seine drei sechsstimmigen Messen, die er möglicherweise für dieses College schrieb, griffen die große Tradition der englischen Polyphonie noch einmal auf, bevor sie im Strudel des religiösen Wandels ins Schweigen der Ungewissheit verfiel.

Kapitel 6

Reformation und Herzschmerz

Musik aus der Zeit vor 1550 – sieht man vom Choral einmal ab – versank im Nebel der Zeit. Sie schlief tief und ungehört bis ins 20. Jahrhundert, in vielen Fällen sogar bis ins sehr späte 20. Jahrhundert. So gesehen ist alle ältere Musik neu. Die Messen Dufays, die Lieder Gomberts – auch die wie ein Räderwerk ablaufenden Konstruktionen Perotins – haben noch nicht die Patina des Vergangenen angesetzt. Von der Musik der 1550er und 1560er Jahre an schleicht sich allerdings langsam eine gewisse Abnutzung und Gewöhnung ein, die längere Kontinuität eben mit sich bringt. Die Werke Giovanni Pierluigi da Palestrinas (1525/26–1594) etwa, des führenden Kirchenmusikers der jüngeren Generation, waren nie ganz in Vergessenheit geraten, zumindest nicht in Rom, wo er fast sein ganzes Leben verbrachte. Sie waren geeignet, die Zeit zu überdauern, weil sie über die Jahrhunderte hinweg verständlich blieben. Und sie blieben verständlich, weil sie, obwohl direkt aus der Tradition der wohlklingenden Polyphonie eines Gombert oder Morales kommend, harmonisch konzipiert waren und ihre Harmonik ganz und gar die der Dur-Moll-Modi war. Nehmen wir etwa Palestrinas berühmteste Messe, die *Missa Papae Marcelli* (Papst-Marcellus-Messe). Hier wird die Musik durchgehend von Akkordfortschreitungen gestützt und bewegt sich häufig durch harmonisch besonders reiche Passagen (diese Messe ist für sechsstimmigen Chor gesetzt; andere Messen des Komponisten haben fünf oder acht oder auch, wie früher üblich, vier Stimmen). Doch auch wenn solche harmonisch dichten Phrasen in sich schon Sinn ergeben, können sie auch den Worten angepasst werden. In den Messeabschnitten mit längeren Texten, dem Gloria und Credo, ist es, als spräche der Chor jede Phrase in einem Ton, der gefärbt ist von melodischer Geste und harmonischem Klang – und beides ist sowohl folgerichtig als auch expressiv.

Diese *Missa Papae Marcelli* – eine seiner mehr als hundert Messvertonungen – nimmt in Palestrinas Werk eine Sonderstellung ein, nicht nur wegen der ihr eigenen Tugenden der sprachlichen Klarheit, Ökonomie und ruhigen Schönheit, sondern auch wegen der Legenden, die sich um sie rankten. So hieß es, sie sei in einer einzigen Nacht nieder-

Palestrina überreicht untertänigst
Papst Julius III. seine Messe

geschrieben worden, eingegeben von einem Engel, und sie sei entstanden, um die Polyphonie zu einer Zeit zu verteidigen, als Bischöfe bei
einem Konzil in der norditalienischen Stadt Trient über die Zukunft
der Kirchenmusik berieten. Diese Geschichten beruhen natürlich
nicht auf einer objektiven Wahrheit, sondern auf dem klassischen Status, den der Komponist auch schon zu seinen Lebzeiten erlangen
sollte. So genoss er die Unterstützung mehrerer aufeinander folgender
Päpste und vieler Musikerkollegen, und sein Stil der deklamatorischen
Polyphonie strahlte auch auf jüngere Komponisten aus.
   Palestrinas Musik ist die klingende Verkörperung des theoretischen
Werks seines Zeitgenossen Gioseffo Zarlino (1519–1590). Dessen *Istitutioni harmoniche* (Grundlagen der Harmonie, 1558) bildeten die
bedeutendste Musiklehre jener Epoche. Zarlino war Venezianer, er
hatte bei Willaert am Markusdom studiert (wo er selbst 1565 Kapellmeister wurde) und einige Madrigale und Motetten, die sein Lehrer
unter dem eindrucksvollen Titel *Musica nova* (Neue Musik) versam-

melt hatte, zu Recht in seinem Traktat hoch gelobt. Aber Willaert war
nicht etwa ein einsamer Erneuerer gewesen. Das, was an den Stücken
der *Musica nova* neu war, verbreitete sich jetzt immer mehr: echte
Textvertonung gepaart mit durchgehend konsonanter Harmonik in
Dur- und Moll-Modi. Diese musikalischen Mittel zu rechtfertigen
und zu erklären, war Zarlino angetreten, und sein Kriterium – unter
Beibehaltung der für die Renaissance typischen Erhöhung des Menschen – war das Ohr. Entsprechend hegte er eine Abneigung gegen die
Komplexitäten der mittelalterlichen rhythmischen Notation, die zu
seiner Zeit langsam aus der Mode kam, nicht mehr gebraucht wurde
angesichts des meist gleichmäßigen Dahinfließen der Musik seit der
Generation nach Josquin. Zarlinos Autorität, die wieder einmal durch
Verweise auf die alten Griechen abgesichert war, gab dem neuen Stil
den intellektuellen Rückhalt.

Institutionelle Unterstützung kam von der Römischen Kirche. Be-
sagtes Konzil von Trient (1545–1563) hatte Papst Paul III. als Reaktion auf die wegbrechenden Konfessionsgemeinschaften einberufen,
die sich um die Lehren solcher Kritiker römischer Autorität und kirchlicher Praktiken wie Martin Luther und Jean Calvin zu bilden begann-
nen. Was Luther und Calvin auslösten, die Reformation, hatte folglich
auch gravierende Auswirkungen auf die alte katholische Ordnung,
denn was aus Trient hervorging, war eine überarbeitete Liturgie, mit
einer Kirchenmusik, die interessanterweise mit den Idealen der Reformation übereinstimmte – im weiteren Sinne den Idealen der Renaissance. Die einzige Klausel in den Beschlüssen dieses Konzils, die die
Musik betrafen, forderte, die Kirche dürfe nichts »Anstößiges und Un-
reines« zulassen, eine Anordnung, die möglicherweise dazu beigetragen hat, den Niedergang der auf weltlichen Madrigalen beruhenden
Parodiemessen zu befördern. Diese Verfügung deckte sich aber auch
mit Calvins Wunsch, den er in seinem Vorwort zum Genfer Psalter
(1542) formulierte, nach »Liedern, die nicht nur tugendhaft, sondern
heilig« seien, die vermieden, was »zum Teil eitel und belanglos, zum
Teil dumm und eintönig, zum Teil faulig und hässlich und folglich
böse und schädlich« war. Sowohl für Calvin als auch für die Bischöfe
in Trient stand die von Platon übernommene Idee (auf die Calvin sich
bezieht) im Hintergrund, dass unterschiedliche Arten von Musik entweder nützlich oder schädlich sein können. Gleichermaßen wichtig
und von Katholiken wie von Protestanten anerkannt war der Wert,
den man der Ausdrucksfähigkeit der Musik beimaß. Ist eine Dufay-
Messe ein Bauwerk in der Zeit, bei dem die Worte nur den Grundriss

bilden, dann ist eine Palestrina-Motette, ist ein lutherischer Choral (ein vierstimmig gesetztes Kirchenlied) oder eine calvinistische Psalmenmelodie ein Vortragen des Textes.

Protestantische Kirchenmusik unterschied sich von der katholisch reformierten nur insofern, als sie, da nicht für ein festes Chorensemble, sondern für alle Gläubigen gedacht, im Stil einfacher gehalten war und Texte in der Sprache der Kirchengemeinde vertonte. Auch hier trafen die großen Reformatoren wieder die Stimmung der Zeit, denn die Renaissance fand, der Umgang mit Musik sei eine Fertigkeit, die alle beherrschen sollten. Und auch hier waren ihre katholischen Zeitgenossen nicht weit hinter ihnen, denn sie entwickelten geistliche Madrigale als eine volksnahe musikalische Gattung für den Gottesdienst. Der neue Wunsch der Reformationszeit nach einer Kirchenmusik, die den Hörer oder Sänger emotional ergreift, zeigte sich auch deutlich in der iberischen Tradition, die ganz und gar katholisch blieb. Genau wie im Deutschland Luthers oder im Genf Calvins konnte hier religiöses Gefühl in der Sprache des Volks kommuniziert werden, ob das nun Spanisch, Portugiesisch oder auch Nahuatl war, wie in zwei kurzen Marien-Lobgesängen, die Hernando Franco (1532–1585) zugeschrieben werden, dem ersten Komponisten, der den Atlantik überquerte und der 1575 Kapellmeister an der Kathedrale von Mexiko-Stadt wurde.

Katholisch-protestantische Nähe (trotz aller Unterschiede, die sich in Verbrennungen und Folterungen offenbarten) zeigt sich vielleicht am offensichtlichsten in der englischen Musik des 16. Jahrhunderts, denn in England wechselte zu jener Zeit die kirchliche Autorität mehrfach hin und her. Im Laufe des langen Lebens von Thomas Tallis (ca. 1505–1585) erklärte sich die englische Kirche von Rom unabhängig, sie blieb aber unter Heinrich VIII. im Gottesdienst weiterhin katholisch und lateinisch, wurde aggressiver protestantisch unter Edward VI. (reg. 1547–1553), der die Drucklegung des ersten englischen Gebetbuches überwachte, dann unter Maria I. (reg. 1553–1558) wieder katholisch und römisch und wiederum protestantisch unter Elisabeth I. (reg. 1558–1603). Nur wenige von Tallis' Kompositionen können datiert werden, aber es ist eindeutig, dass er an gewissen Stilelementen unbeirrt festhielt. Der englischen Tradition, die er von Taverner und den Komponisten des Eton Chorbuchs übernommen hatte, blieb er treu, indem er oft Knabenstimmen für üppige hohe Koloraturen verwendete und deutlich widerwilliger als seine Zeitgenossen auf dem Kontinent jene Kirchentonarten aufgab, die nicht Dur oder Moll waren, was den klagenden und zurückhaltenden Ton erklärt, den die anglikanische Musik von ihm erbte. Seine englischsprachigen Kompositionen sind im Allgemeinen schlicht und homophon (alle Stimmen bewegen sich gemeinsam akkordweise voran), aber das gilt ebenso für seinen herrlichen lateinischen Hymnus *O nata lux* (O geborenes Licht). Auch eine aufwändig polyphone Vertonung lateinischer Texte blieb sogar noch unter Elisabeth I. eine Option, wie zum Beispiel bei seiner spektakulären Motette *Spem in alium nunquam habui* (Meine Hoffnung habe ich nie in einen anderen gesetzt), die für unglaubliche acht Chöre zu je fünf Stimmen gesetzt ist und vermutlich in den späten 1560er Jahren geschrieben wurde. Tallis scheint dieses außergewöhnliche Werk als Antwort auf die italienische Tradition des mehrchörigen Satzes komponiert zu haben, die Willaert begonnen hatte. In anderen Punkten jedoch gingen er und seine Kollegen an der Kapelle Elisabeths I. einen völlig eigenständigen englischen Weg. Umso beherrschender war dann in der nächsten Generation der Einfluss der italienischen Musik, allerdings nicht auf die Motette, sondern auf das Madrigal.

Seltsamerweise wurde das italiensche Madrigal in der Mitte des 16. Jahrhunderts noch immer dominiert von ausländischen Musikern: von Adrian Willaert und einer neuen Generation niederländischer Komponisten, die ihren älteren Kollegen auf dem bekannten Weg nach Italien gefolgt waren. Cipriano da Rore (1515/16–1565) und Philippe de Monte (1521–1603) reisten als junge Männer in den früher 1540er Jahren, Orlando di Lasso (?1532–1594) und Giaches de Wert (1535–1596) kamen wenige Jahre später nach, zu der Zeit noch Knaben, die man als herausragende Sänger geholt hatte. Adlige und Bischöfe in Italien und Spanien sahen die Niederlande noch immer als Quelle für musikalische Talente an, auch wenn diese vier zu den letzten der großen Schar niederländischer Komponisten gehörten, deren Ruhm auf Dufay zurückging – mit dem Unterschied, dass ihr damaliger Wert als Musiker nicht nur von ihren Stimmen und vermuteten Genen für Polyphonie abhing, sondern auch davon, ob sie italienische Lebendigkeit und Eleganz besaßen. Lasso war ein produktiver Allrounder, der mehr als zweitausend Texte geistlicher und weltlicher Art vertonte, wobei zu Letzteren französische und deutsche Lieder sowie Madrigale gehörten. Die anderen drei Musiker waren vor allem als Madrigalisten berühmt und gefragt, und von Lasso und de Monte erwartete man selbst dann noch italienische Madrigale, als sie schon lange Jahre im Dienst der deutschsprachigen Höfe Bayerns beziehungsweise Österreichs standen. Alle vier Komponisten führten das Madrigal zu einer größeren Seriosität, indem sie gelegentlich Texte bekannter Dichter (Petrarca, Tasso) vertonten und häufig Harmonien verwendeten, deren scharf expressive Wirkung daher rührte, dass sie die neu sich stabilisierende Dur-Moll-Tonalität durch Chromatik störten, also Noten außerhalb der Skala verwendeten.

Die bevorzugten Themen solcher Madrigale – Liebesschmerz und -leid – waren die gleichen wie die der Lieder Dufays, Machauts oder der Troubadours. Aber jetzt gab es einen vollkommen in sich geschlossenen harmonischen Stil, und Dissonanzen gegen diese Harmonie konnten die Intensität einer körperlichen Wunde oder eines Schmerzes annehmen. Auch Zarlino hatte das in seinen *Istitutioni* erkannt und gefordert, die Harmonie müsse je nach Charakter des Textes »um einiges härter und rauer« oder aber »weicher und um einiges matter« sein. Italienische Madrigale aus der Mitte des 16. Jahrhunderts begannen also, direkt über Gefühle zu reden, das Innere des Zuhörers mit der gleichen Unmittelbarkeit anzusprechen, wie das schon die Musik der (katholischen wie protestantischen) Reformationszeit tat, die wiederum ihre neue Art beim weltlichen Lied abgeschaut hatte. Zudem wurde diese oft zutiefst private Kunst genau wie Kirchenmusik in die Öffentlichkeit gebracht. Inzwischen waren nämlich in vielen verschiedenen Städten Italiens, Frankreichs und der Niederlande Notendruckereien entstanden. Sie machten ihr Geschäft mit Madrigalen, aber auch mit Tanzmusikstücken und in den Pariser Druckhäusern natürlich auch mit französischen polyphonen Chansons.

Musik, die geeignet war, im häuslichen Umfeld gesungen und als Musik für den Hausgebrauch verlegt zu werden, konnte durchaus auch der höfischen Unterhaltung dienen. Rore, Monte und Lasso waren allesamt Hofmusiker, und als der Herrscher von Florenz, Ferdinando de' Medici 1589 heiratete, wurde das Ereignis mit dem Schauspiel *La pellegrina* (Die Wandererin) begangen. Eigentlicher Höhepunkt der Aufführung waren die Zwischenspiele des Stückes, die Intermedien – szenisch gesetzte Madrigale und Lieder. Den Anstoß zu diesem opulent ausgestatteten Werk hatte eine Gruppe von Künstlern und Kunstliebhabern gegeben, die sich in den 1570er und 1580er Jahren regelmäßig in Florenz traf und über die Musik der griechischen Antike, das große Thema der Renaissance, debattierte. Ähnliche Diskussionen fanden auch in Paris statt, wo das Hauptaugenmerk allerdings dem Liedrhythmus galt (so versuchte man, antike Versmaße zu übernehmen, die als kurze und lange Noten interpretiert wurden). In

Florenz beschäftigte man sich allerdings mehr mit der Frage, wie die legendäre Macht der Musik wiederhergestellt werden könne. Zu den Mitgliedern dieser Gruppe, der so genannten Florentiner Camerata, zählte auch Vincenzo Galilei (ca. 1520–1591), der Vater des großen Wissenschaftlers. In seinem *Dialogo della musica antica, et della moderna* (Dialog über die antike und moderne Musik, 1581) forderte er Zarlino offen heraus. Indem er die Madrigaltechnik der Wortmalerei kritisch vorführte, bei der alle affekthaften Worte oder Phrasen musikalisch hervorgehoben werden müssten (zu den aufs Korn genommenen Klischees madrigaler Verse gehören »falscher Betrug«, »unerschütterlicher Fels«, »grausames Weib«), riet er den Musikern, lieber zu überlegen, wie ein großer Schauspieler den Text deklamieren würde, und so »die Akzente und Gesten, die Quantität und Qualität des Klangs und den zu Handlung und Person passenden Rhythmus« zu finden. Musik bewegte sich nun also auf eine neue Form der Rhetorik und auf eine neue Gattung zu: die Oper. Die Intermedien zur Medici-Hochzeit, die ihre Wurzeln im Madrigal hatten, aber schon Elemente des neuen szenischen Solostils zeigten, boten dafür einen guten Ausgangspunkt. Ihr Hauptverfasser, der Dichter Ottavio Rinuccini (1562–1621), war in den Kreisen aufgewachsen, denen auch Galilei angehörte, und er sollte auch bald das erste richtige Opernlibretto schreiben.

Groß angelegte Schauspiele, ob sie nun in Palästen, Theatern oder Kirchen aufgeführt wurden, verlangten inzwischen üppigste Ressourcen. So taucht unter den für *La pellegrina* benötigten Dingen mehrfach eine »Sinfonia« auf – ein Wort, das als Bezeichnung für eine gemeinsam musizierende Gruppe von Instrumenten geprägt worden war. Mit dem Entstehen der Oper entstand also auch das Orchester. Die großen Werke der Kirchenmusik, die polyphonen Messen, Psalmen und Motetten von Gombert und Morales bis hin zu Palestrina und Lasso, wurden damals alle als rein vokale Kompositionen gedruckt und kopiert. Aber das heißt nicht zwangsläufig, dass die Werke in dieser Form auch immer aufgeführt wurden. Holzbläsergruppen spielten seit den 1520er Jahren in spanischen Kathedralen, und in einer Manuskriptsammlung von Lasso-Psalmen gibt es eine Illustration, auf der eine Gruppe von etwa zwanzig Musikern mit verschiedenen Instrumenten – Tasten-, Streich- Zupf- und Holzblasinstrumenten – abgebildet ist. Möglicherweise war das ein rein virtuelles Orchester, so zusammengestellt, um eine wahrhaft prachtvolle Wirkung auf die Fantasie der Leser auszuüben, aber man weiß, dass verschiedene Instrumentalisten regelmäßig im Markusdom in Venedig musizierten, wo Zarlino in seinen letzten Jahren als Kapellmeister einen jungen Kollegen bekam, der vermutlich bei Lasso studiert hatte: Giovanni Gabrieli (ca. 1555–1612).

Gabrieli, der ab 1585 auch für die hoch angesehene wohltätige Gesellschaft der Stadt, die Scuola Grande di San Rocco, und ihren großen, prachtvoll von Tintoretto ausgestalteten Saal komponierte, schrieb Stücke für bis zu fünf Gruppen oder Chöre von Musikern, die an verschiedenen Stellen des Raums aufgestellt waren: Motetten mit Sängern und Instrumentalisten sowie Sonaten und Kanzonen für rein instrumentale Ensembles. Die ihm verfügbaren Instrumente waren vermutlich so vielfältig wie die in der Lasso-Illustration, und sicher war eines darunter, das sich seit Beginn des Jahrhunderts verbreitet hatte und bis vor kurzem ausschließlich für Tanzmusik verwendet worden war: die Violine. Thomas Coryat, ein englischer Reisender, der 1608 einer Zeremonie an der Scuola beigewohnt hatte, war nach einer Aufführung ganz benommen: »Manchmal sangen sechzehn oder zwanzig Männer zusammen, ein Meister hielt sie beisammen; und als sie sangen, spielten auch die Musikanten. Manchmal spielten sechzehn zusammen auf ihren Instrumenten.« Eine so große Anzahl von Mitwirkenden, die alle verschiedene Stimmen spielten, war offensichtlich außergewöhnlich (wenn auch nicht für Gabrieli), doch rührte Coryats Staunen sicherlich auch von der Dramatik innerhalb dieser Musik – daher, wie eine Gruppe einer anderen zu antworten schien, wie ein Echo oder wie eine Replik in einem Gespräch. Genau wie die Entstehung der Oper einherging mit einem zunehmendem Reichtum an Klangfarbe und der Entwicklung einer individuellen expressiven Stimme, so brachte Gabrielis ganz andere Art von Theater der Musik eine neue Art von Kontinuität: ein Thema, das nicht mehr auf altmodisch beschauliche Art imitierend durchgearbeitet wurde, sondern mehr Dialogcharakter hatte.

Die an *La pellegrina* beteiligten Komponisten gehörten alle einer Generation an. Zu ihnen zählte auch Luca Marenzio (1553/54–1599), der seinen Ruhm einem erstaunlichen Opus von dreizehn Madrigalbüchern verdankte, die während seiner acht Jahre (1578–1586) in Diensten eines Este-Kardinals in Rom gedruckt wurden. Sehr lebendig und einfallsreich im Umsetzen des Textes, fand seine Musik ein großes Publikum. Sie verschaffte ihm auch eine Einladung nach Polen und trug maßgeblich zur Entstehung der englischen Madrigalschule unter Thomas Morley (1557/58–1602) bei. Morley, der in erster Linie

Unternehmer und Verleger war, führte in England eine Bewegung an, die die Musik aus einer aristokratischen Welt des Mäzenatentums herausholte und auf den bürgerlichen Marktplatz brachte. Nachdem er 1593 seinen Verlag gegründet hatte, druckte Morley englische Bearbeitungen italienischer Madrigale von Marenzio und anderen, komponierte selbst Lieder, veröffentlichte eine Anleitung für Laienmusiker (*A Plain and Easy Introduction to Practical Music* – Einfache Einführung in das praktische Musizieren, 1597) und regte jüngere Musiker, darunter insbesondere John Wilbye (1574–1638) und Thomas Weelkes (?1576–1623), zu einer Flut von Madrigalkompositionen an. Die drei Bände, die Letzterer als ganz junger Mann (1597–1600) schrieb, enthalten einige der großartigsten Stücke ihrer Art. Doch auch wenn Weelkes bereits in mittlerem Alter starb, so lebte er länger als die Gattung selbst, denn die große Blütezeit des englischen Madrigals beschränkte sich auf kaum mehr als die letzte Dekade der Regentschaft Elisabeths I. und die erste ihres Nachfolgers, James I. Sie fiel also zusammen mit der Schaffenszeit Shakespeares.

Natürlich waren Madrigalisten nicht die einzigen Musiker im London Shakespeares – die Stadt hatte Paris inzwischen als bevölkerungsreichste Metropole abgelöst –, denn zu ihren Zeitgenossen gehörte auch John Dowland (?1563–1626), wenn auch nur als gelegentlicher Besucher. Genau wie Morley orientierte er sich an alten italienischen Gattungen, allerdings waren das in seinem Fall einerseits Lautenlieder – einen ersten Band veröffentlichte er 1597 – und andererseits Tanzstücke. Dowlands beherrschendes Thema war das der Melancholie – nicht so sehr die Melancholie des Liebesleids, eher die der ernsten Weisheit eines Einsiedlers, der die Kontemplation den seichten Vergnügungen der Gesellschaft vorzieht. Ausgehend von den im Madrigal entwickelten Techniken der ausdrucksvollen Chromatik und Wortmalerei, veränderte er die durch sie hervorgerufene Stimmung. Wo Madrigale von Natur aus gesellig waren, sprach aus Dowlands Stücken eine einsame Stimme – letztendlich seine eigene Stimme als Dichter, Komponist und Interpret. Seine pessimistischsten Lieder, die den Hörer direkt anzusprechen scheinen, ziehen diesen hinein in diese vielgestaltige Subjektivität.

Zur gleichen Zeit ging der Altmeister der englischen Komponisten, William Byrd (ca. 1540–1623), auf die herrlich kreative Zeit als Pensionist zu. Wie Dowland war auch er Katholik, was sein Leben in London beschwerlicher gemacht hatte, als in den späten 1570er Jahren die rechtlichen Sanktionen gegen Anhänger des alten Glaubens energischer durchgesetzt wurden. Byrd aber hielt nicht nur an seinem Glauben fest, sondern auch an seinem Musikstil, der die Polyphonie seiner Jugend weiter pflegte, und an einer Musik, die sich durch Imitation wie völlig natürlich aus einem motivischen Keim heraus entfaltete. 1575 hatte er mit Tallis zusammengearbeitet, um einen Band mit lateinischen Motetten zu Ehren der Königin herauszubringen. Jetzt, etwa um 1590, da sein alter Freund und Meister tot und die neue Generation Morleys (der sein Schüler war) und Dowlands dabei war, sich zu behaupten, trug er seine Werke in verschiedenen großen Sammlungen zusammen. So entstanden unter anderem zwei Bände mit lateinischen Motetten, zwei mit englischen Kompositionen (kontrapunktisch gesetzt wie immer und hauptsächlich für Solostimme mit Gamben gedacht) sowie eine Sammlung mit Werken für Cembalo (*My Lady Nevill's Book*, das Fantasien, Variationen und Tänze, meist als Paarungen von Pavane und Gaillarde, enthält). Danach verließ er die Stadt, zog sich in das Haus des katholischen Adligen Sir John Petre aufs Land zurück und widmete sich dem Schreiben von Musik für die Messfeier, was notwendigerweise heimlich geschehen musste.

In seinen späteren Jahren weist Byrd also auf eine Zeit zurück, als Musik noch eine weltweite Einheit war, eine Zeit, als die Messen Palestrinas, die Motetten und Madrigale Willaerts und Lassos und sogar die anglikanischen Kompositionen Tallis' alle die gleiche Sprache der imitierenden Polyphonie, der konsonanten Dur-Moll-Harmonik und expressiven Textvertonung sprachen. Diese Einheitlichkeit war inzwischen auf dem besten Weg, durch innere Spannungen zu zerbrechen. Expressivität, die nur aus der Chromatik und damit aus dem Umgehen und Missachten normaler harmonischer Fortschreitungen kommen konnte, gefährdete die Klarheit und Beständigkeit der harmonischen Polyphonie der Mitte des Jahrhunderts. Das aufkommende System der Dur- und Moll-Tonarten sollte aber noch ein Jahrhundert und mehr brauchen, bis es ausgereift genug war und über die notwendigen Mittel verfügte, um die ganz und gar expressive Polyphonie der Musik Bachs aufnehmen zu können. Bis dahin war die Suche nach Ausdruck oft eine Flucht vor der Polyphonie. So entstand ein neues Modell aus flexibler Melodiestimme plus Begleitung, die im Wesentlichen aus Akkorden bestand, so auch bei Dowlands Liedern oder denen seiner Zeitgenossen in Florenz. Blieb man stattdessen bei der Polyphonie, brachte diese möglicherweise die Spannungen der Zeit an die Oberfläche, wie das in der Musik von Carlo Gesualdo (ca. 1561–1613) der Fall war.

Gesualdo war zu seiner Zeit, und ist es noch heute, berühmt und berüchtigt dafür, dass er seine Frau und ihren Liebhaber im Bett ermordet hatte. Seine Musik ist kaum weniger extrem. Seine ausschließlich vokalen Kompositionen für fünf oder sechs Stimmen sind von einer äußerst kühnen Harmonik, voll von dichter Chromatik und unerwarteten Tonartenrückungen. Hier ist alle Stabilität dahin. Die Musik scheint sich aufzulösen, wenn sie von emotionalem und spirituellem Schmerz spricht, und das tut sie insbesondere in den drei Bänden, die Gesualdo 1611 veröffentlichte (zwei Bücher mit Madrigalen und eines mit Musik für die Tenebrae-Gottesdienste, die an den drei Abenden vor Ostern zum Gedenken an den Tod Christi gefeiert werden). Lange als exzentrisch angesehen, konnte eine derart ungewöhnliche Musik erst ihren Zauber wirken, als die Welt der stark chromatischen Harmonik, in der sie sich bewegte, endlich normal geworden war. Das war sie allerdings erst, als schon Strawinski im Publikum saß, der in den Jahren 1957 bis 1960 verlorengegangene Stimmen von drei Motetten Gesualdos ersetzte und Madrigale des Komponisten für Instrumente umschrieb – nachdem er kurz zuvor mit seiner Markus-Kantate *Canticum sacrum* eine Antwort auf Gabrieli geschaffen hatte. Strawinskis Ohren mögen genauer gehört haben als die seiner Zeitgenossen, aber er hatte den gleichen Zeitgeschmack wie sie, und sowohl Gesualdo als auch Gabrieli gehörten zu den Komponisten, deren Wiederentdeckung im Zeitalter der Langspielplatte stattfand.

Zu ihrer Zeit waren Gesualdo und Gabrieli Teil einer Welt, die zu Ende ging – die Welt der modalen polyphonen Mehrstimmigkeit, die auf dem Weg zu einer Dur-Moll-Harmonik war. Es kann gut sein, dass die beiden großen Meister, die ihre Reifezeit in den 1550er und 1560er Jahren hatten – Palestrina und Lasso – beide 1594 starben. Ihr jüngerer Kollege Tomás Luis de Victoria (1548–1611), der möglicherweise bei Palestrina in Rom gelernt hatte, war zu der Zeit schon nach Spanien in die Dienste des königlichen Konvents zurückgekehrt und schrieb nach einem prächtigen sechsstimmigen Requiem für die Kaiserinwitwe – ein Werk, dessen eigenwillige Harmonik aus dem ruhigen Kontext herausstrahlt – ab 1603 gar nichts mehr. Auch Byrd verbrachte seine letzten Jahre in kreativer Stille. Die große Tradition der geistlichen Polyphonie setzte sich nur noch an den Außengrenzen der westlichen Welt fort, im Werk Manuel Cardosos (1566–1650) in Lissabon oder Juan Gutiérrez de Padilla (ca. 1590–1664) in der mexikanischen Stadt Puebla. Und dann ging auch diese Sonne unter.

Kapitel 7

In Musik sprechen

Vielleicht war die große polyphone Tradition, die sich über die zwei Jahrhunderte von Dunstable zu Byrd kontinuierlich entwickelt hatte, in die Jahre gekommen, hatte einen natürlichen Abschluss gefunden. Ihr Ende beschleunigt hat allerdings sicher etwas, das damals als »neuer Stil« wahrgenommen wurde. Nicht zum ersten Mal in der Musikgeschichte (und gewiss nicht zum letzten Mal) hatte die neue Art ihre Gegner ebenso wie ihre Verfechter. Zu Ersteren gehörte in diesem Fall ein italienischer Mönch, Giovanni Maria Artusi, der im epochalen Jahr 1600 eine Abhandlung über die »Unvollkommenheiten der modernen Musik« veröffentlicht hatte. Seine Kritik richtete sich hauptsächlich gegen Regelverstöße bei Harmonien und harmonischen Fortschreitungen, und implizit orientierte er sich dabei an Zarlino, auch wenn die Autoren, die er tatsächlich zitierte (unter anderem Boethius), älter und renommierter waren. Zur damaligen Zeit muss im Grunde jede Musik seine Verachtung genährt haben, aber das Stück, das er in besonderem Maße geißelte – ohne allerdings den Namen des Komponisten zu nennen, vermutlich eher aus Verachtung, denn aus Feingefühl –, war ein Madrigal von Claudio Monteverdi (1567–1643), *Cruda Amarilli* (Grausame Amaryllis).

Wie viele maliziöse Kritiker hatte Artusi gut gezielt. Monteverdi war wesentlich produktiver und ehrgeiziger als der etwas ältere Gesualdo. Geboren in der norditalienischen Stadt Cremona, veröffentlichte er bereits im Alter von fünfzehn Jahren einen ersten Band mit Motetten und hatte mit Anfang zwanzig eine Stelle unter dem vielbewunderten Giaches de Wert am Hof des nahe gelegenen Mantua, einem Zentrum der Musikpflege. Monteverdi machte sich gut, und er würde allem Anschein nach noch besser werden. *Cruda Amarilli* war ein gutes Ziel, auch wenn Artusis Einwände sich gegen eine Art der musikalischen Textausdeutung richteten, die schon ein halbes Jahrhundert alt war, zum Beispiel Dissonanzen bei »amaramente« (bitterlich) zu bringen oder plötzlich schnellere Notenwerte bei »fugace« (flüchtig). Genau solche Dinge hatte schon Vincenzo Galilei fast zwanzig Jahre zuvor verspottet, wenn auch aus einem ganz anderen Ansatz heraus. Für

Claudio Monteverdi

Artusi schufen diese pantomimischen Momente einen »Tumult von Klängen, eine Konfusion der Absurditäten, eine Ansammlung von Unvollkommenheiten«. Die, die für solche »Monstrositäten« verantwortlich seien, beteuerte er, dächten nur daran, die Sinne zu befriedigen, und kümmerten sich wenig darum, dass sich der Verstand einschalten und die Komposition beurteilen müsse.

Da hatte er Recht. Im Vorwort zu einem Buch mit dreistimmigen Madrigalen, das 1607 veröffentlicht wurde, verteidigte Giulio Cesare Monteverdi denn auch seinen Bruder Claudio und erklärte, es sei dessen Absicht gewesen »die Sprache zur Herrin des musikalischen Satzes und nicht zu ihrer Dienerin« zu machen, was bedeute, dass die Ausdrucksfähigkeit Vorrang vor Vernunft und Regel haben müsse. Zur Rechtfertigung für seinen Standpunkt führte auch er eine klassische Autorität an, und zwar keinen Geringeren als Platon. Musik, die den Regeln der Harmonik gehorche, beschrieb er als *prima pratica* (erste Art der Komposition). An diese hätten sich Komponisten von Ockeghem (schon erstaunlich zu sehen, dass sein Name bis ins 17. Jahrhundert hinein in Erinnerung war, denn seine Musik war zu dieser Zeit noch vergessener als heute) bis Willaert gehalten. Aber es gebe noch eine *seconda pratica*, eine zweite Art, bei der sich Melodie und Harmonik nach dem Text richteten. Und eben diese habe der größere Monteverdi angewandt, so der brüderliche Verteidiger, schließlich sei sie schon von Rore eingeleitet und von Nachfolgern wie de Wert und Marenzio fortgesetzt worden.

Giulio Cesare nennt noch zwei weitere Namen von Komponisten, die Anhänger der *seconda pratica* seien: Jacopo Peri (1561–1633) und Giulio Romolo Caccini (1551–1618). Deren Werke waren allerdings ganz anderer Art als die seines Bruders. Ihre Spezialität war nicht das fünfstimmige Madrigal in der Art der *Cruda Amarilli*, sondern die »Monodie« oder Musik für Solostimme, denn sie gehörten der Florentiner Camerata an, diesem Kreis aus Musikern und Musikliebhabern, der in Vincenzo Galilei seinen intellektuellen Anführer hatte. Caccini, sowohl Sänger als auch Komponist, wartete noch zwei Jahre ab, bis er dann 1602 einen Band mit Liedern und Madrigalen für Solostimme mit instrumentaler Begleitung veröffentlichte, einen Band, den er nicht gerade schüchtern mit *Le nuove musiche* (Die neue Musik) überschrieb. Diesen Titel verteidigte er auch in einem nicht weniger stolzen und provokanten Vorwort als dem von Giulio Cesare. Caccinis Vorstellung von Innovation entpuppte sich als gar nicht so anders als die, die Willaert fünfzig Jahre zuvor als damals »neue Musik« propagiert hatte. Er wollte, wie er es ausdrückte, die »Nachahmung des Gehalts der Worte« erreichen. Nur waren diese Lieder für einen solistischen Sänger, sie machten es möglich, »fast in Musik zu sprechen«. Musik sollte überhöhte Sprache sein, obwohl Caccini auch »Canzonetten für den Tanz« erlaubte, die sich von expressiver Musik unterschieden. Diese beiden Ideale – die Bewegungen des Körpers und die der Psyche darzustellen – verschmolzen häufig miteinander (ein Großteil der Musik Monteverdis ist beispielsweise sowohl tanzartig als auch sehr emotional), aber sie bleiben dennoch beide wesentlich für die Musik der nächsten anderthalb Jahrhunderte, und die *seconda pratica* hatte gleichviel mit Tanzrhythmen wie mit dem Verlangen zu tun, wie Caccini es in seinem Vorwort ausdrückt, zu »entzücken und die Affekte der Seele hervorzubringen«. Auch das war nicht neu, denn die beiden Alternativen Tanz und Gefühlsausdruck gab es längst sowohl im englischen wie auch italienischen Madrigalrepertoire und in Dowlands Liedern.

Die Musik Peris und Caccinis unterschied sich dennoch ganz wesentlich von der Dowlands, und zwar insofern, als eine voll auskomponierte Begleitung von einem »Basso continuo« (auch »bezifferter Bass«, »Generalbass« oder nur »Continuo« genannt) ersetzt wurde.

Diese instrumentale Stimme bestand nur aus einer Basslinie mit Ziffern, die angaben, welche Noten als Harmonien zu spielen waren (z. B. gab die Ziffer »5« an, dass eine Quinte über dem Basston erklingen musste). Der Continuo-Part konnte von einem Tasteninstrument, einer Laute oder einem kleinen Ensemble ausgeführt werden – eine Praxis, die im Grunde mit den gleichen Konventionen bis Bach und Händel gebräuchlich blieb. Das Continuospiel bot Flexibilität nicht nur in der Besetzung, sondern auch in Bezug auf die Reaktionsfähigkeit der Begleitung. Da es aus einer Folge von Akkorden bestand, kein Geflecht polyphoner Linien war, konnte es sich den variablen Tempi eines Sängers anpassen, der versuchte, »fast in Musik zu sprechen«, egal ob der Text von den Freuden oder Leiden der Liebe und Selbstfindung handelte, wie in den solistischen Liedern und Madrigalen Monteverdis oder des aus Turin kommenden Sigismondo d'India (ca. 1582–1629), oder von denen des Geistes, wie in den *Concerti ecclesiastici* (damals besagte der Ausdruck »Konzert« nicht mehr, als dass es sich um Musik für mehrere Musiker handelte) eines Lodovico Viadana (ca. 1560–1627) oder in den Solo-Motetten eines Alessandro Grandi (ca. 1575–1630), der bei Gabrieli studiert hatte und ein Kollege Monteverdis wurde. So entstand aus dem Drang nach vokalem Ausdruck eine neue Textur, und zwar sowohl in der weltlichen als auch in der geistlichen Musik, bei der die Melodie die wichtigste Rolle hat und von Akkorden harmonisch gestützt wird – es ist die Liedtextur, wie wir sie bis heute kennen. Der Generalbass-Stil verlangte vom Komponisten, prinzipiell in Akkorden zu denken, besonders in Dreiklängen, und förderte damit die Entwicklung des Dur-Moll-Systems.

Wie Galileo schon erkannt hatte, erlaubte der neue Stil einem Sänger, auch Schauspieler zu sein, Gefühle eines bestimmten Charakters auszudrücken, und nicht, wie im Madrigal, nur die eines Grundtypus (meist des glücklichen oder schmachtenden Liebhabers). In echter Renaissance-Manier wurde Musik zum Besitz des entsprechend begüterten Individuums, genau wie die Zeit selbst durch die Verbreitung der Taschenuhr, deren älteste Exemplare von 1548 sind. Die Menschen hatten jetzt ein persönliches Verhältnis zur Zeit, und auch ihre Musik war persönlich.

Dieses Darstellen des Persönlichen durch Personen, eines Charakters durch einen Sänger, war es, was die Oper erst möglich machte, und auch hier waren wieder Caccini und Peri, zusammen mit dem Dichter Rinuccini und Jacopo Corsi, dem Florentiner Adligen und Mäzen dieser Komponistengruppe, an vorderster Front. Ihr erstes Experiment nach den Intermedien von 1589 war das »dramatische Märchen« *Dafne* (1598) zu einem Text von Rinuccini, den Corsi und Peri vertonten. Zwei Jahre später ließ Corsi seine Künstler wieder zusammenarbeiten, diesmal an der szenischen Aufführung der *Euridice*, die als Geschenk zur Hochzeit der Medici-Prinzessin Maria mit Heinrich IV. von Frankreich gedacht war. Peri und Caccini beeilten sich danach, ihre konkurrierenden Vertonungen des gleichen Librettos in Druck zu geben. Doch wurden beide vollkommen in den Schatten gestellt von Claudio Monteverdi, der – möglicherweise nachdem er eine Aufführung der Peri-Caccini-*Euridice* bei den Feierlichkeiten der franko-florentinischen Vermählung gesehen hatte – den gleichen Stoff in Mantua bearbeitet hatte.

Monteverdis *Orfeo* (1607) ist selbst eine wunderbare Vermählung: von Madrigal (bei dem der Chor beteiligt ist), Tanzlied und neuer expressiver Monodie, an der sich der Komponist offenbar zum ersten Mal versuchte. Er erkannte sofort, dass die Möglichkeiten des leidenschaftlichen Lieds erheblich durch einen dramatischen Kontext erweitert werden, wenn die Figur sich in einer besonderen Situation befindet. In dieser Oper ist das die Stelle, an der Orpheus (gesungen von einem Tenor) Charon, den Fährmann der Unterwelt (eine halbkomische Bassrolle), mit seinem Bittgesang beschwört, ihn, einen Lebenden, entgegen jede Gewohnheit ins Reich der Toten zu bringen. Diese Nummer, »Possente spirito« (Mächtiger Geist), ist auch die berühmteste des ganzen Werks. An anderen Stellen der Oper strebte Monteverdi – und das sogar noch beharrlicher als Caccini selbst – das Ideal der Musik als gesungene Sprache an. Ein eindrucksvolles Beispiel hierfür ist das Solo für den Boten, der Orpheus die Nachricht von Eurydikes Tod überbringt. Doch vor allem »Possente spirto« muss innerhalb des Dramas zeigen, über welche Macht die Musik an sich verfügt, und zwar über ihre Fähigkeit, den Textgehalt zu unterstreichen, hinaus. So verändert Orpheus den Lauf des Universums allein durch den Liebreiz seines Gesangs, und entsprechend verdeutlicht sein Solo vor Charon nicht nur den Sinn der Worte, sondern ist – mit den vom Komponisten ausgeschriebenen Verzierungen – von großer melodischer Anmut und Schönheit. Wie alle zeitlos besten Lieder, von den Troubadours bis ins 21. Jahrhundert, besitzt es eine Melodie, die gleichermaßen wunderschön und von drängendstem Ausdruck ist.

Mit dem *Orfeo* zeigte sich noch eine weitere Option, die die neue Monodie eröffnete: die Möglichkeit für Werke von bedeutendem Ausmaß und Gewicht außerhalb des kirchlichen Rahmens. Byrds Lieder oder Palestrinas Madrigale waren zwangsläufig weniger imposant als die Messen dieser Komponisten, doch mit der Oper war nach 1600 eine durch und durch weltliche große Form verfügbar. Ab diesem Zeitpunkt wurde die Kirchenmusik zur Tochter der Oper, ihr eiferte sie nun in den Sologesängen und im dramatischen Bau nach. Das war besonders in Venedig der Fall, wo Giovanni Gabrielis Musik bereits Klangdramatik bewiesen hatte. Dass Monteverdi 1613 nach Venedig kam, war da fast schon eine historische Notwendigkeit. Hundert Jahre nach Petrucci war die Stadt noch immer der Hauptort des Musikverlagswesens, und Monteverdi hatte bereits drei Jahrzehnte lang die Druckpressen der Stadt mit Material versorgt. Unter den so entstandenen Bänden ist auch einer mit Musik für den abendlichen Vespergottesdienst, der *Vespro della Beata Vergine* – besser bekannt als *Marienvesper* –, der 1610 veröffentlicht wurde und klangprächtige Psalmen und andere große Stücke im Gabrieli-Stil sowie einzelne Motetten mit ein oder zwei Solostimmen enthält. Genau wie *Orfeo* die erste große Oper war, war die *Marienvesper* der glänzende Prototyp einer opernartigen Kirchenmusik, und als die Erforschung der Musik vor Bach sich in den späten 1960er Jahren zu beschleunigen begann, hatte sie bald ihren festen Platz im Konzertrepertoire.

Als Kapellmeister von San Marco, wo ein halbes Jahrhundert zuvor Willaert und Zarlino in Diensten standen, schuf Monteverdi weitere prächtige Vertonungen von Vespern und Messe. Auch erfüllte er Anfragen nach Opernkompositionen, die aus Mantua und von venezianischen Adligen kamen. Für einen von ihnen schrieb er eine kompakte Oper für Erzähler, zwei Singstimmen und Streichergruppe mit Continuo, *Il combattimento di Tancredi e Clorinda* (Der Kampf zwischen Tankred und Clorinda), die auf einer Episode aus Tassos Kreuzzugsepos basiert. Dieses Werk veröffentlichte er in seinem achten Madrigalbuch (1638), das trotz des Titels Duette und kleine Musikdramen sowie einige eher konventionell madrigalartige Stücke enthielt.

Im Vorwort zu diesem Band mit dem Titel *Madrigali guerrieri et amorosi* (Kriegerische und verliebte Madrigale) spricht Monteverdi von den »Hauptleidenschaften« unseres Gemüts, von denen es drei an der Zahl gebe: »Zorn, Mäßigkeit und Bescheidenheit oder Demut«. Nachdem er bei früheren Komponisten zwar Beispiele für maßvolle und sanfte, nicht aber für erregte Musik gefunden hatte, machte er sich daran, eine Art von musikalischer Ausdruckskraft wiederzuentdecken, die, wie er vermutete, seit Platons Zeit verloren war. Seinen eigenen Aussagen zufolge ließ er sich bei seinen Nachforschungen nicht nur dadurch leiten, dass er die antiken Philosophen las, sondern auch dadurch, dass er praktisch experimentierte. So entdeckte er, dass schnelle Tonwiederholungen genau die Wirkung von Aufregung erzielten, die er suchte. Tassos Text mit seiner bildhaften Beschreibung eines Kampfs auf Leben und Tod bot ihm die Möglichkeit, seinen neuen Stil auszuprobieren, und der wirkte sich nicht nur auf die vokale Melodik, sondern gleichermaßen auf die instrumentale Begleitung aus. So deuten beispielsweise an einer Stelle zu Beginn des Werks die Streicher an, wie Tancredis Pferd mit den Hufen scharrt, bevor es losgaloppiert.

Dennoch sind Monteverdis expressive Mittel vor allem vokaler Art, und der *Combattimento* ist eine brillante Demonstration der neuen Monodie. Der Inhalt des Stücks wird überwiegend von einem Erzähler in Rezitativen, das heißt in einem dem Sprechen angenäherten Gesang, vorgetragen. Der Sänger kann dabei Rhythmus und Farbe frei modulieren und so den monotonen Worten expressive Gestalt und Gewicht verleihen. Aber es gibt auch Passagen, in denen der Ausdruck ganz bewusst durch die Melodie auf eine neue Ebene gehoben wird. Ein bemerkenswertes Beispiel für einen solchen Kontrast befindet sich etwa in der Mitte des Stücks, wo der Erzähler die Erschöpfung der Widersacher bei Einbruch der Nacht beschreibt. Die Schilderung ist weitgehend rezitativisch, doch wenn er sich nach dem Betrachten der Gegenwart der Zukunft zuwendet und Tod und Schande prophezeit, tut er das mit einer Melodie, und mit einfachster Geste – einer Bindung über zwei ansteigende Noten zum Ausruf »O« – erreicht er höchste Eindringlichkeit. Für die Druckfassung gab Monteverdi im Vorwort zusätzliche Aufführungsanweisungen, die in ihren Formulierungen zeigen, wie neuartig die Idee eines gesungenen Dramas noch immer war. Zudem erinnerte er daran, wie die Zuschauer, die die Uraufführung des Stücks während der Karnevalszeit erlebt hatten (die damals im katholischen Europa von Weihnachten bis zur Fastenzeit ging und die Hauptsaison für Schauspiele und Unterhaltungsveranstaltungen war), »so zu Mitleid gerührt waren, dass es war, als würden sie weinen«.

Diese aufsteigenden Tränen zeigen, dass ein Traum der Renaissance wahr geworden war: Die Musik war jetzt in der Lage, von den Regungen des Körpers und Geistes eines Menschen zu sprechen, von Hast und Wut, von Erschöpfung und Kummer, von Reglosigkeit und Furcht. Aber die Mittel, mit denen Monteverdi und seine Zeitgenossen das erreichten – Monodie, Generalbass, Textur aus Solostimme und Begleitung, eine von Dreiklängen und den Dur- und Molltonleitern geleitete Harmonik, klare Phrasen und tänzerische Metren –, machten die Polyphonie, die musikalische Sprache der Renaissance, mehr oder weniger obsolet, wie der Artusi-Streit zeigte. Dieser Punkt wurde schon recht früh, 1607, in einem Lehrbuch des Continuospiels angesprochen, das der toskanische Musiker Agostino Agazzari (ca. 1580–1642) verfasst hatte: »Wenn mir aber jemand sagte, fürs Spielen alter Werke, voller Fugen und Kontrapunkte, reiche die Bassstimme nicht, dann antworte ich darauf, dergleichen Cantilenen seien nicht mehr in Gebrauch.« Monteverdis Vollendung der Renaissance gilt deshalb gleichzeitig als Beginn einer neuen Periode der Musikgeschichte, des Barocks – ein Begriff, der allerdings erst mit der Wiederbelebung seiner Musik üblich wurde.

Zu den Neuerungen des frühen 17. Jahrhunderts mag man auch das Orchester, den Gefährten der Oper, zählen. Die Art von Ensemble, die vermutlich im München der Lasso-Zeit (um 1560) nicht mehr als eine pittoreske Fantasie war (vgl. oben S. 68), wurde ein halbes Jahrhundert später Wirklichkeit, als Monteverdi in der Erstausgabe seines *Orfeo* (1609) eine ähnlich bunte Gruppierung von 39 Musikern auflistete. Kurz danach, spätestens 1618, wurde in Paris das erste feste Orchester eingerichtet, die so genannten »Vingt-quatre violons du roi« (die 24 Violinen des Königs), wobei mit »Violons« ein kompletter Satz von Streichinstrumenten bezeichnet wurde, deren Spieler die zum Teil gesungenen Ballette – eine Besonderheit am französischen Hof – begleiten sollten.

Die Entwicklung des Orchesters zum eigenständigen Musikkörper musste noch auf eine weitere Erfindung aus dem späteren 17. Jahrhundert warten: das Konzert. Erst einmal wurden Orchester nämlich nur für besondere Anlässe zusammengestellt und hatten grundsätzlich Gesangsstimmen zu begleiten, entweder in der Oper, bei höfischen Feiern oder kirchlicher Musik. Dennoch brachten die steigenden Anforderungen, die bei solchen Anlässen an die Instrumentalisten gestellt wurden, der solistischen Instrumentalmusik größere Aufmerksamkeit und förderten das virtuose Spiel, denn zweifellos hegten alle diese Instrumentalisten den Wunsch, der Vokalmusik an akrobatischem Vortrag und expressiver Kraft in nichts nachzustehen. War die Lauten- oder Cembalomusik des 16. Jahrhunderts noch vorwiegend für Liebhaber geschrieben, so war jetzt, im frühen 17. Jahrhundert, die erste große Zeit der Berufsmusiker gekommen.

Zu den Instrumentalisten, die unter Monteverdi an San Marco

spielten, gehörte auch Biagio Marini (1594–1663), der möglicherweise Stimmführer der Geigen war, als das *Combattimento* uraufgeführt wurde. Er schrieb für sein Instrument Sonaten mit Continuo-Begleitung sowie Zwischenspiele für liturgische Feiern und führte damit eine Form ein, die über weite Gebiete des katholischen Europa bis ins 18. Jahrhundert erhalten blieb. Unterdessen komponierten der Amsterdamer Organist Jan Pieterszoon Sweelinck (1562–1621) und der römische Musiker Girolamo Frescobaldi (1583–1643) verschiedenartigste Stücke für Tasteninstrumente: polyphone Inventionen (oft auch als Ricercar oder Fantasia bezeichnet), die den alten Stil am Leben erhielten, bis Bach später daran anknüpfen konnte, außerdem Toccaten (von *toccare:* schlagen, berühren), die die neuen Möglichkeiten des fingerfertigen, gleichmäßigen Tastenspiels ausschöpften, sowie Fantasien voller, nun ja, Fantasie. Zu einer Zeit, da Instrumentenbauerfamilien – darunter die Amatis, die die große Geigenbautradition in Cremona begründeten, und die Ruckers, die in Antwerpen die besten Cembali bauten – die optische und klangliche Schönheit auf ein neues Niveau hoben, arbeiteten Marini, Sweelinck, Frescobaldi und andere an den Entdeckungen des vorigen Jahrhunderts weiter und loteten aus, was nun durch die neuen Spieltechniken oder unterschiedlichen Klangqualitäten der einzelnen Instrumente möglich war: bei der Geige zum Beispiel lange Melodiebögen in den oberen Registern, Einfallsreichtum unter den Fingern eines Lautenisten oder ein atemberaubendes Tempo beim Spiel auf dem Cembalo. Jedes dieser Instrumente entwickelte innerhalb der Sprache des Frühbarocks sein eigenes Repertoire und seinen eigenen Dialekt.

So entstand in verschiedenen Städten und Ländern eine Vielzahl von Musikstilen, und zwar aus mehreren Gründen. In erster Linie fiel eine Musik, die der Rede ähnlich war, je nach Sprache unterschiedlich aus – seit Mitte des 16. Jahrhunderts war von Komponisten immer häufiger verlangt worden, nicht mehr nur, wie früher bei allen großen Werken üblich, die lateinische Sprache der Kirche zu vertonen, sondern auch Texte in der Landessprache. Dazu kam, dass durch die Aufspaltung der Christenheit – mit einer festen, wenn auch umstrittenen Grenze zwischen den katholischen Staaten (Italien, Frankreich, Spanien, Österreich und Süddeutschland) und den protestantischen (Norddeutschland, England und Skandinavien) – entsprechend auch die Kirchenmusik der einen Sphäre in der anderen nicht verwendbar war. Die neue Monodie, die ja das Wort betont, ließ sprachliche Unterschiede noch deutlicher hervortreten. So entwickelte sich die italienische Melodik ganz anders als die französische: Wo das Italienische bereits im Gesprochenen melodische Konturen, ausgeprägte Akzente und die Möglichkeit verlängerter Vokale hat, klingt das Französische im Hinblick auf Sprachmelodie und -rhythmus wesentlich gleichförmiger. Dazu kamen noch grundsätzliche Unterschiede in Kultur, Temperament und Philosophie. Französischen Komponisten der ersten Hälfte des 17. Jahrhunderts etwa, die jetzt Lautenlieder und Musik für höfische Maskenspiele (Versdramen, die Lied und Tanz beinhalteten) schrieben, waren die quantitierende Metrik und der Einklang mit der Natur noch immer ein Anliegen, was in Frankreich bedeutete, dass die Worte verständlich zu singen waren. In Italien dagegen empfand man das Melodiöse und das Vergnügen, das Ausführende und Zuhörer beim Akt des Singens ergriff, als natürlich.

Nationale Unterschiede stellte auch der deutsche Theoretiker Athanasius Kircher (1601–1680) in seinem umfassenden Kompendium *Musurgia universalis* (1650) fest, aber wie er es sah, hatte sich »Italien zu Recht von Anfang an an die erste Stelle der Musik gesetzt«. Auch wenn für Kircher dieser »Anfang« wohl kaum vor der Zeit Palestrinas gelegen hat, gab Italien zu seiner Zeit sicherlich im gesamten deutschsprachigen Europa und darüber hinaus den Ton an. Der neue Continuo-Stil und die neue Expressivität hatten die Möglichkeit schneller Tempo- und Lautstärke-Wechsel mit sich gebracht. Diese wurden mit italienischen Begriffen bezeichnet, die bis heute international üblich sind, so zum Beispiel *presto* (sehr schnell), *allegro* (schnell), *andante* (gehend) und *adagio* (langsam) oder auch *piano* (leise) und *forte* (laut). Außerdem entwickelten sich mit der wachsenden Bedeutung der Instrumentalmusik zwangsläufig neue Formen, und diese bekamen in Italien Benennungen, die sich durch ganz Westeuropa verbreiteten: Sonata, Sinfonia, Concerto – drei Begriffe, die damals dehnbar und fast austauschbar waren – sowie Toccata und Ricercar, die schon etwas speziellere Formen bezeichneten. Manchmal lernten deutsche Musiker die neue Musik und ihre Terminologie direkt aus erster Hand. Heinrich Schütz (1585–1672), der den größten Teil seines langen Erwachsenenlebens damit zubrachte, Kirchenmusik für den protestantischen Hof in Dresden zu schreiben, hatte in seiner Jugend bei Gabrieli studiert und kehrte später (1528) nach Venedig zurück, wo er Diskussionen mit Monteverdi führte. Sein Freund Johann Hermann Schein (1585–1630) griff bei dem, was er als Kantor der Thomaskirche im nahen Leipzig schrieb, auf Viadana zurück. Und Michael Praetorius (1571–1621) brachte in mehreren veröffentlichten Bänden den italie-

nischen Stil in die lutherische Musik und machte französische Tanzmusik auch in Deutschland verfügbar.

Aus solchen Tänzen entwickelte sich eine Form, die in der Ensem-
blemusik ab den 1620er Jahren immer dominanter wurde: die Suite,
eine Folge von Tanzsätzen, hervorgegangen aus dem schon bekannten
Satzpaar Pavane-Galliarde des vorigen Jahrhunderts, dem sich häufig
weitere Paare von Tänzen im Wechsel langsam-schnell anschlossen.
Schein schrieb Stücke dieser Art für Gamben, während seine Zeitgenossen in England, wie zum Beispiel Thomas Tomkins (1572–1656),
die etwas altmodischere, polyphonere Form der Fantasia bevorzugten.
Musik für Gamben war Musik für den Hausgebrauch, sie hatte nichts
von der reinen Eindringlichkeit der neuen Oper oder vom blenden-
den Glanz der neuen venezianischen Kirchenmusik. Aber alle diese
Ausprägungen der Musik des frühen 17. Jahrhunderts weisen ein gemeinsames Merkmal auf: Die Musik bewegt sich weg von den alten
Modi und hin zu einer Harmonik, die auf Tonleiter und Tonart beruht. Und wie sich herausstellte, war das die bedeutsamste Neuerung
dieser Periode – eine Musik, die nicht so sehr durch bestimmte Muster
der Wortausdeutung sprach, egal wie eindringlich Monteverdi dieses
Prinzip umsetzte, sondern durch eine neue Art der Tonalität, die die
Kunst durch die nächsten drei Jahrhunderte tragen würde.

TEIL IV

Erkannte Zeit: 1630–1770

Die ersten Jahrzehnte des 17. Jahrhunderts hatten sich darauf konzentriert, Musik sprechen oder tanzen zu lassen. Alternativen zu der rapide verfallenden, bereits todgeweihten Polyphonie der Renaissance – als dem Motor, der Musik aus eigener Kraft ohne Unterstützung durch Worte oder Tanzthemen antrieb – waren dabei kaum zum Vorschein gekommen. Die Instrumentalmusik der Zeit war noch sehr oft auf alte Art polyphon, auch wenn der Schwerpunkt jetzt mehr auf einem einzelnen Thema lag, wie Beispiele von Frescobaldi bis Tomkins zeigen. Ersatzweise konnte der Impuls auch vom virtuosen Spiel ausgehen, konnte das konstante Darbieten staunenswürdiger Leistung eine gewisse Kontinuität vermitteln. Dann allerdings, etwa um die Mitte des Jahrhunderts, erreichte die Entwicklung der neuen Tonalität – der sich immer stärker etablierenden Dur- und Moll-Tonarten – einen Punkt, an dem sich neue Prinzipien rein musikalischer Form herauskristallisierten. Ein Stück in D-Dur zum Beispiel bezog seine Stabilität daraus, dass es sich mehr oder weniger auf die Töne der D-Dur-Skala beschränkte. Jetzt aber kam eine eigene Dynamik dazu. Egal durch welche harmonischen Wagnisse es sich bewegte, der D-Dur-Dreiklang war auf jeden Fall das Ziel, auf das alles hinsteuerte. Und um zu diesem Ziel zu gelangen, konnte sich die Musik auf harmonische Kräfte stützen, die Konvention oder praktische Erfahrung definiert hatten – etwa auf die Kraft der Schlusswirkung einer authentischen Kadenz, bei der ein D-Dur-Akkord (in dem Fall der Dreiklang der ersten Stufe, Tonika genannt) direkt auf einen A-Dur-Akkord folgt (in D-Dur der Akkord auf der fünften Stufe, der Dominante). Diese Wirkung war so stark, dass sie dem Ende des Stücks oder eines Abschnitts vorbehalten war. Andere Akkorde und Töne hatten ähnlich klare Funktionen, genau wie Wörter und Redewendungen in einem Satz. Indem nun Komponisten bewusst solche Funktionen nutzten – meist zusammen mit einem Hauptthema oder einer Hauptmelodie, um so dem Stück eine

klare Gestalt und Eigenart zu verleihen –, konnten sie eine Musik erschaffen, die sich mit klarer Absicht durch die Zeit auf einen deutlichen Endpunkt hin bewegte.

Zusätzlichen Antrieb erhielt dieser Prozess meist von einem, verglichen mit früherer Musik, klareren Rhythmus, dem ein gleichbleiben-
des Metrum zugrunde lag (z. B. ein Dreierschlag in der Folge schwer-
leicht-leicht). Häufig stammten die Metren von Tänzen ab, sie konnten aber auch auf Musik angewandt werden, die nicht den regelmäßigen
Phrasen eines Tanzes folgte. Das Metrum verlieh dem Stück Puls und
Struktur, eine Art innere Uhr, ein Maß für das Fortschreiten der Harmonie, woraus dann eine neue Logik resultierte, ein für den Zuhörer
beruhigendes Gefühl, immer zu wissen, wohin die Musik ging und in
welchem Tempo. Es kann durchaus sein, dass die Bedeutung des Zuhörers und damit auch des reinen Hörverstehens von Musik (im Unterschied zu anderen Arten, wie etwa ein Musiker ein Werk verstehen
mag) zum Entstehen einer tonart-basierten Harmonik, einer thema-
basierten Struktur und eines metrischen Rhythmus beitrug.

Alle diese Veränderungen wurden zu jener Zeit durchaus wahrgenommen, nicht zuletzt von Heinrich Schütz in einem Memorial, das
er 1651, mit Mitte sechzig, für seinen Arbeitgeber, den sächsischen
Kurfürsten Johann Georg I., ausgearbeitet hatte. Die alte Art (die
noch ein halbes Jahrhundert zuvor die neue Art gewesen war) sei langweilig für die Jungen, so schrieb er. Einem Kollegen habe man direkt
ins Gesicht gesagt, dass einer, der seit dreißig Jahren schneidert, und
einer, der seit dreißig Jahren Kantor ist, keinem mehr von Nutzen
sei.

Diese Entwicklung fand in einer Phase statt, als auch die Zeit selbst
allmählich fassbarer wurde. Die Pendeluhr – die Idee dazu hatte Galileo schon 1641 entwickelt, wirklich umgesetzt wurde sie erst 1657
durch den holländischen Wissenschaftler Christiaan Huygens – gab
den Menschen ein Maß für die Zeit, das auf wenige Sekunden pro Tag
genau war. Zeit war jetzt genauso absolut und erkennbar wie der
Raum. Und diese absolute, erkennbare Zeit – diese Uhrwerk-Zeit –
wurde auch zur Richtschnur für die Musik des nächsten Jahrhunderts
und darüber hinaus. Das große Zeitalter der mechanischen Uhren –
bis zum letzten Chronometer John Harrisons (1770) – war auch die
Epoche in der Musikgeschichte, die sich mit einer mechanischen Eleganz und Stetigkeit durch die Zeit bewegte, die aber dennoch Mitte
und Wege fand – und zwar in ebendiesen Phänomenen von Harmonie und Rhythmus, die ein gleichmäßiges Dahinfließen erst möglich

machten –, göttliche Größe und menschliche Freude oder Bitterkeit auf neue Art auszudrücken. Es war die Musik, die man, als sie im 20. Jahrhundert wiederentdeckt wurde, als Barockmusik bezeichnete.

Kapitel 8

Barockes Erwachen

In dem halben Jahrhundert zwischen 1630 und 1680 war die Geschichte der Musik ungewöhnlich komplex, eine bunte und volle Bühne, aber ohne dominante Figuren wie etwa – zumindest in der Retrospektive – Monteverdi in den Jahrzehnten davor. Die unterschiedlichen Gattungen und nationale Traditionen gingen ihre eigenen Wege und verstärkten dabei sogar die jeweiligen Unterschiede. Dennoch waren sie über ein verworrenes Geflecht miteinander verknüpft. So hatte beispielsweise der deutsche Organist und Komponist Johann Jakob Froberger (1616–1667) bei Frescobaldi studiert, bevor er eine Stellung am Wiener Kaiserhof antrat. Er wusste durchaus auch, was es in Paris an Neuem gab, denn er pflegte die Suite, eine musikalische Form, die man am französischen Hof immer wieder auffrischte, weil Tanzmusik zur Zeit Ludwigs XIII. (reg. 1610–1643) und Ludwigs XIV. (reg. 1643–1715) enorm beliebt war. Doch Froberger konnte auch selbst für neue Anregungen in Paris gesorgt haben, denn er hatte Kontakt zu den ersten großen Cembalo-Komponisten Frankreichs: Jacques Champion de Chambonnières (1601/02–1672) und Louis Couperin (um 1626–1661). Zur gleichen Zeit war in Italien die Violine das bevorzugte Instrument eines wachsenden Virtuosentums. In England dagegen behielt das Gambenkonsort seine beherrschende Rolle beim Musizieren im privaten Kreis, und Komponisten wie John Jenkins (1592–1678), William Lawes (1602–1645) und Matthew Locke (um 1622–1677) schrieben neben Fantasien im alten Stil auch Suiten im neuen Stil. Im Grunde das einzige gemeinsame Merkmal der gesamten europäischen Musik war die allmähliche Stabilisierung der Dur-Moll-Tonalität, und die Suite mit ihren Tanzsätzen mag durchaus dazu beigetragen haben. Suiten waren eigentlich eher Tänze für das Ohr als für die Beine, aber ihre für den Tanz typischen Phrasen die jeweils gleich lang waren und mit den wenigen formalisierten Kadenzen schlossen, brachten in den harmonischen Ablauf mehr Klarheit und Zielorientierung. So gesehen bewegten sich die Cembalo-Virtuosen in Paris und die Gambenkonsorts in britischen Landhäusern in die gleiche Richtung. In Italien ließ das schwungvolle

Henry Purcell

Violinspiel zur gleichen Zeit noch immer erkennen, dass die Geige ihren Ursprung im Tanz hatte, und entsprechend klar definiert war auch die Harmonik.

In Erinnerung an diese Periode beschrieb der musikalische Universalgelehrte Roger North (1651–1734), wie im Haushalt seines Großvaters Lord North (1582–1666) musiziert worden war: Mitglieder der Familie und der Dienerschaft setzten sich zusammen und spielten gemeinsam als Gambenkonsort, unterstützt durch die Hausorgel oder das Cembalo. Während die Norths sich an dieser Art der Unterhaltung zu Hause erfreuten, fand die Musik in den neuen Opernhäusern Italiens eine weit größere Zuhörerschaft. Die ersten Opern, wie Monteverdis *Orfeo,* waren Werke für private Festlichkeiten in Fürstenpalästen gewesen, genau wie die Masques (höfische Maskenspiele) im zeitgenössischen Paris und London. Die ersten Opernaufführungen für die Öffentlichkeit fanden in Rom statt, dank der Großzügigkeit der Familie Barberini (der auch der amtierende Papst Urban VIII. angehörte), die 1632 ein Theater mit 3 000 Sitzplätzen errichtet hatte. Von dort aus griff die Mode 1637 über nach Venedig, wo Monteverdi, inzwischen schon Mitte siebzig, noch Zeit fand, vier Werke beizusteuern, von denen zwei – eines basierend auf Homer, das andere auf dunklen Episoden im Leben des Kaisers Nero – erhalten sind: *Il ritorno d'Ulisse in patria* (Die Heimkehr des Odysseus, 1640) und *L'incoronazione di Poppea* (Die Krönung der Poppea, 1643). Diese späten Opern hatten, anders als der *Orfeo,* wenig mit Tanz und Madrigal zu tun und setzten ein bescheidenes Instrumentarium voraus, das vielleicht nur aus einer kleinen Gruppe von Streichern mit Continuo-Begleitung bestand. Öffentliche Oper war kommerzielle Oper, und die war eher schlicht gehalten, außer in den Punkten, bei denen das Publikum einen gewissen Aufwand verlangte: bei der Bühnenmaschinerie und den Sängern. *Ulisse* und *Poppea* bestanden dementsprechend größtenteils aus Gesang, und im Vergleich zu ihnen ist das Bauschema des *Combattimento* mit seinem Wechsel zwischen Rezitativ und Melodie weitaus starrer. Ein weiterer Unterschied zum *Orfeo* liegt im dramatischen Stil. Die naive, pastorale Naturatmosphäre der früheren Oper war komplexen sozialen Interaktionen und Intrigen gewichen. Hier waren Individuen dargestellt, die ein Leben voller Leidenschaft lebten, in Welten, denen auch komische Figuren angehörten.

Um solche Rollen besetzen zu können, brauchte es eine neue Art von Musiker: den Opernsänger. Wie in allen späteren Epochen auch schätzte man damals besonders hohe Stimmen – die Stimmen weiblicher Soprane oder Kastraten – aufgrund ihrer dramatischen Ausdruckskraft. Doch kaum hatten die ersten öffentlichen Opernhäuser ihren Betrieb aufgenommen, da zeigte sich, wie schwer es sich gestaltete, Sänger zu finden, die große Theater und große Rollen füllen konnten – und entsprechend gewaltig waren dann wohl auch deren Honorar und Ego. Ein guter Teil der extravaganten Aura, die die Oper heute noch umgibt, stammt also aus dieser Zeit. Als neu und für die Weiterentwicklung der Oper wichtig erwies sich zudem ein anderes Phänomen. Die große Mehrheit der Menschen im Barberini-Theater waren nicht die Sänger und auch nicht die Instrumentalisten oder Bühnenarbeiter, sondern die Zuhörer. Hatte sich die säkulare Musik des 16. Jahrhunderts noch direkt an die gerichtet, die sie aufführten – Sänger, Lautenisten, Tastenspieler oder Gambenkonsorts, die alle in einem privaten Kreis musizierten –, setzte die Oper eine große Zuhörerschaft voraus. Ganz ähnlich war auch die venezianische Kirchenmusik von Gabrieli bis zu Monteverdis Nachfolgern entstanden, um diejenigen, die sie hörten, in Erstaunen und Entzücken zu versetzen.

Prunk dieser Art ging von den prunkvollsten Städten Europas aus – Venedig und Rom – und verbreitete sich schnell. Die erste deutschsprachige Oper, *Dafne* (1627), schrieb Heinrich Schütz nach einem alten Rinuccini-Libretto, und die erste italienische Oper, die im Ausland aufgeführt wurde, war wohl ein *Orfeo* des römischen Komponisten Luigi Rossi (?1597/98–1653), der 1647 im Auftrag des italieni-

schen Kardinals Mazarin (er regierte Frankreich während der Minder-
jährigkeit Ludwigs XIV.) in Paris aufgeführt wurde. Antonio Cesti
(1623–1669) lernte sein Handwerk als Opernkomponist in Venedig
und schuf später ein achtstündiges Bühnenfest von unglaublicher
Opulenz, *Il pomo d'oro* (Der goldene Apfel, 1668), für den Wiener
Hof. In London war die erste richtige, durchgehend gesungene Oper
The Siege of Rhodes (Die Belagerung von Rhodos, 1656). Sie verdankte
ihr Entstehen sehr wahrscheinlich – die Musik dazu ist ebenso verschollen wie die zu Schütz' *Dafne* – weniger der venezianischen Oper
als vielmehr den einheimischen und Pariser Traditionen der höfischen
Masques. Der Pariser Stil allerdings sollte bald durch weitere Einwanderer aus Italien entscheidend verändert werden. Francesco Cavalli
(1602–1676), der vermutlich bei Monteverdi studiert hatte und als
Komponist von Kirchenmusik und Opern ganz nach seinem Lehrer
kam, erhielt eine Einladung des französischen Hofs zur Komposition
des *Ercole amante* (Der verliebte Herkules, 1662). Im Publikum saß
damals bestimmt auch ein anderer Italiener (schließlich hatte er einen
Posten am Hofe inne), der als Knabe nach Frankreich geholt worden
war und seinen Namen französisiert hatte: Jean-Baptiste Lully (1632–
1687).

Lully erfand die Oper im französischen Geist neu: Er entwickelte
eine neue Art von Rezitativ, das sich sanft melodiös und rhythmisch
flexibel der Sprache anpasste, er hob den Tanz als wesentliches Element hervor (oft wird die eigentliche Handlung möglichst schnell
durchgezogen, damit jeder Akt dann in einer Folge von Tänzen seine
volle Strahlkraft erlangen kann), er ließ den Glanz der Bühnenwelt auf
die zurückstrahlen, die auf der anderen Seite des Rampenlichts saßen
(wobei Ludwig XIV. als wichtigster Zuhörer implizit immer angesprochen war), und er behielt auch im Gesang die Poesie und intensive
Ausdruckskraft bei, die die Franzosen an den Tragödien Jean Racines,
eines Zeitgenossen des Komponisten, so schätzten. Philippe Quinault,
der regelmäßig an den Opern mitwirkte, die Lully zwischen 1673 und
seinem Tod quasi im Jahrestakt produzierte, trug mit seinen Libretti
wesentlich zur Entwicklung dieser neuen Form bei. Andere Erfindun-
gen Lullys waren rein musikalischer Natur. So begründete er mit seinen Orchestereinleitungen das, was man heute als »französische Ouvertüre« bezeichnet, eine Eröffnungsmusik, die mit einem langsamen,
majestätischen Teil beginnt, dem ein schneller, fugierter Satz folgt
(d.h. ein Satz, bei dem ein Thema fugenartig imitierend entwickelt
wird). Diese spezielle Art der Ouvertüre wurde nicht nur zur fast un-

veränderlichen Norm in Frankreich, auch Purcell, Händel und Bach schrieben Werke nach ihrem Vorbild. Dies gilt auch für eine andere musikalische Form, die Lully prägte: die Chaconne beziehungsweise die von ihr kaum unterscheidbare Verwandte, die Passacaglia; beide bestehen aus Variationen über einen sich ständig wiederholenden langsamen Bass und betonen als wirkungsvoller Höhepunkt die Größe und Würde der Oper.

Als Inhaber eines königlichen Privilegs, das ihm das Monopol auf alle Opernaufführungen verlieh, war Lully zu seiner Zeit der mächtigste Komponist in Paris, und noch Jahrzehnte nach seinem Tod wurden seine Werke auf die Bühne gebracht (Monteverdis dagegen gerieten nahezu augenblicklich in Vergessenheit), sehr zum Verdruss seiner Nachfolger. In anderen Bereichen allerdings konnten Komponisten jener Generation nach Lully sehr wohl einiges dazu beitragen, dass diese Epoche sich als eine höchst kreative Zeit der französischen Musik behauptete, auch wenn es eine Epoche war, die erst im späten 20. Jahrhundert wiederentdeckt wurde. Wie im Venedig zur Zeit Gabrielis und Monteverdis war Musik auch in Frankreich ein Instrument der Staatsführung, ein Mittel zur Demonstration von Pracht und Müßiggang. Und wie in Venedig konnte diese Botschaft ebenso gut in der Kirche wie im Opernhaus verkündet werden, etwa in den majestätischen geistlichen Vertonungen von Marc-Antoine Charpentier (1643–1704) und Michel-Richard de Lalande (1657–1726). Es gab aber auch Komponisten, die ganz neue musikalische Welten erschufen, indem sie nur für ihre eigenes Instrument schrieben: Marin Marais (1656–1728) für die Viola da Gamba und François Couperin (1668–1733) für das Cembalo. Ihre Musik, meist in Form von Suiten verfasst, würdigte den Tanz ebenso wie Lullys Opern das taten – oder eben Charpentiers schwungvolle Kirchenmusik.

Französische Musik übte dank der politischen Stärke und des hohen kulturellen Ansehens, das Frankreich in der mittleren Regierungszeit des Sonnenkönigs genoss, auch außerhalb des Landes Einfluss aus, nicht zuletzt auf die Londoner Komponisten unter dem frankophilen Monarchen Charles II. (reg. 1660–1685), der ein Streichorchester gegründet hatte, das dem seines Cousins in Paris nachempfunden war. Der bei weitem herausragendste Komponist Englands war zu dieser Zeit (und das schon seit seiner späten Jugend) Henry Purcell (1659–1695). Er war eine auffallende Persönlichkeit, selbst in diesem Zeitalter, das nach der recht flauen Phase um die Jahrhundertmitte jetzt Brillanz und Individualität forderte. Seine musikalische Eigenart resultierte bis zu einem gewissen Grad aus dem Aufeinandertreffen verschiedener Stile – des französischen (und auch italienischen) und englischen Stils –, was entsprechende harmonische Unstimmigkeiten hervorrief. In England spürte man das Nachglühen der Musik des vorigen Jahrhunderts noch viel deutlicher als in Frankreich oder Italien, zum Teil, weil dies in der englischen Musik ein großes Zeitalter war – das von Byrd, Tallis, Dowland und den Madrigalisten –, und zum Teil, weil die Musik der Nationalkirche in eben jener Epoche ihren Ursprung hatte. Purcell, der auch Stücke für Gambe schrieb, die ins 16. Jahrhundert zurückweisen, hatte die alten Modi noch im Blut, als er sich auf die neue Tonalität einließ. Was dabei herauskam, war eine Kühnheit der Harmonik, die erst wieder mit dem späten Wagner oder gar erst mit Strawinski zurückkehrte. Eine andere Grenze, die er schlicht ignorierte und übertrat, war die zwischen Kulturtradition und Volkslied. Seine Musik ist überwiegend vokaler Art, sie reicht von Werken fürs Theater über anglikanische Anthems (Chorwerke mit geistlichem Text, eine spezielle Gattung der englischen Kirchenmusik) bis hin zu Oden für Feiern des Königshauses, und oft steht ein Stück mit der frischen Einfachheit eines Volkslieds neben einem virtuosen Paradestück oder einem gekonnt hingeworfenen kontrapunktischen Satz.

Purcells kurze Oper *Dido and Aeneas* (um 1685) zeigt diese Diskrepanzen und welche Wirkung sie hervorrufen, nämlich die eines Stücks, das, um Leidenschaft darzustellen, mit Leidenschaft vorgebracht wird. Dido ist, wie es sich für eine Königin geziemt, edel im Charakter, und ihre beiden großen Beiträge, zwei Soloarien, setzen Lullys Chaconne-Form auf ergreifende Art in innere Bewegung um: »Ah, Belinda« ziemlich am Anfang, und das große, zum Tod führende Lamento »When I am laid in earth« (Lieg' ich gebettet im Erdenschoß) gegen Ende. Französisch ist auch die Ouvertüre. Aber das Stück enthält zudem viele volksliedähnliche Episoden und Passagen, die eher aus der derben Komödie stammen. Purcell schrieb *Dido and Aeneas* vermutlich für eine Aufführung am Hof, seine anderen dramatischen Werke waren dagegen für das öffentliche Theater gedacht, und da hatte eine durchgehend gesungene Oper keinen Platz. Damals gehörten zu jedem Schauspiel auch Lieder, vielleicht sogar Tänze und Zwischenspiele für Streicher; Semi-Opern waren da schon etwas anspruchsvoller – sie bauten (ähnlich den Masques) ganze Sequenzen von Liedern und Tänzen in ein gesprochenes Drama ein. Als nach dem Tod Charles' II. die Möglichkeiten musikalischer Entfaltung am Königshof schwanden, verstärkte Purcell seine Aktivitäten für das öffentliche Theater ganz erheblich und schrieb viele solcher Semi-Opern, unter anderem *King Arthur* (1691) und *The Fairy-Queen* (1692).

Zu Purcells Zeit war London mit rund einer halben Million Einwohnern noch immer die größte Stadt Europas. Viele junge Männer und Frauen waren gekommen, um dort Arbeit zu suchen. Und wer erfolgreich war, wollte auch Unterhaltung. Mit dem steigenden Bedarf ergaben sich auch für Purcell als einem Komponisten von außergewöhnlicher Kreativität neue Möglichkeiten, nicht nur Musik für Hof, Kirche und Theater zu schreiben, sondern auch Lieder und Instrumentalstücke für das häusliche Musizieren (das entsprechende Notenmaterial lieferten die diversen rührigen Verlage der Stadt) oder für eine Aufführung in ganz neuem Rahmen: in Lustgärten und Konzertsälen. Purcell schrieb also für junge Menschen seiner Generation. John Banister (1624/25–1679), ein ehemaliges Mitglied des königlichen Violinorchesters, soll etwa um 1672 die ersten öffentlichen Konzerte der Welt eingeführt haben. 1678 gab es dann nahe Charing Cross bereits ein richtiges Konzertgebäude. Ebenfalls 1678 wurde das erste öffentliche Opernhaus Deutschlands in Hamburg eröffnet, einer Stadt, die sich wie London als bürgerliches Handelszentrum entwickelte. Im Wesentlichen blieb jedoch das Modell des Mäzenatentums in ganz Europa so, wie es seit Jahrhunderten war: Die Kunst finanzierten Fürstenhöfe, städtische Aristokraten und Kirchenautoritäten, wobei Letzteren in norddeutschen Städten wie Hamburg, bedingt durch die starke Choral- und Orgeltradition der Lutherischen Kirche, besondere Bedeutung zukam.

Die protestantische Kirche verfügte, was damals ungewöhnlich war, über eine Musikform, die sich großer Beliebtheit erfreute und sich zudem gut für den gemeinsamen Gesang der Gemeinde eignete: den sogenannten Lutherischen Choral (im Unterschied zum Gregorianischen Choral, dem aus dem Mittelalter stammenden einstimmigen liturgischen Gesang). Deutsche Komponisten konnten sich sicher sein: Werke, die Choräle enthielten – und dazu gehörten neben Orgelbearbeitungen auch Kantaten (Stücke für Sänger und Instrumente) –, würden in sonn- und feiertäglichen Gottesdiensten bei den Kirchenbesuchern allgemeine Zustimmung und (an geeigneten Stellen) Bereitschaft zum Mitsingen finden. Diese starken Wurzeln, die zum Teil auch aus der Sprache kamen, gaben der deutschen Musik eine Individualität, die noch bis ins 17. und 18. Jahrhundert hinein reichte und dann im 19. (durch Brahms) und 20. Jahrhundert wiederbelebt wurde.

Aber deutsche Kirchenmusiker des späten 17. Jahrhunderts, die oft auch Organisten waren, konnten noch auf ein anderes Erbe zurückgreifen, eines, das aus der Kontrapunktik und der instrumentalen Virtuosität Sweelincks stammte. Sweelincks deutsche Organisten-Schüler gaben nämlich dessen Kompositionsstil, einen Stil, der Gelehrsamkeit mit Fantasie verband, an die nächste Generation weiter: an Dieterich Buxtehude (um 1637–1707) in Lübeck, Johann Pachelbel (1653–1706) in Erfurt und Nürnberg sowie an mehrere Mitglieder einer Musikerfamilie, die in Thüringen weithin bekannt war: die Bachs. Und auf dem Boden einer zur Jahrhundertmitte üppigen Kultur begabter, aber nicht außergewöhnlicher Musiker, entwickelten sich – mehr als in Frankreich und England – wirklich große Talente. Pachelbel, der vor allem Orgelwerke schrieb, war auch der Komponist eines richtigen »Barock-Hits« der heutigen Zeit: des berühmten Kanons für drei Violinen und Basso continuo. Buxtehudes Spektrum war noch wesentlich vielseitiger; es reichte von Orgelwerken über Kammermusik (Stücke, die sich für den Hausgebrauch eigneten, da sie auch mit wenigen Musikern spielbar waren) bis hin zu geistlichen Kantaten.

In den katholischen Gegenden Deutschlands – ähnlich wie im österreichischen und spanischen Reich – bewegte sich die Musik natürlich in eine ganz andere, für Komponisten und Stile aus Italien offene Richtung. Am kaiserlichen Hof in Wien wurden auch nach Cesti weiter italienische Opern in Szene gesetzt, in München ebenso, und der italienische Stil beeinflusste die Kirchenmusik der Region. Dennoch war der führende Komponist jener Zeit kein Italiener. Als man gegen Ende des 20. Jahrhunderts begann, sich eingehender mit dieser Phase der Musikgeschichte in Deutschland und Österreich zu befassen, kristallisierten sich zwei Komponisten als besonders bedeutend heraus: Buxtehude im Norden und sein böhmischer Zeitgenosse Heinrich Biber (1644–1704), der fast sein ganzes Arbeitsleben in Salzburg verbrachte, im Süden. Biber war Violinvirtuose und Komponist und schrieb neben Kirchenmusik im wortgewaltigen mehrchörigen Stil, der noch aus San Marco in Venedig stammte, zahlreiche Werke für Violine und Basso continuo. Mit ihren effektvollen Tonleitern und gebrochenen Dreiklängen, den Doppel- und Mehrfachgriffen – oder ganz allgemein gesagt, mit ihrer Bravour – ist dies eine Musik, die ganz aus dem Instrument heraus kommt, die aber auch zeigt, dass das Instrument sowohl Leidenschaft als auch kontemplative Ruhe ausdrücken kann.

Etwa um die Zeit, als Biber seine fünfzehn Rosenkranz-Sonaten

(1674?) schrieb, hatte sich die Violine in ganz Europa als – nach den Tasteninstrumenten – wichtigstes Instrument etabliert. Medium zur Darstellung ihrer großartigen Möglichkeiten war vor allem die aus Italien kommende Sonate, jetzt für gewöhnlich eine Folge von in Tempo und Charakter kontrastierenden Sätzen. Purcell gab 1683 einen Band mit Trio-Sonaten (Sonaten für zwei Violinen und Basso continuo) heraus, dessen Vorwort versprach, es sei »eine genaue Imitation der berühmtesten italienischen Meister«, auf deren »Ernsthaftigkeit und Feierlichkeit« er sich berief. Zur selben Zeit erreichte die Gegenbaukunst in Italien durch Antonio Stradivari (um 1646–1737) in Cremona ihren anerkannten Höhepunkt.

Ob Stradivaris Instrumente bis nach London oder Salzburg kamen, wissen wir nicht, aber sicherlich waren sie in Rom und Venedig zu hören, den führenden musikalischen Zentren Italiens. So wie Venedigs musikalischer Stern langsam gesunken war, war der Roms aufgestiegen. Zum Kreis der römischen Mäzene, dem vor allem die Musik liebenden Kardinäle angehörten, gesellte sich bald die exilierte Königin Christina von Schweden, die von 1655 an bis zu ihrem Tod 1689 in der Stadt lebte. Für diese Klientel schrieben und spielten unter anderen Giacomo Carissimi (1605–1674) – bekannt vor allem für seine opernähnlichen erzählenden Oratorien, die er für Aufführungen im Gottesdienst komponierte –, und Alessandro Stradella (1644–1688) sowie der Cembalist Bernardo Pasquini (1637–1710) und der Geiger Arcangelo Corelli (1653–1713). Natürlich wurden auch Opern weiter aufgeführt, und Stradella und Pasquini komponierten entsprechende Werke, aber Christina widmete sich zudem noch einer anderen römischen Tradition: der Kammermusik mit Kantaten und Sonaten.

In einer Atmosphäre sublimer und unterdrückter Erotik – vermutlich lebte Christina zölibatärer als die Kardinäle um sie herum, doch sie alle hörten vielleicht ganz gern, wenn ein Kastrat in einer Kantate von qualvoller Liebe sang oder Corelli mit seinem Schüler und Geliebten eine der duettierenden Trio-Sonaten aufführte, die den Großteil seines Werks ausmachten – konnte Musik von etwas sprechen, das ansonsten tabu war. Ein noch größerer Unterschied zu den öffentlichen Theatern, Konzerthäusern und Parks, in denen Purcell sein Publikum fand, ist kaum vorstellbar. Von der Musik Corellis ging eine ruhige Rationalität aus, gegen die die Sonaten von Biber oder Purcell der gleichen Zeit geradezu ungeheuerlich und bizarr wirken mussten. Corelli begründete zwei Arten musikalischer Form: die Kirchensonate (*Sonata da chiesa*), die im Allgemeinen vier rein abstrakte Sätze in der

Abfolge langsam–schnell–langsam–schnell umfasste, und die Kammersonate (*sonata da camera*), die stilisierte Tanzelemente aus der Suite übernahm und in manchen Fällen ausschließlich aus solchen Suitensätzen mit einleitendem Präludium bestand. Sonaten waren als Kirchenmusik oder zum häuslichen Musizieren gedacht, obwohl nicht sicher ist, dass Corelli diese Funktionen unterscheiden wollte. Seine Sonaten, gleich welcher Art, ähneln in ihrer Eleganz und Klarheit den klassischen Gebäuden Roms, sowohl denen des Alten Rom als auch denen, die zu seiner Zeit entstanden. Die Phrasen sind gleichmäßig gebaut und fließen stetig im Bett der Dur-Moll-Harmonik und eines regelmäßigen Metrums dahin. Diese Musik ist wunderbar unerschütterlich, egal ob sie Freude oder Melancholie hervorruft. Dass Corelli von sich aus nicht mehr als sechs Bände mit jeweils zwölf Kompositionen veröffentlichte – bis zum Ende des 18. Jahrhunderts war es ganz normal, instrumentale Werke, ob gedruckt oder nicht, in Gruppen zu zwölf oder sechs zusammenzustellen –, entsprach voll und ganz Corellis diszipliniert kreativer Art. Die ersten vier (1681–1694) dieser Sammlungen sind den Triosonaten gewidmet.

Als recht spätes Mitglied stieß der in Sizilien geborene Alessandro Scarlatti (1660–1725), dessen Karriere ständig zwischen Rom und Neapel hin und herpendelte, zu Christinas Künstlerkreis. Scarlatti gilt als der eigentliche Begründer der Neapolitanischen Schule, einer Reihe von Komponisten, die das nächste Jahrhundert beherrschen sollten. Mehr noch, er etablierte eine Form, die für alle Komponisten der italienischen Heldenoper, wo auch immer sie wirkten, unumgänglich wurde: die Opera seria. Wie Corelli war er ein strukturierter Künstler und machte es sich zur Aufgabe, Rationalität sogar innerhalb dieser höchst irrationalen musikalischen Form zu schaffen. Seine ernsten Opern (er schrieb auch Komödien) beschäftigen sich mit großen Persönlichkeiten an antiken oder exotischen Schauplätzen und schaffen dadurch Situationen, in denen maßloses Verhalten – Singen – gerechtfertigt erscheint. Auch die Form der Oper definierte er genauer. Anstelle des fließenden Ineinandergreifens von einfachem Rezitieren und Gesang wie in der frühen Oper alternierten in seinen Werken Rezitativ und Arie im strengen Wechsel, wobei das Rezitativ eine Continuo-Begleitung hatte (von da an die Norm) und die Arie in ihrem vokalen Prunk Unterstützung durch das Orchester bekam. Scarlatti war es auch, der gegen Ende des Jahrhunderts einer Arien-Form ihre allgemein verbindliche Gestalt gab, der Da-capo-Arie, bei der der erste Teil nach einem kontrastierenden Zwischenteil wiederholt wird. Diese

Form hatte ebenso lange Bestand wie die Opera seria selbst und hielt bald auch Einzug in die Instrumentalmusik, eine Sphäre, die noch von einer weiteren Innovation Scarlattis profitierte. Im Jahr 1687 führte er nämlich eine neue Variante der Ouvertüre ein, die im Unterschied zur französischen als »italienische Ouvertüre« bekannt ist. Hier waren die Abschnitte in der Folge schnell-langsam-schnell angeordnet, und in dieser Form lag der Beginn einer Gattung, die mit dem Konzert- und Konzertbautenboom in ganz Europa in Mode kam: die Sinfonie.

Italienische Musik fand durch Druckausgaben wie die von Corelli oder in Abschriften weite Verbreitung. Und natürlich wurden italienische Musiker – Einwanderer wie Reisende – weit außerhalb der italienischen Einfluss-Sphäre gehört, etwa in Paris oder London. So kam beispielsweise der neapolitanische Geiger Nicola Matteis in den 1670er Jahren nach London – sicherlich für Purcell im Hinblick auf dessen »genaue Imitation« der italienischen Meister eine große Hilfe –, und es dauerte nicht lange, da sangen italienische Kastraten bei den neuen öffentlichen Konzerten. Italien war zudem ein beliebtes Reiseziel vornehmer französischer und englischer Touristen, die diese Musik dann im Mutterland hören konnten. François Raguenet war einer von ihnen. Er besuchte 1697 Rom und veröffentlichte danach einen Vergleich zwischen der französischen und der italienischen Oper. Erstere preist er für die Schönheit von Quinaults Libretti, für ihre majestätischen Bassstimmen und die Tänze. Doch der Autor macht kein Hehl aus seiner Begeisterung für die Vitalität des italienischen Liedes und Gesangs. »Es ist nicht verwunderlich«, schließt er, »dass die Italiener unsere Musik nichtssagend und langweilig finden«.

Dieses scheinbar unvereinbare Nebeneinander von italienischer und französischer Musik (deutsche und englische spielte zu jener Zeit in Paris keine Rolle) sollte in Frankreich noch jahrzehntelang Stoff für Diskussionen liefern, aber natürlich befruchteten sich beide Welten gegenseitig. Allerdings war wohl außerhalb Englands niemandem bekannt, dass beide Kulturen in der Musik Purcells längst eine höchst lebendige Verbindung eingegangen waren. Der Geist des italienischen Barock, der auf der Durchreise durch Spanien nur leicht modifiziert worden war, drang sogar vor bis in die noch viel abgeschiedenere Sphäre Lateinamerikas. Und dort vereinigte er sich in der Musik von Juan de Araujo (1646–1712), der im Gebiet des heutigen Peru und Bolivien arbeitete, mit den lebhaften Rhythmen dieser ganz anderen Welt.

Kapitel 9

Fuge, Konzert und Opernleidenschaft

Was die Musik in ganz Europa mit großem Gewinn aus Italien übernahm, war das Liebliche und Ausgeglichene, wie man es besonders in
den Werken Corellis so bewunderte. Inzwischen war auch das System
der Dur-Moll-Harmonik – eingebunden in regelmäßigen Rhythmus
und eine Phrasen-Struktur mit glatten, klaren Formen – überall ankommen und mit ihm auch eine Musik, die wunderbar unkompliziert
klang – zumindest für die Zuhörer jener Kultur, die sie zum Teil selbst
erschaffen hatte. Ein Ton scheint dem anderen mit vollkommen na-
türlicher Mühelosigkeit zu folgen. Ein großes Zeitalter begann. Kurz
nach 1700 trat neben Corelli, Couperin und Scarlatti eine neue Generation brillanter Komponisten an, der neuen Harmonik mit ihrer
Klarheit und ihren breiten Möglichkeiten im ganzen ersten Drittel des
18. Jahrhunderts zum Siegeszug zu verhelfen. Johann Sebastian Bach
(1685–1750), Georg Friedrich Händel (1685–1759) und Alessandros
Sohn Domenico Scarlatti (1685–1757) waren fast exakte Altersgenossen, und ihre Lebenszeit überschnitt sich weitgehend mit der von Antonio Vivaldi (1678–1741) und Jean-Philippe Rameau (1683–1764).
Von diesen Komponisten und aus dieser Periode stammen einige der
frühesten Werke unseres klassischen Grundrepertoires: die sechs *Brandenburgischen Konzerte* mit jeweils unterschiedlicher Orchesterbeset-
zung, die Bach 1721 dem Markgrafen von Brandenburg widmete;
Händels *Wassermusik* (1717), ebenfalls für Orchester, geschrieben als
musikalische Untermalung einer königlichen Bootspartie auf der
Themse in London; und Vivaldis Sammlung von Violinkonzerten mit
dem Titel *Die vier Jahreszeiten* (1725).

Die Menschen jener Zeit merkten sehr wohl, dass ein Wandel stattgefunden hatte. So gründete 1726 eine Gruppe von Musikliebhabern
in London eine Akademie für alte Musik mit dem Ziel, das Repertoire
des 16. und 17. Jahrhunderts am Leben zu erhalten – der erste Beleg
für einen rückwärts gewandten Musikgeschmack, der dann um die
Mitte des 20. Jahrhunderts das musikalische Leben überrollen sollte.
Aber das volle Ausmaß dieses Wandels – der ganze Reichtum des
Hochbarocks – mag sich vielleicht erst drei Jahrhunderte später im

Johann Sebastian Bach

Rückblick erschließen. Selbstverständlich kannte Bach Vivaldis Musik, schließlich waren dessen Concerti groß in Mode, doch er nahm sie als Grundlage für eigene Bearbeitungen, in denen er sie noch verbesserte. Händel hatte in den zwei Jahren, die er als junger Mann in Rom und Venedig verbrachte, natürlich alles wie ein Schwamm aufgesogen, was von Corelli und anderen Italienern kam. Bachs Musik allerdings war ihm vermutlich kaum untergekommen, und er machte sich auch nicht die Mühe, seinen übergroßen musikalischen Kollegen zu treffen. Die beiden lebten zwar zeitgleich, aber in verschiedenen Welten. Händels für London geschriebene Opern wurden kaum irgendwo anders aufgeführt, und auch Bachs Musik war größtenteils auf die Bedürfnisse seines direkten Umfelds zugeschnitten, auf die lutherische Tradition, die er von seiner Familie übernommen hatte. Weitaus bekannter war Georg Philipp Telemann (1681–1767), der in Hamburg arbeitete, Kontakt sowohl zu Bach als auch zu Händel hatte, im großen Stil Werke veröffentlichte (was jene nicht taten) und aus allen verfügbaren Traditionen schöpfte, deutschen, italienischen und französischen. Der jüngere Scarlatti, der von 1719 an als Musiklehrer für eine portugiesische Prinzessin und spätere Königin von Spanien arbeitete, bremste dagegen seine überbordende Fantasie, indem er sie immer wieder eine einzige Form variieren ließ, die Cembalosonate. Außerdem veröffentlichte er nur einen einzigen schmalen Band, und auch das erst 1738. Damit löste er zwar eine internationale Scarlatti-Manie aus, aber die kam zu spät, als dass sie noch Auswirkungen auf Bach oder Händel gehabt hätte. Wenig bekannt, weil ausschließlich aus der Tradition des französischen Cembalospiels und der metrumfreien französischen Notation kommend, war auch die Musik von Couperin. Er war ein Spätentwickler oder zumindest Spätvollender, denn die meisten seiner gedruckten Werke stammen aus der Zeit, als er schon deutlich die Vierzig überschritten hatte. Doch das erlaubte ihm, in seiner Musik mit wohlwollender Ironie auf die unterschiedlichen Charaktere und Verhaltensweisen der Menschen zu blicken. Noch geduldiger war Rameau. Er wartete, bis er jenseits der Fünfzig war, bevor er seine großen Werke schuf, die deshalb in eine spätere Periode gehören.

Alle diese Komponisten arbeiteten in ganz unterschiedlichen Kulturen und Kontexten und befriedigten die jeweils sehr unterschiedlichen Bedürfnisse. Es ist daher unwahrscheinlich, dass sie sich damals als Kollegen mit einem gemeinsamen Ziel verstanden haben. Sie konnten sich auch nicht vorstellen, dass ihre Musik drei Jahrhunderte später hochgeschätzt sein würde, in einer Zeit, die so weit in der Zukunft lag wie die Ciconias und Dunstables in der Vergangenheit. Wie vergleichsweise nahe erscheint uns dagegen ihre Musik, einfach weil die neue harmonische Sprache jener Zeit sich als so außerordentlich fruchtbar und langlebig erwiesen hat. Und doch ist diese Vertrautheit in manchen Fällen erst relativ neuen Datums. So kannten Mozart und Beethoven durchaus einige Klavierwerke Bachs als Studienmaterial, aber sein umfangreichstes Werk, die Matthäuspassion (1727) – eine Erzählung der Kreuzigung Christi mit vielen kontemplativen Elementen, geschrieben für eine Aufführung am Karfreitag in der Leipziger Thomaskirche – war zu dem Zeitpunkt, als Mendelssohn sie 1829 dirigierte, fast ein Jahrhundert lang nicht mehr zu hören gewesen. Selbst danach dauerte es noch weitere hundert Jahre, bis mehr als ein sehr kleiner Teil der bachschen Musik überhaupt regelmäßig aufgeführt wurde. Auch vieles von Händel verschwand bis ins 20. Jahrhundert in der Versenkung. Selbst Vivaldis *Vier Jahreszeiten* waren vor der Erfindung der Langspielplatte nach dem Zweiten Weltkrieg wenig bekannt. Und das wachsende Interesse an der Musik von Bachs katholischem Zeitgenossen in Dresden, Jan Dismas Zelenka (1679–1745), oder an Domenico Zipoli (1688–1726), der seine letzten Jahre in Südamerika verbrachte, zeigt uns, dass diese musikgeschichtliche Epoche immer wieder neu bewertet wird.

Musik dieser Zeit ist zwar einerseits alt, aber gleichzeitig auch neu. Die relativ wenigen dauerhaft berühmten Werke unterliegen durch den sich ständig verändernden musikalischen Geschmack einer permanenten Erneuerung. Nie zuvor war Musik einem solchen Wandel unterworfen wie seit Beginn der Tonaufnahmen. Bachs drittes Brandenburgisches Konzert etwa klingt in der Einspielung mit den Berliner Philharmonikern unter Wilhelm Furtwängler von 1930 hochromantisch und sinfonisch. In allen späteren Aufnahmen ist es geprägt vom jeweils aktuellen Mischungsverhältnis aus lebendigem Vortrag und historisierendem Spiel. Man kann das gleiche Stück in einem vierhändigen Klavierarrangement des deutschen Komponisten Max Reger von 1904/05 hören oder aber als Musik für elektronisch erzeugte Instrumente der amerikanischen Elektronikkünstlerin Wendy Carlos, deren Version inzwischen schon ihre eigene Geschichte hat, da das Original *(Switched-On Bach)* von 1968 im Jahr 1992 *(Switched-On Bach 2000)* eine Neubearbeitung erfuhr. Bachs Musik überlebt, wie es oft heißt, jede Umwandlung, doch wenn das stimmt – und die eben genannten Beispiele sollten uns anregen, darüber nachzudenken, was wir unter dem Begriff »Werk« verstehen und inwieweit Aufführung und Arrangement den Notentext getreu wiedergeben, verbessern oder karikieren –, so stimmt dies genauso für Händels Musik in ähnlichen Beispielen. Auch lässt sich Musik, die Bach und Scarlatti eigentlich für das Cembalo komponierten, wunderbar auf dem Klavier spielen. Aber Barockmusik hat sich natürlich nicht nur im Klang verändert, wir hören sie auch unter ganz anderen Umständen – wir hören zum Beispiel die Matthäuspassion nicht am Karfreitag in der Kirche, wie die Leipziger zu Bachs Zeit, sondern vielleicht in einem Konzertsaal sitzend oder zu Hause auf dem Sofa. Und doch berührt uns diese Musik nicht weniger als die Menschen damals. Die Logik der Töne überlebt nicht nur die klanglichen Veränderungen, sie spricht noch immer unsere Sprache.

Diese Vorliebe für Logik, die die Musik des Hochbarock kennzeichnet, führte dazu, dass standardisierte Formen eine immer größere Bedeutung bekamen. Sätze bestanden jetzt meist aus zwei jeweils zu wiederholenden Teilen, wobei der zweite Teil Spiegelung und Antwort auf den ersten ist. Dieses Prinzip findet sich zum Beispiel in den Sonaten Scarlattis und in den vielen Tanzsätzen der Instrumentalmusik Bachs. Die Kombination aus klarer Symmetrie (Wiederholung, Spiegelung)

und systematischem Wechsel (Frage-Antwort) war charakteristisch für
die Epoche und findet sich in so weit verbreiteten und äußerlich so
unähnlichen Formen wie der Da-capo-Arie, der Fuge und dem italienischen Concerto. Die Da-capo-Arie war damals allgegenwärtig, nicht
nur in der Opera seria, sondern auch in geistlichen Werken und Kantaten. Genauso vielseitig verwendbar war die Fuge, und auch wenn
wir sie heute vor allem mit Bach in Verbindung bringen, schrieben
doch fast alle Komponisten in Deutschland Werke in dieser Form, da
dort in der Nachfolge Sweelincks weiter die Technik gepflegt wurde,
althergebrachten Kontrapunkt mit neuer Harmonik zu verbinden.
Besonders beliebt war die Fuge in der Musik für Tasteninstrumente,
und als Schlussstück war sie in ihrer sich steigernden Form oft krönen-
der Abschluss eines Präludiums, einer Toccata oder einer Passacaglia.
Barocke Musiker, egal ob Komponisten oder Aufführende, ließen vieles einfließen, was sie aus der Rhetorik kannten – schließlich ist die
Anlage einer Fuge von der Exposition bis zur schließenden Zusammenfassung ähnlich der einer Rede.

Eine ebenso passende Metapher liefert uns die Biologie, denn die
Fuge ist dem natürlichen Vorgang des Wachsens sehr ähnlich – alles
entfaltet sich so, wie es im Keim angelegt ist. Eine Fuge beginnt mit einem melodischen Thema, das mehr oder weniger exakt in den nacheinander einsetzenden Stimmen imitiert wird, bis die volle Anzahl von
meist vier Stimmen erreicht ist. Sind erst einmal alle im Spiel, wird die
strenge Imitation unterbrochen, wohl damit sich einzelne Elemente
des Themas entwickeln können. Dann bewegt sich die Fuge durch
imitierende Passagen und Episoden, jeweils mit Bezug zum Thema
des Anfangs, das im späteren Verlauf oft in der Umkehrung (d. h. alle
Intervalle sind auf den Kopf gestellt, die steigenden fallen und umgekehrt, so dass die Gestalt an sich erkennbar dieselbe, aber doch ganz
anders ist) oder augmentiert (d. h. mit verdoppelten Notenwerten, wo-
durch eine gewaltige Verlangsamung entsteht, die passend für den nahenden Schluss ist) erscheint.

Bach legte seine Orgelfugen im Allgemeinen so an, dass sie eine
große Kirche klanglich ausfüllten und er selbst in der Doppelfunktion
als Komponist und Organist ein großes Publikum beeindrucken
konnte. Die Präludien und Fugen dagegen, die er für das heimische
Tasteninstrument schrieb, richteten sich an die, deren Hände sie spielen konnten. Für sie stellte er einen Band mit 24 solchen Stücken in
allen Dur- und Molltonarten zusammen und überschrieb ihn mit *Das
wohltemperierte Clavier* (1722, wobei mit »Clavier« damals Tastenin-

strumente jeder Art und in dem Fall vor allem Cembalo, Clavichord und Spinett gemeint waren). Der Titel sollte darauf aufmerksam machen, dass man tatsächlich in all diesen Tonarten spielen konnte, so lange das Instrument nur »wohltemperiert«, also richtig gestimmt war. Doch das war nicht so einfach, kann man doch ein Intervall auf verschiedene Arten aufteilen, was aber zu Diskrepanzen führt. Zum Beispiel entspricht eine Oktave eigentlich drei großen Terzen (a-cis, cis-f, f-a). Wenn nun das zweite und dritte Intervall nach dem reinen Frequenzverhältnis gestimmt wird (5:4), ergibt das in der Summe etwas weniger als eine Oktave, was zur Folge hat, dass die Terzen gestreckt werden müssen. Als die Dur-Moll-Tonalität im späten 17. Jahrhundert an Einfluss gewann und dadurch sehr viel mehr Tonarten und Akkorde zum Einsatz kamen, entwickelten die Musiker unterschiedliche Temperierungen, also verschiedene Wege, die Intervalle so zu stimmen, so dass alle Arten von Harmonien verwendet werden konnten. Welche Temperierung Bach bevorzugte, ist umstritten, aber mit Sicherheit zeigt das *Wohltemperierte Klavier,* dass er ein gewisses Eingreifen des Menschen in die natürliche Ordnung für sinnvoll hielt. Dennoch ist die Wirkung – ob nun die Harmonien wunderbar gelassen voranschreiten wie im C-Dur-Präludium, das den Band eröffnet, oder unruhig und beunruhigend wie bei Präludium und Fuge in g-Moll – die gleiche: Natur wird zum Klingen gebracht oder klingt aus sich heraus. Goethe empfand das so: »Ich sprach mir's aus: als wenn die ewige Harmonie sich mit sich selbst unterhielte, wie sich's etwa in Gottes Busen, kurz vor der Weltschöpfung möchte zugetragen haben.«

Während die Fuge eine besonders in Deutschland gebräuchliche Form war, gab es das Concerto überall. Seine Ursprünge lagen, wie der Name schon nahelegt, in Italien. Inzwischen etwas genauer definiert, waren Concerti Stücke für mehrere Instrumentalisten, die gemeinsam musizierten. Erste Beispiele entstanden um 1700 durch Giuseppe Torelli (1658–1709) in Bologna – San Petronio, die gewaltige Basilika der Stadt, regte Barockkomponisten dazu an, den Raum mit dem Klang konzertierender Instrumente zu erfüllen, oft mit einem Trompeten- oder Violinsolo – und Tomaso Albinoni (1671–1751) in Venedig, der Stadt, in der er geboren wurde und die noch immer eine der Metropolen der Musik war. Albinoni kennt man heute vor allem wegen eines Stücks, das er gar nicht geschrieben hat – ein Adagio in g-Moll, das 1945 von Remo Giazotto, einem italienischen Musikhistoriker, anhand einiger weniger Takte zusammengestellt wurde. Dennoch hat Albinoni seinen festen Platz in der Musikgeschichte, und zwar als der Komponist, der 1700 die ersten Concerti in dem aus Alessandro Scarlattis Opern-Ouvertüren übernommenen Satzschema schnell-langsam-schnell veröffentlichte. Sein venezianischer Mitbürger Vivaldi wiederholte dieses Schema hunderte Male in Werken, die sich schnell und weit verbreiteten. Bach schrieb Vivaldi-Bearbeitungen für Tasteninstrumente und komponierte neben den Brandenburgischen noch andere Konzerte im italienischen Stil. In ihnen griff er das muntere Alternieren zwischen Solist (oder Solisten) und Orchester seines berühmten italienischen Zeitgenossen auf, verlieh ihm aber zusätzliche musikalische Substanz. Größtes Vorbild für englische Komponisten, auch für Händel, war dagegen Corelli, der in seinem letzten, postum veröffentlichten Band (1714) das Concerto grosso erfand: eine Erweiterung der Triosonate, bei der zwei Violinen als Solisten mit einem ganzen Ensemble alternieren.

Die Allgegenwart des italienischen Concertos lag zum Teil an der Allgegenwart seines etymologischen Verwandten, des Konzerts im Sinn einer Musikveranstaltung. Telemann hatte Anfang des 18. Jahrhunderts in der Universitätsstadt Leipzig das »Collegium musicum« gegründet, ein Studentenensemble, das sich regelmäßig zum Musizieren traf und das auch 1723 noch existierte, als Bach das Amt des Leipziger Thomaskantors übernahm. Bachs Hauptaufgabe bestand darin, nahezu wöchentlich eine Kantate für den Hauptgottesdienst der Kirche zu komponieren, zu proben und aufzuführen, aber er fand trotzdem Zeit, Werke für das Collegium zu schreiben. In Venedig lockten konzertähnliche Gottesdienste mit Sonaten und Concerti sowie Vertonungen geistlicher Texte ein trendbewusstes Publikum in Institutionen, die für die vielen illegitimen Kinder der Stadt gegründet worden waren, und Vivaldi hatte ab 1703 eine Stelle an einem solchen Mädchenwaisenhaus inne. In Paris war die angesehenste Konzertreihe das Concert Spirituel, 1725 gegründet und mit einer ähnlichen Programm-Mischung aus sakraler und instrumentaler Musik. In London stand Händel das lebendigste Konzertleben Europas offen, das ständig neue Musiker aus dem Ausland in die Stadt führte, sei es, weil sie dort auftreten oder weil sie sesshaft werden wollten.

Komponisten und andere Musiker kamen natürlich auch der Oper wegen nach London. Viele der vornehmen englischen Reisenden waren von Aufführungen in Italien genauso hingerissen wie François Raguenet. Auf so etwas wollte man auch zu Hause nicht verzichten. 1705 wurde daher ein Unternehmen gegründet, das italienische Opern auf die Bühne bringen sollte. Als Händel dann 1710 nach London

Georg Friedrich Händel

kam, war es vor allem dieses Theater am Haymarket, auf das sich fast seine ganze Aufmerksamkeit konzentrierte. Sänger und konkurrierende Komponisten holte man extra aus Italien an dieses Haus. Mit ihnen hielten Extravaganz, Egoismus und Intrige – die üblichen Begleiterscheinungen der Oper – Einzug, doch sie regten Händel auch zu einigen prächtigen Werken an. Die Libretti dazu übernahm er überwiegend aus dem aktuellen italienischen Repertoire, schrieb sie den eigenen Bedürfnissen und denen seiner Sänger entsprechend um, ohne aber mit den Konventionen zu brechen, wonach speziell die Da-capo-Arie so zu platzieren war, dass sie einen dramatischen Abgang ermöglichte. Von den ständigen Erregungszuständen der Solo-Nummern – eine nach der anderen (allerdings mit zwischengeschalteten Rezitativen) von prachtvoll gewandeten und unter emotionaler Hochspannung stehenden Protagonisten bravourös herausgeschmettert, die dann mit großer Geste die Bühne verließen – wurde nur abgewichen, wenn sich am Schluss alle, auch die, die im Lauf der Handlung gestorben waren, in einem Schlusschor noch einmal zusammenfanden. Wie in Italien wurden die männlichen Hauptrollen von Kastraten gesungen, sodass nahezu im gesamten Stück nur hohe Stimmen zu hören waren – Stimmen, die all die Wut, Freude oder den Schmerz ausdrücken konnten, von denen in der Arie die Rede war, aber auch das Doppelbödige und Absurde in der Selbstdarstellung der Figuren, das Händel mit seiner Musik auslotete. Unmäßig teuer (wegen der Gagen, die den durchweg italienischen Starsängern gezahlt wurden), von der Presse verhöhnt und von heftigen Konkurrenzkämpfen hinter den Kulissen geschwächt, schlingerte die Oper in London auf ihrem eigenen dramatischen Kurs zwischen Triumph und Desaster. Viele von Händels Werken blieben dabei auf der Strecke und wurden erst ab den 1980ern wieder regelmäßig aufgeführt, als es genügend Kontratenöre zur Besetzung der eigentlich für Kastraten geschriebenen heroischen Rollen gab und als Produzenten und Publikum eine Kunst zu schätzen lernten, die oberflächlichen Glanz mit sublimer Erhabenheit und aufgesetztes Gefühl mit eindringlicher Intensität verband.

Bachs große musikdramatische Werke – seine Matthäuspassion und ihr auf dem Johannesevangelium basierender Vorgänger (1724) – stammen aus genau derselben Zeit, als Händel sich besonders intensiv mit Opern beschäftigte und beispielsweise *Giulio Cesare in Egitto* (Julius Cäsar in Ägypten, 1724) und *Rodelinda* (1725) schuf. Doch die Unterschiede sind gewaltig. Bach erzählt eine Geschichte, die damals jedes Mitglied seines Publikums (oder besser: seiner Kirchengemeinde) direkt ansprach und in die sich jeder hineinversetzen konnte. Händels Opern dagegen spielen, typisch für die Opera seria, an ganz und gar fremdartigen Schauplätzen, aus denen die Hauptfiguren aber auch ganz überraschend ausbrechen konnten, um beim Zuschauer heimliche Zweifel zu säen und Sehnsüchte zu wecken. Oder um den Kontrast anders zu beleuchten: Das Geschehen in Bachs Passionen entwickelt sich in einem immens großen Rahmen aus Erzählung und Kommentierung der Ereignisse, während es bei Händel auf der Bühne stattfindet. Und wo Händel sich nur an die Reichsten einer reichen Stadt richtete, brauchte man für Bachs Passionen nicht einmal eine Eintrittskarte. Bei Bach liegt der Schwerpunkt auf dem Dialog zwischen dem Bass-Solisten, der die Jesus-Partie singt, und dem Tenor, der als Evangelist die Geschichte vorträgt, während bei Händel die emotionale Erregung an oberster Stelle steht. Händels Arien waren meistens schnell und bravourös und bekamen zusätzlichen Glanz, wenn der Sänger – was oft der Fall war – noch eine Kadenz (eine Verzierung, die der Sänger nach Belieben einfügen konnte) anbrachte. Schließlich verlässt ein Star nicht die Bühne, ohne sich des Beifalls versichert zu haben. Bachs Sänger dagegen gingen nirgendwohin, und Ovationen wären unangebracht gewesen. Die Tempi ihrer Arien konnten folglich ruhiger sein – was angesichts des Rahmens auch so sein sollte.

Doch gab es zwischen diesen beiden Werkarten durchaus auch Ähnlichkeiten. Die typische Händel-Oper ist angelegt für sechs Sänger, darunter normalerweise zwei Kastraten und zwei oder drei führende Frauenstimmen (*Giulio Cesare* mit seinen acht Rollen ist da eher ungewöhnlich), die von einem eher bescheidenen Orchester plus Continuo zu begleiten sind, und alle Indizien weisen darauf hin, dass Bachs Kantaten und Passionen mit einer ähnlichen Besetzung aufgeführt wurden. Sowohl Bachs als auch Händels Solo-Arien sind gelegentlich wie ein Duett konzipiert, wobei der Partner der Vokalstimme ein obligates, also zwingend vorgeschriebenes Soloinstrument ist, das die Gesangslinie übernimmt und eng umspielt. Und obwohl die Balance zwischen Rezitativ und Arie in beiden Gattungen recht unterschiedlich ist – beide Passionen haben ihren Dreh- und Angelpunkt im Rezitativ, schließlich wird dort die Heilige Schrift verkündet –, stehen Bachs Arien genauso wie die Händels in der Da-capo-Form und bringen die Erzählung an einen Punkt, wo die Zeit langsamer wird. Das geschieht aus verschiedenen Gründen – bei Händel, um Gefühle auszudrücken, und bei Bach, um das Erzählte zu reflektieren –, aber es geschieht in derselben musikalischen Form und mit derselben Konzentration auf bestimmte Affekte.

Nehmen wir zwei Beispiele aus Werken, deren Erstaufführungen nur sechseinhalb Wochen auseinander lagen: Bachs Alt-Arie »Es ist vollbracht« aus der Johannespassion und Kleopatras »Piangerò« in *Giulio Cesare*. Beide Arien sind so gebaut, dass ein Kontrast entsteht zwischen der Langsamkeit der äußeren Abschnitte und dem schnellen Tempo des Mittelteils. Dies korrespondiert mit der klagenden Stimmung, die in Zuversicht übergeht, aus der heraus die Klage dann mit größerer Gelassenheit wiederaufgenommen werden kann. Natürlich könnte der Kontext, in dem diese Arien stehen, unterschiedlicher kaum sein. Der Alt in der Johannespassion (1724 vermutlich von einem Knaben gesungen, heute eher von einer Frauenstimme) hat gerade Christi letzte Worte gehört – er wiederholt sie, reflektiert sie und deutet dann den Tod des Heilands in einen Sieg um. Kleopatra dagegen singt nur von sich selbst. Sie ist an einem Punkt angelangt, wo sie sich in einem Netz zum Teil selbst veranlasster politisch-sexueller Manöver verfangen hat. Was nun das Tempo ihrer Arie beschleunigt, ist die Aussicht, als Geist wiederzukehren, um ihre Feinde zu quälen. Dennoch haben beide Arien nicht nur dieselbe Form, ihre äußeren

Teile weisen zudem Merkmale auf, die damals weithin als typisch für ein Klagelied erkannt wurden. Charakteristisch sind zum Beispiel neben dem langsamen, gleichmäßigen Grundschlag die fallenden Melodielinien sowie die Verwendung spezieller Tonarten: h-Moll bei Bach und E-Dur bei Händel. Molltonarten stehen oft ganz allgemein für Melancholie oder Tragik, nicht nur in der Musik des 18. Jahrhunderts, und bei E-Dur waren die Assoziationen zum Teil noch spezifischer. Die Musik vermittelt das natürlich selbst, doch bestätigt wurden solche Charakteristika von Johann Mattheson (1681–1764), einem produktiven Komponisten und Theoretiker, der als junger Mann ein enger Freund Händels war. Für ihn drücke E-Dur eine »tödliche Traurigkeit« aus.

Da die Musik dieser Epoche so viel Wert auf Symmetrie und Wiederholung legt, neigt jeder einzelne Teil dazu, bis zum Schluss an einem bestimmten Affekt festzuhalten. Tatsächlich steht und fällt der Kontrast einer Da-capo-Arie damit, dass diese konstante Stimmung auf einen Schlag verändert und ebenso schnell wiederhergestellt werden kann, fast als würde man einen emotionalen Schalter umlegen. Deshalb ist es für das barocke Musikdrama, egal ob für die Opernbühne oder die Kirche geschrieben, so wesentlich, dass die Solisten sich in diesen großen Bögen der Konstanz ausdrücken, selbst wenn das, was konstant ist, gleichzeitig hochpathetisch ist. Dies war mehr als eine Erzählkonvention, denn dieselbe Klarheit der expressiven Absicht zeigt sich auch in der Instrumentalmusik, und hier wie dort wird sie mit den gleichen Mitteln erreicht: mit Tonalität, melodischer Figur und Rhythmus.

Die Ausdruckskraft des Rhythmus war ein weiteres Thema, das Mattheson beschäftigte, und zwar besonders im Hinblick auf die Tanzrhythmen, die der Musik jener Zeit oft zugrunde liegen – nicht nur den Suiten, sondern auch Chorälen und Arien. So beschrieb er zum Beispiel die typische Courante als einen eher langsamen, aber fließenden Tanz, der durch den Vortrag »süße Hoffnung« auszudrücken habe. Aber Mattheson war sich auch vollkommen bewusst, dass das musikalische Gefühl schwanken konnte, trotz des einheitlichen Tons, den Tonart und Metrum erzeugten. So hebt er in einer Bemerkung über eine alte Courante-Melodie hervor, wie diese doch am Anfang »was hertzhafftes« an sich habe, dann aber »ein Verlangen« äußere (was der »süßen Hoffnung« entspricht, die er vorher als Kennzeichen der Form beschrieben hatte). Doch ändere sich ihre Stimmung, denn »endlich erhebt sich gegen das Ende eine kleine Freude«.

Courante-Sätze gibt es auch in den Suiten, die Bach für Tastenin-strumente oder für Violoncello und Violine solo schrieb, und man kann durchaus nachempfinden, wie sie andeutungsweise süße Hoff-nung, Verlangen und Freude vermitteln. Aber sie machen noch etwas anderes deutlich, nämlich dass jedes Stück sein eigenes Gefühl und seine eigene Identität hat: Es bedeutet das, was es ist.

Kapitel 10

Rokoko und Reform

Als Bach in seinem Brief an den Leipziger Rat 1730 anmerkte, dass »der gusto sich verwunderenswürdig geändert« habe und »dahero auch die ehemahlige Arth von Music unseren Ohren nicht mehr klingen will«, dachte er wohl zurück an die Musik der vorigen Generation und daran, wie sehr die jetzt fest etablierte Dur-Moll-Harmonik alle ältere Musik seltsam klingen ließ. Doch der Geschmack veränderte sich weiter, und im Jahr 1737 prangerte Johann Adolph Scheibe in seiner Zeitschrift »Der critische Musicus« wiederum Bachs Musik als »schwülstig und verworren« an. So aber kann sie nur gewirkt haben, weil sie unverändert auf der kontrapunktischen Kompositionsweise beharrte – auf fugenartigen Imitationsmustern, die unabhängig vom Kontext einfach abgespult wurden – und diese inzwischen aus der Mode gekommen war.

Händel und seiner Opera seria erging es nicht anders. 1728 brachte John Gay (1685–1732), ein Londoner Theaterautor, der zuvor noch mit ihm zusammengearbeitet hatte, *The Beggar's Opera* (Die Bettleroper) auf die Bühne, ein scharfes Korrektiv gegen Händels Werke, dessen musikalische Sprache – auch wenn einiges an händelscher Musik darin vorkam – eher Volksliedcharakter hatte. In Italien gewannen wenig später junge Komponisten wie Leonardo Vinci (ca. 1696–1730) und andere, die an den Konservatorien Neapels ausgebildet worden waren, zunehmend an Popularität und Einfluss, indem sie einen Opernstil einführten, der mit seinen kurzen Phrasen und seiner reichen Melodik ebenfalls sehr volkstümlich war. Für diese neue Welt war Bach zu gelehrt und Händel zu intellektuell. Die Musik der jüngeren Generation bevorzugte mehr die Leichtigkeit, Einfachheit und das unmittelbare Vergnügen – alles Merkmale, die allgemein den Rokokostil in der Kunst kennzeichnen, wobei man in Bezug auf Musik gelegentlich auch vom »galanten Stil« spricht, der auf eine kultivierte Fröhlichkeit französischer Art anspielt. Einige Jahre, nachdem Bach als recht ungalant abgetan worden war, konnte Scheibe dann Komponisten ankündigen, in denen er die musikalische Zukunft Deutschlands sah: Johann Adolf Hasse (1699–1783) und Carl Heinrich Graun (1703/04–1759).

Christoph Willibald Gluck

Diese beiden führten völlig unterschiedliche Leben. Graun arbeitete für den musikliebenden Friedrich den Großen (reg. 1740–1786),
für den auch Bachs Sohn Carl Philipp Emanuel (1714–1788) Werke
komponierte. Hasse dagegen war eher ein Kosmopolit. Wie Händel
begann auch er seine Karriere in Hamburg und ging dann nach Italien. Danach aber fand er keinen festen Wohnsitz, sondern wechselte
ständig zwischen Italien, wo er den neuen neapolitanischen Stil kennenlernte, und den Fürstenhöfen Deutschlands und Österreichs hin
und her, wie es sich eben ergab. Auch er stand hoch in der Gunst
Friedrichs des Großen. Und er wurde sehr geschätzt von dem Mann,
der die Opera seria neu erschuf: der österreichische Hofdichter Pietro
Metastasio (1698–1782). Zahllose Komponisten – von Vinci, Hasse
und Albinoni bis hin zu Mozart und noch über diesen hinaus – vertonten seine Libretti. Metastasios großes Talent bestand in seiner elo-
quenten Bildersprache; sie vermochte es, die extremen Gefühle der
Opera seria auf einen musikalischen Ausdruck hin maßzuschneidern,
der zu der Zeit als schicklich galt. Hasse vertonte fast alle seine Libretti, darunter auch *Artaserse* (Artaxerxes). Zwei Arien daraus, so ist
überliefert, musste der berühmte Kastrat Farinelli (1705–1782) zehn
Jahre lang Nacht für Nacht singen, um die Schwermut des spanischen

Königs Philipp V. zu lindern – während möglicherweise in einem anderen Raum gerade Scarlatti für die Kronprinzessin spielte.

Die Musik als Trösterin, der Musiker, der für einen einsamen Zuhörer spielt – das sind immer wiederkehrende Topoi in der Geschichte und in den Legenden dieser Zeit. Ein weiteres Beispiel hierfür ist die möglicherweise zweifelhafte Erklärung für die bachschen Goldberg-Variationen, diese Folge von Stücken für Tasteninstrument (Musik für eine knappe Stunde), die 1741 veröffentlicht wurde. Angeblich hatte Bach sie für einen Jungen, Johann Gottlieb Goldberg (1727–1756), geschrieben, der seinem Arbeitgeber daraus vorspielen sollte, wenn dieser wieder an Schlaflosigkeit litt. In solchen Geschichten zeigt sich, dass die Rolle des Musikers sich gewandelt hatte. Sein Wert bemaß sich jetzt nicht mehr unbedingt danach, wie sehr er ein Publikum in Erstaunen versetzte, sondern nach dem persönlichen Trost, den er spendete. Um dem zu entsprechen, hatte damals auch Farinelli seinen Stil verändert, weg von der bloßen Bravour und hin zu süßem Pathos. Laut einer Anekdote aus dem 18. Jahrhundert tat er dies auf Anraten des österreichischen Kaisers Karl VI. (reg. 1711–1740), der selbst ein großer Musikliebhaber und Komponist war. Deutlich wahrscheinlicher ist allerdings, dass der Sänger von jenen Komponisten seiner Generation beeinflusst wurde, die wie er aus Süditalien kamen – und die er dann seinerseits wieder beeinflusste. Mit nicht mal zwanzig Jahren tourte er als einer der angesehensten Künstler seiner Zeit durch Europa und trat in den drei Jahren, bevor er nach Madrid ging, in London auf – nicht auf Händels Bühne, sondern der eines konkurrierenden Theaterunternehmens, das, wie sollte es anders sein, einen Komponisten der neapolitanischen Schule engagiert hatte: Nicola Porpora (1686–1768), später in Wien Haydns Lehrer. Händel reagierte auf diesen veränderten Publikumsgeschmack, indem er unter anderem einfachere, eingängigere Melodien schrieb, zum Beispiel das edle Haltung ausstrahlende »Ombra mai fù« (Nie war der Schatten, besser bekannt als »Händels Largo«), mit dem *Serse* (Xerxes, 1738) einsetzt. Doch nicht lang, dann gab er die Oper ganz auf.

Inzwischen trugen Solo-Instrumentalisten ebenso wie Sänger das Ihre zum Streben nach Freude jener Epoche bei. Unter ihnen waren auch zwei hoch angesehene Geiger: der Italiener Pietro Antonio Locatelli (1695–1764) und der Franzose Jean-Marie Leclair (1697–1764). Beide hatten in Rom in der Tradition Corellis studiert und waren Musiker einer besonderen, bis Ende des 19. Jahrhunderts aktuellen Art geworden: Virtuosen, die mit Konzerten, Sonaten und selbst komponierten Brillierstücken durch die Lande reisten. Doch hatten diese beiden völlig unterschiedliche Temperamente. Als man sie 1728 am Kasseler Hof bat, nacheinander aufzutreten, um zu demonstrieren, wer von ihnen das größere Talent besitze, vermeldete ein Zuschauer, Leclair habe gespielt wie ein Engel, Locatelli wie ein Teufel – auch das ist wieder beispielhaft für einen anderen musikalischen Mythos: den des besessenen Teufelsgeigers. Locatellis Musik allerdings klingt so gar nicht satanisch, wenn sie mit den einfachen Liedformen der neapolitanischen Zeitgenossen spielt, und jegliches Staunen, das seine 24 unbegleiteten Capriccios (1733) hervorrufen, gründet sich ausschließlich auf technische Finessen – den ständigen Schwall auf- und absteigender Notenkaskaden, auf Melodien, die auf einer Saite gespielt werden, während auf einer anderen ein langer Triller ausgehalten wird –, und nicht auf musikalischer Substanz. Bach, wie immer, bildet dazu mit seinem Band der drei Sonaten und drei Partiten für Violine solo (1720) einen klaren Kontrast. Ohne ein Publikum, das es zu verblüffen gilt, ist Locatellis Musik bedeutungslos. Bei Bach sprechen die Noten für sich.

Leclair war – zumindest für kurze Zeit – einer der vielen Musiker am Hofe Ludwigs XV. (reg. 1715–1774). Versailles galt anderen Regenten als Vorbild (nicht zuletzt Friedrich dem Großen in Potsdam) und als musikalisches Zentrum in punkto Grazie und Delikatesse. Dass zudem genügend Raum blieb für intensive Ausdruckskraft, aufregenden Rhythmus, Originalität, kräftige Farbe und sogar eine gewisse Eigentümlichkeit, bewies Rameau, als er aus der langen Phase wieder auftauchte, in der er nahezu geschwiegen hatte. Nicht anders als Komponisten zwei Jahrhunderte und mehr nach ihm, komponierte Rameau erst, nachdem er sich Klarheit über die Regeln verschafft hatte, die ihm zur Verfügung standen. So begann er 1722 eine Reihe von theoretischen Publikationen mit dem *Traité de l'harmonie*, einer Studie über die Harmonik der Zeit, die zum ersten Mal die Beziehungen zwischen Akkorden des Dur-Moll-Systems darlegte. Mehr als das: Rameau schrieb dieser neuen Harmonik eine konstante Sensibilität gegenüber expressiver Bedeutung zu. Es gebe, so erklärte er, »Akkorde, die traurig sind, sehnsuchtsvoll, zart, angenehm, fröhlich und überraschend«. Und er demonstrierte seine Erkenntnisse – darüber, wie Akkorde sich gegenseitig bedingen und wie sie auf uns wirken –, als er nach diesen theoretischen Betrachtungen dazu überging, eine Reihe von Bühnenwerken zu schreiben, die spektakulär mit *Hip-*

polyte et Aricie (1733), *Les indes galantes* (Die galanten Indien, 1735) und *Castor et Pollux* (1737) startete.

Äußerlich hielten sich diese Werke an Formen, die der hoch verehrte Lully und seine Nachfolger etabliert hatten: gesungenes Versdrama wechselte ab mit ziemlich viel Tanz. Allerdings reagierten die Anhänger Lullys, dessen Werke immer noch aufgeführt wurden, irritiert auf diese neue Art von Tänzen, auf die prägnanten Satzanfänge, stark instrumentalen Färbungen und heftigen Rhythmen, die gepaart waren mit einer Vielfalt im Ton, die fröhlich das Komische aufgriff. Diese starren Geister ließen sich auch nicht von Rameaus vernünftiger Begründung der Harmonien erweichen, die etwa in der Arie »Tristes apprêts, pâles flambeaux« (Triste Feier, blasse Fackeln) aus *Castor* eine so bewegende Wirkung erzielten. In einer Kritik über den *Hippolyte* wird dieser Stil als »barock« bezeichnet, allerdings in einem ganz und gar negativen Sinn von »extravagant« und »unförmig«. Rameau ließ sich von solchen Angriffen nicht verunsichern, so wenig wie von den Streitereien über seine Harmonik-Theorien: Wie viele in dieser philosophierenden Epoche der französischen Kultur genoss er die intellektuelle Debatte. Inzwischen wandelte sich der Geschmack zu seinen Gunsten, und gegen Ende der 1740er Jahre war er so populär, dass die Pariser Oper von der Regierung angewiesen wurde, die Produktionen seiner Werke auf zwei pro Spielzeit zu begrenzen.

Doch bald darauf gingen die Auseinandersetzungen wieder los. 1752 kam ein italienisches Bühnenunternehmen nach Paris, das Opera-buffa-Aufführungen präsentierte – unter anderem ein schon etwas älteres Werk dieser Gattung, *La serva padrona* (Die Magd als Herrin, 1733), ein kompakter Zweiakter, den sein Komponist Giovanni Battista Pergolesi (1710–1736) als auflockerndes Intermezzo zwischen den Akten einer Opera seria gedacht hatte. Aus Stücken wie der *Serva padrona* war inzwischen eine neue Tradition von Werken entstanden, in denen moderne Menschen harmlose Prüfungen zum Thema moderne Moral und gesellschaftliche Stellung zu bestehen hatten. In diese Tradition gehörten 1752 auch Stücke des venezianischen Komponisten Baldassare Galuppi (1706–1785) sowie einiger Neapolitaner. Solche italienischen Importe, die nicht nur von der Thematik her ganz anders waren als die Opern Rameaus, sondern auch mit ihren einfachen Melodien auf ein Publikum trafen, das so etwas noch nie im Original gehört hatte, lösten eine öffentliche Diskussion zwischen Anhängern und Gegnern aus, einen Schriftenkrieg, der als Buffonistenstreit (Querelle des Bouffons) bekannt ist. Pergolesi hat die Publicity keineswegs geschadet hat, im Gegenteil: die halbe Welt war verrückt nach dieser Musik, und sein melodiöses *Stabat Mater* für zwei Solisten, Streicher und Orgel (1736) entwickelte sich in der zweiten Hälfte des 18. Jahrhunderts zum am häufigsten gedruckten Musikstück. Der russische Hof, hoch interessiert an allen westlichen Modeerscheinungen, holte sich Ende der 1760er Jahre Galuppi nach Sankt Petersburg, und angeblich gelangte die italienische komische Oper sogar bis nach Peking.

Abgesehen davon, dass der Buffonistenstreit Werbung für den direkten Charme italienischer Musik machte, ließ er auch die alte Frage wieder aufleben, welche Musik der anderen überlegen war, die italienische oder die französische. Jean-Jacques Rousseau (1712–1778), ein Philosoph, dem Musik ein zentrales Anliegen war, hatte da keinerlei Zweifel. Für ihn war das wesentliche Kriterium die Nähe zur Natur, und die glaubte er nicht allein durch philosophische Argumente, sondern auch durch praktische Experimente bestimmen zu können. Er versuchte nachzuweisen, welche Musik jemandem etwas bedeutet, der musikalisch gesehen in einem Naturzustand war, sich also nicht irgendeiner besonderen nationalen Tradition angepasst hatte. Direkt im Anschluss an den Buffonistenstreit fand er sein Versuchsobjekt in einem Armenier, dem er in Venedig begegnet war. Diesem ließ er eine Arie von Galuppi und einen Monolog aus Rameaus *Hippolyte* vorsingen und achtete genau auf die jeweilige Wirkung. »Ich beobachtete bei dem Armenier während des gesamten französischen Gesangs mehr Überraschung als Freude, aber alle bemerkten, dass von den ersten Takten der italienischen Arie an sein Antlitz und seine Augen sanft wurden; er war verzaubert.« Rousseaus Erklärung dafür war eine doppelte, sie bezog sich einerseits auf die gesprochene Sprache und andererseits auf den musikalischen Stil: Die italienische Sprache sei weicher, anpassungsfähiger und die italienische Melodie habe deutlichere Modulationen (Übergänge von einer Tonart in die andere) und ginge mit dem Metrum dynamischer um. Einige Jahre später fragte er dann, direkt auf Rameau gemünzt: »Was haben Akkorde mit unseren Leidenschaften gemein?« Für ihn kam der expressive Impuls aus der Melodie, »die den Tonfall der Sprache nachahmt«.

Die italienische komische Oper neapolitanischen Stils förderte aber nicht nur diverse Kontroversen. Sie lieferte auch neue Modelle musikalischen Verhaltens: zum einen mit ihren schwungvollen Solo-Nummern, die sowohl von der Form als auch vom Ausdruck her einfacher waren als die Da-Capo-Arien der Opera seria, als auch – und das war noch wichtiger – mit ihren Ensembleszenen für mehrere Sänger (etwas, das es in der Opera seria nur selten gab), in denen schnelle, witzige Wortgefechte durch kurze musikalische Phrasen unterstrichen wurden. Solche Musik konnte, wenn man sie auf den Instrumetalbereich übertrug, den Eindruck eines abstrakten Dialogs vermitteln, bei dem die beteiligten Parteien nicht mehr Figuren auf einer Bühne waren, sondern musikalische Themen. So entwickelte sich die Sinfonie, die ihre Entstehung nicht nur Alessandro Scarlattis Opernouvertüren verdankte, sondern auch der Lebhaftigkeit des neueren italienischen Opernstils und der stetig wachsenden Bedeutung des Konzerts. Von Konzerten erwartete man, dass sie, genau wie Opern, mit einer Sinfonie begannen. Das erste, ausdrücklich zu diesem Zweck geschriebene Stück kam 1732 von Giovanni Battista Sammartini (1700/01–1775) in Mailand. Bald darauf wurde die Gattung auch in Wien und Paris übernommen sowie in Mannheim, einer Stadt, die ihre Regenten bewusst zu einem der musikalischen Zentren Mitteleuropas machen wollten. Führend in der ersten Generation der sogenannten »Mannheimer Schule« war Johann Stamitz (1717–1757). Er schrieb auch als Erster Sinfonien in der viersätzigen Form aus schnellem Eröffnungssatz, langsamem Satz, Menuett (ein Tanz im Dreiertakt) und rasantem Finale – eine Form, die bald zum Standard werden sollte –, und er leistete musikalische Pionierarbeit, indem er einen abstrakten Dialog mit Themen aus regelmäßig gebauten viertaktigen Phrasen schuf, wie man sie aus der italienischen Opera buffa kannte, mit einer harmonischen Einfachheit, die ebenfalls dort ihre Wurzeln hatte.

Zu einer Zeit, da Sinfonie und komische Oper die kommenden Formen waren, betätigten sich Händel und Bach lieber anderweitig. Händel wandte sich in den 1730er Jahren mehr und mehr von der Oper ab und befasste sich stattdessen mit einer Gattung, die er selbst erfunden hatte: dem englischsprachigen Oratorium. Hier konnte er seine ganze dramatische Energie entfalten, gleichzeitig die Kosten für italienische Sänger und Inszenierungen einsparen und sich innerhalb der englischen Tradition der Chormusik neu etablieren, so wie ihm das schon mit den prächtigen Anthems zur Krönung von König George II. im Jahr 1727 gelungen war. Mit dem Oratorium konnte er zudem auf den neuen Londoner Geschmack eingehen, der sich durch die gefestigte Position eines bürgerlichen Publikums gewandelt hatte. Dieses Publikum wollte die sinnlichen Erregungen der italienischen Oper nicht mehr tolerieren (oder konnte sie sich nicht leisten), dagegen war ihm eine Musik sehr recht, die religiöse Erbauung versprach und dennoch, wenn auch verbrämt, sinnlich sein konnte. Wie Rameau zur gleichen Zeit und in ziemlich genau dem gleichen Alter produzierte Händel eine Reihe von Werken, bei denen die charaktervolle Handlung auf eine schier unerschöpfliche kreative Freude trifft, nur mit dem Unterschied, dass den Tänzen Rameaus hier Chöre entsprechen. Zu diesen Werken gehörte der *Messiah* (Messias, 1741), den er ab 1749 und bis zu seinem Tod alljährlich aufführte – und dabei immer zur Vervollständigung des Programms ein Orgelkonzert spielte, selbst dann noch, als er schon erblindet war.

Bach, der ebenfalls in seinen letzten Jahren an einer starken Sehschwäche litt, widmete sich musikalischen Denkmälern: den *Goldberg-Variationen*, der *h-Moll-Messe* – ein Werk von der Größenordnung der händelschen Oratorien, dessen Dramatik sich aber mehr über die Solo-Arien, Duette und kolossalen Chorsätze majestätisch entfaltet – und zwei Kompendien ohne vorgeschriebene Besetzung: *Das Musikalische Opfer* und *Die Kunst der Fuge*. Letztere – eine Reihe von Fugen und anderen streng kontrapunktischen Sätzen, die didaktisch angelegt und meisterlich gearbeitet sind – scheint außerhalb der Zeit zu stehen, der Inbegriff bachscher Musik, die so stark ist, dass ihre Besetzung (Orgel, Klavier, Streichquartett, Blechbläserensemble, Orchester) fast irrelevant wird. *Das Musikalische Opfer* dagegen entspringt eher seiner spezifischen Epoche und zeigt, dass Bach die Möglichkeit eines Dialogs zwischen seiner angeborenen Gediegenheit und der süßeren Art der neueren Musik akzeptiert. Dieses Werk war das Ergebnis eines Besuchs, den Bach 1747 seinem Sohn Carl Philipp Emanuel am Hofe Friedrichs des Großen abstattete. Friedrich entspannte sich allabendlich mit Musik, genau wie sein Monarchenkollege in Madrid auch, nur eben aktiver als jener, denn er spielte selbst Flöte oder komponierte. Während seines Aufenthalts in Sanssouci durfte Bach einige Instrumente anspielen, die zwar schon seit einigen Jahrzehnten erfunden waren, aber nur langsam an Akzeptanz gewannen: Klaviere. Außerdem bekam er Gelegenheit zu zeigen, wie er spontan einen Kontrapunkt ausarbeiten konnte, als Friedrich ihm ein Thema vorgab, über das er improvisieren sollte. Zurück zu Hause schrieb er rasch eine Folge von Ideen zu diesem königlichen Thema nieder: kompakte Studien seines kontrapunktischen Potenzials, gründliche drei- und sechsstimmige Durcharbeitungen, sowie eine Triosonate – und sie alle fangen die musikalische Liebenswürdigkeit des Potsdamer Hofs ein, gefiltert durch einen Verstand, der für musikalische Logik geschaffen war.

Die zunehmende Blindheit sowohl Bachs als auch Händels eignet sich – bei allen Schmerzen und Enttäuschungen nach den Eingriffen, die der englische Okulist John Taylor an beiden vornahm – als Metapher dafür, dass ihre musikalische Welt im Begriff war zu verblassen. Wer später noch Fugen oder Oratorien schrieb, tat dies nach ihrem Bild. Musik der 1750er und 1760er Jahre bedeutete Konzertmusik (Musik für eine Aufführung an Höfen wie Versailles und Potsdam oder in öffentlichen Konzerthäusern Londons und anderer Städte sowie Instrumentalmusik aller Art – vom solistischen Schaustück über Sinfonie bis zum Konzert) und italienische Oper. Sie bedeutete oft auch eine neue Suche nach dem, was man nach Rousseaus Begriffen als Nähe zur Natur betrachtete – eine Nähe zur Wahrheit des Zuhörens (was zu einem überzeugenderen dynamischen Stil orchestralen Schreibens führte) und zu der des Fühlens. Und auch wenn der Konzert- und Opernbetrieb in den meisten großen Städten noch vom Hof unterstützt wurde, richtete sich die Musik jetzt mehr und mehr an das Bürgertum. Verleger brachten zwar Konzerte und neue Sinfonien heraus, die nur in großen Haushalten oder bei musikalischen Zusammenkünften Verwendung gefunden haben können, aber das Geschäft verlagerte sich in London immer mehr auf Werke, die in einem bescheidenen Heim aufgeführt und genossen werden konnte: Lieder, Kammermusik und Alben für das neue Klavier, das stetig weiter an Bedeutung gewann. 1761 brachte Johannes Zumpe, ein Londoner Klavierbauer, das kleine Tafelklavier für den gleichen Kundenkreis auf den Markt.

Im darauf folgenden Jahr übernahm ein anderer Immigrant Händels Platz als führender Komponist der Stadt: Bachs jüngster Sohn Johann Christian (1735–1782). Nachdem er einige Jahre in Italien verbracht hatte, konnte er die neueste italienische Mode mit einer Redlichkeit kombinieren, die er durch den Unterricht bei seinem Vater erlangt hatte. Er schuf natürlich auch Opern, erkannte allerdings schnell, dass dem Publikum der Sinn mehr nach Sinfonien und Konzerten, Liedern und Kammermusik stand. Also schrieb er für diesen Geschmack, präsentierte die Werke in Konzerten und veröffentlichte sie. Sinfonien komponierten auch seine Halbbrüder in Deutschland: der vielseitige und produktive Carl Philipp Emanuel und der rätselhafte Wilhelm Friedemann (1710–1784), ansonsten waren die wichtigsten Zentren für Orchestermusik zum einen – nach wie vor – der Hof in Mannheim und zum anderen Wien, das schnell an musikalischem Ansehen gewann, da viele adlige Familien damals Hausorchester einstellten.

Mehrere in den 1730er Jahren geborene junge Komponisten standen bereit, diesen Kreis mit Material zu versorgen, und sie lösten im Wien der späten 1750er und 1760er Jahre einen regelrechten Sinfonien-Boom aus. Als Spitzenreiter unter ihnen machte man recht bald Joseph Haydn (1732–1789) aus, denn er wurde 1761 von der ungeheuer wohlhabenden Familie Esterházy in Dienste genommen. In den langen Sommern, die Haydn mit der Familie auf einem ihrer großen Landgüter verbrachte, war er verpflichtet, für musikalische Unterhaltung zu sorgen. Vierzig Jahre später erinnerte er sich an diese Zeit: »Ich war von der Welt abgesondert, niemand in meiner Nähe konnte mich an mir selbst irremachen und quälen, und so musste ich original werden.« Das stimmt allerdings nicht so ganz. Haydn wusste genau, was seine Wiener Zeitgenossen taten (zumindest traf er wieder mit ihnen zusammen, sobald das Fürstenleben für die Wintersaison in die Großstadt zurückverlegt wurde), und er übernahm durchaus deren Neuerungen, beispielsweise den ersten Satz mit einer langsamen Einleitung zu beginnen, um so die Aufmerksamkeit zu sammeln. Aber natürlich sind seine Sinfonien der 1760er Jahre alle höchst individuell und legen nahe, dass er eine unablässige Freude daran hatte herauszufinden, was man mit der neuen Form sonst noch alles anstellen konnte.

Zu jener Zeit war die Wiener Hofoper in der Obhut Christoph Willibald Glucks (1714–1787), der, genau wie der Londoner Bach, sein Handwerk in Mailand gelernt hatte. Metastasio war noch immer österreichischer Hofdichter, und Gluck vertonte nach seiner Bestallung im Jahre 1755 noch einige seiner Libretti – er war auch zuvor schon unvermeidlich mit ihnen groß geworden. Aber jetzt kam ein neuer Geist auf, und Gluck bekam das mit. Er war noch kein Jahr in Wien, da veröffentlichte Francesco Algarotti (1712–1764), ein venezianischer Schriftsteller, der einige Zeit in London, Paris und am Hof Friedrichs des Großen gelebt hatte, einen Reformen fordernden Essay über die Oper. In Anspielung auf den schon seit Jahren andauernden Streit über die jeweiligen Meriten der italienischen und der französischen Oper lud er seine Landsleute ein, von ihren Nachbarn zu lernen – allerdings aus genau den Gründen, die zuvor Rousseau veranlasst hatten, sich für die Gegenseite einzusetzen: im Interesse einer Natürlichkeit. Metastasio und seine Textbücher lobte er; sein eigentliches Missfallen galt den Komponisten italienischer Opern, weil sie zuließen, dass musikalische Formen (die Da-capo-Arie, der ständige Wechsel zwischen orchesterbegleiteten Arien und Rezitativen mit Continuo) und Eitelkeiten der Sänger vor die expressive Wahrhaftigkeit kamen.

Mehrere Komponisten nahmen Algarotti sehr wohl zur Kenntnis oder dachten selbst schon ähnlich wie er, so zum Beispiel die beiden prominentesten Mitglieder der letzten Generation, die aus den Konservatorien Neapels hervorging: Niccolò Jommelli (1714–1774), der am Stuttgarter Hof arbeitete, und Niccolò Piccinni (1728–1800), der zu der Zeit noch in Neapel war. Die Lorbeeren dafür, die Oper dann tatsächlich reformiert zu haben, bekamen aber Gluck und sein *Orfeo ed Euridice* (Orpheus und Eurydike, 1762, in der Pariser Fassung von 1774 *Orphée et Eurydice*). Er und sein Librettist Ranieri Calzabigi (1714–1795) taten genau das, was Algarotti verlangt hatte: Sie behielten das Edle des Themas bei, stellten Eindringlichkeit vor Zurschaustellung oder musikalischen Überfluss, integrierten den Tanz als Teil des Dramas und ließen das Orchester durchgehend begleiten. Viel weiter konnte die Oper im 18. Jahrhundert im Beschränken des Gesangs bei diesem Drama nicht gehen; nur Glucks spätere Oper *Iphigénie en Tauride* (Iphigenie auf Tauris, 1779), die er direkt für Paris schrieb, ist noch schmuckloser und in ihrer Art konkurrenzlos bis zu Alban Bergs *Wozzeck* anderthalb Jahrhunderte später. Die Reform war da, und Rousseaus Hoffnungen hatten sich erfüllt. Allerdings an einem grandiosen Endpunkt. Die Zukunft lag wie immer anderswo.

TEIL V

Verinnerlichte Zeit: 1770–1815

In Haydns Sinfonien der 1760er Jahre kann man es hören, dieses Runde, als würde dem rein Flächigen der früheren Musik eine neue, dritte Dimension hinzugefügt, die Dimension der Zeit. Wurde bisher eine Tonart innerhalb eines Stücks immer wieder bestätigt und ein gelegentlicher Exkurs (normalerweise zur Dominante, der Oberquinte des Grundklangs) nur unternommen, um eine bevorstehende neuerliche Betonung der Grundtonart zu unterstreichen, so war Haydns Musik deutlich kühner. Die Musik des frühen 18. Jahrhunderts, so erratisch sie manchmal auch sein mag, hält nicht viel von Überraschungen. Haydns schon. Die Vorstellung, dass eine Melodie durch ihre Gestalt, ihr Metrum und Tempo einem bestimmten Gefühl Ausdruck verleiht, und die Vorstellung, dass dieses melodische Gefühl ohne wesentliche Veränderung über einen ganzen Satz hinweg beibehalten wird, ist der Erwartung gewichen, dass Veränderungen stattfinden mögen. Der italienische Geiger und Theoretiker Francesco Galeazzi (1758–1819) drückte das in einer Schrift, die er 1769 veröffentlichte, so aus: »Das Verdienst einer Komposition besteht … in ihrem Verhalten und nicht in der Eingangsmelodie.« Auf Wegen, die wohl selbst Rameau nicht vorhergesehen hat, wurde Ausdruck jetzt über die Harmonik herbeigeführt, dadurch dass es innerhalb eines harmonischen Charakters zu Verschiebungen, Verschleifungen und ständige Schwankungen kam. Diese Veränderungen aber waren begreifbar, denn die Musik folgte – immer ihr eigentliches Ziel, die Grundtonart, vor Augen –, einer Grammatik der Modulation. In einem engeren Sinn als zuvor war Musik jetzt verständlich und nachvollziehbar.

Da die Harmonik jetzt eher selbst Bedeutung trug und sie nicht nur unterstützte, war die alte Konvention des Basso continuo obsolet geworden. Freiheit hinsichtlich Wahl und Wechsel von Akkorden gab es nicht mehr, folglich verloren die Musiker hier ihre Flexibilität. Stimmen schrieb man jetzt exakt so aus, wie sie zu spielen waren. Auch die

musikalischen Formen wandelten sich drastisch. Das zweiteilige
Schema, das beispielsweise in Scarlattis Sonaten und Bachs Tanzsätzen
zu finden ist, war noch immer da, aber der zweite Teil war jetzt, in diesem dynamischeren Zeitalter, keine spiegelnde Antwort mehr auf den
ersten. Stattdessen begann er, Ideen aus dem ersten Teil auf turbulente
Art zu verarbeiten, sie auf das Wesentliche zu reduzieren und durch
verschiedene Tonarten zu führen, um dann zum ersten Teil zurückzukehren, ihn mehr oder weniger vollständig zu wiederholen. Es war dies
das Prinzip der Sonaten(haupt)satzform, so benannt, weil dieses Form-
schema für alle ersten Sätze von Sonaten und größeren Werken (Sinfonien, Streichquartette) im Grunde die Regel war: Ein erster Teil (die
Exposition) stellt zwei fast immer kontrastierende Themen vor, das
erste auf der Tonika, das zweite auf der Dominante (oder bei Stücken
in Moll in der parallelen Durtonart, der Tonart, die eine Terz über der
Grundtonart liegt). Im zweiten Abschnitt werden meist beide Themen in alle Richtungen gezerrt und gezogen (dieses Verarbeiten der
Themen bezeichnet man als Durchführung), bevor sie wieder in ihre
ursprüngliche Gestalt gebracht werden und beide noch einmal auf der
Tonika erklingen (Reprise).

Läuft Musik des frühen 18. Jahrhunderts im Gleichmaß der Uhr
ab, scheint die Musik Haydns mithilfe von zielgerichteter Harmonik
und Sonatensatzform die Zeit in sich aufzunehmen, und zwar nicht
nur so, wie wir sie wahrnehmen, sondern auch so, wie wir sie erleben,
als Veränderung und Verlauf. Uhr-Zeit ist nach wie vor da, nicht zuletzt im metrischen Rhythmus. Aber die harmonischen Fortschreitungen und das Verarbeiten der Themen verleihen der Musik fast unsere
eigene Form der Existenz, die des vernunftbegabten Wesens. Wir hören diese Musik weniger, als dass wir ihr begegnen.

Diese denkende Musik hat das, was wir gern als unsere eigene zeitliche Bedingtheit zielgerichteten Wachsens ansehen, und sie gehört in
eine geschichtliche Periode, in der der Rationalismus nach zweihundert
Jahren auf jedem Feld menschlichen Denkens Oberhand gewonnen
hatte – die Zeit der Aufklärung. In ihrem Bestreben, Wissen und Kunst
zu verbreiten, förderte die Aufklärung den Handel und damit auch den
Klavierbau und das Verlagswesen. In London leitete Muzio Clementi
(1752–1832) zwei solche Unternehmen, und Haydns Schüler Ignaz
Pleyel (1757–1831) tat dies in Paris. Das aufrecht stehende Klavier, das
John Isaac Hawkins 1800 in Philadelphia entwickelt hatte, wurde sehr
schnell von anderen Klavierbauern übernommen – damit war das Vor-
dringen des Klaviers in die bürgerlichen Privathäuser sichergestellt.

In Bezug auf ihre Musik bezeichnet man diese Phase oft als klassische Periode. Das Etikett bekam sie sehr schnell, denn schon in den 1830er Jahren begannen die Musiker zu erkennen, dass diese Ära vorbei war. Sie war kurz. Ein Komponist mit einigermaßen langer Lebensdauer, zum Beispiel Antonio Salieri (1750–1828) konnte sie von Anfang bis Ende miterleben. Ihre Bedeutung aber war und ist unerschöpflich.

Kapitel 11

Sonate als Komödie

Wollte jemand eine Skizze der Musiklandschaft Europas zu Beginn der klassischen Periode anfertigen, bräuchte er nur den Weg eines jungen Komponisten nachzuzeichnen, der seine Kunst auf der Straße lernte: Wolfgang Amadeus Mozart (1756–1791). Auf Betreiben seines Vaters – der seinen Sohn mit ebenso viel Fürsorge und Stolz wie Ehrgeiz förderte – spielte Mozart im Alter von sechs Jahren vor dem Kurfürsten in München und durfte mit sieben vor der Kaiserin Maria Theresia in Wien auftreten. Bald nach diesen ersten kurzen Konzertreisen verließ die Familie ihr Zuhause in Salzburg für eine Reise, die über drei Jahre dauern sollte, mit längeren Aufenthalten in Paris und London, wo der Junge unter anderen Johann Christian Bach kennenlernte, für Mozart möglicherweise das Vorbild eines deutschen Komponisten, der sowohl die italienische als auch die französische Musik studiert hatte. Nach einigen wenigen Monaten zurück in Salzburg ging es dann mit der ganzen Familie wieder nach Wien, wo Wolfgang im Alter zwischen elfeinhalb und dreizehn Jahren lebte. Wichtiger als alle diese frühen Reisen aber war vielleicht sein erster Italienaufenthalt, der von kurz vor seinem 14. bis kurz nach seinem 15. Geburtstag dauerte und über den er in Briefen an die daheim gebliebenen Familienmitglieder – er war diesmal nur mit seinem Vater unterwegs – berichtete. Vater und Sohn Mozart waren nach Italien gereist, um sich einen Auftrag für eine Opera seria zu sichern und dann auszuführen, die in Mailand (damals Teil des österreichischen Reichs) aufgeführt werden sollte. Für die Zukunft aber viel wichtiger war, dass der Junge sich mit der italienischen Musikkultur vertraut machen, italienische Sänger hören und italienische Komponisten (unter anderen Jommelli und Piccinni) kennenlernen konnte sowie die Städte besuchte, an denen die italienischen Traditionen höchst lebendig waren: Neapel für die Oper, Rom für die Kirchenmusik, Bologna für die Wissenschaft.

Weitere Bühnenaufträge führten ihn in aufeinander folgenden Jahren noch zweimal nach Mailand. Doch das, was er eigentlich suchte – was jeder Komponist im 18. Jahrhundert suchte: eine Festanstellung –, war nicht zu bekommen. In Salzburg dagegen gab es vielfältige

Wolfgang Amadeus Mozart

Betätigungsmöglichkeiten, und Mozart nutzte sie, schrieb Sinfonien und Konzerte für dortige Aufführungen, Kirchenmusik für den Dom (wo er neben seinem Vater eine Musikerstelle in Diensten des Fürsterz-bischofs hatte) und vieles mehr. Aber für einen Musiker, der Mailand, München und Paris gesehen hatte, war Salzburg tiefste Provinz. 1777, mit zwanzig Jahren, machte er sich also wieder auf die Reise. Diesmal ging es mit seiner Mutter nach München (wo die Antwort noch im-mer ein Nein war), Mannheim und Paris.

Auf dem Weg zwischen München und Mannheim blieb er eine Weile in Augsburg bei Verwandten. Dort gab er auch ein Konzert, dessen Ablauf er in einem Brief an seinen Vater kurz umreißt und uns so einige Einblicke vermittelt, was damals von aufführenden Künst-lern erwartet wurde. Zuerst kam, wie üblich, eine Sinfonie. Danach traten Mozart und zwei Kollegen als Solisten in seinem Konzert für drei Klaviere auf, es folgten eine von ihm gespielte Klaviersonate, ein Solokonzert, eine Fuge und eine weitere Sonate – eine Abfolge von Pa-radestücken in verschiedenen Stilen.

Angekommen in Mannheim, fand er hier ein Orchester vor, das ihn sehr beeindruckte. Mozarts Berichten nach gehörten ihm je zwei Flöten, Oboen, Klarinetten und Hörner, vier Fagotte sowie Streicher-

gruppen entsprechender Größe an (zehn oder elf Geigen, vier Brat-
schen, vier Celli, vier Kontrabässe), dazu kamen noch, wenn nötig,
Trompeten und Pauken. (Solche Beschreibungen sind immer sehr
hilfreich, wenn es darum geht, die Besetzung eines Orchesters zu bestimmen, das heute Musik aus dem späten 18. Jahrhundert spielt.)
Fasziniert war Mozart auch von der Musik der Mannheimer Komponisten Christian Cannabich (1731–1798) und Ignaz Holzbauer
(1711–1783) sowie – und das vielleicht sogar noch mehr – vom Gesang und der Person der 16-jährigen Aloysia Weber (ca. 1760–1839).
Doch nach über drei Monaten in Mannheim, in denen er mit Offiziellen des Hofs verhandelt und darauf gewartet hatte, dass der Kurfürst
sich wegen einer Anstellung entschied, war der junge Komponist kurz
davor, alle Hoffnung aufzugeben und nach Italien zurückzukehren,
um Opern für Aloysia zu schreiben. Ihr Gesang muss von einer spektakulären Virtuosität, aber auch großen Innigkeit gewesen sein, nach
den Arien zu urteilen, die Mozart damals und später für sie schrieb.
Etwa um die Zeit äußerte er, eine Arie müsse einer Sängerin wie ein
Kleid auf den Leib geschneidert werden.

Die Reaktion seines Vaters auf Mozarts Pläne mit Aloysia war ein
einziges Donnerwetter: »Fort mit Dir nach Paris!« hieß die Order aus
Salzburg, und der musste sich der Sohn beugen. Allerdings war das,
was er dort erlebte, ebenso frustrierend. Nur langsam und zögerlich
gab es Angebote für Stellen, die er nicht wollte. Eine Gelegenheit, eine
Oper zu schreiben, verschwand fast so schnell, wie sie sich aufgetan
hatte. Und das erste Werk, das er für das Concert Spiruel schrieb –
ein Stück in der populären Gattung der *Sinfonia concertante*, eines
Konzerts für mehrere Solisten (in diesem Fall vier Holzbläser) – blieb
erfolglos. Seine Komponistenkollegen fragte er lieber nicht um Rat:
»Übrigens mach ich keine bekandschaft ... ich verstehe meine sache –
und sie auch – und das ist genug.« Die Folge war, dass er nichts über
die graziöse Musik eines André Grétry (1741–1813) zu sagen hatte,
der die Gunst der Königin Marie Antoinette gewann, oder über die
dritte Runde des Pariser Opernstreits, die jetzt zwischen den Anhängern Glucks und denen des sanfteren Piccinni ausgetragen wurde. Das
einzige Erfolgserlebnis für ihn war die Aufführung seiner »Pariser Sinfonie« beim Concert Spiruel, und sein Bericht darüber in einem Brief
an den Vater vermittelt uns, was 1778 als durchaus angemessenes Kon-
zertverhalten galt. Mozart hatte absichtlich mitten ins erste Allegro
eine Passage eingearbeitet, von der er wusste, dass sie gefallen und ganz
gewiss »ein großes Applaudissement« hervorrufen würde. Dann ließ er

in seinem letzten Satz – weil er gehört hatte, dass Finalsätze in Paris normalerweise mit allen Instrumenten zugleich und meistens unisono einsetzten – die ersten acht Takte von nur zwei Geigen spielen. Genau wie er gehofft hatte, mahnten sich die Leute gegenseitig zur Ruhe, um diese delikate Musik überhaupt hören zu können, und klatschten dann bei der darauffolgenden Forte-Stelle vor Entzücken und Erleichterung laut los.

Letzten Endes aber waren diese sechs Monate in Paris für Mozart eine Zeit beruflicher Desillusionierung und persönlicher Trauer, da seine Mutter dort gestorben war. Schließlich reiste er auf Drängen seines Vaters ab, der meinte, die größten Hoffnungen für den jungen Mann lägen eher daheim in Salzburg, doch Mozart zögerte seine Rückreise hinaus, legte lieber noch Aufenthalte in Mannheim und München ein, zum Teil, weil er Aufträge erwartete, zum Teil auch, um Aloysia Weber wiederzusehen. In beiden Punkten wurde er enttäuscht. Aloysia wies ihn zurück, und es gelang ihm nicht, den Leiter des Mannheimer Theaters – damals die führende deutsche Bühne – dazu zu überreden, ihn ein »Monodrama« schreiben zu lassen, eine Szene für Schauspielerin mit Orchester. Musterbeispiele dieser Gattung waren zwei jüngere Stücke von Georg Benda (1722–1795) gewesen, *Ariadne auf Naxos* und *Medea*, und diese hatten Mozart schwer beeindruckt. Das großartige Mannheimer Orchester allerdings war jetzt in München, da der Kurfürst von Mannheim die bayerische Regentschaftsnachfolge angetreten hatte. Mozart sollte seine Chance noch bekommen, für diese Musiker zu schreiben, allerdings erst ein Jahr später, als er schon wieder zurück in Salzburg war. Da nämlich erhielt er den Auftrag für ein Werk, in dem er alles, was er in Mannheim, Paris und Italien gelernt hatte, aufs Prachtvollste miteinander verbinden konnte: die Oper *Idomeneo* (1780/81).

Während Mozart als Jugendlicher überwiegend auf Achse war, gingen für den eine Generation älteren Haydn dieselben Jahre im gemächlichen Wechsel zwischen Wien im Winter und dem ungarischen Palast der Esterházys im Sommer dahin. Es mag durchaus sein, dass er durch diese Situation eigentlich am meisten von sich selbst lernte, aber er war auch stets offen gegenüber jeglicher Art von Volksmusik, die ihm begegnete, und gegenüber seinen Kollegen in einem musikalischen Establishment, das immer größere Bedeutung erlangte. Um 1770 schrieb er mehrere ungewöhnlich düstere und schwermütige Sinfonien, doch danach beschäftigte er sich über mehrere Jahre hinweg überwiegend mit komischen Opern: Er schrieb selbst welche, führte aber auch Werke italienischer Zeitgenossen für die Esterházys auf, und von da an wurde auch seine Instrumentalmusik wieder heller. Dieser aus dem Kontakt mit der Komödie resultierende Effekt war für Haydn an sich nichts Neues oder Besonderes, und doch hat kein anderer Komponist jener oder einer späteren Zeit ein solches Verständnis für Humor in der Musik an den Tag gelegt, noch dazu in so verschiedenen Ausprägungen: in trockenen Aphorismen, foppender Überraschung, im geistreichen Bonmot oder in einem Ausbruch von Heiterkeit. Die Sonatensatzform – für ihn ein Dialog musikalischer Charaktere in der Gestalt zweier Themen, ein Dialog, der sich durch offenkundige (in sich vielleicht schon komische) Meinungsverschiedenheiten bewegte, aber zwangsläufig in einer feierlichem Versöhnung endete – war im Grunde Komödie, und so sind auch Haydns Instrumentalwerke der 1770er Jahre lustiger als seine Opern der gleichen Periode.

In diese Zeit gehören – neben den Sinfonien – auch Schöpfungen einer neuen Gattung, die sich Haydn ebenso selbst zueigen machte: das Streichquartett für zwei Violinen, Bratsche und Violoncello. Quartette waren Sinfonien für kleine Räume und hatten genau wie diese meist vier Sätze. Gedacht waren sie – obwohl durchaus auch konzerttauglich – als Musik für Dilettanten zum häuslichen Musizieren. Diese neue Form funktionierte deutlich besser als die Triosonate in den hundert Jahren davor, spiegelte sie doch im Kleinen das so typische Musikverhalten der Zeit: zwei unabhängige, im Widerstreit befindliche Parteien durchlaufen zwar Phasen der Uneinigkeit und gemeinsamen Trauer, sind aber genau betrachtet doch eigentlich heiter gestimmt.

Im nächsten Jahrzehnt dann hatte Haydn in Wien einen neuen Mitstreiter, denn im Sommer 1781, nur wenige Monate nach der Uraufführung des *Idomeneo*, kündigte Mozart endlich den Dienst beim Salzburger Fürsterzbischof und ließ sich im kaiserlichen Wien als freier Musiker nieder. Haydns Hauptwerk in jenem Jahr waren sechs Streichquartette gewesen, die er im Jahr darauf als Opus 33 (lateinisch für »Werk«, abgekürzt »op.«) veröffentlichte. Inzwischen war es üblich geworden, dass Verleger die Produktionen eines Komponisten nummerierten, um Verwechslungen zu vermeiden. Werke und Werkreihen konnten nämlich, selbst wenn sie nicht gedruckt waren, in Abschriften durch professionelle Kopisten oder Musikpiraten große Verbreitung finden. Auf diesem Weg war auch viel von Haydns Musik bekannt geworden, denn sicher hatte er vor diesen Quartetten von 1781 mehr als 32 Werke oder Werkreihen komponiert, die einer Opuszah-

würdig gewesen wären. Jetzt aber schrieb er oft direkt für eine Veröffentlichung, was unter anderem daran lag, dass das Verlagswesen in Wien so richtig in Gang kam, angeführt vom Musikverlag der Familie Artaria, die 1778 damit begonnen hatte, Noten herauszugeben, und für Erstausgaben verschiedener Werke sowohl Haydns als auch Mozarts verantwortlich war. Im Druck dieser bei Artaria erschienenen Streichquartette op. 33 kündigt Haydn stolz auf dem Titelblatt an, er habe sie »von ganz neuer, besonderer Art« geschrieben, was er wohl als Hinweis darauf verstanden haben wollte, dass die beiden tieferen Instrumente nicht mehr nur dienende Funktion hatten. Von jetzt an waren vier am musikalischen Gespräch beteiligt.

In der Folge entspann sich ein Dialog ganz anderer Art, der zwischen Haydn und Mozart. Es kann gut sein, dass die beiden Komponisten sich schon während eines früheren Besuchs Mozarts begegnet waren, aber ganz sicher trafen sie jetzt gelegentlich zusammen, zum Beispiel wenn sie gemeinsam musizierten und mit Haydn und Carl Ditters von Dittersdorf (1739–1799) an der Geige, Mozart an der Bratsche (ein Instrument, das er ganz besonders mochte) und Johann Baptist Vanhal (1739–1813) am Cello ein höchst ungewöhnliches Komponistenquartett bildeten. Nach einer ähnlichen Zusammenkunft im Jahr 1785 bemerkte Haydn gegenüber Mozarts Vater (wie dieser in einem Brief nach Salzburg schreibt): »Ich sage ihnen vor Gott, als ein ehrlicher Mann, ihr Sohn ist der größte Componist, den ich von Person und den Nahmen nach kenne.« Damals hatte Mozart gerade eine Reihe von ebenfalls sechs Streichquartetten vollendet, in denen er es mit Haydns op. 33 aufnahm. In einer gänzlich ungewöhnlichen Geste des Respekts widmete er sie seinem Freund Haydn. Sie waren, so sagte er selbst, »die Frucht einer langen und mühevollen Arbeit«, und in der Tat hatte er, der gelegentlich ein Stück ebenso schnell entwarf, wie er es niederschrieb, mehr als zwei Jahre damit zugebracht. Was Haydn aus Sonatensatzform und Quartett-Textur gemacht hatte, wusste er sehr zu schätzen. Diese Strukturen konnte er übernehmen und sie seiner Vorliebe für fast durchgehend gesangliche Melodik entsprechend anpassen, um seine eigene »neue und besondere Art« in Werken von großer Vielfalt zur Geltung bringen. Zwar fühlte er sich wegen der größeren harmonischen Möglichkeiten in der Gattung des Quintetts wohler, aber seine »Haydn-Quartette« zeugen von etwas, das er selten Anlass hatte zu bekunden: Respekt vor einem Kollegen.

Außerhalb der Quartett-Treffen überlappten sich die Welten der

Joseph Haydn

beiden Komponisten kaum. Haydn arbeitete, obwohl noch immer in Diensten der Esterházys, in den 1780er Jahren auch für andere Auftraggeber und für verschiedene Verleger und konzentrierte sich dabei auf die großen abstrakten Gattungen: Sinfonie (er schrieb beispielsweise 1785/86 sechs Sinfonien für Konzerte in Paris), Streichquartett und Sonate oder Klaviertrio (mit Violine und Cello) für den boomenden Markt für häusliche Klaviermusik. Diesen Markt bediente auch Carl Philipp Emanuel Bach, der mit Ende sechzig/Anfang siebzig Sonaten und Fantasien herausbrachte, die die Majestät der Präludien seines Vaters mit der Virtuosität und Expressivität der Opern aus der Mitte des Jahrhunderts kombinierten. Auch Mozart schrieb Musik für den Musikliebhaber am Klavier: Sonaten (für Klavier solo oder mit Violine), unzählige Variationszyklen, Duette (für zwei Pianisten) sowie Trios und Quartette mit Streichern. Genau wie Haydn komponierte auch er Quartette für den Nachfolger Friedrichs des Großen, den Cello spielenden Monarchen Friedrich Wilhelm II.; anders als Haydn schuf er einiges an Instrumentalmusik für den eigenen Gebrauch, unter anderem die 15 Klavierkonzerte, die er während seiner sechs Jahre in Wien aufführte, als er in der Stadt am Zenith seiner Bekanntheit war und sicher sein konnte, ein entsprechendes Konzertpublikum anzuziehen.

Ansonsten galt sein Hauptaugenmerk der Oper für das dortige Hoftheater. Damals waren für kurze Zeit deutsche Singspiele in Mode, und so vertonte Mozart für seine erste Wiener Oper ein deutsches Libretto, die Komödie *Die Entführung aus dem Serail* (1781/82), eines der wenigen Werke, bei denen er Musik aus einer Welt integrierte, die er nicht von seinen Reisen her kannte: Janitscharenmusik, die klirrenden Klänge türkischer Militärkapellen. In Briefen an seinen Vater beschreibt er einige seiner Überlegungen zu dieser Oper und spricht dabei auch ein altbekanntes Thema an, das in der Zeit der Aufklärung gerne wiederaufgegriffen wurde: die Frage, ob Musik eine Sprache der Gefühle sei – so wie es der Berliner Philosoph Johann Jakob Engel (1741–1802) 1780 formulierte: »... ein musikalisches Werk ... muß eine solche Reihe von Empfindungen enthalten, wie sie sich von selbst in einer ganz in Leidenschaft versenkten, von aussen ungestörten, in dem freien Lauf ihrer Ideen unterbrochenen Seele nach einander entwickeln« – oder ob sie die Sinne ansprechen solle, indem sie »gefällt unabhängig von jeder Nachahmung«, wie der französische Denker Michel-Paul-Guy de Chabanon (1729/30–1792) es in einer Schrift ausdrückt, die fünf Jahre später veröffentlicht wurde. Mozarts Briefe, die sowohl zeitlich als auch inhaltlich zwischen diesen beiden Veröffentlichungen liegen, zeigen, dass für ihn die rein musikalischen Werte die Darstellung von Empfindung zu mäßigen hatten, insofern als »die Leidenschaften ... niemals bis zum Ekel ausgedrückt seyn müssen, und die Musik, auch in der schaudervollsten Lage, das Ohr niemals beleidigen, sondern doch dabey vergnügen, folglich allezeit Musik bleiben muss.«

Die Hofoper kehrte nach der *Entführung* wieder zurück zum Italienischen, der internationalen Opernsprache, und das Repertoire beherrschten nun wieder italienische Komponisten, die aber nicht nur ihre Kultur der Melodiosität auf die Bühne brachten, sondern auch ihre Kultur der Intrige. Salieri, Glucks Protégé, bekleidete ein Amt bei Hofe; hoch in der Gunst standen zudem Werke neapolitanischer Komponisten wie Pasquale Anfossi (1727–1797), Giovanni Paisiello (1740–1816) und Domenico Cimarosa (1749–1801), auch wenn zu Mozarts Lebzeiten die am häufigsten aufgeführte Oper am Hoftheater *L'arbore di Diana* (Der Baum der Diana) des Spaniers Vicente Martín y Soler (1754–1806) war. So erlebte Mozart seinen größten Erfolg nicht in Wien, sondern in Prag, als *Le nozze di Figaro* (Figaros Hochzeit, 1786) dort uraufgeführt wurde. Das Prager Theater bestellte daraufhin gleich seine nächste Oper, den *Don Giovanni* (1787). In der Tafelmusik zum Abendbankett, das die Hauptfigur in der letzten Szene auftischen lässt, spielt Mozart dann kritisch auf den damaligen Publikumsgeschmack an: Erst lässt er etwas mau zwei Melodien aus aktuellen Wiener Opernhits anklingen – eine aus Martín y Solers *Una cosa rara* (Eine seltene Sache) und eine weitere aus *Fra i due litiganti* (Wenn zwei sich streiten) von Giuseppe Sarti (1729–1802) –, um dann, als Dankadresse an das Prager Publikum, getreu eine Arie aus seinem *Figaro* zu zitieren.

Allerdings gab es zumindest einen Italiener in Wien, den Mozart sehr schätzte: Lorenzo da Ponte (1749–1838), der die Libretti für *Figaro* und *Don Giovanni* und nach diesen noch für *Così fan tutte* (So machen's alle Frauen, 1789/90) verfasst hat. Er lieferte Mozart schon mit der Vorlage Abwechslung, Witz und Dramatik – genau wie allen anderen Komponisten, für die er Libretti schrieb und die heute alle, wie auch Martín y Soler, längst vergessen sind. In der Oper ist eben immer die Musik das Wesentliche. Mozarts Musik sagt uns nicht einfach nur, was die Figuren fühlen, sie wirkt, als käme sie aus ihnen heraus. Indem sie sich über die Harmonik konstant – wenn auch stets empfänglich für subtile Abweichungen – vorwärts bewegt, vermittelt sie das Erleben echter Menschen in Echtzeit. Sie leuchtet die Doppelbödigkeit menschlicher Gefühle aus, wagt sich bis in den unbestimmten Grenzbereich zwischen wahrem Gefühl und Zurschaustellung oder formaler Reaktion, diesen Grenzbereich, der das Thema der *Così* ist. Dass Mozart eine ähnliche Lebensnähe auch in die Opera seria *La clemenza di Tito* (Die Milde des Titus) oder in die *Zauberflöte,* dieser fröhlichen Mischung aus anspruchsloser Komödie, edler Leidenschaft und feierlichem Gebet, bringen konnte, ist erstaunlich – und dass er beide Opern im gleichen Sommer (1791) geschrieben haben soll, ist schier unglaublich. Aber schließlich ist auch allein schon der Umfang dessen, was er in seinen zehn Jahren in Wien produziert hat, verblüffend: Opern, Klavierkonzerte, Sinfonien, Kammer- und Klaviermusik verschiedenster Art, Arien, Musik für die Freimaurerlogen (er war selbst Freimaurer) und schließlich ein, wenn auch unvollendetes, Requiem – alles in allem mehr als zweihundert Kompositionen im Verzeichnis, das der österreichische Systematiker Ludwig von Köchel Ende des 19. Jahrhunderts erstellte (daher auch der Name »Köchelverzeichnis« abgekürzt KV, nach dem die Werke Mozarts durchnummeriert sind).

Dennoch ist es allein das hohe Maß an Qualität, was Mozarts Produktivität – oder auch die Haydns – abhebt von allen ihren Zeitgenossen. Komponisten, die in einer Epoche lebten, in der sie einerseits nicht mehr als Beamte des Hofes oder Staates finanziell unterstützt wurden, aber andererseits auch noch nicht in Lage waren, sich als Inhaber von einklagbaren Urheberrechten selbst zu helfen, also in der Zeit lebten zwischen, sagen wir, Monteverdi und Brahms, mussten ständig neue Werke produzieren, um ihr Einkommen zu sichern. Purcell, Vivaldi und zahllose andere hatten den Bedarf an kreativer Fülle schon früher erkannt und befriedigt. Bei Mozart und Haydn aber entsteht langsam ein Verständnis von Komposition als Selbstkonstruktion, als würden sie sich tatsächlich selbst erschaffen. Kommentare in Briefen Mozarts – beispielsweise in seiner Bemerkung über Komponistenkollegen in Paris – deuten nicht nur darauf hin, dass er seinen Wert kannte, sondern dass er das Komponieren als persönliches Schicksal ansah. Dies belegt auch der umfangreiche Werkkatalog, den Mozart ab 1782 selbst angelegt hatte. (Auch Haydn unterhielt ein Verzeichnis, allerdings ist es recht rudimentär.) Und auch wenn er fast immer schrieb, weil er einen Auftrag auszuführen oder Material für ein bevorstehendes Konzert bereitzustellen hatte, lässt sein gesamtes Werk darauf schließen, dass er Bezüge zwischen den Stücken ausloten wollte. Das macht die Da-Ponte-Opern zu einer echten Trilogie: *Don Giovanni* greift bestimmte Stimmtypen und Beziehungen wieder auf, die schon im *Figaro* angelegt waren, und die *Così* beschäftigt sich mit Täuschung und Selbsttäuschung als den zentralen Aspekten, die auch in ihren beiden Vorläufern bereits auftauchten. Ähnlich verhält es sich bei Haydn und dem stetig wachsenden Umfang seiner Quartette und Sinfonien. Während es schwer sein dürfte, ein Stück von Bach nur nach stilistischen Merkmalen auf die Zeit um 1710 oder 1730 zu datieren, unterschied sich der Haydn von 1790 sehr deutlich von dem Komponisten, der er 1770 gewesen war. Bei ihm kann man erstmals in der Musik von einem Spätstil sprechen, und seiner zeichnet sich aus durch eine ernste Heiterkeit (obgleich es solche Momente schon in seinen frühen zwanziger Jahren gab) sowie eine reichere, wenn auch gesetztere harmonische Struktur und weniger durch stolze, beiläufige Brillanz.

Dank des expandierenden Verlagswesens entwickelte sich der klassische Stil zum ersten internationalen Musikstil – mit Wien als seinem anerkannten Zentrum –, denn die Musik von Haydn und Mozart wurde in London und Paris ebenso gedruckt, gespielt und geschätzt

wie in der österreichischen Hauptstadt. Allerdings stach dieser neue
Stil die Konkurrenz nicht sofort aus. Das passierte erst etwas später
wie sich eindeutig aus dem ergibt, was sonst noch in den 1780er Jahren aktuell war. So feierte nicht nur Martín y Soler an der Wiener
Oper Triumphe, auch Paisiellos *Il barbiere di Siviglia* (Der Barbier vor
Sevilla) wurde in ganz Europa gespielt. Die Leute bekamen gar nicht
genug von Cimarosa (Haydn dirigierte mindestens zwölf seiner Opern
für die Esterházys), und das Pariser Publikum liebte die unterschiedlichen Gefühlspaletten in den Opern von Grétry und Piccinni. Doch
das war nicht von Dauer. Die Verehrung Haydns und Mozarts, die zu
Beginn des 19. Jahrhunderts einsetzte, führte nämlich dazu, dass nahezu alle ihre Zeitgenossen in der Versenkung verschwanden, selbst
ihre direkten Nachfolger, Komponisten, die in der Mitte des 18. Jahrhunderts großes Ansehen genossen hatten: Hasse, Graun, Jommelli
Carl Philipp Emanuel Bach. Der Kahlschlag war heftig und seine Folgen sollten noch lange spürbar sein, denn die Opern von Cavalli erwiesen sich als leichter wiederzubeleben als die von Hasse oder Martín
y Soler.

Dass sich daran etwas ändern wird, ist unwahrscheinlich. Denn
mag sich die aktuelle Wertschätzung Haydns und Mozarts auch noch
so sehr erst postum entwickelt haben, sie ist zu real, als dass man sie
ignorieren könnte. Nur einem einzigen Komponisten dieser Zeit gelang es, in den erlauchten Kreis dieser beiden Größen aufzusteigen
und das auf Anhieb, einem jungen Mann aus Bonn, der 1792, ein Jahr
nach Mozarts Tod, nach Wien kam: Ludwig van Beethoven (1770-
1827).

Kapitel 12

Der Impuls der Revolution

Am 14. Juli 1789, dem Tag, als in Paris die Bastille fiel, schrieb Mozart ein P.S. unter einen Bittbrief an einen Freimaurerbruder, während Haydn vielleicht an einer Sinfonie für die französische Hauptstadt saß. Mozart starb, noch bevor die Revolution ihre radikalste und blutigste Phase erreichte, und sein großer Kollege Haydn, der für aristokratische Mäzene in Wien, öffentliche Konzerte in London und Verleger in beiden Städten arbeitete, war kaum davon betroffen. Beethoven aber, der sich als Hofmusiker in Bonn abmühte, seine Familie finanziell zu unterstützen, war, als er von den Ereignissen in Paris erfuhr, mit achtzehn Jahren in einem Alter, in dem man sich leicht entflammen lässt. Zum Erwachsenen reifte er heran in den Jahren der Schreckensherrschaft und der kurzfristigen Rettung der französischen Republik durch seinen Beinahe-Zeitgenossen Napoleon (1769–1821). In dieser Phase des radikalen Wandels, der, wie politisch und menschlich verheerend er auch gewesen sein mag, doch auch die Fahne der Hoffnung hochhielt, wurde Beethovens Geist entscheidend geprägt.

Der Wandel, der von Paris ausging, hatte deutliche, wenn auch nicht schlagartige Auswirkungen auf die Musik, auf ihren Klang, ihre Themen, ihre Zuhörerschaft und auf die berufliche Basis der Musiker, zuerst in Frankreich und dann in der gesamten westlichen Welt. Durch die Revolution verlagerten sich große Ereignisse auf die Straße. Gedenkfeiern fanden draußen statt, nicht mehr in den Palästen einer todgeweihten Monarchie oder in den Kathedralen einer Religion, die man jetzt ablehnte. Militärkapellen, die für Aufführungen im Freien gedacht waren, brachten der Revolution eine Klangwelt der Fanfaren, Märsche und feierlichen Musik, mit einigen Anleihen aus der gluckschen Oper, wenn es darum ging, wahre Größe darzustellen. Opern der neuen Art richteten sich inzwischen mehr an das Bürgertum, das von der Revolution am meisten profitiert hatte und jetzt seine Gefühle und sein Heldentum auf der Bühne dargestellt sehen konnte. Eines dieser Werke war *Lodoïska* des italienischen Komponisten Luigi Cherubini (1760–1842), der zur Zeit der Uraufführung (1791) seit fünf Jahren in Paris lebte. *Lodoïska* griff ein Thema auf, das in der französi-

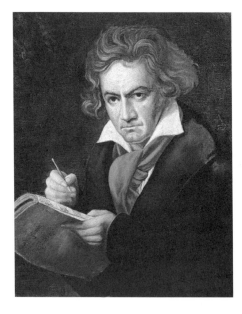

Ludwig van Beethoven

schen Oper nicht neu, jetzt aber umso aktueller war: das Thema de:
Siegs über Unterdrückung, bühnengerecht umgesetzt als heldenhafte
Rettung einer Person aus Versklavung oder Gefangenschaft durch eine
andere, uneigennützige Person – eine stolze Inszenierung der Ideale
Freiheit, Gleichheit und Brüderlichkeit. Genau das war dann später
auch das Thema von Beethovens einziger Oper *Fidelio*.

Für die Musik bestand langfristig gesehen die größte Errungenschaft der Revolution darin, dass 1795 das Pariser Konservatorium als
eine staatliche Institution der Musikerausbildung gegründet wurde
Bis dahin – und außerhalb von Paris blieb dies auch so – hatten Kirchen, adlige Mäzene, ältere Verwandte oder die traditionelle musikalische Lehre verschiedenste Möglichkeiten geboten, Musiker zu werden.
Cherubini war von Anfang an Mitglied dieser Hochschule und wurde
1822 ihr Direktor, in dem Jahr, als ein ähnliches Kolleg auch in London eröffnet wurde, die Royal Academy of Music. Weitere Konservatorien und Akademien entstanden nach und nach in ganz Europa, und
sie alle trugen dazu bei, den Musikerberuf neu zu definieren als einen
Beruf, den man nur ergreifen konnte, wenn man zuvor spezielle Fähigkeiten in einer speziellen musikalischen Sprache erlangt hatte.

Beethovens Ausbildung fand noch im Rahmen des heterogenen

und willkürlichen Systems von früher statt. Wie viele andere Musiker wurde er in eine Musikerfamilie hineingeboren: Vater und Großvater waren Sänger am Bonner Hof gewesen. Mozart noch in frischer Erinnerung, mag Beethovens Vater gehofft haben, auch aus seinem Sohn (der nur fünfzehn Jahre jünger war) ein Wunderkind machen zu können, und ließ den Jungen bereits mit sieben Jahren öffentlich auftreten. Doch Beethovens Entwicklung ging langsamer voran. Nach erstem Unterricht bei seinem Vater kam er zum örtlichen Organisten und Komponisten Christian Gottlob Neefe (1748–1798), der das Potenzial des Jungen erkannte und ihn in die Kunst Bachs einführte. Beethovens eigentliches Ziel aber war Wien, die Stadt Haydns und Mozarts. Bereits mit sechzehn Jahren reiste er dorthin, musste aber, kaum war er angekommen, sofort wieder umkehren, da seine Mutter im Sterben lag. Nach ihrem Tod blieb er in Bonn, um für seine Familie zu sorgen. Erst mit zweiundzwanzig konnte er eine neuerliche Reise nach Wien antreten, als ihn ein Bonner Adliger, Graf Waldstein mit einem Stipendium ausstattete und dorthin schickte, um »Mozarts Geist aus Haydns Händen zu erhalten«. Etwas über ein Jahr studierte Beethoven mit gebührendem Ernst bei Haydn und dann noch einmal so lange bei einem Wiener Komponisten derselben Generation, Johann Georg Albrechtsberger (1736–1809), von dem es heißt, er habe jeden Tag eine Fuge geschrieben. Bald hatte er einen Ruf als Klaviervirtuose und gewann dadurch die Aufmerksamkeit und Unterstützung der führenden musikalischen Aristokraten der Stadt, die noch wenige Jahre zuvor Mozart gefördert hatten. Kaum war im Sommer 1795 seine Ausbildung abgeschlossen, trat er mit seinem ersten gedruckten Werk auch als Komponist vor die Öffentlichkeit: mit den drei Trios für Klavier, Violine und Violoncello. Indem er diese Werksammlung als Opus 1 bezeichnete, begründete er die Tradition, Opus-Zahlen für bedeutende Werke zu reservieren. Von seinem kreativen Selbstverständnis zeugt auch die Tatsache, dass er drei Jahre später anfing, seine Skizzen in gebundene Bücher zu schreiben.

Die kurze Zeit, in der Haydn Beethoven unterrichtete, war nicht mehr als ein Intermezzo zwischen zwei recht langen Londonaufenthalten (1791/92 und 1794/95), die zeigen, welche ganz neue Rolle er in der Musikwelt spielte. Im alten System waren Komponisten von lokaler Bedeutung, sie dienten einem Hof, der Kirche oder einer Stadt. Im neuen bürgerlichen Europa aber – wo Handel Kommunikation bedeutete, Musik folglich in gedruckter Form weit verbreitet werden konnte und jeder immer das Beste haben wollte – konnte die volle

Aufmerksamkeit auch einem Komponisten gelten, der weit weg lebte. Vivaldi hatte das schon mitbekommen. Haydn in London, bei Konzerten bejubelt und sehr gefragt als Gast von Abendgesellschaften, war allerdings der erste Komponist, der den vollen Glanz internationaler Ruhms auskosten durfte. Hätte Mozart nur ein paar Jahre länger gelebt, wäre er vielleicht auch in diesen Genuss gekommen.

Haydn war auf Einladung Johann Peter Salomons (1745–1815) nach London gereist, eines aus Bonn stammenden Geigers, Komponisten und Impresarios – Beethoven kannte ihn aus seiner Jugendzeit –, der seit 1781 in London lebte, wo er Johann Christian Bachs Funktion als wichtigster Impulsgeber für das musikalische Leben übernahm. Die Stadt war weltweit, was Konzertaktivitäten anging, immer noch führend. 1775 etwa hatte der Londoner Bach gemeinsam mit anderen einen neuen Konzertsaal eröffnet, die Hanover Square Rooms wo Mäzene es sich auf Sofas wie in einem privaten Salon gemütlich machen konnten. Zu diesem Veranstaltungsort lockte Salomon Haydn, dessen Werke in Druckausgaben weit verbreitet und allgemein bewundert waren, und legte damit den Grundstein für ein internationales Konzertrepertoire. Für jeden seiner Londonaufenthalte schrieb Haydn in der Folge sechs Sinfonien, dazu Quartette und englische Lieder, die ebenso in Salomons Konzerten aufgeführt werden konnten. Das Orchester war mit etwa vierzig Musikern ungewöhnlich groß und dieser Faktor, zusammen mit dem öffentlichen Ambiente, trug sicher zu der Fülle und Pracht der so genannten Londoner Sinfonien bei (Nr. 93–104). Vielleicht ist dieser Klang aber auch einfach der eines Komponisten, der seinen Triumph im Zentrum der Musikwelt genoss, der verehrt wurde und bei Interpreten, Verlegern und Schülern begehrt war.

Zurück in Wien, stellte er die Komposition von Instrumentalwerken, bis dahin die Säule seines Schaffens, beinahe völlig ein (danach gab es aus seiner Feder keine weiteren Sinfonien mehr und nur noch zwei Quartette) und widmete sich von da an liturgischen Werken. Zwischen 1796 und 1802 schrieb er für den letzten seiner esterházyschen Arbeitgeber fast jährlich eine Messe sowie zwei Oratorien: *Die Schöpfung* (1796–1798) und *Die Jahreszeiten* (1799–1801). Beide basierten auf englischen Texten und waren teilweise für den englischen Markt gedacht, wo sie bald zusammen mit Händels Oratorien zu den Lieblingswerken der Chorgemeinschaften wurden, die sich dort gerade bildeten. Das galt gleichermaßen für die Vereinigten Staaten; die Bostoner »Handel and Haydn Society«, gegründet 1815, war nur die erste von vielen solchen Vereinigungen, die parallel zu denen in England und Deutschland entstanden. Haydn kam mit diesen Werken in einem letzten kreativen Jahrzehnt zum einen seinen Verpflichtungen als Hofkomponist alten Stils nach, bewies aber gleichzeitig, wie meisterhaft er es verstand, die neue Funktion auszufüllen, die sich einem Komponisten jetzt bot: die desjenigen, der einen kommerziellen Markt bedient.

Beethovens Karriere verlief in dieser Zeit eher nach dem mozartschen Modell: Er führte das Leben eines Komponisten und Interpreten, der bei Konzerten oder privaten Soireen glänzte – allerdings unternahm er, anders als Mozart, keine Ausflüge in Richtung Oper. Die meisten seiner Werke aus den 1790er Jahren – Sonaten, Variationen, Trios und Konzerte – drehen sich ums Klavier. Beethoven schien sich jedoch vorgenommen zu haben, bis Ende des Jahrhunderts einige Beiträge zu den beiden großen Instrumentalformen fertigzustellen, die Haydn entwickelt hatte: Quartett und Sinfonie. Und das tat er dann auch: Seine erste Reihe mit sechs Streichquartetten wurde 1800 als op. 18 veröffentlicht, und im selben Jahr veranstaltete er extra ein Konzert, um seine erste Sinfonie vorzustellen. Dass ein Komponist ein Konzert für eine Sinfonie schuf statt eine Sinfonie für ein Konzert, so wie Haydn und Mozart das getan hatten, war an sich schon neu. Doch zeigten sich Beethovens Ambitionen außerdem noch in der Dynamik und Eindringlichkeit seiner Musik.

Trotzdem lassen seine 1. Sinfonie und die Quartette op. 18 nicht wirklich erahnen, wie weit er sich allein in den nächsten drei Jahren entwickeln sollte, und sie geben noch keinerlei Hinweis darauf, dass er ein Jahrzehnt nach der Revolution in Paris der Musik ihre eigene Revolution bringen würde. Dieser Vergleich ist mehr als eine Metapher. Beethoven bewunderte Napoleon, weil dieser das Ideal der Republik gerettet hatte, indem er von 1799 an als Erster Konsul die Verantwortung übernommen hatte. Vier Jahre später schrieb Beethoven eine Sinfonie, seine dritte, die er seinem Helden widmete – doch als Napoleon sich im folgenden Jahr selbst zum Kaiser krönte, radierte er die vorgesehene Widmung »Bonaparte« auf dem Titelblatt wieder aus. Schließlich veröffentlichte er das Werk als »Heroische Sinfonie, komponiert um das Andenken eines großen Mannes zu feiern«. Die *Eroica*, wie sie meist mit italienischem Titel genannt wird, hat auch klare Verbindungen zu dem, was sich in Frankreich auf musikalischem Gebiet getan hatte: 1802 hatte Beethoven Gelegenheit gehabt, Cherubinis Musik zu hören, als dessen *Lodoïska* in Wien aufgeführt wurde.

Daraufhin entwickelte er nicht nur eine lebenslange Achtung für diesen Komponisten, er borgte sich für sein Werk auch den breiten Pinsel seines Pariser Kollegen.

Wesentlich großformatiger angelegt als alle ihre Vorgänger – allein schon der erste Satz dauert fast so lang wie eine ganze Haydn-Sinfonie – drängt die *Eroica* ständig vorwärts. Beethoven verstand die Sonatenform nicht im Sinn von Haydn oder Mozart als im Kern komischer oder lyrischer Dialog mit einem alle Unterschiede ausgleichender Ende, sondern mehr als einen heldenhaften Kampf, bei dem eine einzige musikalische Kraft, definiert durch ein führendes Motiv, auf einen triumphalen Abschluss in der Haupt-(Dur)-Tonart zustrebt. Dies erklärt die größere Bedeutung des Durchführungsteils, dem Abschnitt in dem die Themen entwickelt werden und der hier Hauptschauplatz von Herausforderungen und Konflikten ist, auch wenn Entwicklung bei Beethoven, entsprechend dem vorwärts strebenden Charakters seiner Sätze, von Anfang an stattfindet. Und es erklärt auch die gewaltige Wirkung der Coda (des Anhangs) als große Feier des Sieges. Zudem liefen die einzelnen Sätze der Sinfonie nicht mehr im steten Wechsel von Spannung und Entspannung ab, sondern waren Bestandteile eines fortlaufenden Prozesses. Kraftvoll umgesetzt wurde auch eine Neuerung, die auf Haydns Streichquartette op. 33 zurückging – anstelle des höfischen Tanzes in Form eines Menuetts ein »Scherzo« von derber Ausgelassenheit zu bringen. Jetzt sprach ein Werk die Menschheit an sich an und seine Stimme war nicht mehr die singende Stimme von Mozarts Instrumentalmusik, sondern eher die eines Redners.

Beethovens berühmteste »Rede« ist vermutlich seine 5. Sinfonie (1807/08), in der sich alles aus dem kurzen, kraftvollen Motiv entwickelt, mit dem das Werk beginnt, in der das Scherzo in ein Finale mündet, wenn die Musik von c-Moll nach C-Dur wechselt, und in der das C-Dur am Ende laut und lange bestätigt wird. Die Uraufführung fand innerhalb eines außergewöhnlichen Konzerts statt, das Beethoven am 22. Dezember 1808 in Wien veranstaltete. Das vierstündige Programm – ausschließlich mit eigenen Werken – begann mit der 6. Sinfonie (der *Pastorale*), gefolgt von einer frühen Vertonung einer Solo-Szene aus einem Metastasio-Libretto und dem Gloria aus einer Messe für jenen Esterházy-Fürsten, der auch die letzten sechs Haydn-Messen in Auftrag gegeben hatte; danach kam sein neuestes Klavierkonzert (Nr. 4), im Anschluss daran waren die 5. Sinfonie zu hören das Sanctus aus der Esterházy-Messe, eine am Klavier improvisierte Fantasie und schließlich eine weitere Fantasie in der vollen Besetzung us Orchester, Chor und Solopianist (Beethoven selbst). Und das war nicht einmal alles, was er in den fünf Jahren seit der *Eroica* komponiert hatte. Außer der 4. Sinfonie gab es da noch zwei weitere Konzerte, drei ungewohnt umfangreiche Streichquartette, drei Klaviersonaten im neuen heroischen Stil und eine Oper, *Fidelio*, nach dem Libretto einer der beliebten französischen Rettungsopern.

Spätestens da hatte Beethoven endgültig Haydns Nachfolge als international meistgeschätzter Komponist angetreten. Er stand in regelmäßigem Kontakt mit Verlegern in Deutschland, England und der Schweiz, natürlich auch in Wien, und seine Musik wurde von Pianisten und Orchestern gespielt, wo immer passende Ensembles zu finden waren. Im Jahr nach seinem Mammutkonzert bot ihm eine Gruppe von Adligen, die ihn in ihrer Mitte halten wollten, ein garantiertes Einkommen an, so lange er in der Stadt bliebe – was er dann auch tat. Es mag seltsam erscheinen, dass Musik, die aus der Revolution erwächst und genau wie sie energisch und optimistisch einen Wandel herbeiführen will, ausgerechnet von Menschen aus den alten Adelsfamilien unterstützt wurde. Aber Beethovens Mäzene sahen es, wie er selbst auch, als Pflicht aller Begabten und Gutsituierten an, dem Allgemeinwohl zu dienen.

Die französische Revolution – von der ein weitaus größerer Impuls für die europäische Kultur ausging als von allem, was etwa zehn Jahre zuvor an Revolutionärem aus Amerika dorthin vorgedrungen war – zeigte, dass ein Wandel möglich war. Die soziale Ordnung konnte umgeworfen werden, das Christentum verbannt und wieder von der Verbannung befreit werden, sogar der Kalender konnte neu erfunden werden – und das alles zur Verbesserung der Menschheit. Zeit wurde Bewegung, Fortschritt, und diese Zeit übersetzte Beethoven in Klang. Diese Zeit spürte auch Mozart schon vor der Revolution, als er seinem Vater schrieb, Musik müsse sich immer weiter verändern, bis sie Vollkommenheit erlange (ein Zustand, den so mancher gerade bei ihm als bereits erreicht ansehen mag). Und diese Zeit erkannte auch der deutsche Musikforscher Johann Nikolaus Forkel (1749–1818) in seiner *Allgemeinen Geschichte der Musik* – erschienen in zwei Bänden, der eine im Jahr vor dem Sturm auf die Bastille, der zweite im ersten Jahr des neuen Jahrhunderts –, die die Musikgeschichte als eine allmähliche Entwicklung begreift (wenn auch der Autor den Gipfelpunkt schon bei Bach erreicht sieht). Politik, Komposition und Wissenschaft waren sich einig: Zeit war Wandel.

Durch eine traurige Ironie des Schicksals erfuhr Beethoven fort-

schreitenden Wandel am eigenen Leib; spätestens 1801 war ihm klar,
dass seine Schwerhörigkeit schlimmer werden würde. Sie beschnitt
seine sozialen Beziehungen, worunter er sehr litt, und war verantwortlich dafür, dass er eigenbrötlerisch und mürrisch wurde. Auch vom
Konzertpodium musste er sich zurückziehen. Nach der Veranstaltung
von 1808 schrieb er nur noch ein Klavierkonzert für sich selbst, und
nach 1814 trat er überhaupt nicht mehr öffentlich auf. Sein Interesse
an anderen Musikern scheint während dieser Phase verständlicher-
weise abgenommen zu haben. An der Gefälligkeit der Musik, die jetzt
in Mode kam, war er außerdem sowieso nicht interessiert. In Wien
musikalisch aktiv waren damals unter anderen Johann Nepomuk
Hummel (1778–1837), ein Pianist und Komponist, der ungeheuer
viel liebenswert-leichte Musik für das häusliche Musizieren und den
Konzertsaal produzierte, und Louis Spohr (1784–1859), ein kompo-
nierender Geiger, der für sein Instrument Konzerte und wie Miniatur-
konzerte aufgebaute Quartette schrieb sowie Sinfonien und Opern.
Diese einnehmenden und produktiven jüngeren Zeitgenossen lehnten
sich in ihrem Schaffen mehr an Mozart an, dem inzwischen das neue
Image eines freundlich lächelnden Meisters charmant-liebenswürdiger
Musik anhaftete, denn an Beethoven, dessen Einfluss sogar auf seine
eigenen Schüler erstaunlich unklar ist – oder dessen Sprache einfach
zu komplex war, um nachgeahmt zu werden. Umgekehrt aber spürte
wohl Beethoven, dass es für ihn von denen, die ihnen umgaben, nichts
mehr zu lernen gab (Cherubini immer ausgenommen) und er auf jeden Fall schon genug Anregungen in sich aufgenommen hatte. Nicht
Spohr und Hummel sollten die Konversationspartner seiner späten
Musik sein, sondern Bach und Händel.

Die Taubheit mag einer der Gründe gewesen sein, warum Beethoven mit Anfang vierzig als Komponist langsamer wurde, besonders
nach seiner 7. und 8. Sinfonie (1811/12), die er wohl als Paar angelegt
hatte, die eine groß und kräftig, die andere kompakt und voll hinter-
gründigem Humor. Seine finanzielle Situation spielte wohl auch eine
Rolle. Einer seiner Mäzene starb und die anderen hatten immer stärker unter den Folgen des Krieges gegen Napoleon zu leiden, der unter
anderem in Österreich ausgefochten wurde. Gezwungen, Aufträge für
recht unterschiedliche Gelegenheitswerke anzunehmen, schrieb er
zum Beispiel eine Art Nachtrag zur *Eroica*: *Wellingtons Sieg* (1813),
eine musikalische Beschreibung der Schlacht von Vitoria, bei der die
napoleonischen Truppen im Juni 1813 von den Engländern im spanischen Baskenland geschlagen wurden.

Als Orchesterwerk damals höchst erfolgreich, war *Wellingtons Sieg* eigentlich für ein mechanisches Instrument konzipiert worden, das Johann Nepomuk Mälzel (1772–1838) gebaut hatte. 1815 begann Mälzel dann, eine andere Erfindung zu vermarkten, nämlich das Metronom, mit dessen Hilfe musikalische Tempi definiert werden konnten. Das Mälzel-Metronom war ein Gerät mit uhrwerksähnlichem Mechanismus und einem Pendel, das mit unterschiedlich einstellbarer Frequenz hin- und herschwang und dabei ein klickendes Geräusch verursachte. Jetzt war ein Komponist in der Lage, ein Tempo präzise vorzuschreiben (indem er als Maß die Pendelschläge pro Minute angab), statt es nur vage mit den üblichen italienischen Begriffen zu umschreiben (z. B. allegro non molto – schnell, aber nicht zu sehr). Musiker konnten ihre Metronome während der Proben auf die angegebene Geschwindigkeit einstellen und sich in der Aufführung danach richten. Oberflächlich betrachtet führte das Metronom die Anpassung der Musik an die mechanische Zeit auf ihren Höhepunkt. Dennoch gingen und gehen die Meinungen da weit auseinander. Beethoven war ein begeisterter Anhänger des Metronoms, aber seine Angaben werden oft als zu schnell empfunden, so wie generell Komponisten gern überschätzen, was als schnelles Tempo praktisch und musikalisch überzeugend ist.

Napoleon selbst hat die Sinfonie, die ihn als Held rühmte (wenn auch so, als wäre er längst tot), oder das musikalische Schlachtengemälde, das einen seiner größten Rückschläge lautstark feierte, vielleicht nie gehört. Soweit er überhaupt Zeit für Musik hatte, waren eher die Italiener nach seinem Geschmack – allerdings weniger Cherubini als vielmehr Paisiello, Ferdinando Paër (1771–1839) oder Gaspare Spontini (1774–1851). Sie holte er nach Paris, weil sie ihn mit Musik versorgen konnten, die zwar kaiserlich-prachtvoll war, aber gleichzeitig melodiös und nicht zu lang. Doch in den letzten Jahren des napoleonischen Kaiserreichs stieg der Stern eines deutlich jüngeren Komponisten auf, der Gioachino Rossinis (1792–1868). Zu dessen frühen Triumphen gehörte *L'italiana in Algeri* (Die Italienerin in Algier, 1813), eine Opera buffa, die ihre Erstaufführung in Italien erlebte, dann aber rasch vielerorts übernommen wurde. Eine Rossini-Komödie war selbst wie ein ausgeklügelter Uhrwerksmechanismus, der hell beleuchtete Charaktere zum Tick-Tack eines regelmäßigen Rhythmus und klaren harmonischen Antriebs durch groteske Situationen rotieren lässt.

In London gründete Salomon 1813 zusammen mit anderen die

Philharmonic Society, um eine neue Konzertreihe mit einem Repertoire zu etablieren, das auf Beethovens Sinfonien aufbaute. Werke, die
Wandel verkörperten, wurden jetzt also zum Inbegriff der Beständigkeit und dementsprechend taxierte man jetzt auch ihren Wert neu. So
veröffentlichte im gleichen Jahr in Berlin der Schriftsteller und Musiker Ernst Theodor Amadeus Hoffmann (1776–1822) – man kennt
ihn heute fast nur wegen seiner fantastischen Erzählungen, obwohl er
zu seiner Zeit ein anerkannter Komponist und Kritiker war – einer
einflussreichen Essay über Beethoven. Indem er die Versuche von
Komponisten instrumentaler Musik verhöhnte, »bestimmte Empfindungen, ja sogar Begebenheiten darzustellen« (*Wellingtons Sieg* konnte
er noch nicht gehört oder gar erahnt haben), griff er die Musikauffas-
sung an, die über Rousseau bis Platon zurückreichte. Aber er ver-
wahrte sich auch gegen die Vorstellung, dass Musik an sich, als Klang
und Form bezaubernd und verständlich sei. Nein, »die Musik schließt
dem Menschen ein unbekanntes Reich auf, eine Welt, die nichts gemein hat mit der äußern Sinnenwelt, die ihn umgibt und in der er alle
bestimmten Gefühle zurücklässt, um sich einer unaussprechlichen
Sehnsucht hinzugeben«.

Das jedenfalls war die Wirkung, die wahrhaft große Instrumentalmusik hervorrufen konnte, und die kam für Hoffmann nur von drei
Komponisten. »Mozart und Haydn, die Schöpfer der jetzigen Instrumentalmusik, zeigten uns zuerst die Kunst in ihrer vollen Glorie.«
Und natürlich von Beethoven, denn dessen Instrumentalmusik öffne
dem Menschen »das Reich des Ungeheuern und Unermesslichen« und
bewege »die Hebel der Furcht, des Schauers, des Entsetzens, des
Schmerzes«. So schwülstig diese Einordnung Beethovens auch formuliert war, sie beinhaltete auch eine Umdeutung. Die Werke des großen
Komponisten sollten nicht als Mittel gesehen werden, alle Mächte der
Welt zu vereinen, um Tyrannei zu beseitigen und Begeisterung für die
Freiheit zu fördern. Und im Fall der 5. Sinfonie, deren beständiges
Voranschreiten auf einen Höhepunkt hin Hoffmann als Erster positiv
heraushob, sollte der Komponist als jemand verstanden werden, der
sich nicht an die Menge wendet, sondern an den individuellen Zuhörer, welcher durch diese Musik »unwiderstehlich fort in das Geister-
reich des Unendlichen« geführt werde.

Für dieses künstlerische Programm hatte E.T.A. Hoffmann einen
neuen Namen: Romantik.

TEIL VI

Flüchtige Zeit: 1815–1907

Die musikalische Romantik – die im Allgemeinen bei Beethoven ansetzt – brachte etwas Neues in die Musik: Tragik. So gesehen war ältere Musik in dem Maß, wie sie tragisch war (bei Gluck, Mozart, sogar Monteverdi), im Kern bereits romantisch. Tragik ist Verlust. Verlust ist die unvermeidliche Begleiterscheinung des Wandels. Mit der Verehrung Haydns, Mozarts und Beethovens und damit, dass so viele ihrer Werke häufig aufgeführt wurden, hatte das 19. Jahrhundert ein Ideal geschaffen, das so nicht mehr erreichbar war. Mit der Größe war es vorbei.

Das war *ein* Aspekt dessen, was die Musik verloren hatte, aber es kamen noch andere dazu, als über das, was in Beethovens Werken aus der ersten Dekade des neuen Jahrhunderts noch so optimistisch gewesen war, dunkle Schatten fielen. Am Glauben an den Fortschritt festzuhalten, wurde schwerer. Die Komplexität, die Beethoven aus dem heraus entwickelte, was er bei Haydn und Mozart vorgefunden hatte, im Wesentlichen eine Komplexität von Harmonie und Form, schien nach ständiger Ausweitung zu verlangen, zumindest nach einer Ausweitung der verwendbaren Akkord- und Tonartbeziehungen bis zu dem Punkt, an dem es unmöglich wurde, einen bestätigenden Abschluss zu schaffen, der alle Fäden zusammenführt. Beethoven dürfte diesen Punkt mit der 8. Sinfonie erreicht haben, deren Gesten so oft ironisch sind. Ein Jahrzehnt verging, bevor er eine weitere Sinfonie vollendete, und inzwischen war seine Musik noch umfangreicher, waren ihre Schlüsse noch offener geworden. Doch der Wandel ging unaufhaltsam weiter, wie angetrieben von einem historischen Motor, der nicht zu stoppen war. Nur wohin er sich bewegte, war unklar. Und so kam es, selbst bei Beethoven, selten zu einem triumphalen Ankommen.

Zweifel gab es auch, welchen Zweck Musik eigentlich erfüllt. Hoffmanns Essay verlagerte musikalisches Verständnis in ein metaphysisches Reich, und einige Romantiker der Nach-Beethoven-Zeit freuten sich, ihr Werk in diesem numinosen Licht zu sehen. Für viele andere allerdings war Musik eine Sprache des Gefühls, eine Sprache, die durch die wachsenden Möglichkeiten der Harmonik präziser und gleichzeitig mehrdeutiger wurde. Es war eine großartige Epoche für Lieder und instrumentale Lyrik sowie für die Oper als emotionales Drama. Die moralische Eindringlichkeit, mit der Beethoven zu seinem Publikum, aber nicht von sich selbst sprach, war jetzt eher selten geworden.

Gerade diese energische Auseinandersetzung mit einer ewigen Wahrheit, diesen Weg in Hoffmanns »Reich des Unendlichen« suchten aber viele, die Musik hörten. Für das inzwischen durch und durch bürgerliche Publikum des 19. Jahrhunderts war Musik eine neue Religion – vielleicht *die* neue Religion –, die all jene ersetzte, deren Behauptungen von Forschung und Bibelwissenschaft gerade untergraben wurden. Verglichen mit den Kathedralen lassen die großen Konzertsäle, die gegen Ende unseres Zeitabschnitts gebaut wurden, auf ein recht gesundes Selbstbewusstsein dieser Religion schließen: der Musikverein in Wien (1870), das Concertgebouw in Amsterdam (1888) die Carnegie Hall in New York (1891). In größeren Städten Europas und Amerikas hatte man inzwischen Orchester gegründet, und wer wollte, konnte während der Spielzeit jede Woche ins Konzert gehen als ginge er in die Kirche. Musik im privaten Bereich diente oft der Unterhaltung, konnte aber auch einem Gebet gleichkommen.

Und doch schätzte das so vielfältige 19. Jahrhundert auch Musik zur Entspannung und zum Vergnügen, und die fand sie entlang des Wegs von Rossinis Komödien bis zu den Wiener Walzer-Operetten und englischen Salonballaden (Parlour ballads). Als Zeitvertreib konnte Musik die Zeit schneller und angenehmer vergehen lassen. Auf einer höheren Ebene aber konnte sie in ihrem Beschwören der vergehenden Zeit auch tröstlich sein. Das ehrende Andenken an die klassischen Komponisten – Haydn, Mozart und Beethoven, bald auch Bach – führte nämlich dazu, dass die Einheit der Dur-Moll-Tonalität aufrecht erhalten wurde, auch noch lange nachdem die späten Werke Beethovens das System an den Rand des Zerfalls gebracht hatten. In der Tat war das Versprechen der Auflösung von Gegensätzen, der höchsten Harmonie, ein wesentliches Element der Macht der Musik. Das Universum wurde immer komplizierter, kaum hatte die Wissenschaft des 19. Jahrhunderts begonnen, sein Alter und sein Ausmaß zu entdecken. Eine Sinfonie jedoch konnte für eine Stunde ein Erlebnis von Ganzheit, Kontinuität und Verständlichkeit vermitteln oder zumindest ein tieferes Verständnis dafür, dass diese Dinge im Begriff waren, sich zu verflüchtigen.

Kapitel 13

Der taube Mann und der Sänger

Auch wenn die endgültige Niederlage Napoleons 1815 nahe Waterloo die alten Monarchien wiederherstellte und stabilisierte, war doch das Bürgertum als eigentlicher Sieger aus der Schlacht hervorgegangen. Höfische Musik verlor an Bedeutung. Die Zeit der Haydns war vorbei, der großen Komponisten, die munter Werke für dankbare Fürsten schrieben. Der Bedarf an Musik ging jetzt vom Konzert- und Opernpublikum aus, von den vielen Chorvereinigungen, die mit der zunehmenden Verlagerung geistlicher Musik in den Konzertsaal in englischsprachigen und deutschen Städten aus dem Boden schossen, sowie von den Hausmusik betreibenden Laien. Dies war die kommerzielle Welt, in der Hummel und Spohr großen Erfolg hatten und die Rossini beherrschte. Stützpunkt seiner Macht war ab dem Jahr der Waterloo-Schlacht Neapel, die noch immer wichtigste Stätte für italienische Opermusik. Von dort aus unterwarfen seine Opern größere Teile Europas, als Napoleons Truppen das je vermocht hatten. Rossini kannte sein Publikum. Mit spöttischem Witz und fantasievoller Eleganz, die schon in der Ouvertüre deutlich zum Vorschein kommen, verband er in seinen Komödien Humor mit Empfindung, so zum Beispiel beim *Barbiere di Siviglia* (Barbier von Sevilla, 1816, Remake einer Paisiello-Oper gleichen Namens). In seinen ernsten Opern vertonte er entweder Stoffe, die historisch gesichert waren, etwa bei *Elisabetta, Regina d'Inghilterra* (Regina, Königin von England, 1815), oder die Bibel, wie bei *Mosè in Egitto* (Moses in Ägypten, 1818) oder große Literatur, wie bei *Otello* (1816, nach dem Schauspiel Shakespeares) *Ermione* (nach Racines *Andromaque*, 1819) oder *La donna del lago* (Die Dame vom See, 1819, nach Walter Scotts Gedicht *The Lady of the Lake*). 1822 reiste er nach Wien, wo sein neapolitanischer Impresario sechs seiner Opern aufführen ließ. Es mag durchaus sein, dass er damals Beethoven begegnete. Sicherlich aber hat ein junger Mann seine Musik gehört, der noch immer hoffte, selbst als Bühnenkomponist Zeichen zu setzen: Franz Schubert (1797–1828).

Während Rossini die Welt eroberte, hatten Beethoven und Schubert mehr das enge Umfeld im Visier, das in ihren Kompositionen al-

ranz Schubert

erdings Weltformat erlangte. Beide Komponisten, die zwar in der
gleichen Stadt, aber völlig ohne Kontakt zueinander lebten, widmeten
ich vor allem der Klaviermusik und Liedern. So gehörten zu den Werken, die Beethoven in diesen ersten Jahren des nach-napoleonischen
Friedens vollendete, die letzten fünf Klaviersonaten und sein Liederzyklus *An die ferne Geliebte.* 1822 allerdings arbeitete er an einer Sinfonie, die die Philharmonic Society in London in Auftrag gegeben hatte,
und war dabei, eine große Messe zum Abschluss zu bringen – die *Missa
solemnis* (1819–1823), begonnen als Geschenk für seinen Freund,
Schüler und Kollegen Erzherzog Rudolph (1788–1831), Bruder des
österreichischen Kaisers und Kardinal der römisch-katholischen Kirche. Schubert produzierte währenddessen hunderte von rasch ausgear-
beiteten Liedern zu Versen großer Dichter und enger Freunde, darunter Klassiker des Liedrepertoires wie etwa den *Erlkönig*, den er mit
achtzehn Jahren vertonte und sechs Jahre später, 1821, als sein erstes
Werk in Druck gab.

   In vieler Hinsicht lagen Welten zwischen den beiden Komponisten.
Sie gehörten verschiedenen Generationen an und sind sich angeblich
nur ein einziges Mal begegnet, und zwar als Beethoven im Sterben lag
– wobei natürlich die Mythen, die sich um beide rankten, die Fakten

ihrer wirklichen Verbindung längst überwuchert haben. Die musikalischen Unterschiede allerdings sind klar. Schubert hatte nichts von der Dynamik Beethovens. Bei den Liedern schon immer eigenständig, wechselte er in seiner Instrumentalmusik ziemlich abrupt von der anfänglichen mozartschen Leichtigkeit zu einer Düsterkeit und – selbst in Phasen mäandernder Unsicherheit immer spürbaren – Entschlossenheit, die Beethoven nur sehr wenig zu verdanken haben. Dieser neue Stil zeigte sich zuerst in einem unvollendeten Quartett (1820) und in der »Unvollendeten« Sinfonie (1822). Letztere besteht nur aus einem ersten und einem langsamen zweiten Satz und drückt eine für einen so jungen Menschen höchst ungewöhnliche Resignation aus, der nichts hinzuzufügen ist. (Eine unvollendete Beethoven-Sinfonie, wenn es sie denn gäbe, würde dunkel in die Zukunft hineinragen.) Schuberts Musik ist getrieben von einem quälenden Verlangen, sich nicht festzulegen, immer wieder harmonische Knoten zu schaffen, die in jede Richtung führen könnten – nicht umsonst sind die Themen Nacht, Zweifel und angstvolle Trennung in seinen Liedtexten so häufig. Was Schubert zudem noch von Beethoven unterschied, war das internationale Ansehen, das dieser genoss. Seine neuen Klaviersonaten, obwohl komplex und schwer zu spielen, wurden veröffentlicht, kaum dass sie komponiert waren. Bevor Schubert seine Werke drucken ließ, waren sie nur im Kreis einiger Freunde in Umlauf gewesen, die sich zu gemeinsamen Musikabenden trafen. Alle Versuche, größere Bekanntheit zu erlangen, konzentrierten sich auf das Theater und brachten wenig, und viele seiner größeren Werke, auch die »Unvollendete« blieben unbekannt und ungehört bis lange nach seinem Tod.

In manchen Punkten aber standen sich Beethoven, der um die fünfzig war, und der halb so alte Schubert doch nahe. Beide passten nicht in den herrschenden Zeitgeist. In der Friedensphase, die Napoleons Untergang folgte und den Aufstieg des Bürgertums besiegelte, wollten die Leute Rossini, Frivolität und Unterhaltung. Beethovens Sonaten – ganz besonders seine nahezu eine Stunde dauernde Hammerklaviersonate (op. 106, 1817/18) – waren eine Peinlichkeit, die man zu erdulden hatte, schließlich schätzte man seine Sinfonien des vorangegangenen Jahrzehnts, inzwischen bereits Grundpfeiler des Konzertrepertoires.

Auch schufen beide Komponisten ihre geistliche Musik nicht so sehr, um dem Allmächtigen zu huldigen, sondern vielmehr um jene zu beseelen, die sie singen oder hören würden. So überschrieb Beethoven die Partitur der *Missa solemnis* mit dem Motto: »Von Herzen – Möge es wieder – Zu Herzen gehen!« und meinte damit sicherlich die Herzen der Aufführenden ebenso wie die der Zuhörer. Den Sängern (vor allem den Sopranen) verlangt das Werk ein Höchstmaß an Intensität ab, allerdings gibt es durchaus auch Passagen voller epochetypischer Lieblichkeit oder andere, in denen das Studium Händels, Bachs und älterer Musik den Komponisten zu erstaunlichen harmonischen Wendungen oder energisch polyphonen Texturen anregte. Die gleiche Auseinandersetzung mit der Polyphonie jener Meister findet sich auch in den Klaviersonaten, die gleichzeitig mit der Messe entstanden. Op. 106 beispielsweise endet mit einer gewaltigen Fuge, als könnte das enge Fugengeflecht der Musik noch einmal wie im vorausgegangenen Jahrhundert eine abschließende Stabilität verleihen.

Was die *Missa solemnis* beschließt, ist keine Fuge, sondern eine ruhige Bestätigung des Friedens über den Worten des Agnus Dei »Dona nobis pacem«. Sie bekommt durch das erneute Anklingen des Schlachtenlärms, der in diesem Satz weiter vorne bereits laut wurde, besondere Aktualität – und diese Bekräftigung des Friedens war für all jene, die damals die napoleonischen Kriege miterlebt hatten, von besonderer Bedeutung. Das Agnus Dei ist nur ein Beispiel für die kritische Neuinterpretation des heiligen Textes unter den Bedingungen des Hier und Jetzt sowie hinsichtlich der Göttlichkeit des Menschen. Im Credo etwa ist die Phrase, die am entschiedensten bekräftigt wird, diejenige, die Jesu Menschsein verkündet, und die gesamte Messe wirkt in ihrem Umfang und Anspruch deutlich weniger für die Kirche als für den Konzertsaal bestimmt. Sie steht damit in einer Linie mit Beethovens früherer Messe, den späten Messen Haydns, die sofort als Konzertstücke wiederholt wurden, und mit Mozarts Requiem, das in Konzerten, die seinen postumen Status begründeten, eine wesentliche Rolle spielte. Ähnlich gehören auch Schuberts Messen in dieser frühe Phase der Sakralisierung des Konzerts.

Zwischen beiden großen Wiener Komponisten jener Zeit gab es auch Ähnlichkeiten hinsichtlich ihrer nicht gerade konstanten Bühnenerfolge. Beide hatten bei Salieri studiert, Beethoven nur kurz 1801/02), Schubert immerhin einige Jahre seiner Jugend (1812–1816/17). Aber Salieris große Zeit bei Hofe war vorbei, in Wien wurden Opern jetzt auf Deutsch gesungen und vor allem in Vorstadttheatern auf die Bühne gebracht, so wie schon Mozarts *Zauberflöte* 1791. In den deutsch- und englischsprachigen Opern galt oft noch wie zu Mozarts Zeit, dass Arien und andere Nummern direkt nach einem gesprochenen Dialog einsetzten, Rezitative gab es darin nicht. So schrieb

Beethoven auch seinen *Fidelio* und schrieb ihn wieder und wieder für
spätere Aufführungen um. Und so schrieb Schubert die meisten seiner
Werke fürs Theater. Beethoven träumte von einer Oper nach Goethes
Faust, die er nie in Angriff nahm; Schubert komponierte drei abendfüllende Opern, die auf dem Stapel der nie aufgeführten Manuskripte
landeten.

Niemand im deutschen Musiktheater konnte damals Carl Maria
von Weber (1786–1826) das Wasser reichen. Er war ein Cousin jener
Aloysia Weber, in die sich Mozart einmal verliebt hatte, und von deren
Schwester Constanze, die er dann, etwas gereifter, als nächste geliebt
und geheiratet hatte. Webers gesamte Verwandtschaft hatte mit Musik
und Theater zu tun, und Carl Maria zog schon als Kind mit der Schau-
spieltruppe seiner Eltern durch die Lande, wo er Rollen in Theaterstü-
cken und Opern übernahm. In dieser Welt war nicht viel Platz für all
die Feinheiten einer rossinischen Partitur, und so nahm Weber einerseits das Kraftvolle des eher Grobschlächtigen auf, während er gleichzeitig ein feines Gespür für instrumentale Klangfülle entwickelte – besonders für den plastischen dunklen Klang der tiefen Holzbläser und
Hörner, mit denen er das frühromantische Orchester um das Element
des Pittoresken bereicherte. Die Mischung aus Melodrama und klang-
voller Magie machte seinen *Freischütz* (1821) zur erfolgreichsten deutschen Oper ihrer Zeit. Seine nächsten und auch letzten Werke waren
Auftragswerke für Wien (*Euryanthe*, 1823) und London (*Oberon*,
1826).

Währenddessen setzte Beethoven nach der *Missa solemnis* seine
Energien daran, eine Sammlung von Klaviervariationen zu schreiben
und seine 9. Sinfonie abzuschließen. Die Anregung zu den Variationen war von dem führenden Wiener Verleger Anton Diabelli (1781–
1856) ausgegangen, der jeden Komponisten, der ihm in den Sinn
kam, eingeladen hatte, zu einem schlichten, von ihm selbst verfassten
Walzer Variationen zu produzieren. So sollte in der Zusammenstel-
lung von je einer Variation pro Komponist ein kaleidoskopartiges Bild
der aktuellen Musiklandschaft entstehen. Der Einladung kamen die
meisten gern nach, so auch Schubert, dessen Lieder bei Diabelli erschienen waren, und der damals elfjährige Franz Liszt (1811–1886),
der mit seinen Eltern gerade nach Wien übersiedelt war, um dort seine
Ausbildung fortzusetzen. Liszt studierte wie so viele bei Salieri Komposition und bekam Klavierunterricht vom Beethoven-Schüler Carl
Czerny (1791–1857), einer Ein-Mann-Klaviermusik-Fabrik: Sein Aus-
stoß an Etüden, Sonaten und vielem anderen erreichte immerhin die

Opuszahl 861. Und auch Czerny schrieb für die Sammlung Diabellis eine Variation mit Coda. 1822 gab Liszt sein spektakuläres Wiener Debüt und im Jahr darauf bekam er nach einem zweiten Konzert einen Kuss von Beethoven, an den er sich sein Leben lang erinnern sollte.

Beethoven mochte zwar von dem Kind, das er nicht mehr hörte, gerührt gewesen sein, doch erkannte er jetzt als alternder Komponist auch, wie fremd ihm das Musikgeschäft in der Form geworden war, wie es sich jetzt durch Diabelli, Czerny und einige Zeit später auch Liszt darstellte. Zu Diabellis Sammlung trug er im Übrigen nicht nur eine Variation bei, sondern gleich dreiunddreißig. Er schuf so ein fast einstündiges Werk, das wiederum einen eigenständigen Zyklus bildet, indem es mit dem Walzer beginnt und endet – eine Hommage an Bachs Goldberg-Variationen – und dabei geschickt die anderen von Diabelli gesammelten Variationen ausschließt. Was hier in Gang gesetzt wird, ist eine musikalische Untersuchung: Der Walzer ist sowohl Objekt dieser Untersuchung als auch das Mittel, mit dem untersucht wird. Und was dabei herauskommt, mag humorvoll oder zornig sein, aber es kann auch passieren, dass gerade das Einfache ein Fenster zu ehrfürchtiger Kontemplation öffnet.

Zwar ist die 9. Sinfonie gelegentlich ähnlich abwechslungsreich, wie es die Diabelli-Variationen sind, doch kommt in diesem Werk wieder mehr der heroische Beethoven aus früheren Jahrzehnten zum Vorschein, und tatsächlich weisen zwei wesentliche Elemente zurück in seine Jugend: zum einen die Idee, Friedrich Schillers »Ode an die Freude« zu vertonen – eine Hymne der Brüderlichkeit, geschrieben vier Jahre vor dem Fall der Bastille –, und zum anderen die Melodie, die er für diese Worte fand, eine Melodie, die bereits in verschiedenen Versionen in der *Chorfantasie* von 1808 und sogar in einem Lied auftauchte, das noch einmal dreizehn Jahre vor dieser entstanden war. Wie im *Fidelio* löst eine Kantate von unwiderstehlichem Optimismus in diesem Fall die »Ode an die Freude« die alte Weltordnung (Oper, Sinfonie) ab und setzt die Musik als eine lebendige Kraft ein, die nicht so sehr im Werk selbst als vielmehr in der Aufführung da ist, eine Kraft, die durch Menschen zum Leben erweckt wird, die an ein Publikum appellieren.

Einmal noch, ein letztes Mal, veranstaltete Beethoven ein Konzert, um das Wiener Publikum auf den aktuellen Stand seines sinfonischen Schaffens zu bringen. Es fand am 7. Mai 1824 statt, und auf dem Programm standen, nach der 9. Sinfonie, eine neue Ouvertüre (*Die Weihe*

des Hauses) und drei Ausschnitte aus der *Missa solemnis*. Danach konzentrierte Beethoven sich auf Streichquartette. Angeregt dazu wurde er
durch die Rückkehr des Geigers Ignaz Schuppanzigh (1776–1830)
aus St. Petersburg nach Wien und den Auftrag, den Schuppanzigh von
einem russischen Fürsten mitbrachte. Schuppanzigh leitete in Wien
Kammerkonzerte, in deren Rahmen er 1824–26 neue Werke von
Schubert und auch von Beethoven vorstellte. Die meisten dieser Werke
schienen die Zeitgenossen ratlos gemacht zu haben (wobei die neuen
Musikzeitungen der Zeit immerhin deutlich mehr Notiz von Beethovens Musik nahmen als von der des wenig bekannten Schubert), und
sie sind bis heute schwierig – zu spielen und zu hören. Mehr noch als
in seinen späten Klaviersonaten sind in seinen letzten Quartetten Beethovens Bewegungen oft abrupt, seine Texturen dicht, und die Formen
richten sich wesentlich stärker nach der unmittelbaren Überzeugungs-
kraft der Musik – der Kraft der beethovenschen Stimme – als nach den
Konventionen jener Zeit. Das cis-Moll-Quartett op. 131 hat zum Beispiel sieben Sätze, die auch als Teile eines einzigen übergreifenden Satzes verstanden werden können. Das B-Dur-Quartett op. 130 wiederum besteht aus sechs ausgewachsenen Sätzen, und der letzte davon ist
in der Urfassung eine neuerliche Auseinandersetzung mit Bach. Es ist
die sogenannte *Große Fuge*, ein Werk, dessen kontrapunktische Energie das Stück durch Zusammenklänge von extremer Dissonanz treibt.

   Schuberts letzte drei Streichquartette und die drei Klaviersonaten
die er gegen Ende seines Lebens schrieb, sind dagegen alle konventionell viersätzig. Anderseits sind sie beunruhigender als Beethovens
Meisterstücke, denn wo Beethoven bis zuletzt positiv blieb, darum
kämpfte, die ganze Bandbreite musikalischer Möglichkeiten seiner
Zeit aufzunehmen und zu ordnen, ist Schuberts späte Musik in vielen
Hinsicht Ausdruck purer Hoffnungslosigkeit. Die *Winterreise* (1827)
ein Zyklus von 24 Liedern, führt dem Hörer ein inneres Drama vor
Ohren, verschafft ihm Zugang zu den sich verändernden Seelenzu-
ständen des einsamen Wanderers, der, von der Liebsten abgewiesen
seine Verzweiflung überall in der Winterlandschaft gespiegelt sieht
die er durchstreift. Wie so oft bei Schubert ist die Gesangsstimme hier
zwar von äußerster Ausdruckskraft, doch die Musik hängt in gleichem
Maße auch vom Klavier ab, das dem Sänger eine eigene Landschaf
der Unterstützung und Symbolik entgegensetzt – und manchmal auch
der Gleichgültigkeit und Täuschung. Der unheimliche Schluss de
Zyklus erlaubt verschiedene Interpretationen, richtig tröstlich aber is
keine. Gleiches gilt für Schuberts späte Instrumentalwerke – letztend

ich ist ihre Botschaft düster und unheilvoll. Diese Musik kann weh-
un, wie etwa die qualvollen Schreie des G-Dur-Quartetts, oder sie
kann eine durch nichts zu lindernde Verzweiflung ausdrücken. Die
langsamen Sätze der Klaviersonaten singen traurige Lieder: das der A-
Dur-Sonate bricht in Raserei aus und unterbricht mit brutalen Akkorden die musikalische Kontinuität, während die B-Dur-Sonate sich in
einem langsamen Schritttempo bewegt, um immer wieder an den
Rand des Zusammenbruchs zu gelangen.

Dies ist keine Musik, die auf Erfolg aus war, zumindest strebte sie
nicht den Erfolg in einer Welt an, die entweder auf charmante Art un-
erhalten oder von glanzvoller Darbietung geblendet werden wollte.
Musikalische Charmeure gab es reichlich. Die Blender waren Virtuo-
en der neuen Art, und Niccolò Paganini (1782–1840) war einer der
ersten und berühmtesten seiner Zunft. Seine Eroberung der musikali-
chen Welt begann in Schuberts letztem Lebensjahr in Wien. Diese
hagere Gestalt entlockte ihrer Geige Töne, die von einer unfassbaren
Fingerfertigkeit zeugten, brachte das Publikum in Ekstase und leistete
dem Mythos Vorschub, sie hätte einen Pakt mit dem Teufel geschlos-
sen – ein Mythos, den Paganini ungern bestritt und sogar durch auf-
fallend schlechtes Benehmen als Spieler und Frauenheld noch ver-
tärkte. Angeblich mussten Konzertbesucher in Wien bereits zwei
Stunden vor Beginn der Veranstaltung ihre Sitze eingenommen haben, um überhaupt eine Chance auf das Konzert zu bekommen. Goethe stand vor einem Rätsel: »Mir fehlt ... eine Basis zu dieser Flam-
men- und Wolkensäule. ... Ich hörte nur etwas Meteorisches und
wusste mir weiter keine Rechenschaft zu geben.« Nichtsdestotrotz dokumentieren Paganinis Konzerte, seine zwölf Solo-Capricen und andere Werke (deren Veröffentlichung er verzögerte, um seine Geheimnisse nicht zu enthüllen) einige seiner bemerkenswerten Kunststücke,
beispielsweise dass er fast gleichzeitig Töne zupfen und mit dem Bogen spielen konnte, und das in schnellem Tempo, oder extrem hohe,
eine Oktave über dem normalen Tonumfang des Instruments liegende
Töne zu erzeugen vermochte, indem er die Saite doppelt so schnell
schwingen ließ.

Paganini und Schubert, der Musiker des großen Publikums und der
des privaten Kreises, Selbstdarstellung und Intimität, Stolz und Furcht:
hier zeigt sich ein anderer Kontrast, der die Musik der 1820er Jahre
kennzeichnete, aber auch eine andere Verbindung. Der bewunderte
Virtuose und der verkannte Komponist, die sicherlich beide einen
großen Teil ihrer Zeit mit Arbeit verbrachten, hatten beide keinen

Platz innerhalb der bürgerlichen Gesellschaft, die sich nach 1815 bildete. Sie waren Außenseiter, egal ob nun aufgrund von Verehrung oder Nichtbeachtung. Paganini profitierte (oder auch nicht) als einer der ersten von dem Kult, den das 19. Jahrhundert um das musikalische Genie betrieb, dem Kult, der sich Mozart einverleibt hatte (allerdings eher als Heiligen denn als Dämon) und der auch Beethoven gern aufgenommen hätte, wenn dieser nicht entschlossen seinen Entdeckerkurs weiterverfolgt und darauf beharrt hätte, dass das Wesen der Musik im Wandel und nicht in der Bewahrung des Alten liege.

Doch blieben für andere Komponisten durchaus genügend bequeme Nischen übrig, und der liebenswürdige Rossini fand für sich immer wieder welche, zum Beispiel als er sich 1824 in Paris niederließ. Eine seiner ersten Taten dort war, eine Oper für die Krönung Karls X. im Jahr darauf zu schreiben (*Il viaggio a Reims*, ein Werk voller Paradenummern). In Karls kurzer, autoritärer Regierungszeit (1824–1830) nahm eine neue Tradition an der Pariser Oper ihren Ausgang, die Werke mit beträchtlicher Länge (fünf Akte waren die Norm) und erheblichem Bühnenaufwand hervorbrachte: die Tradition der »Grand Opéra«. Sie begann mit *La muette de Portici* (Die Stumme von Portici, 1828) von Daniel Auber (1782–1871), einer Oper, der man kaum vorwerfen kann, ihr fehlten szenische Effekte, endet sie doch damit, dass sich die stumme Heldin (gespielt von einer Tänzerin) nach einem Vesuv-Ausbruch in den glühenden Lavastrom stürzt. Rossinis Beitrag zu diesem Repertoire war sein *Guillaume Tell* (Wilhelm Tell, 1829), seine letzte Oper, denn mit dem Sturz des Königs wurde auch sein Vertrag gekündigt.

Während also die künstlerischen Laufbahnen Webers, Beethovens, Schuberts und Rossinis nacheinander zu Ende gingen, begann die eines anderen, eines Knaben, der in eine wohlhabende und intellektuell anregende Berliner Familie hineingeboren worden war: Felix Mendelssohn (1809–1847). In seinem a-Moll-Quartett op. 13 (1827) hatte der junge Komponist bereits eine solche Entschlossenheit und Intensität erreicht, dass es schien, als würde es nahtlos an den eben verstorbenen Beethoven anschließen. Andere Jugendwerke dagegen sind heiter im Ton, darunter das vergnügte Oktett für Streicher (1825) und seine Ouvertüre zum *Sommernachtstraum* (1826), wobei Letztere der atmosphärischen Palette romantischen Orchesterklangs einige weitere Farben hinzufügte. Am 11. März 1829 führte er zum ersten Mal seit Bachs Lebzeiten die Matthäuspassion auf (seine Großmutter hatte ihm eine Kopie der Partitur geschenkt). Indem er Bachs Meisterwerk wieder zu Gehör brachte, jetzt allerdings im Konzertsaal und nicht in der Kirche, war er mit dafür verantwortlich, dass die Musik sich einen Schritt weiter in die Richtung bewegte, Religionsstatus anzunehmen. Er war erst zwanzig, als er das tat, und doch schon ein reifer und angesehener Komponist. Wenn irgendjemand Beethovens (oder Schuberts) Platz in der Musikwelt einnehmen konnte, dann war Mendelssohn sicher der Hauptkandidat. Eine unmittelbare Nachfolge aber sollte es nicht geben.

Kapitel 14

Engel und andere Wunderwesen

Als Nächstes tauchten plötzlich ganz unterschiedliche neue Talente auf. Allein im Signaljahr 1830 – dem Jahr, als Louis Philippe als »Bürgerkönig« die Macht übernahm und Belgien nach Aufständen, die in einer Aufführung von *La muette de Portici* ihren Ausgang genommen hatten, die Unabhängigkeit erlangte – leistete diese Generation Erstaunliches. Am 17. März gab Fryderyk Chopin (1810–1849) in Warschau sein erstes wichtiges Konzert, bei dem auch sein Klavierkonzert in f-Moll auf dem Programm stand. Sechs Tage zuvor hatte Vincenzo Bellini (1801–1835), einer der letzten großen Komponisten der neapolitanischen Schule, seine Version des Romeo-und-Julia-Stoffs, *I Capuleti e i Montecchi*, auf der Bühne des Teatro La Fenice in Venedig sehen können. Mendelssohn, inzwischen von seiner Konzerttournee nach England zurück, verarbeitete gerade einige seiner Reiseeindrücke in der *Hebridenouvertüre*. Im Dezember dann fanden gleich zwei bemerkenswerte Ereignisse statt: Am 5. Dezember präsentierte Hector Berlioz (1803–1869) in Paris seine *Symphonie fantastique,* und am 26. Dezember erlebte Gaetano Donizetti (1797–1848) in Mailand die Uraufführung seiner *Anna Bolena,* der Oper, die seinen internationalen Marktwert deutlich steigen ließ.

Im darauffolgenden Jahr erschien in der Leipziger *Allgemeinen Musikalischen Zeitung*, dem damals führenden deutschen Musikfachblatt, die Besprechung eines Werks von Chopin. Es war dies der erste Artikel eines jungen Musikers, der nur drei Monate jünger war als der rezensierte Komponist und der seinen Weg zum Ruhm noch vor sich hatte: Robert Schumann (1810–1856). Eine Zeile dieser Kritik ist in die Geschichte eingegangen: »Hut ab, Ihr Herren, ein Genie!« Das aber ist nur ein Element in einem kurzen, aber kunstvoll geführten imaginären Dialog, bei dem Schumann mit vielen Stimmen spricht und viele Stimmen in dem Stück hört, das er bespricht. Bei dem Werk handelt es sich um Chopins op. 2, die »Variationen über ein Thema aus Mozarts *Don Giovanni*«. Schumann beschreibt sie als eine ganz eigene Folge von Szenen, bei denen das Klavier nicht nur die Stimmen der vier Opernfiguren hörbar macht, sondern auch ihre Gedanken und

Fryderyk Chopin

die Atmosphäre um sie herum. Nichts könnte klarer eine ganz andere Seite der Romantik als die des hoffmanschen Erhabenen zeigen, die Seite, die Freude daran hat, Stimmung und Charakter plastisch und eindringlich zu beschreiben.

Wenn Schumann über Chopins Variationen schreibt, dass sie »etwa von Beethoven oder Franz Schubert sein könnten, wären sie nämlich Clavier-Virtuosen gewesen«, offenbart das vieles. Nur wenige Jahre nach ihrem Tod waren Beethoven und Schubert bereits der Maßstab. Doch lässt der Verweis auf die Virtuosität auch anklingen, dass Chopin diesem Vergleich nicht wirklich standhält – genau wie Schumann sich selbst als ihnen nicht ebenbürtig empfinden sollte. Der französische Kritiker François-Joseph Fétis (1784–1871) brachte die Sache im folgenden Jahr auf den Punkt, als er in einer Rezension zu Chopins Pariser Debüt unterschied zwischen der »Musik für das Klavier« Beethovens und der »Musik für Pianisten« des jungen Polen.

Aber die Komponisten dieser Generation wollten gar nicht der nächste Beethoven sein. Sie wollten sie selbst sein. Keiner von ihnen, ausgenommen vielleicht Mendelssohn in seinen Träumen, wollte Beethoven nacheifern und die ganze Bandbreite der Gattungen jener Zeit bedienen: Oper und Sinfonie, Streichquartett und Lied, große Chorwerke und Klavierminiaturen. Individualismus war Teil des romantischen Ethos, und zwar der Individualismus der Selbstdarstellung und der Selbstbestimmung, der sich darin zeigte, dass ein Komponist sich eine bestimmte Musikwelt aussuchte. Bellini und Donizetti konzentrierten sich fast ausschließlich auf Opern und schlugen somit Rossini nach. Chopin schrieb nichts, an dem nicht das Klavier zumindest beteiligt war, und nur sehr wenige Werke hatten nicht die Form des kurzen Solostücks. Schumanns Kompositionsschema sah ganz ähnlich aus wie das von Liszt, nur dass Liszt sich an diesem Punkt seines Lebens mehr für die musikalischen Einfälle seiner Zeitgenossen interessierte, als selbst welche zu Papier zu bringen. 1833 bearbeitete er Berlioz' Sinfonie für Klavier, in den nächsten Jahren folgten dann Klavierfassungen der Sinfonien Beethovens, einiger Schubertlieder sowie aktueller Opern. Lange vor der Erfindung der elektronischen Medien bot Liszt mit diesen Klaviertranskriptionen eine gute Möglichkeit, ein großes Repertoire weit zu verbreiten. Berlioz dagegen schrieb nichts für das Klavier und nichts, was nicht so originell und unverwechselbar wie nur irgend möglich war.

Berlioz komponierte – zumindest in seinen frühen Werken – außerdem nichts, was nicht von ihm selbst handelte. Seine *Symphonie fantastique*, die er mit dem Untertitel »Episode aus dem Leben eines Künstlers« versah, versucht explizit, die Höhen und Tiefen der Liebe, die er durchlebte, als er anfangs von der irischen Schauspielerin Harriet Smithson zurückgewiesen wurde, (dem Publikum) zu beschreiben und (für sich selbst) zu verarbeiten. An das Publikum der Uraufführung verteilte Berlioz Zettel mit dem Programm, das diesem Werk zugrunde lag. Er beschrieb detailgenau den Inhalt der fünf Sätze, als handelte es sich um Szenen einer Oper, wobei er allerdings galanterweise darauf verzichtete, den Namen des Objekts seiner Hoffnung und Verzweiflung zu nennen. Die Dame trat seit 1827 mit einer britischen Shakespeare-Truppe in Paris auf, und es lässt sich schwer sagen, ob Berlioz sich mehr in sie oder in die Rollen verliebte, die sie spielte. Ebenso schwer lässt sich sagen, wo genau in der Sinfonie die Grenzen liegen zwischen wirklichem Gefühl und Dramatisierung. In der Tat gehörte gerade das Verschwimmen solcher Konturen zum Wesen des romantischen Unterfangens. Berlioz' Musik hat nichts von dem bekenntnishaften Ton, der in Schuberts Sonaten, Liedern und Quartetten ganz selbstverständlich entsteht. Schumann in dieser Hinsicht ganz ähnlich, verstand Berlioz es, in seinen Schriften ebenso wie in seiner Musik geschickt die eigenen Ressourcen zu mobilisieren und über die eigene expressive Stimme zu verfügen – ein Talent, dessen er sich sehr bewusst war. Was er zum Beispiel über die Gewittermusik in Beethovens *Pastorale* zu sagen hat, tut er ganz offensichtlich um der Wirkung willen – das allerdings gekonnt: »Was man da hört, ist kein Orchester mehr, ist keine Musik mehr, es ist die tobende Stimme himmlischer Sturzbäche, die sich mischt mit dem Tosen der irdischen, mit den wütenden Schlägen des Donners, mit dem Krachen entwurzelter Bäume, mit den Böen eines vernichtenden Sturmes, mit den verängstigten Schreien von Menschen und dem Muhen der Herden. Das ist beängstigend, lässt einen erschauern, die Illusion ist vollkommen.«

Illusion ist eines der Schlüsselworte hier. Berlioz' Streben nach dem Außergewöhnlichen, dem Makabren, dem Heiteren und dem Bedrohlichen – die mittleren Sätze der *Symphonie fantastique* sind ein Ball, eine ländliche Szene und ein »Gang zum Richtplatz« – führten zu einem nicht nachlassenden Einfallsreichtum in Harmonik, Gestik und orchestraler Farbe, und all das mit dem Ziel, wunderbare Illusion zu erzeugen. Obwohl selbst kein ausübender Musiker, war Berlioz doch ein offensichtlich sehr genauer Zuhörer (der erste große Musikkritiker). Alles, was er in den Werken Glucks, Beethovens und Webers an der Pariser Opéra oder während der Orchesterabende gehört hatte, die ab 1828 von der Société des Concerts du Conservatoire veranstaltet wurden, nahm er begierig auf. Er schrieb seine Kompositionen fast nur für den vollen Orchesterklang und verfasste ein Lehrwerk über Instrumentierung und Orchesterbehandlung. Und er stellte einen neuen Typus von Musiker dar, den Dirigenten, auch wenn er die Uraufführung der *Fantastique* in die Hände von François Habeneck (1781–1849) gab, dem damaligen Leiter der Société.

Im 17. und 18. Jahrhundert wurden Orchester im Allgemeinen von dem Musiker am Tasteninstrument oder dem ersten Geiger geleitet, eine Praxis, die seit den 1970er Jahren für Musik dieser Zeit häufig wiederaufgegriffen wird. Das änderte sich erst ab dem frühen 19. Jahrhundert, als Komponisten wie Weber und Spohr nicht nur die eigenen Werke dirigierten und Musiker wie Habeneck und Michael Umlauf (1781–1842), der die Uraufführung von Beethovens 9. Sinfonie verantwortete, das Dirigieren zu ihrer Hauptaufgabe machten. Komponisten bot sich mit dem Dirigieren eine Möglichkeit, ihren ökonomischen Status in einer kommerziellen Welt zu halten. Waren Kompo-

nisten seit Mitte des 17. Jahrhunderts meist auch Instrumentalisten,
so waren sie ab dem frühen 19. bis zum frühen 20. Jahrhundert meist
auch Dirigenten. Ab diesem Zeitpunkt war ein Dirigent auch nötig
geworden, zum Teil deswegen, weil die Ensembles immer größer wurden (die *Fantastique* orientierte sich an den aktuellen Entwicklungen
an der Opéra und verlangte unter anderem vier Harfen, Pauken für bis
zu vier Spieler, tiefe Glocken und ein Englischhorn, die alle mit einem
präzisen Gespür für ihre Wirkung im Raum und als Klangfarbe eingesetzt werden), zum Teil aber auch, weil seit Beethoven das ganz Eigene
im Stil eines Komponisten, seine persönliche Stimme, einen optischen
Stimulus, einen Initiator brauchte.

Diese eigene Stimme kommt nicht nur in Berlioz' riesigem Orches-
terapparat zum Vorschein, sondern auch in den Solostücken für Klavier bei Chopin oder Liszt, die genau wie Berlioz in den frühen 1830er
Jahren in Paris lebten. Regelmäßig zu Besuch in der Stadt war auch
der große Virtuose Paganini, der bei Berlioz ein Werk für die Bratsche
bestellte. Doch was Berlioz entwarf, war natürlich kein formales Konzert – er schrieb schließlich keine absolute Musik –, sondern eine weitere Sinfonie mit programmatischem Inhalt, *Harold en Italie* (Harold
in Italien, 1834). Paganini entlohnte den Komponisten für seine Mü-
hen dann zwar nicht mit einer Aufführung, aber doch mit einem stolzen Honorar. Die Lichterstadt zog noch andere schillernde Motten an,
unter ihnen Bellini und den in Deutschland geborenen Giacomo
Meyerbeer (1791–1864), der mit *Robert le diable* (Robert der Teufel,
1831) und *Les Huguenots* (Die Hugenotten, 1836) der Pariser Opéra
zwei Musterbeispiele einer Grand opéra schenkte, die zum Grund-
stock des Repertoires wurden, während er gleichzeitig intensiv mit seinem nächsten Stück *Le Prophète* (Der Prophet, 1849) beschäftigt war.
Berlioz dagegen, der auf den Publikumsgeschmack nur dann einging,
wenn dieser seinen Ausdruckswillen nicht einschränkte, fiel am gleichen Theater mit seiner ersten Oper *Benvenuto Cellini* (1838) durch.
Ein Grund mag gewesen sein, dass dieses eigentlich für eine andere
Bühne vorgesehene Werk kein Ballett enthielt. Tanzszenen allerdings
waren, wie der Komponist selbst in einer Rezension von Rossinis
Guillaume Tell anmerkte, in der Pariser Opéra ein absolutes Muss
»selbst bei einer Darstellung des Jüngsten Gerichts«.

Die Pariser Theater, unter anderem auch das mit der Opéra konkurrierende Théâtre Italien, zogen alle großen Sängerinnen und Sänger der Zeit an. Bellini, der *I puritani* (Die Puritaner, 1835) für das
Théâtre Italien schrieb, konnte dies im Vertrauen auf eine reine Star-

besetzung tun. Berühmt in der Stadt waren auch zwei Töchter des spanischen Gesangslehrers Manuel García (1775–1832): Maria Malibran (1808–1836), die an den Folgen eines Reitunfalls jung starb, und Pauline Viardot (1821–1910), die in ihrem langen Leben mit ihrem Charisma einen führenden Schriftsteller (Iwan Turgenjew) und Komponisten einer anderen Generation (unter anderen Brahms) in ihren Bann zog. Alle diese Gesangsstars, die mit Rossini groß geworden waren, mussten sich nun auf die stärkere stimmliche Kraft und die neue Dynamik umstellen, die Bellini, Donizetti und Meyerbeer verlangten – nicht so sehr, weil das Orchester größer war (das war es nämlich oft gar nicht), sondern weil die Rollen dies verlangten. Fünfaktige große Opern forderten ein ganz anderes Durchhaltevermögen; überhaupt verlangten romantische Opern dem Interpreten deutlich größeren Einsatz ab, schließlich führten die Helden und Heldinnen ein romantisches Leben, nahmen ihr Schicksal selbst in die Hand und gingen ihren Weg, der meist – vor allem für die Heldinnen – im Tod endete.

Auf diesem Weg sangen sie, und ihre Lieder wiederum fanden den Weg in die Instrumentalmusik der Zeit – ganz direkt im Fall von Liszts Opernfantasien (z. B. den *Réminiscences de Lucia di Lammermoor*, 1835/36 nach Donizettis aktuellstem Hit), in anderen Fällen eher indirekt, etwa in Form der klaren Melodien Chopins oder Bellinis. Chopin war nicht nur ein großer Melodiker, er war auch nicht nur ein Komponist von »Musik für Pianisten«, wie weit gefasst auch sein Verständnis von Klaviertexturen bei Instrumenten gewesen sein mag, die jetzt deutlich größer und kräftiger im Klang waren. Die harmonischen Wagnisse, die er unternahm, reichten durchaus an die von Schubert heran, und seine musikalischen Gesten konnten ebenso Furcht einflößend sein wie all das, was Berlioz zu bieten hatte, man denke nur an das Ende der g-Moll-Ballade (ca. 1833). Bald nachdem Chopin sich damals in Paris niedergelassen hatte, hörte er auf, Konzerte zu geben (und zwar bis 1848, kurz vor seinem Tod). Seinen Lebensunterhalt konnte er allein mit Unterrichten und aus dem Erlös aus seinen Veröffentlichungen finanzieren, und man muss sich schon wundern, wie viele Amateurpianisten sich in den 1830er Jahren mit einer so schwierigen und gelegentlich auch beunruhigenden Musik auseinanderzusetzen vermochten.

Was die Romantiker der 1830er Jahre verband, war ein Gefühl für die expressive Kraft der Musik (nach Mendelssohns Ansicht war die Sprache der Musik exakter als die der Worte), war die Suche nach dieser Kraft in Harmonik, Klangfarbe und Melodik sowie deren Projektion als Stimme der Musik – aber es verband sie auch ihre Auflehnung gegen alles, was nach Regel oder Autorität roch. Berlioz litt unter Cherubinis strengem Regiment am Pariser Conservatoire, und Schumann schrieb 1836, die Musikwelt teile sich auf in Romantiker und Klassiker, wobei zu Letzteren in seinen Augen vielleicht auch Hummel und Spohr zählten. Doch vertraten diese beiden aufstrebenden Komponisten zweifellos eine etwas übertriebene Ansicht. Cherubinis Requiem in d-Moll (1836) ist in seinem düsteren Grundton ganz und gar romantisch, obwohl ihm die Theatralik der berliozschen Vertonung des gleichen Textes fehlt, und auch Spohrs Musik hat durchaus romantische Elemente. Aber die Energie der Romantiker in den 1830er Jahren war eine jugendliche Energie, eine Energie der Revolte.

Eine Ausnahme allerdings gab es: Mendelssohn. In gewisser Weise war er der älteste seiner Generation (obwohl Berlioz fünf Jahre älter war), schließlich hatte er seine berufliche Laufbahn bereits in den frühen 1820er Jahren begonnen, als Beethoven und Schubert noch lebten. Er hatte seine Vorliebe für traditionelle Formen, für den klassischen Stil und für Bach schon gezeigt, bevor man von Berlioz überhaupt gehört hatte. Beide Komponisten hatten sich 1831 in Italien kennengelernt und verstanden sich; zu der Zeit pflegten beide mit der Konzertouvertüre eine neue Form, die sich als für eine deskriptive orchestrale Schreibweise offen erwies (Mendelssohn mit der *Hebridenouvertüre* und Berlioz mit *Waverley*). Mendelssohn orientierte sich danach allerdings wieder mehr an Gattungen der Vergangenheit, ob nun der klassischen (mit den drei Quartetten op. 44, 1837/38) oder der barocken (mit dem Oratorium *Paulus*, 1836), wohingegen Berlioz das Konzert immer wieder neu erfand, eine eigenartige Montage aus gesprochenen, gesungenen und instrumentalen Fragmenten (*Lélio*, 1831/32) als Fortsetzung der *Symphonie fantastique* schuf oder eine Kreuzung aus Sinfonie und Oratorium mit der »dramatischen Sinfonie« *Roméo et Juliette* (1839).

Dieses Dilemma, vor dem die Komponisten jener Zeit standen, war das Dilemma von Generationen von Revolutionären, sobald sie die Macht erlangt hatten: Soll man innerhalb eines bestehenden Systems handeln oder es abschaffen? Mendelssohn war Mitte der 1830er Jahre an der Macht. Seine *Italienische Sinfonie* – eine weitere Sammlung musikalischer Reiseerzählungen aus der Zeit, als er Berlioz begegnet war – hatte die Londoner Philharmonic Society in Auftrag gegeben, und ihre Uraufführung 1833 dirigierte er selbst. Damals dominierten noch immer Gastkomponisten, zu denen auch Spohr gehörte, die Musik in

England. Mendelssohn besuchte die Stadt fast jedes Jahr, wo ihm die
neue Königin Victoria und ihr deutscher Prinzgemahl in den 1840er
Jahren besonders zugetan waren. Seit 1835 hatte er zudem die Leitung
des ehrwürdigen Leipziger Gewandhausorchesters übernommen (so
benannt nach dem ehemaligen Messegebäude für Tuchhändler, in
dem die Konzerte stattfanden). In diesem Amt stellte er nicht nur neue
Werke vor (seine eigenen und die seines Freundes Schumann), sondern führte auch die Musik auf, die ihm seit seiner Kindheit am meisten bedeutet hatte – die Musik Bachs, Händels, Haydns, Mozarts,
Beethovens –, und ergänzte sie um die Große C-Dur-Sinfonie Schuberts, die Schumann kurz zuvor entdeckt hatte. Außerdem gründete
er 1843 in Leipzig das »Conservatorium der Musik« (die heutige
Hochschule für Musik und Theater »Felix Mendelssohn Bartholdy«),
dessen damalige und dauerhafte Bedeutung in der Ausbildung ausgerechnet romantischer Traditionen lag.

Mendelssohns Art, die Vergangenheit zu integrieren, erwies sich als
zukunftweisend. In New York beispielsweise stand 1842 auf dem Programm des ersten Konzerts des Philharmonic Orchestra Beethovens 5.
Sinfonie. Bald schon konnte man von einem internationalen Repertoire, einem Kanon sprechen. Ob in New Orleans, in Paris oder Mailand, überall wurden die gleichen Opern gezeigt, in London, Leipzig
und Kopenhagen die gleichen Sinfonien gespielt. Es waren vielleicht
nicht die Sinfonien von Berlioz, aber möglicherweise die von Mendelssohn oder Schumann.

Zu Schumanns Werken der 1830er Jahre, die alle für Klavier geschrieben waren, gehörten auch drei Sonaten oder sonatenähnliche
Kompositionen. Wesentlich zahlreicher aber waren Zusammenstel-
lungen kurzer Stücke, in denen er zwischen verschiedenen Grund-
stimmungen und eigenwilligen Stilen abwechseln und mit diesem
Wechsel spielen konnte. Der Zyklus *Carnaval* (1834/35) gehört in
diese Kategorie. Hier werden Figuren eines Maskenballs in Miniatu-
ren porträtiert, unter anderem Freundinnen, Musikerkollegen (Chopin, Paganini) sowie der Komponist selbst in Person seiner beiden
Lieblingsrollen, dem poetisch veranlagten Eusebius und dem lebens-
lustigen Florestan. Schumanns Freude an der Maskerade erstreckte
sich auch auf einen musikalischen Code: Grundlage des *Carnaval*-Zy-
klus sind bestimmte Tonfolgen – A-Es-C-H oder auch As-C-H –, die
laut gesprochen den Heimatort von Schumanns damaliger Verlobten
ergeben, Asch, aber es sind auch die Buchstaben, die in seinem Nach-
namen vorkommen. Geheiratet hat Schumann dann 1840 – allerdings

nicht die junge Dame aus Asch, sondern Clara Wieck (1819–1896),
und natürlich, wie es sich für einen wahren Romantiker gehörte, gegen heftigsten Widerstand des Brautvaters –, und es mag sein, dass die
Eheschließung ihm etwas die Lust am Versteckspielen genommen hat.
Den größten Teil des Jahres verbrachte er damit, Lieder zu schreiben,
widmete sich dann der Ausarbeitung großer Orchesterpartituren (der
»Frühlings«- und der d-Moll-Sinfonie, 1841) und einiger Kammermusik (dem Klavierquintett, Klavierquartett sowie drei Streichquartetten, alle entstanden 1842).

Diese Kammermusik- und Orchesterwerke kommen zwar äußerlich konventionell daher, erforschen aber auch neue Möglichkeiten.
Die d-Moll-Sinfonie (in der Zählung der Endfassung von 1851 seine
vierte) hat ganz normal vier Sätze, die aber ohne Pause aufeinander
folgen, und die Rheinische (die 3. Sinfonie, 1850) findet beispiellosen
sinfonischen Raum für plastische Klangbilder, vor allem dort, wo sie
eine feierliche Zeremonie im Kölner Dom heraufbeschwört. Beide
von Schumann initiierten Erweiterungen wurden von Komponisten
der zweiten Hälfte des Jahrhunderts aufgegriffen. Betrachtet man sein
Werk im Ganzen, zeigt sich, dass Schumann Wege fand, wie romantisches Melos innerhalb großer Formen funktionieren konnte. Natürlich erleichterte es die Anpassung, wenn es in dem Stück ein singendes
Subjekt gab: einen Solisten. So erklärt sich das herrliche Dahinfließen
von Schumanns Klavierkonzert (1841–1845) oder von Mendelssohns
Violinkonzert (1844), die beide erstmals in Leipzig vorgestellt wurden.

Schumann und Mendelssohn verband auch eine familiäre Nähe zu
komponierenden Kolleginnen, denn sowohl Mendelssohns Schwester
Fanny (1805–1847) als auch Schumanns Frau Clara waren beide kreative Künstlerinnen. Beider Leben, die in gewisser Weise parallel ver-
liefen, zeigen einige Probleme auf, mit denen eine Frau in einer Män-
nerwelt konfrontiert war – egal, wie sehr Musik (nicht zuletzt auch die
Schumanns und Mendelssohns) sinnliche Liebe verbrämt auszudrücken und Grenzen zu überschreiten vermochte, wie beispielsweise in
Schumanns Liederzyklus *Frauenliebe und -leben* (1840). Sowohl Fanny
Mendelssohn als auch Clara Schumann steuerten Lieder zu Ausgaben
bei, die unter dem Namen der Männer erschienen, da sie die Fiktion
der Gesellschaft, dass alle Komponisten männlich seien, nicht zu zerstören wagten. Fanny starb sehr jung, und ihr Tod beschleunigte den
ihres Bruders. Clara überlebte den Verfall ihres Mannes, der in geisti-
ger Umnachtung starb, um viele Jahre, aber sie unterdrückte ihre Kre-

ativität. Vielleicht legte sich einfach eine Stille über sie, ähnlich wie die, die sich über Chopins letzte Jahre legte.

Die Romantik hatte in vielerlei Hinsicht wie eine Zentrifuge auf die Musik gewirkt. In Wien, einst ein halbes Jahrhundert lang Hauptquell der europäischen Musik, herrschte jetzt ein Komponist, dessen Walzer, anders als die von Chopin, eindeutig zum Tanzen gedacht waren: Johann Strauß Vater (1804–1849). Führende Komponisten kamen jetzt nicht nur aus Polen, sondern auch aus Russland und Dänemark. Michail Glinka (1804–1857) schöpfte für seine Opern *Ein Leben für den Zaren* (1834–1836) und *Ruslan und Ljudmila* (1837–1842), die nachfolgende russische Komponisten als Grundsteine der russischen Klassik bejubelten, zum einen aus Erfahrungen erster Hand, die er bei persönlichen Begegnungen mit Bellini und Donizetti in Italien gewonnenen hatte, zum anderen aus der russischen Folklore und Literatur. Niels Gade (1817–1890) entwickelte sich zum skandinavischen Mendelssohn und zu einem in gleicher Weise verehrten Vorbild seines Landes.

Chopins Nationalismus war weniger klar. In seiner Jugend bekam er sowohl in Warschau als auch im Ausland Beifall für sein Polnisch-Sein, kehrte aber, nachdem er sein Heimatland im Alter von zwanzig Jahren verlassen hatte, nur ein einziges Mal zu einem Besuch dorthin zurück. Seine Mazurken und Polonaisen unterscheiden sich nicht von seinen Walzern, Nocturnes oder anderen Zyklen, die in Klang, rhythmischem Charakter und Form alle einem unerschöpflichen Grundmodell folgen. Wie Bachs Tanzsätze gehören auch die Chopins mehr dem jeweiligen Komponisten selbst als auf irgendeine Landkarte. Vergleiche zwischen diesen beiden sind auch in anderer Hinsicht passend, denn Chopin war – wenn auch in einem ganz anderen Stil gedehnter Momente und überhasteter Verläufe – ebenso Kontrapunktiker. Was dabei herausgekommen wäre, wenn er sich, wie Schumann, aufgemacht hätte, Werke für Orchester zu schreiben, ist nicht vorstellbar. Doch stattdessen blieb er stehen.

Schumann nicht. Er ging weiter, auf noch größere Gattungen zu: Oper und Oratorium. Sowohl er wie auch Berlioz versuchten sich fast zeitgleich am Faust-Stoff, Schumann mit *Szenen aus Goethes Faust* (1844–1853) und Berlioz mit *La damnation de Faust* (1845/6) – beides abendfüllende Werke für Soli, Chor und Orchester, ansonsten aber vollkommen unterschiedlich. Berlioz' Werk wirkt in seiner Lebendigkeit und seinem Wechsel von Nahaufnahme (Lied) auf Totale (sinfonische oder Chor-Abschnitte) fast schon filmisch, und wie seine frühere Musik ist auch der *Faust* voller Klang und Wildheit und Wunderbarem und Fremdem. Doch jetzt fiel ihm das Komponieren schwer; die *Damnation de Faust* ist der einzige Ausbruch in einer langen Periode kreativer Dunkelheit. Schumann, der wesentlich kontinuierlicher komponierte, war über seinen Glauben an die Transzendenz der Kunst zum Oratorium gekommen, und seine Behandlung des Stoffes lebt weniger vom dämonischen Mephisto als vom Versprechen der Benediktion im zweiten Teil des Goethe-Dramas, den Berlioz überhaupt nicht tangierte. Und während Schumann diese Feier für die Religion der Kunst entwarf, schuf Mendelssohn – in der verehrten händelschen Form – die Religion der Religion mit seinem Oratorium *Elias* (1846), das er für das Birmingham Triennial schrieb, eines der Chorfeste, die im britischen Musikleben des 19. Jahrhunderts eine so große Rolle spielten. Als Berlioz sich dann mit dem Bibelstoff beschäftigte, kam eine Kindergeschichte dabei heraus, das Oratorium *L'Enfance du Christ* (Die Kindheit Christi, 1850–1854), das geprägt ist von einer Rückkehr zum sanften und lieblichen Stil früherer Werke.

Mendelssohn und Chopin starben, bevor sie 40 waren, genau wie Bellini vor ihnen. Alle drei wurden von der Nachwelt sofort als zarte Wesen, die vor ihrer Zeit in den Himmel aufgestiegen waren, heilig gesprochen. Ende 1853 hatte Schumann seine letzte vernünftige Note geschrieben, Berlioz wirkte möglicherweise auf seine Zeitgenossen, als sei ihm der Dampf ausgegangen, während Donizetti ebenfalls schon im Grab lag. Doch die Romantik war noch lange nicht vorbei. Liszt kam gerade in seine kreativste Phase, und zwei andere Komponisten, die nur drei Jahre jünger als Chopin und Schumann, aber langsamer als jene gestartet waren, legten jetzt einen Gang zu. Giuseppe Verdi (1813–1901) hatte sich mit seiner Oper *Nabucco* (1842) einen Namen gemacht und erlebte allein im Jahr 1847 die Aufführungen seiner Werke in Florenz (*Macbeth*), Paris und London. Und mit *Der fliegende Holländer* betrat Richard Wagner (1813–1883) die musikalische Weltbühne.

Kapitel 15

Neue Deutsche und altes Wien

Zweiundzwanzig Jahre, nachdem Schumann in seinem ersten Artikel einen gleichaltrigen Kollegen begeistert begrüßt hatte, gab er 1883, schon geschwächt, in seinem letzten Artikel einem Mitglied der neuen Generation seinen Segen: Johannes Brahms (1833–1897). Brahms hatte mit seinen zwanzig Jahren bereits drei Klaviersonaten sowie Lieder und Kammermusikstücke geschrieben, alles Werke eines jungen Romantikers. Schumann muss in dieser Musik sein jugendliches Selbst wiedererkannt haben. In dem kurzen Essay *Neue Bahnen* sieht er freudig den Zeiten entgegen, wenn Brahms an dem Punkt sein würde, an dem er selbst sich befand: »Wenn er seinen Zauberstab dahin senken wird, wo ihm die Mächte der Massen, im Chor und Orchester, ihre Kräfte leihen, so stehen uns noch wunderbarere Blicke in die Geheimnisse der Geisterwelt bevor.« Diese Worte erinnern an die E.T.A. Hoffmanns über Beethoven, lassen aber eine andere Art von Musik erwarten als die des Maskenspiels, das Schumann in Chopins Musik wahrgenommen und das auch er in seinen eigenen Werken betrieben hatte. Brahms war allerdings etwas schneller als Schumann und sollte in seiner *Alt-Rhapsodie* (1869) und dem *Schicksalslied* (1868–71) etwas anstreben, das diesen »wunderbaren Blicken« schon verdächtig nahe kam. Seine unmittelbare Zukunft aber war die eines Pianisten, Komponisten und Liedschreibers, und als deutscher Musiker war er in einer Welt zu Hause, die sich nicht nach Schumanns Wünschen und Zielen richtete, sondern nach denen Liszts und Wagners.

Liszt hatte sich 1848 in einer seiner periodischen Phasen der Selbstneuerfindung in Weimar niedergelassen, dem Wirkungsort Goethes, und dort eine Stelle als Hofkapellmeisters angenommen – allerdings verfolgte er, ganz im Stil der demokratischen Zeiten, mehr seine eigenen Interessen. Er machte Weimar in den 1850er Jahren zu dem, was Leipzig in den 1840ern und Paris in den 1830ern gewesen waren: zu einem musikalischen Brennpunkt. Und er baute ein Netzwerk von Kollegen und Schülern auf, das als Neudeutsche Schule (mit Berlioz als Ehrenmitglied) bekannt wurde. Aber großherzig wie er war, stellte er Opern vieler seiner großen Zeitgenossen vor (darunter Werke von

Der junge Franz Liszt

Schumann und Donizetti, Berlioz und Verdi), egal welcher Nationalität sie angehörten oder welche ästhetischen Philosophien sie vertraten, und dirigierte im Jahr 1850 die Uraufführung von Wagners *Lohengrin* (Wagner, der bei einer der vielen Revolutionen, die 1848 quer durch Europa kurz aufloderten, mitgemacht hatte, und steckbrieflich gesucht wurde, war zu der Zeit in der Schweiz im Exil). Zugleich schrieb er weiter Unmengen von Klaviermusik, darunter seine gefürchteten *Études d'exécution transcendante* (1851) und seine h-Moll-Sonate (1852/53), die, indem sie vier Sätze zu einem einzigen verschmilzt, über Schumann, Schubert und Beethoven hinausgeht.

Seine Tage als reisender Konzertvirtuose waren inzwischen vorbei, aber er hatte viele Nachfolger im internationalen Konzertzirkus gefunden, und mit der Ausweitung des Schienennetzes und den Fortschritten im transatlantischen Passagierschiffsverkehr begann in den mittleren Jahrzehnten des 19. Jahrhunderts die Zeit der Weltstars. Eine der ersten Größen war die Sopranistin Jenny Lind (1820–1887), die 1850/51 als »schwedische Nachtigall« vom Impresario Phineas T. Barnum überall in den Vereinigten Staaten und in Havanna präsentiert wurde. Ende der 1850er und in den 1860er Jahren fuhr der US-amerikanische Pianist und Komponist Louis Moreau Gottschalk (1829–1869) mit der Eisenbahn kreuz und quer durchs Land, im Gepäck eine außergewöhnliche Mischung aus europäischem und karibischem Musikerbe. Doch der sicherlich bemerkenswerteste Reisende der Zeit war der norwegische Geiger Ole Bull (1810–1880), der ebenfalls in den 1850er Jahren durch die USA tourte – und an seinem 66. Geburtstag auf der Spitze der Cheops-Pyramide spielte.

Während Lind, Gottschalk und Bull ihr amerikanisches Publikum zu Begeisterungsstürmen hinrissen, blieb Liszt in Weimar und bedachte nicht nur das Klavier mit neuen Werken, sondern entdeckte auch die Möglichkeiten, die ihm ein Orchester bot, genau wie Schumann ein Jahrzehnt zuvor. Er vollendete zwei Klavierkonzerte, an denen er schon lange gearbeitet hatte, und erfand eine neue Form: die sinfonische Dichtung, ein einsätziges Orchesterwerk mit erzählendem oder beschreibendem Inhalt. Die Zeit war reif gewesen für diese Innovation. Dass Opernouvertüren auch als Konzertstücke verwendet wurden, war seit dem frühen 18. Jahrhundert durchaus üblich, und seit Gluck wiesen sie häufig Bezüge zum bevorstehenden Drama auf. Von den vier Ouvertüren, die Beethoven zu verschiedenen Zeiten für den *Fidelio* schrieb, sind die als *Leonore 2* und *3* bekannten Ouvertüren (benannt so nach dem ursprünglichen Titel der Oper) im Grunde bereits sinfonische Dichtungen, geben sie doch fast die gesamte Handlung der Oper in wenigen Minuten wieder. Danach waren reine Konzertouvertüren von Mendelssohn und Berlioz gekommen und noch von vielen anderen, egal ob sie nun Geschichten erzählten oder Szenen beschrieben (Hoffmanns höchsten Hoffnungen zum Trotz). Liszts sinfonische Dichtungen waren nur der nächste Schritt, sie weiteten die Dimensionen und befreiten den deskriptiven Impuls von den formalen und funktionalen Erwartungen, die mit der Ouvertüre als Gattung verknüpft waren.

In den 1850er Jahren schuf Liszt zwölf sinfonische Dichtungen, wobei er sich anfangs bei der Orchestrierung von seinem Sekretär Joseph Joachim Raff (1822–1882) helfen ließ, der später ganze Sinfonien schreiben sollte, in denen er Jahreszeiten, Alpenlandschaften und Wälder in Klangbildern darstellte. Auch darin zeigte Liszt – in gewisser Weise der Romantiker, dessen Musik am klarsten romantischer Ausdruck des Selbst ist –, dass er das Komponieren als einen Gemeinschaftsakt verstand. Ähnlich war es mit seinen vielen Klavierbearbeitungen und Paraphrasen von Orchester- oder Opernpartituren, die er nach wie vor schrieb. So war es auch bei seiner Klaviersonate in h-Moll, die er als Skizze anlegte, damit andere Pianisten sie im Spielen vollendeten. Die erste öffentliche Aufführung dieses Stücks im Jahr 1857 vertraute er seinem Schüler Hans von Bülow (1830–1894) an, der im selben Jahr seine Tochter Cosima heiratete.

Alle diese Werke mögen die Vorstellung des Alleinschöpferischen infrage stellen, Liszts *Faust-Sinfonie* (1854–1857) aber weist sehr eigenständig in eine ganz andere Richtung, wenn sie mit einem Thema einsetzt, das alle zwölf Töne der chromatischen Tonleiter verwendet und so die Atonalität einer Epoche vorausahnt, die erst ein halbes Jahrhundert später begann. Nicht weniger bemerkenswert ist, wie das Werk gleichermaßen seinem programmatischen Faust-Thema und sinfonischen Erwartungen gerecht wird. Der erste Satz mit seinem Zwölfton-Thema beschreibt Fausts endlose Suche; der zweite verschafft seiner Seele Balsam in Form einer Charakterstudie seines geliebten Gretchens; der dritte bringt erneut die Themen Fausts und Gretchens, allerdings so grotesk verzerrt, dass sie Mephistopheles aufscheinen lassen; und das Finale schließlich findet Erlösung im Himmel. Liszt widmete diese Sinfonie Berlioz, genau wie Berlioz seine »dramatische Legende« über den gleichen Stoff Liszt gewidmet hatte.

Die Werke Liszts aus den 1850er Jahren spiegeln somit, was nicht sonderlich überrascht, zwei zentrale Ideen der Neudeutschen Schule. Die Festigung des Repertoires hatte dem musikalischen Fortschritt besondere Aktualität verliehen: Beethovens Sinfonien waren augenscheinlich nicht nur größer als Haydns, sondern auch in ihrer Harmonik reicher und in der Textur dichter. Weitere Evolution entlang dieser Entwicklungslinien war vermutlich nicht zu erwarten, aber Evolution musste sein. (Darwins *Entstehung der Arten* erschien erstmals 1859 im Druck, 1860 in deutscher Übersetzung.) Aus der Sicht der 1850er Jahre war in den Sinfonien Mendelssohns oder Schumanns nicht viel Evolution zu erkennen. Die von Berlioz dagegen waren anders. Sie waren unterschiedlich anders, denn zu ihnen zählten ein rein orchestrales Werk (die *Fantastique*), ein Konzert (*Harald*) und ein Potpourri (*Roméo*), obwohl sie alle ein gemeinsames Merkmal verbindet – und das ist die zweite zentrale Idee: sie bezogen Dichtung ein, ob nun vorgetragen als Lied oder als poetisches Programm, das instrumental vermittelt wird. Liszts sinfonische Dichtungen und Sinfonien (zu Dante-Texten oder Goethes »Faust«) taten genau das. Fortschritt muss weitergehen: das war die transzendente, die höchste Pflicht des Künstlers. Auf die profane Ebene der kompositorischen Praxis übertragen, empfand Liszt eine Notwendigkeit, in jede neue Komposition einen neuen Akkord zu integrieren.

Wagners Oper *Tristan und Isolde* (1856–1859) entsprach diesem
Kriterium unüberhörbar mit dem »Tristan«-Akkord, der gleich in den
Einleitungstakten des Vorspiels auftaucht, ein Begriff übrigens, den
Wagner dem der Ouvertüre bei Stücken vorzog, die Teil der musikalischen Logik des gesamten Werks waren. Auch aus dem Begriff »Oper«
sah er seine Werke herausgewachsen. Sie waren »Musikdramen« oder,
wie bei *Tristan* eine »Handlung in drei Aufzügen«. Seiner Ansicht nach
stellten sie nicht einfach ein leidenschaftliches Drama dar, das auf einer Bühne gesungen wird (auch wenn sie sicherlich so funktionieren),
sondern »die ersichtlich gewordenen Taten der Musik«. Und auch
wenn der »Tristan«-Akkord in Wahrheit gar nicht original war, denn
er war bereits in einer sinfonischen Dichtung Bülows (*Nirvana*) aufge-
taucht und wurde sogar bei Mozart gefunden, gaben ihm seine Plat-
zierung ganz am Beginn – und die Schatten, die er durch das gesamte
Stück wirft – eine ganz und gar neue Bedeutung. Dunkel im Klang
und ungewiss in seiner harmonischen Bedeutung, ist er ein beunruhi-
gendes Problem, das auf seine Lösung wartet. Die gesamte Handlung
kann man verstehen, genau wie Wagner das erhofft hatte, als ein vier-
stündiges musikalisches Fortschreiten, in dem die Auflösung dieses
schwebenden Akkords gefordert, vorbereitet, verzögert oder letztendlich erfüllt wird – erfüllt durch den für Wagner typischen erlösenden
Tod einer Frau.

In seinem Essay »Das Kunstwerk der Zukunft« (1850) skizzierte
Wagner die Wege, die er als Meister des Manifests und der Eigenwer-
bung zu den Wegen seiner Epoche erklärte, indem er jene Ideen ausar-
beitete, die damals unter den Neudeutschen kursierten. Musik sollte
nicht erfunden, sondern gefunden werden. Sie war ein riesiger Ozean
– ein Ozean der Harmonien, trüb in den Tiefen, hell an der Oberfläche –, dessen Wellen an die Küsten zweier Kontinente rollten: des
Kontinents des Tanzes, aus dem sie Rhythmus erhielt, und desjenigen
der Dichtung, die ihr Melodie gab. Von denen, die diese Gewässer bereits bereist hatten, war Beethoven der gewesen, der die instrumentale
Komposition so weit gebracht hatte, wie sie nur kommen konnte.
Seine 9. Sinfonie, die mit ihrem Finale aus der instrumentalen Kategorie ausbricht, war die letztmögliche Sinfonie überhaupt. Jetzt musste
die Musik Bewegung und Sprache in sich aufnehmen, um sich selbst
zu manifestieren. Sie würde zum Musikdrama werden müssen, bei
dem der Komponist sich sowohl um den Text (wie Wagner das immer
tat) als auch um die Produktion kümmerte.

Wagner schrieb – höchst ungewöhnlich für einen deutschen Komponisten – ausschließlich Opern, abgesehen von einigen Frühwerken, dem gelegentlichen kleinen Klavierstück und einigen Werken, die in Zusammenhang mit Opern standen, an denen er gerade arbeitete (so zum Beispiel die Lieder zu Gedichten von Mathilde Wesendonck, dem Objekt seiner Zuneigung während der Entstehungszeit des *Tristan*, und das *Siegfried-Idyll* für Kammerorchester). Es war nicht so, dass er sich bewusst für das Musikdrama entschieden hätte. Für ihn war es eine Notwendigkeit, die durch den Wissensdurst des Menschen – dem Durst nach Musik in diesem Fall, denn für ihn war Musik ebenso natürliches Element wie der Raum und die Zeit – unumgänglich geworden war. Das Musikdrama war für ihn aber ebenso Zeichen einer zukünftigen Gesellschaft, deren Kunst eine gemeinschaftliche sein würde, geschaffen von allen und von allen verstanden. Wagner war weit weg von der »Illusion« eines Berlioz. Sein großes Modell für die Kunst der Zukunft kam aus der weit entfernten Vergangenheit und hatte schon Gluck und den Florentinern der Renaissance auf verschiedene Arten als Vorbild gedient: es war das Theater der griechischen Antike. In diesem Geist plante er eine Folge von drei Musikdramen plus einem »Vorabend«, ein Werk, das in seiner Gesamtheit nach den Quellen der deutschen Kultur greift und den dazu konträren Materialismus der Gegenwart entlarvt: den *Ring des Nibelungen*, den er 1851 begann und dreiundzwanzig Jahre später vollendete. Sein *Tristan* war in diesem Projekt quasi ein Zwischenspiel.

Wagner komponierte die vier Teile des *Rings* in chronologischer Reihenfolge, wollte sie aber noch zurückhalten, bis der Zyklus vollständig war. So bot die Uraufführung des *Tristan* 1865 unter Bülow in München der Welt erstmals Gelegenheit, wirklich zu hören, worüber er seit fünfzehn Jahren in seinen Pamphleten geschrieben hatte. (Wagners *Tannhäuser* hatte in der Pariser Oper 1861 das Publikum gespalten, im Grunde aber handelte es sich dabei um ein altes Stück.) Die Welt horchte auf (genau wie Cosima von Bülow, die den Dirigenten für den Komponisten verließ). Zwar hatten auch Wagners frühere Opern schon seine beispiellose Fähigkeit offenbart, einen Sog zu erzeugen, einen Fluss der Musik zu schaffen, der sich vollkommen sicher durch Solopassagen, Chorszenen und orchestrale Pausen bewegt und seinen eigenen Lauf zu nehmen scheint, doch war der *Tristan* in seiner chromatischen Harmonik und in der Ausdruckstiefe, die er erreichte, durchaus neu. Der Fluss scheint auch der Klang der Gedanken und Gefühle zu sein, die sich in einer anderen Daseinsform voranbewegen – in der Welt vielleicht, in der die Charaktere eingeschlossen sind und

Richard Wagner

aus der heraus sie erklingen. Für Generationen danach noch sind die
ausgedehnte Liebesszene, die den zweiten Aufzug bildet, und die ähnlich in die Länge gezogenen Qualen des dritten vor der Beruhigung,
die mit Isoldes letztem Atemzug über Tristans leblosem Körper ein-
tritt, genau das, was Wagners Anspruch gewesen war: ein Ausloten der
Tiefen des menschlichen Herzens.

Sie sind aber auch außerordentlich gut gemachte Bühnenmusik.
Verdi, der für seine Kunst keinerlei philosophische Ambitionen hatte,
befasste sich in den *Tristan-* und *Ring*-Jahren mit anderen Themen:
zum einen mit den alten Themen der konfliktreichen Liebe (gegenüber Eltern oder Liebespartnern), des Betrugs, der Aufopferung und
Verwechslungen in den drei rasch aufeinanderfolgenden Werken, die
ihn zu einer internationalen Berühmtheit machten – *Rigoletto* (1851),
Il trovatore (Der Troubadour, 1853) und *La traviata* (Die vom Wege
Abgekommene, 1853) –, und zum anderen mit neuen, ebenso in persönlichen Gefühlen und Beziehungen wurzelnden Stoffen in Opern,
die dann in größerem Abstand folgten. Im *Don Carlos* (1867) etwa
sind drei Themen miteinander verwoben: Liebe, Eifersucht, Mechanismen der Staatsführung, und sie alle werden mit größerer Tiefe behandelt, als das bei romantischen historischen Opern sonst üblich war.

Besonders stark ist die Szene für zwei Bass-Stimmen, das Duett zwischen Philipp II. von Spanien und dem Großinquisitor – eine Szene, die Wagner sicherlich im Kopf hatte, als er einen ähnlichen Moment im letzten Teil des *Rings* schrieb, wo wieder ein finsterer Charakter von einem nicht weniger dunklen, aber scharfsinnigeren angesprochen wird. So weit waren die beiden Komponisten letztendlich gar nicht voneinander entfernt. Beide schrieben Familiendramen. Und auch Verdi suchte in jedem Akt einen kontinuierlichen musikdramatischen Fluss zu erreichen, auch wenn er sich an manche italienische Opernkonvention wie die der dreiteiligen Arie hielt: langsamer, melodiöser Anfang, Reaktion auf irgendeine Veränderung und schneller Schluss.

Verdis *Don Carlos* war genauso wie die Überarbeitung des *Tannhäuser* für die Pariser Oper während des Zweiten Kaiserreichs (1851–1870) entstanden, für jenes Theater, das Berlioz' prachtvolles Epos *Les troyens* abgelehnt hatte. Junge Komponisten wie Charles Gounod (1818–1893) und Georges Bizet (1838–1875) erlebten genau wie Berlioz nur Enttäuschungen in diesem goldenen Käfig und fanden das Ambiente am Théâtre Lyrique ihrer Sache dienlicher. Zu den dort inszenierten Werken gehörten Gounods *Faust* (1859) und *Roméo et Juliette* (1867) sowie Bizets *Les Pêcheurs de perles* (Die Perlenfischer, 1863), alles Opern, die von ihrem Publikum nicht viel mehr verlangten, als dass es schönen Gesang und gute Melodien zu genießen vermochte. Innerhalb der gleichen Epoche begründete Jacques Offenbach (1819–1880) eine alternative Operntradition am Théâtre des Bouffes-Parisiens, wo er so satirisch-bissige und ironisch-flotte, dennoch aber großherzige Stücke wie *Orphée aux enfers* (Orpheus in der Unterwelt, 1858) präsentierte.

Paris, das an diesem Punkt seiner Geschichte eine heftige Vorliebe für Opern hatte, brachte mit Bizets *Carmen* (1875) eines der großen Meisterwerke hervor. Das Stück ragt aus der Menge der anderen nicht nur deshalb heraus, weil es so viele großartige Lieder enthält und brillant orchestriert ist, sondern auch, weil sein Umgang mit der Chromatik so ganz anders ist als der Wagners. Bizets Chromatik weitet das traditionelle System nicht aus, sondern re-konformiert es entlang neuer Wege, die aus dem spanischen Tanz kamen. Was in dieser Welt ausgedrückt wird, ist nicht so sehr der individuelle Seelenzustand – Carmens Selbstreflexion beschränkt sich auf einen niederschmetternden Moment, in dem sie dem Mann, der alles für sie aufgegeben hat, eröffnet: »Ich liebe dich nicht mehr« – als vielmehr die brutale Unvereinbarkeit von romantischer Liebe und sexueller Begierde. Das Thema sollte in zwei bis drei Jahrzehnten erneut in italienischen Opern aufgegriffen werden, aber sentimentalisiert, wie es Bizets grausam klare Vision nicht war.

Wäre Bizet Spanier gewesen, wäre die *Carmen* zu einem bekannten Nationalwerk geworden wie viele andere auch, und das zu einer Zeit, als die Nationen sich nicht mehr nur über ihre Herrscher, sondern langsam auch über ihre Völker definierten. Italien, bis dahin ein bunter Flickenteppich aus Königreichen, Fürstentümern und Stadtstaaten, war bis 1860 weitgehend zu einem Nationalstaat vereinigt, und Verdi, dessen Opern in diesem Prozess zu Totems wurden, war sogar kurzzeitig Mitglied des ersten Parlaments des Landes. Anderswo erlangte man nationale Einheit nicht durch Vereinigung, sondern durch Spaltung. Was Verdi für Italien war, war Liszt bald auch für seine Heimat Ungarn: ein Nationalheld, und das, obwohl er seit dem Alter von neun Jahren nicht mehr dort gewesen war. 1871 besuchte er Budapest und gründete dort 1875 eine Musikakademie. Weiter nordwestlich, immer noch innerhalb des österreichisch-ungarischen Reichs, brachte Bedřich Smetana (1824–1884) der Musik in Prag nationale Verve. Der Bewunderer Liszts schrieb in seinen 30er Jahren sinfonische Dichtungen, erlangte aber nationale Reputation mit seiner komischen Oper *Die verkaufte Braut* (1866), die durchdrungen ist von den lebendigen Rhythmen tschechischer Tänze. Kühleres Nationalkolorit – gefiltert durch die Ausbildung in der Mendelssohn-Schumann-Tradition des Leipziger Konservatoriums – bestimmt die Werke Edvard Griegs (1843–1907): sein Klavierkonzert (1868), seine lyrischen Klavierstücke und die Musik zum Schauspiel seines Landsmanns Ibsen *Peer Gynt* (1874/75). Wie Liszt und Smetana wurde auch er zur musikalischen Symbolfigur eines Landes, dem eine Identität als Staat fehlte (Norwegen war damals Dänemark angegliedert).

Russischer Nationalismus in der Musik hatte ein anderes Ziel, nämlich das, in einem Land, dessen Komponisten bis dahin Ausländer gewesen waren (so wie das in England immer noch der Fall war, wo Gounod einer derjenigen war, die die Lücke füllten, die Mendelssohns Tod hinterlassen hatte), ein völlig einheimisches Werk zu schaffen. So hatte Verdi zum Beispiel *La forza del destino* (Die Macht des Schicksals, 1862) für das prachtvolle Mariinski-Theater in St. Petersburg geschrieben, das zwei Jahre zuvor als eines von mehreren imposanten neuen Häusern dieser opernbegeisterten Periode eröffnet worden war – andere waren etwa das Bolschoi in Moskau (1856) und das Teatro Colón in Buenos Aires (1857) sowie Covent Garden in London

(1858) –, und sie alle waren für ein importiertes Repertoire entstanden, das in Argentinien weitgehend das gleiche war wie in Russland. Bald allerdings war das Mariinski erfüllt von der Musik einheimischer Komponisten wie Alexander Dargomyschskis (1813–1869), Alexander Serow (1820–1871), Anton Rubinstein (1829–1894), Modest Mussorgski (1839–1881), Petr Tschaikowski (1840–1893) und Nikolai Rimski-Korsakow (1844–1908). Die Schlüsselfiguren waren Rubinstein und Mili Balakirew (1837–1910). Sie standen für die traditionellen Alternativen der russischen Kultur: sich entweder am Westen zu orientieren oder aus russischen Wurzeln Neues zu entwickeln. Als Rubinstein 1862 das Petersburger Konservatorium gründete, um Studenten in der großen westlichen Tradition zu unterrichten, eröffnete Balakirew umgehend seine Musikalische Freischule mit einem weniger dogmatischen Lehrplan. Dabei schloss der jeweils eigene Zugang den des anderen keineswegs aus. Die Gruppe, die sich um Balakirew formierte – bekannt als das »Mächtige Häuflein«, dem Mussorgski, Rimski-Korsakow und Alexander Borodin (1833–1887) angehörten –, übernahm prägende Elemente nicht nur aus russischer Folklore und Liedgut, sondern auch aus der Musik von Berlioz (der zweimal zu Besuch kam), Schumann und Verdi. Die Unterschiede waren ebenso sehr persönlicher wie ästhetischer Natur. Rubinstein war ein schwunghaft arbeitender Komponist (er schrieb unter vielem anderem zwanzig Opern) und autoritär in seiner Art, wogegen Balakirew langsam schrieb und einige seiner besten Ideen großzügig an andere weitergab.

Eine dieser Ideen war das Programm für ein sinfonisches Gedicht zu einem Stoff, den schon Berlioz und Gounod behandelt hatten: *Romeo und Julia*. Es war ein Geschenk an Tschaikowski, denn das Thema kam dessen Vorliebe für Tragisches entgegen, die sich ausdrückt als dynamische Form – als Klang einer Zeit, die unweigerlich abläuft –, und das daraus resultierende Stück (1869) war sein erster triumphaler Erfolg. Im gleichen Jahr vollendete Mussorgski nach mehreren abgebrochenen Versuchen seine erste Oper, *Boris Godunow*, die die Geschichte eines russischen Usurpators des frühen 17. Jahrhunderts erzählt. Mit seiner sehr eigenen Orchestrierung von trockener Schönheit (die Partitur bekam erst durch Rimski-Korsakow nach dem Tod seines Freundes eine freundlichere Farbe) ist das Werk in seinen musikalischen Bezügen zutiefst russisch und schafft einen Vokalstil, der dem Klang und dem Rhythmus der Sprache sehr nahe kommt. Mussorgski hatte kurz davor Versuche unternommen, zu den Melodien der Sprache Gesangslinien zu modellieren. Er war dabei Dargomyschskis Beispiel gefolgt, und diese Technik setzte er dann kraftvoll dort in der Oper ein, wo er die Schuldattacken des Zaren porträtiert. Nicht weniger stark ist der Beitrag des Orchesters, wenn es darum geht, das Alptraumhafte zu vermitteln, wenn der Zar die Glocke läuten hört. Aufschlussreich ist auch an einer Stelle die Missachtung des formalen Effekts, wenn nämlich Boris am Ende des Akts von der Bühne abtritt und die Musik einfach abbricht. Allerdings verweigerte man dem Werke eine Aufführung, bis der Komponist eine tragende weibliche Rolle dezent eingebaut hatte.

Mussorgski schrieb keinerlei absolute Musik. Sein einziges wichtiges Instrumentalwerk ist ein Zyklus von Charakterstücken für Klavier – verblüffend, eigenartig, lustig, berührend –, seine *Bilder einer Ausstellung* (1874). Tschaikowski, Balakirew, Borodin und Rimski-Korsakow dagegen schrieben in den 1860er und frühen 1870er Jahren zu einer Zeit Sinfonien, als die Gattung anderswo fast schon im Sterben lag. 1875 gab es in ganz Westeuropa seit fast zwanzig Jahren nichts Nennenswertes mehr seit Liszts Faust- und Dante-Sinfonie.

Doch dann kam Brahms. Er hatte lange gewartet, denn er hatte sich nicht nur Schumann und Liszt verpflichtet gefühlt. Von Letzterem hatte er sich distanziert; Liszt und er waren auf zu verschiedenen Kursen unterwegs, die in ihren nahezu zeitgleichen Ortswechseln quer durch die Energie-Landkarte Europas physikalische Realität erlangten. 1861 hatte Liszt, der sich inzwischen immer stärker mit religiösen Themen befasste, seinen Wohnsitz nach Rom verlegt, wo er vier Jahre darauf die niederen Weihen empfing (er durfte damit diverse klerikale Ämter ausüben, aber keine Messe lesen). Im Jahr darauf siedelte Brahms dann nach Wien um, in die Stadt Beethovens.

Der Zeitpunkt war gut gewählt. Gerade baute man das Zentrum um, mit einem neuen Opernhaus (1869) sowie Konzertsälen, und sicherlich pfiffen die Bauleute bei der Arbeit die neuesten Walzer von Johann Strauß Sohn (1825–1899) vor sich hin: *An der schönen blauen Donau* (1867) vielleicht oder *Wein, Weib und Gesang* (1869). Brahms, der sich wünschte, Ersteren geschrieben zu haben, komponierte in der Tat Walzer, vor allem seine *Liebeslieder-Walzer* (1868/69) für vier Singstimmen und Klavierduett sowie den walzernden Trauermarsch seines *Deutschen Requiems* (1865–1868), das biblische Texte für Solisten, Chor und Orchester vertont. Aber das Werk, das er fest entschlossen war zu schreiben, das Werk, das seine Freunde von ihm erwarteten, das Werk, das zu vollenden er seit seiner Ankunft in Wien brannte, war seine 1. Sinfonie – die, als sie dann fertig war, mit einem anderen Projekt zusammenfiel, dass lange vorbereitet und sehnsüchtig erwartet wurde.

Kapitel 16

Romantische Abende

Im August 1876 reiste ein an Genie, Vermögen, Stellung oder Glück schwerreiches Publikum in eine kleine bayerische Stadt, in der ein Komponist ein Theater hatte bauen lassen: Bayreuth. Unter jenen, die zu dieser ersten vollständigen Aufführung des *Ring* kamen (Wagner hatte einige Jahre zuvor dem Wunsch seines Gönners, des bayerischen Königs Ludwig II., nachgegeben, vorab schon einmal die ersten beiden Teile hören zu dürfen), waren Liszt, Grieg, Tschaikowski, der glühende Bewunderer des Komponisten, Anton Bruckner (1824–1896), und zwei Franzosen: Camille Saint-Saëns (1835–1921) und Vincent d'Indy (1851–1931). Saint-Saëns war ein liebenswürdiger Mensch und offen für die Musik sowohl Mozarts als auch Lizsts und Wagners; d'Indy sollte sich zu einem entschiedenen Verfechter der orthodoxen Form entwickeln. Als dann am Ende des letzten *Ring*-Abends aus dem für den toten Helden Siegfried errichteten Scheiterhaufen Flammen auf die Burg der Götter übersprangen und sie verschlangen, während Brünnhilde wie zuvor schon Isolde die Ekstase des sicheren Todes spürte, müssen viele der Anwesenden das Gefühl gehabt haben, die Welt habe sich verändert. So war es auch. Dergleichen hatte es noch nie gegeben: ein Werk mit einer Entstehungszeit von einem Vierteljahrhundert, das vier Abende einer Woche in Anspruch nahm und in einem speziell dafür erbauten Theater aufgeführt wurde. Doch so richtig dominant wurde der Einfluss des Wagnerismus erst etwas später, erst nachdem der Komponist seinen Schwanengesang *Parsifal* geschrieben und seine Witwe Cosima (geborene Liszt, geschiedene von Bülow) ihm ein dauerhaftes Denkmal geschaffen hatte: die Bayreuther Festspiele, bei denen jeden Sommer seine Werke, und nur seine, aufgeführt wurden und bis heute werden. Damals, im Jahr 1876, war es immer noch möglich, sich Wagner anzuschließen oder seine eigenen Wege zu gehen.

Tschaikowski ging seinen Weg. Ihn faszinierte *Sylvia*, die Ballettmusik von Léo Delibes (1836–1891) deutlich mehr. Er hatte sie auf der gleichen Reise in einem anderen, imposanteren Theater erlebt, der Pariser Oper, und gewünscht, er hätte sie sehen können, bevor er an-

Johannes Brahms

gefangen hatte, sein eben erst fertiggestelltes Ballett *Schwanensee* zu schreiben. Auch Grieg fand anderswo mehr Anregungen: Er begann 1877 Feldstudien zur norwegischen Volksmusik zu betreiben. Und Bruckner, der zwar während der *Ring*-Aufführung vollkommen hingerissen war – er saß mit geschlossenen Augen da, um die Musik noch besser genießen zu können –, entlud seine Begeisterung in einer Gattung, die Wagner schon drei Jahrzehnte zuvor für völlig überflüssig erklärt hatte: in der Sinfonie.

Doch jetzt tauchte sie plötzlich überall wieder auf. Brahms' Erste, für die der Komponist so lange gebraucht hatte, wurde drei Monate nach dem *Ring* in die Welt entlassen. Im nächsten Jahr schon folgten seine Zweite und die Dritte Bruckners, die beide mit nur zwei Wochen Abstand in Wien vorgestellt wurden, und nur eine von ihnen (die von Bruckner natürlich) war Wagner gewidmet. Es war fast so, als hätte die Feuersbrunst am Ende des *Rings* auch das Musikdrama zerstört und der absoluten Musik eine Wiedergeburt ermöglicht, obwohl sicher weder Brahms noch Bruckner das so gesehen haben – der eine schon allein deswegen, weil er dem Meister von Bayreuth in keinster Weise irgendetwas verdanken wollte, der andere aus Gründen demütiger Bescheidenheit. Aber die sinfonische Musik war eindeutig wieder da – eine Musik für große Klangkörper wie den des *Ring* (der ein Ensemble von neunzig oder mehr Musikern verlangt), die von immer mehr Orchestern gespielt wurde. Zu den renommiertesten gehörten damals – und gehören noch heute – das Boston Symphony Orchestra (gegr. 1881), die Berliner Philharmoniker (gegr. 1882) sowie das Chicago Symphony Orchestra (gegr. 1891).

Bruckner war genau wie Brahms kein gebürtiger Wiener: Er war erst 1868, nur wenige Jahre nach seinem jüngeren Kollegen, in die Stadt gekommen, um einen Stelle als Professor am Konservatorium anzutreten. Wie Brahms war er auch schon Anfang vierzig, bevor er eine Sinfonie vollendet hatte, die er für würdig befand, zu seiner Nummer eins erhoben zu werden. Noch kurioser ist die Tatsache, dass bei beiden Komponisten die erste Sinfonie in c-Moll steht, auch wenn damit – sieht man davon ab, dass beide Werke die erwarteten vier Sätze aufweisen – die Ähnlichkeiten bereits erschöpft sind. Bruckners erster Satz (Allegro) beginnt mit charakteristischen Ostinato-Figuren (ständig wiederholten Tonfolgen), so als würde erst eine große Maschine angekurbelt, ist dann aber gleich sehr bestimmt in seiner Aussage. Die Brahms-Sinfonie dagegen taucht aus dem Dunkel auf und scheint so die Unsicherheit darzustellen, aus der sie Gestalt angenommen hat. Der langsame Satz bei Bruckner ist, ähnlich wie bei allen seinen Sinfonien, ein feierliches Adagio. Brahms, der kein einziges richtig großes sinfonisches Adagio schrieb, schafft eher etwas, das ruhig und angenehm dahinfließt. Brahms komponierte auch kein einziges schmuckloses sinfonisches Scherzo, wogegen das von Bruckner so schmucklos ist wie alle seine Scherzi – ein weiteres Maschinenmusik-Stück, aufgebaut auf sich wiederholenden Einheiten und einem stark pulsierenden Rhythmus. Und doch hat Bruckners Musik etwas Statisches an sich, als wären die einzelnen, oft durch Pausen getrennten Segmente aneinandergereihte Teile einer Architektur. Brahms' Musik dagegen ist ständig in Bewegung. Auch ist der Klang ganz und gar anders. Unter Brahms' strukturierter Orchestrierung steckt eine Musik der Unsicherheit und des Bedauerns; Bruckners Instrumentenchöre zeugen von Gewissheit und Glauben.

Bruckner, der einen großen Teil seines Musikerlebens am berühmten oberösterreichischen Stift Sankt Florian verbracht hatte, war erfüllt von einer tiefen Frömmigkeit, und seine Musik ist geprägt von Kirchenmusik und dem Klang einer Orgel in einem großen Bauwerk. Seine Sinfonien schrieb er als Lobgesänge, und sie wurden nach seiner Zeit in Sankt Florian – obwohl er noch einige spektakuläre Chorwerke schuf – zum zentralen Unterfangen seines Lebens. Es war ein mühseliges Unterfangen. Da es ihm an Selbstvertrauen fehlte, nahm er den Rat wohlmeinender Freunde an, seine Partituren zu überarbeiten, was dazu führte, dass er gleichzeitig an seiner 9. Sinfonie (1887–1896) schrieb (die er Gott widmen wollte, aber nicht mehr vollenden konnte) sowie an der Neufassung seiner Sinfonien 1–4 und 8. Brahms hatte, nachdem seine 1. Sinfonie endlich vom Tisch war, keine derartigen Probleme mehr. Er schuf in den nächsten elf Jahren praktisch sein gesamtes Orchesterwerk – drei weitere Sinfonien, drei Konzerte, zwei Ouvertüren – und widmete sich dann wieder dem, was ihm immer das Liebste war: der Kammermusik und seinen Liedern.

Aber zumindest in einem Punkt waren Bruckner und Brahms auf dem gleichen Weg unterwegs: Sie wollten eine sich selbst genügende, autarke Musik schaffen, spürten keine Anziehungskraft von den wagnerschen Küsten der Dichtung und des Tanzes ausgehen. Doch Eduard Hanslick (1825–1904), der führende Wiener Musikkritiker in der zweiten Hälfte des 19. Jahrhunderts, sah das anders. Unter musikalischer Schönheit verstand zwar auch er »ein Schönes, das unabhängig und unbedürftig eines von Außen her kommenden Inhaltes, einzig in den Tönen und ihrer künstlerischen Verbindung liegt« – womit er eine Ansicht artikulierte, die schon de Chabanon ein Jahrhundert zuvor vertreten hatte –, aber wo Brahms' Musik für ihn in ihrem gesamten Wesen erhaben ist, drückte die von Bruckner nur Erhabenheit aus. In Brahms fand er innere Stimmigkeit und Motivation aus sich heraus (vielleicht unterschätzte er die Dankesschuld des Komponisten gegenüber der inzwischen vertrauten Tradition des Konzertsaals von Bach über Mozart, Beethoven und Schumann bis in die Gegenwart). Bruckner dagegen bat um Rechtfertigung von außen (oder war schlicht der großen Tradition weniger verpflichtet), obwohl das, was Hanslick vielleicht am meisten störte, Bruckners Wagner-Ergebenheit war, dessen künstlerische Philosophie ihn gänzlich indiskutabel machte. Und indem er Wagners Ansichten vehement widersprach und als einziges Kriterium für die hohe Qualität eines Werks seine rein musikalische Bedeutung anführte, war er sogar bereit, das Chorfinale von Beethovens 9. Sinfonie zu kritisieren, das nicht mehr sei als ein »Riesenschatten, den ein Riesenkörper wirft«.

Empfand Hanslick schon Unbehagen, weil Beethoven in seine letzte Sinfonie Text eingeführt hatte, so reagierte er geradezu beleidigend, als Tschaikowski in seine Sinfonien eigenes Erleben einbrachte. Doch war das Autobiographische – bei Tschaikowski immer als etwas

zu verstehen, das Elemente bewusster Selbstdramatisierung und
Selbstironie enthält – eine der stärksten Aussageformen dieses Komponisten. Zurück von Bayreuth, griff er in seiner sinfonischen Dichtung *Francesca da Rimini* erneut das Thema der zum Scheitern verur-
teilten Liebe auf. Im Jahr darauf stürzte er sich abrupt in eine Ehe und
suchte sofort wieder das Weite, als er erkannte, dass Heterosexualität
ganz entschieden nicht nach seinem Geschmack war. In dieser Phase
der Verzweiflung und Krise arbeitete er an einer Oper, *Eugen Onegin*
(1879) sowie an einer Sinfonie, seiner vierten (1877/78), und beide
Werke scheinen Aspekte seiner Situation und seiner Gefühle auszudrücken – ganz besonders im Fall der Sinfonie, für die er in einem
Brief sogar ein Programm offenbarte, das die verhängnisvolle Macht
des Schicksals zum Inhalt hat. Doch funktioniert das Werk auch allein
über seine musikalisch zwingende Form: Das Schicksalsthema, so eindringlich seine Wirkung auch sein mag, ist gleichzeitig auch Motor
der Dynamik sowie Medium für den Zusammenhalt der ganzen Sinfonie, denn es kehrt im Finale wieder; damit reiht es diese Komposition in jene Werke des 19. Jahrhunderts ein, die eine sinfonische Ver-
einheitlichung schaffen und in denen sich die gesamte Komposition
aus den gleichen musikalischen Anlagen entwickelt.

Bei den Zeitgenossen Tschaikowskis in Russland war der Natio-
naleifer inzwischen abgeklungen. Ähnlich war es auch in Prag, wo
Smetanas *Má vlast* (Mein Vaterland, vollendet 1879), ein Zyklus aus
sechs sinfonischen Dichtungen, genauso wie die Slawischen Rhapso-
dien und Slawischen Tänze (beide 1878) von Antonín Dvořák (1841–
1904) mehr von Festen als von Festungen sprachen. Nationalismus
war jetzt schlicht eine Option von mehreren. Französische Komponisten schrieben weiterhin spanische Musik: Édouard Lalo (1823–1892)
mit seiner *Symphonie espagnole* (1874), Emmanuel Chabrier (1841–
1894) mit der fröhlichen Orchesterrhapsodie *España* (1883), Jules
Massenet (1842–1912), der Gounod als führender französischer
Opernkomponist nachgefolgt war, mit *Le Cid* (1885). Sie konnten
aber auch russische, norwegische, polnische und marokkanische Musik in ein und demselben Stück unterbringen, was Lalo in seinem Ballett *Namouna* (1882) tat, einem großartigen Werk an einem Scheide-
weg nicht nur räumlicher, sondern auch zeitlicher Art. So zeigt das
Stück bereits Ansätze der Synkopierungen (Betonungsverschiebungen
innerhalb eines festen Metrums), der simultanen verschiedenen Tempi
und der mit Jahrmarktselementen durchsetzten Struktur, die dreißig
Jahre später in Strawinskis *Petruschka* zu finden sind. Wie in Chabriers

España erzeugen hier Ostinati und ein pulsierender Rhythmus die motorische Kraft in einer Musik, deren Harmonik dem Stück eher Farbe als Bewegung verleiht.

Auch andere Komponisten waren neugierig, was es jenseits von Europa noch so alles gab. Dazu konnten sie zum einen reisen, sie konnten aber auch anthropologische Berichte lesen oder die großen Handelsausstellungen der Epoche besuchen, die mit all der Fülle des Globus auch asiatische und afrikanische Musiker in die Großstädte Europas brachten. Was durch die eine oder andere Inspirationsquelle dann entstand, waren unter anderem die Niltänze von Verdis *Aida* (1871), das berauschende Bacchanal von Saint-Saëns' *Samson et Dalilah* (1877) und die pittoresken Effekte der Opern von Delibes und Massenet sowie in Russland Balakirews sinfonische Dichtung *Tamara* (1867–1882), Rimski-Korsakows aufregende sinfonische Suite *Scheherazade* (1888) und die Polowetzer Tänze aus Borodins *Fürst Igor*.

Der Reiz des Orientalischen wirkte nicht auf alle. Tschaikowski etwa konnte nicht viel damit anfangen. Auf ihn übte das 18. Jahrhundert oder alles Märchenhafte eine weit größere Faszination aus. Und sicherlich konnte auch César Franck (1822–1890), eine Art französischer Bruckner (auch wenn er im späteren Belgien geboren wurde), wenig damit anfangen. Wie Bruckner war Franck langsam gestartet und hatte über die wagnersche Harmonik eine eigene sinfonische Sprache entwickelt – in seinem Fall die Sprache großer Themen, die, ganz ähnlich wie beim sonst völlig anderen Tschaikowski, in späteren Sätzen wiederaufgegriffen werden konnten. Genau wie Bruckner war Franck Organist; in dieser Eigenschaft wirkte er lange Zeit an einer der großen Kirchen der französischen Hauptstadt, Sainte Clotilde, und begründete eine neue französische Schule, die bis zu Messiaen im nächsten Jahrhundert bedeutende Organisten und Komponisten hervorbringen sollte. Und wie Bruckner war auch er ein charismatischer Lehrer, dessen Oeuvre beispielgebend wirkte. Gleichzeitig formal solide und sehnsuchtsvoll expressiv, gehören seine großen Werke – angefangen mit dem Klavierquintett (1879) – fast alle rein instrumentalen, programmfreien Gattungen an.

Alte Formen erlebten überall einen Aufschwung wie seit den 1840er Jahren nicht mehr. 1884/85 erschienen innerhalb von zwölf Monaten vier der größten Sinfonien jener Epoche: die Siebte Bruckners, Tschaikowskis *Manfred-Sinfonie* (eine Programmsinfonie nach Byrons dramatischer Dichtung über einen jungen Mann, der von unbeschreiblichen Schuldgefühlen geplagt durch die Alpen irrt), Dvořáks Siebte (geschrieben in England, wo er der nächste Lieblingsmusikimport nach Mendelssohn und Gounod war) und Brahms' Vierte, seine am deutlichsten rückwärtsgewandte Sinfonie mit einem Schlusssatz, der einer barocken Passacaglia nachgebildet ist. Eigentlich hätte so viel Produktivität weiteres Wachstum nach sich ziehen müssen, aber dem war nicht so. Viele Werke, nicht nur diese Brahms-Sinfonie, deuteten eher auf das glorreiche Ende einer Epoche hin. Verdis *Otello* (1887) war die letzte große italienische Oper der Romantik, der nur noch die liebevoll-ironische Komödie *Falstaff* (1893, wieder nach Shakespeare) folgen konnte. An Wagners Tod 1883 erinnerte Liszt in seinem Klavierstück, *R. W. – Venezia*, denn Schauplatz des Ablebens dieses Meisters des Theaters war Venedig, die Stadt des Verfalls. Den Tod seines Schwiegersohns vorausahnend hatte Liszt bereits 1882 eine andere venezianische Trauermusik geschrieben, *La lugubre gondola* (Die Trauergondel), ebenso für Klavier solo und ebenso wie seine anderen Klavierstücke jener Zeit in schlichten, strengen Harmonien gesetzt, die fast schon die Zugehörigkeit zu einer Tonart aufgegeben haben, als wollten sie nicht nur das romantische Zwischenspiel beenden, sondern die ganze Ära der tonalen Musik. Liszt selbst starb 1886 in Bayreuth.

Doch rückten in diesem Halbdunkel andere, jüngere Komponisten nach vorn. Sie konnten Wagner nicht mehr ignorieren, egal wie gemischt ihre Gefühle ihm und seinem Werk gegenüber waren. Chabriers Reaktion war da nicht ungewöhnlich. Er war 1880 nach München gereist, um den *Tristan* zu hören, und hatte geweint. Einige Jahre später allerdings verkniff er sich die Tränen und ließ ein lautes Schnauben vernehmen – in Form seiner *Souvenirs de Munich* für Klavierduett, einer Bearbeitung von Themen aus jener exaltierten Oper, die er geschickt als Quadrillen neu anordnete. Kurz darauf besuchten zwei andere französische Musiker, Gabriel Fauré (1845–1924) und André Messager (1853–1929) die Bayreuther Festspiele und taten es Chabrier mit Bearbeitungen des *Ring* gleich. Aber nicht alle jungen Komponisten, nicht einmal die französischen, waren so respektlos. Claude Debussy (1862–1918) scheinen die Besuche in Bayreuth in den Jahren 1888 und 1889 geholfen zu haben, seine Schwärmerei für wagnersche Klänge und Themen zu überwinden, wie er sie in seiner Kantate *La damoiselle élue* (1887/88) und in einem Zyklus von fünf Baudelaire-Gedichten (1887–1889) an den Tag gelegt hatte. Was er von Wagner aber übernahm und sehr produktiv für sich umsetzte, war eine Freiheit der Form und eine Klarheit der Orchestrierung, wie er sie be-

Claude Debussy

sonders im *Parsifal* bewunderte, dieses Gefühl, als würde ein Orchester von hinten beleuchtet.

Fauré war fast eine Generation älter als Debussy, aber auch er ein Spätstarter, sodass beide Komponisten ihre Karriere fast zeitgleich in den 1880er Jahren begannen. Beide bedienten die gleichen Gattungen: Lied, Klavierstück und Kammermusik. Dies waren die Gattungen der Pariser Salons, jener oft wöchentlichen Zusammenkünfte von Künstlern und Intellektuellen, die im Haus eines der Mitglieder oder eines wohlhabenden Mäzens stattfanden. In einer Welt, in der Opernhäuser und Konzertsäle inzwischen zu gewohnten Institutionen geworden waren, fanden jüngere Komponisten – vor allem in Paris – in solchen Salons ein alternatives Forum. Was die Lieder betraf, war die Dichtung eine Hilfe. So lernten Fauré und Debussy durch die Vertonung lyrischer Texte ihres Mitstreiters Paul Verlaine, dass Leichtigkeit mit expressiven Mehrdeutigkeiten schwer befrachtet sein konnte. Und Debussy schuf sein erstes orchestrales Meisterwerk *Prélude à »L'après-midi d'un faune«* (1892–1894) als Antwort auf ein Gedicht eines anderen Zeitgenossen, Stéphane Mallarmé.

Debussy scheint, genau wie Liszt, in Wagners Musik das Ende der

bis dahin gültigen Dur-Moll-Harmonik gehört zu haben: Wagner war
für ihn, wie er einmal schrieb, »ein schöner Sonnenuntergang, den
man für eine Morgenröte hielt«. Die Morgenröte musste also in anderen Richtungen zu finden sein, und auf dem Weg dorthin halfen Debussy zum einen seine Rückbesinnung auf die Kirchenmusik, die noch
immer die alten Kirchentonarten verwendete, und zum anderen seine
Begegnung – im Rahmen der Weltausstellung von 1889 in Paris – mit
Musikern aus Java und Indochina. Natürlich war jeder, der als Katholik erzogen worden war, mit dem einstimmigen liturgischen Gesang
vertraut, und die Kirchenmodi hatten schon der Harmonik Francks
und, in noch stärkerem Maße, Bruckners eine gewisse Eigenart verliehen. Aber auch wenn Franck wichtigen Einfluss auf den jungen Debussy ausübte, die francksche klare harmonische Entwicklung prägte
ihn nicht. Debussy wollte nicht, dass die Modi ein harmonisches System festigten, das langsam überholt schien. Er wollte seine Harmonik
schweben lassen, sie von der vorwärtsdrängenden Bewegung der letzten beiden Jahrhunderte befreien. Gleichzeitig zeigte ihm die asiatische Musik andere Arten von Ausdruck, Textur, Farbe und auch wieder Modalität auf.

Was mit *L'après-midi d'un faune* dann herauskam, war ein Orientalismus, der sich deutlich unterschied von dem, den gerade erst Saint-
Saëns oder Borodin in ihren mitreißenden Werken zum Ausdruck gebracht hatten, ein Orientalismus nicht des Bilds, sondern des Wesens.
Das Bild ist westlich: ein französisches Gedicht, und dahinter eine
lange Tradition, die wohlige Müdigkeit und Sinnlichkeit in einer arka-
dische Landschaft ansiedelt. Vom Osten – und vielleicht auch zutiefst
von sich selbst – hatte Debussy gelernt, wie man der erotischen Träu-
merei des Fauns musikalisch Gestalt verleiht, nämlich in einem Stück,
bei dem die Hauptidee – das Flötensolo des Anfangs – konstant in der
Erinnerung der Musik gehalten wird. Dies ist keine Musik, die wie bei
Beethoven den Fluss der Zeit lenkt oder die Zeit noch zu fassen versucht, nachdem sie schon entkommen ist, wie jetzt bei Brahms oder
Tschaikowski, der gerade seine 6. und letzte Sinfonie schrieb (die *Pathétique*). Hier findet die Musik einen Ort, von dem aus sie beobachten kann, wie die Zeit vergeht, einen Ort der Stille und Ruhe.

Während Debussy der Flöte des Fauns lauschte und Tschaikowski
seine *Pathétique* niederschrieb, war Dvořák immer wieder für längere
Zeit in den Vereinigten Staaten. Inzwischen gab es endlich auch dort
Berufskomponisten, die zwar zur Ausbildung nach Deutschland gingen, aber wieder zurückkamen, um ähnlich wie ihre europäischen Vor-

fahren Nischen zu besetzen. So wurde Edward MacDowell (1860–1908) zum Grieg der westlichen Hemisphäre; John Knowles Paine (1839–1906) und George W. Chadwick (1854–1931) galten bald als die führenden »Neuengland-Sinfoniker« mit Wurzeln bei Schumann und Brahms, und Horatio Parker (1863–1919) war so etwas wie der heimische Mendelssohn. Alle diese Komponisten lehrten, genau wie einige ihrer europäischen Vorgänger von Mendelssohn bis Franck und Tschaikowski, auch an Universitäten und Konservatorien. Diese Doppelrolle des Komponisten und Lehrers hatte sich zu einer klaren Alternative zu der des Komponisten und Dirigenten entwickelt, und so ging auch Dvořák 1892–95 als Professor nach New York.

Aber auch er selbst lernte dort, etwa von den Liedern eines schwarzen Studenten, Liedern, die sich auszeichneten »durch ungewöhnliche und subtile Harmonien wie ich sie in keinen anderen Liedern als denen aus dem alten Schottland oder Irland gefunden habe.« US-amerikanische Komponisten, so schloss er, sollten auf diese Musik hören, sie sei ihnen näher als die aus Leipzig oder Berlin, also auch auf die Musik der Ureinwohner ihres Landes sowie die Lieder, die Teil des schwarzen Erbes der USA geworden waren. Hier ging es nicht um Patriotismus. Für ihn, genau wie für andere Komponisten seiner Generation, die sich für Volksmusik interessierten, war die Folklore eine internationale Quelle – schließlich war es dem in Österreich lebenden Deutschen Brahms ebenso möglich, ungarische Tänze zu schreiben, wie es dem aus Böhmen stammenden Dvořák möglich war, schwarze und indianische amerikanische Melodiestile in das Werk aufzunehmen, das er für die neue Carnegie Hall schrieb: die 9. Sinfonie »Aus der Neuen Welt« (1893). Was ihn besonders faszinierte, das zeigt dieses Werk sehr deutlich, war die Entdeckung, dass Musik, die die pentatonische Skala verwendet (eine Skala aus fünf, statt normalerweise sieben Tönen, z. B.: c-d-e-g-a-c), das Dur-Moll-System auffrischen konnte. Die Fünfton-Skala fanden andere Komponisten auch in europäischer Volksmusik, aber besonders verbreitet ist sie in Ostasien, und so wurde sie schnell zu einem Klischee des musikalischen Orientalismus.

Andere Komponisten suchten weiter nach alternativen Skalen: Erik Satie (1866–1925) etwa griff in seinen *Trois gymnopédies* für Klavier (1888) die alten Modi auf (passenderweise spielt schon der Neologismus des Titels auf Jünglingstänze der griechischen Antike an). Neue Skalen waren aber nicht nur in Folklore und Vergangenheit zu finden, sondern auch in neueren Entwicklungen der chromatischen Harmonik, vor allem in der Ganzton-Skala aus großen Sekunden (z. B.: c-d-e-ges-as-b-c), die bei Debussy häufig verwendet wird, oder in der Achtton-Skala aus alternierenden Dur- und Moll-Sekunden (z. B.: c-d-es-f-ges-as-a-h-c), wie sie bei Liszt und Rimski-Korsakow vorkommt. Und doch war auch innerhalb des zentralen harmonischen Systems noch Raum für Entwicklung. Jene Zeitgenossen Debussys, die sich (anders als er) entschieden hatten, ihre Kreativität auf Werke für Opernhaus oder Konzertsaal zu konzentrieren, mussten zwangsläufig die alten Ressourcen beibehalten und erweitern. Im November 1889 erlebten innerhalb von zehn Tagen zwei sinfonische Dichtungen von Mitgliedern dieser Generation ihre Erstaufführung: In Weimar dirigierte Richard Strauss (1864–1949) seinen *Don Juan*; kurz darauf stellte in Budapest Gustav Mahler (1860–1911) *Titan* vor, eine Tondichtung, die er später selbst als seine 1. Sinfonie zählte. Mahler wie auch Strauss verwendeten eine Sprache chromatischer Harmonik und quasi-vokalen Ausdrucks, wie sie über Wagner von Beethoven kam. Beide hatten, um einen farbigeren Klang zu erhalten und ein größeres dynamisches Spektrum zu ermöglichen, das Orchester vergrößert. Und das sollten sie weiter tun.

Zu den jungen Komponisten in Italien zählten Pietro Mascagni (1863–1945) und Ruggero Leoncavallo (1857–1919). Die Namen dieser beiden werden wohl für immer durch den Erfolg ihrer kurzen, als Doppelvorstellung gespielten Opern *Cavalleria rusticana* (Sizilianische Bauernehre, 1890) und *I Pagliacci* (Der Bajazzo, 1892) verbunden sein. Beide Werke bringen das unmittelbar Ansprechende des zeitgenössischen Lieds in die Oper und erreichen durch diesen Prozess, der dem Dvořáks nicht unähnlich ist, eine neue Einfachheit und Direktheit. Oft verwendet man für diesen Stil den Begriff des »Verismo« (Realismus), doch sind solche Opern realitätsnah nur insofern, als ihre dem modernen Alltag entnommenen Figuren sich in einer Musik ausdrücken, die echten Menschen im Publikum zu Herzen ging. Kommerzielle Überlegungen hatten seit den Walzern der Strauß-Familie, den Operetten Offenbachs und den Songs des amerikanischen Komponisten Stephen Foster (1826–1864) Mitte des Jahrhunderts in der Musikbranche deutlich an Gewicht gewonnen: Die »leichte Musik« war von den Pfaden der anerkannten Größen weiter abgekommen als zu der Zeit, da Brahms seine Anerkennung über die *Schöne blaue Donau* zum Ausdruck brachte. Mascagni und Leoncavallo brachten beide Stränge zusammen. Gleiches tat auch Giacomo Puccini (1858–1924) in *Manon Lescaut* (1893), dessen chromatischer Orchestersatz die

Harmonik ebenso stark ausweitet wie die zeitgenössischen Werke von Mahler oder Strauss.

1896/97 starben Bruckner und Brahms im Abstand von sechs Monaten, Tschaikowski und Franck waren nicht lange tot, Verdi schloss sein letztes Werk ab, die *Quattro pezzi sacri* (Vier geistliche Stücke, 1898) und Dvořák beendete seine Karriere mit Opern. Ernest Chausson (1855–1899) – ein Schüler Francks und Meister der post-wagnerschen, im Abendlicht leuchtenden Harmonik – hatte das Grundgefühl seines Zeitalters, auf ein Ende zuzugehen, dem gleichnamigen Helden seiner Oper *Le roi Arthus* (König Arthus, 1886–1895) in den Mund gelegt. Hugo Wolf (1860–1903), der im Wien Brahms' (sein Hassobjekt) und Mahlers (sein Freund) arbeitete, schuf innerhalb eines Jahrzehnts über zweihundert Kunstlieder sowie eine Oper, so als müsse er sich beeilen fertig zu werden, bevor 1897 der Wahnsinn vollkommen von ihm Besitz ergreifen würde und bevor das Ende des romantischen Lyrismus gekommen war.

Von Wolf einmal abgesehen, hatten die meisten dieser Komponisten spät ihre Reifezeit erreicht und ihre größten Werke im Alter zwischen vierzig und siebzig geschaffen – in Verdis Fall sogar noch mit fünfundachtzig Jahren. Nach ihnen lag die Musik wieder, genau wie in den 1830er Jahren, in den Händen junger Giganten wie Puccini, Mahler, Debussy, Strauss und anderer, die aus ihrer lokalen Bekanntheit bald heraustreten sollten, wie etwa Edward Elgar (1857–1934), Carl Nielsen (1865–1931), Jean Sibelius (1865–1957) und Ferrucio Busoni (1866–1924). Diesmal allerdings gab es keine gemeinsame Sache.

Kapitel 17

Abenddämmerung und Sonnenaufgang

Angesichts des nahenden Jahrhundertendes scheinen viele Komponisten das Gefühl gehabt zu haben – ähnlich wie Beethoven hundert Jahre vor ihnen –, eine bedeutende sinfonische Aussage treffen zu müssen. An diesem Punkt schrieb Sibelius seine 1. Sinfonie (1898/99), die noch den Pfaden Tschaikowskis folgt. Debussy, der traditionellen Formen bereits skeptisch gegenüberstand, schuf unter dem Obertitel *Nocturnes* (1897–1899) drei sinfonische Dichtungen, die das Dahinziehen von Wolken (*Nuages*), ein Gemeindefest (*Fêtes*) und Meerjungfrauen beim betörenden Spiel (*Sirènes*) evozieren und wie eine Art Sinfonie ohne ersten Satz verstanden werden können. Elgars sinfonisches Debüt waren seine *Enigma-Variationen* (1898/99), vierzehn Charakterstudien über Menschen aus seinem Umfeld. Aus den Reihen der führenden Vertreter jener Tradition, die das Orchesterrepertoire als die zentrale Tradition erscheinen ließ, kam von Strauss das sinfonische Gedicht *Ein Heldenleben* (1897/98), bald darauf gefolgt von Mahlers 4. Sinfonie (1899–1900).

Diese beiden Komponisten – die sich ihrer Verantwortung gegenüber jener Tradition genauso bewusst waren wie Brahms und Bruckner vor ihnen – hielten an zwei ganz wesentlichen Aspekten der österreichisch-deutschen Orchestermusik seit Beethoven fest und entwickelten sie weiter: an der Vorstellung einer aus dem Orchester kommenden Stimme und an der Einheit der sinfonischen Form. Strauss' *Heldenleben* etwa besteht aus sechs Abschnitten, die zwar in Tempo und Ton variieren, aber alle auf das gleiche thematische Material zurückgreifen (vor allem beim Thema des »Helden«) und ohne Unterbrechung gespielt werden. Mahlers Sinfonien dagegen haben alle eigenständige Sätze; alle folgen annähernd dem üblichen Schema (Allegro in Sonatensatzform, langsamer Satz, Scherzo, lebhaftes Finale) und sind untereinander weniger durch motivisches Material stark verknüpft als durch das erzählende Moment. In seine 3. Sinfonie (1893–1896) und dann wieder in seine 4. baute Mahler gesungene Texte ein, die helfen sollen, seine Geschichte zu verdeutlichen, und zusätzliche Abwechslung schaffen. Aber sie beschwören auch – im Ge-

Gustav Mahler

gensatz zu Hanslick – Beethovens Neunte als Maß der sinfonischen Dinge herauf. Ganz ähnlich war das schon bei Mahlers 2. Sinfonie: Sie entwickelt sich von einer »Totenfeier« im ersten Satz hin zu einem Chorfinale, das zuversichtlichen Glauben in die Wiederauferstehung ausdrückt. (Christliche Themen durchzogen die Musik des jüdischen Komponisten als Ausdruck seiner facettenreichen Persönlichkeit.) Die Texte für seine 3. und 4. Sinfonie hatte er in *Des Knaben Wunderhorn* gefunden, einer Anfang des 19. Jahrhunderts zusammengestellten Sammlung von Volksliedtexten.

Das naive Lied der 4. Sinfonie, das die Vision eines Kindes vom Himmelsleben vermittelt, wird von einem Sopran im Finale gesungen. Dem voraus gehen drei Sätze, die in der bildhaften Schilderung einer Schlittenfahrt, im Klang des Alphorns, in Tanz und Kinderreim ebenfalls das Kindliche durchscheinen lassen – alles jeweils charakteristisch komplex und in einem Ton vorgebracht, der unbekümmert direkt oder ironisch oder beides zugleich sein kann. Mithilfe von Parodietechniken, die Mahler vielleicht in Liszt-Werken wie der *Faust-Sinfonie* kennengelernt hatte, verlieh er seiner Musik etwas Doppelbödiges und Zweifelndes, indem er entweder Themen, die zuvor ernst gemeint waren, ironisch verzerrt, oder indem er derbe Stile (Wirtshaustanz, Marschmusik) mit Akzent auf eben dieser Derbheit integriert. Eine

Musik, die solche Quellen in den Konzertsaal bringt, vermittelt dem Hörer das Gefühl, in der Welt zu sein, vor allem auch, Mahler in der Welt zu sein und sich mit der Person zu identifizieren, die in ihr so kraftvoll, wenn auch immer wieder anders, dargestellt ist.

Auch Strauss' Musik wirkt manchmal, als ginge es darin um ihn, und in der Tat besteht im *Heldenleben* kein Zweifel über die Identität des Helden. Dennoch wird der Protagonist hier von außen betrachtet, werden seine Taten beschrieben und illustriert, aber nicht empfunden. Mahler arbeitet mit entliehenen Texten und häufig sogar mit entliehenem musikalischen Material und erzeugt damit eine stark autobiographische Wirkung, ohne dass er seinem Werk ein persönliches Programm zuordnet. Strauss, der nominell über sich selbst schreibt, tut das mit Objektivität und Humor. Übereinstimmung gibt es da nur in einem Punkt: Beide Komponisten teilten die schon lange bestehende romantischen Auffassung, Musik müsse von den Gefühle eines Individuums handeln, von Liebe, Großmut, Angst und Hoffnung. Und beide verstanden Musik als Stimme der Leidenschaft.

Diese Stimme hing ganz wesentlich vom System der Dur-Moll-Tonarten ab und insbesondere von den vielfältigen Möglichkeiten, nachvollziehbare Akkordfortschreitungen und Modulationen durch verschiedene Tonarten zu schaffen, die Zeit als kontinuierliche Entfaltung erfahrbar machen. Vielleicht liegt die Kraft einer solchen spätromantischen Musik – die es bis in die Gegenwart gibt – gerade in diesem Gefühl dafür, dass Zeit zwar vergeht, aber doch in geordneten Bahnen vergeht, und dass sie, ungeachtet aller Schwierigkeiten und Umwege, irgendwann Kurs auf ein Ende nimmt, das Besserung verheißt. Mahler erschüttert diese Zuversicht, denn auf seinen Reisen können Brücken mittels Kitsch überquert werden, und jegliches Ankommen mag immer noch einen zweifelnden Unterton bekommen. Doch das verstärkt nur seine Bedeutung bei Hörern in einer späteren Welt.

Um einer Musik, der ein breites Spektrum an Akkorden zur Verfügung stand, weiterhin harmonische Logik zu verleihen, war, so empfanden es die Komponisten damals, ein großes Klangvolumen nötig. Mahler schrieb in seiner Reifezeit ausschließlich Sinfonien und Lieder, wobei Letztere meist eine Orchesterbegleitung hatten. Auch Strauss bevorzugte in den 1890er Jahren Orchestermusik und -lieder, und in seinen Opern, denen im neuen Jahrhundert sein Hauptaugenmerk galt, verschmolz er dann diese Gattungen. Beide Komponisten bauten auf dem Orchester auf, das Wagners *Ring* etabliert hatte, außerhalb

Österreichs und Deutschlands allerdings wurden derart üppige Ensembles weniger eingesetzt, da sie auch weniger gebraucht wurden. Viele Komponisten suchten, anstatt das Dur-Moll-System zu stützen, nach Alternativen, verwendeten zum Beispiel – wie zuvor schon Lalo und Chabrier – Ostinati und einen im Wesentlichen rhythmischen Motor, um harmonisch komplexe Musik anzutreiben. So war das auch bei Paul Dukas (1865–1935) und seinem brillanten kurzen Orchesterstück *L'Apprenti Sorcier* (Der Zauberlehrling, 1897), in dem ein unverwüstliches, unermüdlich wiederholtes Motiv durch ein breites Spektrum an Harmonien und Klangfarben gejagt wird und so einen beständigen Vorwärtsdrang erzeugt, für den Goethes Parabel eines jungen Zauberers, dessen Magie außer Kontrolle gerät, die perfekte Metapher lieferte.

Die Macht des Dur-Moll-Systems war noch immer so stark, dass selbst die größten musikalischen Freidenker der Zeit – Debussy in Paris und Charles Ives (1874–1954) in New York – sich nach anderen, im Grunde noch immer harmonischen Strukturen umsahen. 1902 schrieb Ives mehrere Psalmvertonungen für Chor, in denen er sich von einer alten US-amerikanischen Tradition weg- und zu neuen Fünfton-Akkorden hin bewegte, die Dreiklänge unterschiedlicher Tonarten übereinander schichteten. Im selben Jahr bat eine Zeitschrift Debussy, Spekulationen über die Zukunft der Musik anzustellen – allein die Anfrage war schon Ausdruck eines verbreiteten Unbehagens, das sicherlich zum Teil durch die Neuartigkeit der Musik Debussys hervorgerufen worden war. Debussy begann mit einem Traum: »Das Beste, was man für die französische Musik wünschen könnte, wäre zu sehen, dass die Art der Harmonielehre, wie sie in den Konservatorien praktiziert wird, abgeschafft würde.« Bachs Choralbearbeitungen galten inzwischen als Muster harmonischer Gesetzmäßigkeit, und genau diese akademische Verehrung stellte Debussy provokativ infrage – wenn auch mit Begriffen, die nicht so sehr auf Bachs Musik als vielmehr auf seine eigene verweisen: »Er bevorzugte das freie Spiel der Klänge, dessen Kurven, ob nun parallel oder gegenläufig, das ungeahnte Erblühen vorbereiteten, das selbst das geringste seiner Hefte mit einer unvergänglichen Schönheit schmückt.«

Ein solches freies Spiel – Debussy erzeugte es weitgehend, indem er Harmonien auf Ganzton-Skalen aufbaute oder auf Skalen, die in Verbindung mit den Modi der mittelalterlichen Musik, der Volksmusik oder asiatischer Ensembles standen – beherrschte er inzwischen soweit, dass er eine abendfüllende Oper schreiben konnte: *Pelléas et Mé-*

lisande. Das Werk basiert auf einem vielgespielten Drama des belgischen Dichters Maurice Maeterlinck und wurde im Jahr 1902 uraufgeführt. In gewisser Weise ist das Stück eine wagnersche Oper: Der Schauplatz ist mittelalterlich-sagenhaft, wie im *Tristan* liegt der Fokus auf einer ehebrecherischen Beziehung, und Meer und Nacht bilden Elemente der Kulisse. Aber wo Tristan und Isolde einen Großteil der Oper hindurch ihre Liebe aus voller Kehle besingen, erklären Pelléas und Mélisande sich die ihre nur kurz, fast schon verstohlen. Ihre Gefühle werden meist verheimlicht – nicht nur absichtlich, aus Angst vor den sie umgebenden Personen, sondern auch, und das ist noch ergreifender, weil die Oper sie an dem Punkt zeigt, an dem sie gerade erst zu begreifen beginnen, was sie da fühlen. Debussy sagte, er wollte zum »nackte Fleisch der Emotion« gelangen, und das ist ihm wohl auch gelungen. Aber dieses Fleisch ist weich und besteht nicht nur aus Leidenschaft, sondern auch aus Ausflüchten und Zweifeln.

Arnold Schönberg (1874–1951), der offenbar von Debussys Oper nichts wusste, schuf mit *Pelleas und Melisande* (1902/03) seine eigene Version der Geschichte in Form einer sinfonischen Dichtung, die – typisch für ihn – unterschiedliche Aspekte der aktuellen Musik zusammenbringt: Mahlers expressive Innerlichkeit und den Entwicklungstrieb in der Musik von Brahms. Schönberg, der die meiste Zeit in Wien lebte – genau wie Mahler in der Zeit, als er Chefdirigent der dortigen Oper war (1897–1907) – war sich seines Erbes durchaus bewusst. Ganz ähnlich hatte seine zuvor entstandene sinfonische Dichtung *Verklärte Nacht* (1899) wagnersche Harmonik in das brahmssche Medium des Streichsextetts (ein Streichquartett mit zusätzlich einer zweiten Bratsche und einem zweiten Cello) übertragen – Brahms, der erst zwei Jahre zuvor gestorben war, hatte zwei Werke für diese üppige Kammermusikbesetzung geschrieben. Weiteres Kennzeichen dieser sinfonischen Dichtungen, wie auch von Schönbergs Musik ganz allgemein, ist ein Überfluss, ein expressiver Druck, der die Grenzen der Form zum Zerreißen spannt.

Was oft hilft, die Form zusammenzuhalten, ist ein Rückgriff auf strenge Kontrapunktik, die, ähnlich wie die Ostinati bei Lalo oder Chabrier, dazu dient, eine Vorwärtsbewegung aufrechtzuerhalten. Brahms, ein großer Bewunderer Bachs, zeigte das beispielhaft, nicht zuletzt mit dem Passacaglia-Finale seiner 4. Sinfonie, von der aus Wege nicht nur zu Schönberg führen, sondern auch zu dessen fast gleichaltrigem Kollegen in Deutschland Max Reger (1873–1916) und zu Busoni. Reger nahm in den ganz frühen Jahren des 20. Jahrhunderts in der österreichisch-deutschen Musik einen prominenteren Platz ein als Schönberg, und er war auch der produktivere von beiden, vor allem im Hinblick auf die Instrumentalmusik. Einige seiner Werke sind Variationszyklen, die in einer Fuge kulminieren, doch ist kontrapunktische Energie fast überall vorhanden und durchzieht harmonisch dichte Texturen. Seine Quelle würdigte er in Klavierbearbeitungen bachscher Musik, und genau das tat auch Busoni, ein Musiker deutsch-italienischer Herkunft, der zu der Zeit als Klaviervirtuose sehr bekannt war.

Busoni war nicht der einzige Künstler, der ein neues Interesse an Bach förderte. Im Grunde kann man den Beginn der später so genannten »Alte-Musik-Bewegung« auf das Jahr 1890 datieren, als der in London lebende französische Musiker Arnold Dolmetsch (1858–1940) sein erstes Konzert gab. Dolmetsch, ein Pionier nicht nur als Musiker, sondern auch als Instrumentenbauer, erzeugte Klänge, die seit Generationen praktisch vergessen waren: die von Cembalo, Laute, Gambe und Blockflöte. 1903 debütierte dann Wanda Landowska (1879–1959) als Cembalistin und begann damit ihre lange Karriere als diejenige, die das »moderne« Cembalo populär machte, ein Instrument, das dem 17. und 18. Jahrhundert unbekannt war, da es in Umfang und Klangstärke mehr einem Flügel entsprach. Die Wiederentdeckung älterer Musik war in ihren Augen eine Reaktion auf den gegenwärtigen Zustand der Komposition: »Wenn wir manchmal der Grandiosität müde sind und uns die Luft in der dicken Luft übertriebener Romantik fehlt, müssen wir nur die Fenster zu unserer großartigen Vergangenheit weit öffnen.«

Einen Beleg für das zu finden, was sie unter »übertriebener Romantik« verstanden haben mag, fällt in dieser Periode nicht schwer. Puccinis Opern *Tosca* (1900) und *Madame Butterfly* (1904) steuern gezielt auf Momente hoch emotionalen Vortrags zu, die deutlich herausragen nicht nur, weil Puccini ein Talent für große Melodien hatte, sondern auch, weil solche Momente dramatisch glaubwürdig umgesetzt sind, das Rezitativ etwa ersetzt wird von einem fließenden und melodiösen Vokalstil, der sich an die verschiedensten Dialogsituationen von der Liebesszene bis zum Verhör mühelos anpassen lässt. Strauss hat von Puccini sicherlich einiges gelernt und in der *Salome* (1905) angewendet, seinem ersten Opernmeisterwerk, bei dem dekadente Emotionen und eine dekadente Handlung ungewöhnlich detailliert dargestellt werden. Genau wie Leoš Janáček (1854–1928) in seiner *Jenůfa* (1904), einer Oper der ganz anderen Art, die ihre Melodien aus tschechischen Sprachrhythmen und tschechischer Volksmusik übernahm. »Übertrei-

bung« gab es auch in der Orchestergröße, und da war die Obergrenze
dessen, was auf einer Konzertbühne untergebracht und von einem Dirigenten geleitet werden konnte, mit Schönbergs gewaltigen *Gurre-
Liedern* möglicherweise erreicht. Dieses kolossale, oratorienartige
Werk entstand überwiegend in den Jahren 1900 und 1901 und erfor-
derte einen Klangkörper von 135 Instrumentalisten, darunter acht
Flötisten und zehn Hornisten.

Üppig war die Musik dieser Zeit aber auch, was die Variations-
breite betraf. Schönberg und Mahler waren mitnichten die einzigen
Komponisten, die damals in Wien arbeiteten, schließlich war dies
auch das goldene Zeitalter der Wiener Operette, das Werke hervorbrachte, die noch eingängiger und opulenter waren als jene von Johann Strauß' Sohn, aber noch immer vom gleichen Walzercharme getragen wurden, Werke wie etwa *Die lustige Witwe* (1905) von Franz
Lehár (1870–1948). In den USA wurde mit dem Ragtime, zum Beispiel mit dem enorm erfolgreichen *Maple Leaf Rag* (1899) von Scott
Joplin (1867/68–1917), eine ganz neue Form der Populärmusik geboren. In Paris und Berlin kam zur gleichen Zeit eine neue Art der
musikalischen Unterhaltung auf: das Cabaret bzw. Kabarett mit Liedern, deren anspruchsvolle Texte oft politische, moralische oder sozi-
alkritische Schärfe hatten. Vorübergehend lieferten auch Satie und
Schönberg (mit seinen *Brettl-Liedern,* 1901) Beiträge zu diesem Repertoire.

Satie, der sich Traditionen hinsichtlich Form, Gattung und Harmonik heftig widersetzte, bot das Cabaret eine Möglichkeit, der lan-
dowskaschen »Grandiosität« rasch zu entkommen, aber es gab durchaus noch andere Fluchtwege, selbst in Paris. Debussy, durch den Erfolg von *Pelléas* ins Zentrum der französischen Musik gerückt, arbeitete
weiter mit schwebenden Harmonien und schuf sein zweites quasi-sin-
fonisches Werk, *La Mer* (1903–1905). Dessen Mittelsatz, *Jeux de
vagues* (Spiel der Wellen) gleitet von einer wellenförmigen Idee zur
nächsten, und jede dieser Ideen entsteht scheinbar aus einer unter ihr
liegenden Harmonie heraus, so wie Wellen durch Unterwasser-Span-
nungen entstehen, doch folgen die Akkorde keiner zielgerichteten Bewegung, sondern treiben dahin und kreisen wie Meeresströmungen.
1907 schrieb Debussy in einem Brief an seinen Verleger, er habe immer mehr das Gefühl, »dass Musik in ihrem eigentlichen Wesen nichts
ist, was innerhalb einer strengen, traditionellen Form fließen kann. Sie
besteht aus Farben und rhythmisierter Zeit«. *Jeux de vagues* entspricht
dieser Beschreibung ebenso wie viele der Klavierstücke, die der Kom-

ponist während dieser Periode schrieb und in denen er, anders als Mahler und Strauss, nicht auf einen riesigen Apparat zurückgreifen musste, um eine klare harmonische Richtung aufrechtzuerhalten. Zu jenen Stücken gehören auch drei Tryptichen: die *Estampes* (Drucke, 1903) und die beiden *Images*-Zyklen (Bilder, 1901–05 und 1907). Wie die Titel vermuten lassen, ist die Tonsprache oft bildhaft, allerdings nur, wenn sie sich entweder mit bestimmten Aspekten der Textur befasst, wie etwa in *Reflets dans l'eau* (Spiegelungen im Wasser) aus den ersten *Images,* oder der Harmonik, wie in den *Pagodes* (Pagoden), die die *Estampes* in chinesisch-pentatonischem Stil eröffnen. Skalen aus fernöstlichen oder spanischen Traditionen erwiesen sich wieder einmal, wie schon in den 1880er Jahren, als besonders fruchtbar, nicht nur für Debussy, sondern auch für Zeitgenossen wie Puccini (*Madame Butterfly*) und Maurice Ravel (1875–1937). Ravel schrieb sowohl das trägste Meisterwerk im orientalischen Stil (seinen Liederzyklus *Shéhérazade* für Sopran und Orchester, 1903) als auch einige der vitalsten Musikstücke mit spanischem Kolorit: die *Rhapsodie espagnole* für Orchester (1907/08) und *L'Heure espagnole* (Die spanische Zeit, 1907–1909), eine brillante komische Oper über die Frau eines Uhrmachers, die ihr Liebesleben organisieren muss wie ein Uhrwerk. Als 1907 Manuel de Falla (1876–1946), ein Komponist aus Madrid, in Paris eintraf, war das schon fast, als käme er nach Hause.

Debussys Umgang mit ungewöhnlichen Skalen faszinierte auch einen jungen Ungarn, der ebenfalls zu der Zeit in der Stadt war: Zoltán Kodály (1882–1967). Kodály brachte einige Notenausgaben von Werken Debussys mit nach Hause und zeigte sie seinem Freund Béla Bartók (1881–1945). Beide hatten 1905 angefangen, Volksmusik zu sammeln, und das, was sie in den Dörfern Siebenbürgens und der Slowakei entdeckt hatten, bestätigte sich in Debussys Musik: Außerhalb des Dur-Moll-Systems lagen noch reiche Möglichkeiten. Die gleiche Entdeckung machten auch Andere in anderen Teilen der Welt, vor allem in England, wo der australische Komponist Percy Grainger (1882–1961) begann, Volksmusik zu sammeln, zu studieren, zu bearbeiten – im Interesse größerer Freiheit in jeglicher musikalischer Dimension: der der Harmonik, des Rhythmus, der Instrumentierung und der Form. Diese Freiheit bedeutete für ihn, die westliche Idee vom fertigen, unveränderlichen Kunstwerk aufzugeben: Viele seiner Stücke existieren in zahlreichen unterschiedlichen Formen und, je nach Aufführung, für ganz unterschiedliche Besetzungen. Grainger war ganz sicher ein inspirierender Kollege, doch englische Zeitgenossen wie Frederick Delius (1862–1934), Ralph Vaughan Williams (1872–1958) und Gustav Holst (1874–1934) teilten zwar seine Leidenschaft für Volksmusik, hielten aber an einer steiferen Vorstellung dessen fest, was eine Komposition sein sollte.

Wenn Mahler in seiner Musik einen Volkston annimmt, ist das etwas anderes, denn er ist bei ihm ironisch gebrochen und bildet nur einen Teil seiner Musikwelt. Dieser Teil wurde nach den *Wunderhorn*-Liedern und Lied-Sinfonien zudem immer kleiner, auch wenn er in den rein orchestralen Sinfonien (Nr. 5–7, 1901–1905) noch ebenso präsent ist wie in der kolossalen Achten (1906/07) mit ihren zwei Chortableaus, die den Hymnus *Veni Creator Spiritus* (Komm Schöpfer Geist) und die Schlussszene im Himmel aus Goethes *Faust II* vertonen. Diese Sinfonie, zu deren Uraufführung Mahler über tausend Mitwirkende auf die Bühne brachte (daher auch ihr Beiname »Sinfonie der Tausend«), steht für die Extreme der musikalischen Gigantomanie, sie übertrifft sogar noch die Chorstärke von Schönbergs *Gurre-Liedern*. Schönberg hatte inzwischen reagiert und sich mit seinem 1. Streichquartett (1904/05) und seiner 1. Kammersinfonie (1906) auf kleinere Gattungen konzentriert. Was allerdings seine harmonische Kühnheit anging, sein Beharren auf Kontrapunkt oder das Feilen an der Form, wich er nicht einen Schritt zurück. Sein Quartett und die Kammersinfonie gehen alle diese Punkte energisch an und schaffen im durchgehenden Spiel hochkomplizierte musikalische Situationen, die nach einer mühevollen Auflösung verlangen. Die Entwicklung, die ihr Komponist zwischen seiner *Verklärten Nacht* und diesen beiden Werken genommen hatte, war mehr als ein Übergang vom ersten Auftritt eines jungen Künstlers zur dessen gesetzter Reife; es ist, als würde diese Musik aus der Geschichte heraus entstehen – und Geschichte machen.

Andere allerdings erkannten die Zeichen der Zeit nicht oder lasen sie anders. In den Werken Sergej Rachmaninows (1873–1943), der in Moskau in der Tschaikowski-Tradition ausgebildet worden war, ist nichts davon zu hören. Von seinem 2. Klavierkonzert (1900/01) führt keine zwingende Kraft zu seiner 2. Sinfonie (1906/07); beides sind Produkte einer romantischen Tradition, die ohne Umwege direkt aus dem 19. Jahrhundert kommt. Und Sibelius' Violinkonzert (1903) zeigt, wie die alten Modi Verwendung finden können, ohne gleich die traditionelle Harmonik aufzulösen (wie bei Debussy), sondern diese im Gegenteil sogar zu stärken. Der Streit zwischen Radikalen und Konservativen, wie Schumann ihn miterlebt hatte, wurde neu aufgelegt. Jetzt aber fand er in einer viel komplexeren Musikwelt statt, in der nicht einmal Einigkeit darüber herrschte, welche Seite was vertrat. Schönberg hatte sich immer für einen Traditionalisten gehalten, schließlich tat er, was Vorgänger wie Brahms und Mozart auch getan hatten: Er setzte eine Tradition fort, indem er sie so voranbrachte, wie sie es zu verlangen schien.

Dennoch ist es schwer, seine und Debussys Werke nicht als Signale aus dem rasenden Tempo jener Zeit zu verstehen. Die Zeit um 1900 war eine Zeit nie dagewesenen sozialen und technischen Wandels. Die langsame Entwicklung hin zu einer Gleichberechtigung von Frauen und nicht-weißen Menschen zeigte sich auch unter den Komponisten, so zum Beispiel in dem Ansehen, dass Cécile Chaminade (1857–1944), Ethel Smyth (1858–1944) und Amy Beach (1867–1944) erlangten, oder in der großen Anerkennung, die dem schwarzen britischen Komponisten Samuel Coleridge-Taylor (1875–1912) für sein Oratorium *Scenes from »The Song of Hiawatha«* (Szenen aus dem »Lied von Hiawatha«, 1898–1900) zuteil wurde.

Was die technischen Neuerungen konkret für die Musik bedeuten würden, war auch erst in Ansätzen zu erkennen. Die Tonaufnahme, die gerade noch rechtzeitig entwickelt worden war, um 1889 einen Fetzen von Brahms am Klavier einzufangen, bot zu Beginn des neuen Jahrhunderts ein erstes Medium, Musikaufführungen zu verbreiten. Die Stimme Enrico Carusos (1873–1921), der seine ersten Aufnahmen 1902 machte, war ein erster Vorbote für das, was noch kommen würde. Ein eher vorübergehendes Phänomen war das »Reproduktions-Klavier«, eine Art Klavierspielapparat, für den man Aufführungen auf Papierrollen aufzeichnen konnte, die Nuancen in Anschlag und Pedaleinsatz weitgehend konservierten. Das 1904 erstmals gebaute Instrument konnte bald schon Einspielungen von Debussy und Mahler anbieten.

Die Vor-Echos der Zukunft hörte von den Komponisten jener Zeit keiner so genau wie Busoni, der 1905–09 Konzerte mit neuer Musik in Berlin dirigierte und 1907 seinen *Entwurf einer neuen Ästhetik der Tonkunst* veröffentlichte. Nicht weniger resolut, optimistisch und plastisch als Debussy formuliert er darin einen Ruf nach Freiheit, fordert die Befreiung der Formen von festen Prinzipien und Gesetzen sowie neue Skalen und kleinere Intervalle als Halbtöne – Intervalle, von denen er glaubte, sie würden bald auf elektrischen Instrumenten verfügbar sein. Genau wie Debussy und viele andere Vorgänger wollte er eine Rückkehr zur Natur – oder eher einen Schritt nach vorn in die Natur mit ihren »unendlichen Abstufungen«. Das seien, sagte er, »schöne Hoffnungen und traumhafte Vorstellungen«. Bald schon sollten sie Wirklichkeit werden.

TEIL VII

Verworrene Zeit: 1908–1975

Perioden der Geschichte beginnen und enden nicht, sie gehen ineinander über. Und doch gab es 1908 in der Geschichte der Musik einen besonderen und einschneidenden Moment: Schönberg beendete die ersten Kompositionen, die ganz auf das harmonische System der Dur-Moll-Tonarten verzichten – eine Revolution, der sich sehr bald schon sein Schüler Anton Webern (1883–1945) anschloss. Diese oft als »atonal« beschriebene neue Musik konnte in ihren Akkorden alle Arten von Tonkombinationen einschließen, auch wenn das Stück an sich, absichtlich oder intuitiv, sehr exakt geordnet sein mochte. In ihr gab es jetzt keine Kraft mehr, die die Musik zu einer Auflösung drängte, zu einem Ankommen in der Grundtonart, denn eine tonale Heimat gab es nicht mehr.

Schönbergs Innovation brachte in mancher Hinsicht genau die Freiheit, die er sich, zusammen mit Debussy und Busoni, erhofft hatte. Entgegen seinen Wünschen machte sie aber Innovation gleichzeitig zum Lebensmotto der Musik und läutete so eine bis heute nicht abgeschlossene Periode ein, die weitere Möglichkeiten radikalen Wandels erforschte – die Periode, die heute gemeinhin als Moderne bezeichnet wird. So gesehen kann man den Beginn der Atonalität mit dem fast zeitgleichen Beginn der Abstraktion in der Kunst vergleichen (1910 schuf Wassily Kandinsky das erste abstrakte Werk). Atonalität führte, ähnlich wie die Abstraktion, zu einem radikalen Bruch, nicht nur mit der Vergangenheit, sondern auch mit Kulturen in anderen Teilen der Welt, denn bis dato basierte alle Musik auf irgendeinem zentralen Ton oder einer zentralen Harmonik. Alle Musik war außerdem in lange bestehenden Traditionen verankert, doch forderte der große Imperativ der Moderne, alles neu zu machen – und es dann wieder neu zu machen.

Einige Varianten der Moderne fanden durch eine Verwurzelung in der Volksmusik Wege, harmonische Stabilität und einen Hauch von

Tradition aufrecht zu erhalten, auch wenn sie im Grunde mit der Harmonik der abendländischen Tradition brachen, wie das die Moderne per definitionem tun muss. Vergleichen kann man das etwa mit Picassos Begeisterung für afrikanische Kunst. Also ist nicht alle moderne Musik atonal, obwohl vielleicht alle atonale Musik dem Wesen nach Musik der Moderne ist. Und die Moderne definierte sich, zumindest in den ersten Jahrzehnten, nicht als Gegensatz zur Tradition der klassischen Musik, sondern auch als Gegengewicht zur Mehrheit des Publikums jener Musik. Moderne Musik wollte schwierig sein und auf Widerstand stoßen.

Dennoch hatte die schönbergsche Atonalität durchaus noch Verbindungen zur jüngsten Geschichte der westlichen Kultur. Genauso wie man Abstraktion sehen konnte als konsequente Weiterentwicklung der Werke vieler Maler der vorherigen drei oder vier Jahrzehnte, so konnte man Atonalität als logische Folge der extremen Verwendung von Dissonanzen beim späten Liszt oder bei Mahler und Strauss oder Schönberg selbst sehen. In der Tat fand man die Rechtfertigung für einen so außergewöhnlichen Schritt sowohl in dieser historischen Kontinuität wie in der Freiheit, die er der Kunst brachte.

Will man die Atonalität oder auch die Abstraktion historisch einordnen, muss man die Rolle der populären Kunst als negatives Paradigma mit einrechnen. Wo ein moderner Impuls existiert, existiert er nicht nur als Reaktion auf die Traditionen der klassischen Musik, sondern auch auf die der populären Stile, die – zum großen Teil aufgrund der neuen technischen Möglichkeiten, deren Siegeszug Caruso 1902 mit seiner ersten Schallplatte einläutete – im Lauf des 20. Jahrhunderts so mächtig werden würden. Die Moderne ist und war entschieden nicht für den Markt gemacht. Und der Markt hat wenig Neigung gezeigt, die Moderne anzunehmen.

Die Moderne verlagerte, wieder ähnlich wie die Abstraktion, die Aufmerksamkeit vom Produkt zum Prozess, zu der Frage, wie und warum etwas komponiert wurde. Dadurch dass die neuen Techniken der Moderne die tonale Harmonik reduzierten oder ihr die Zielgerichtetheit nahmen, war es Komponisten möglich – und das ist ganz wesentlich –, eine Musik zu schaffen, in der Zeit auf unterschiedliche Arten wahrgenommen werden konnte, oft sogar auf mehrere Arten gleichzeitig: als stationäre Zeit unbeweglicher Harmonik, als sich wiederholende Zeit des Ostinatos, als wirre Hektik von Akkordfortschreitungen, die in traditionellen Begriffen keinen rechten Sinn ergeben, als sich umkehrende Zeit, wenn Ereignisse rückwärts wiederholt werden als doppelte Zeit, dadurch dass alte Formen und Gattungen unerwartet neu interpretiert werden. In dieser Hinsicht deckt sich die Moderne nicht nur mit der Abstraktion, sondern auch mit einer anderen Entwicklung der Zeit: der Entdeckung durch Einstein 1905, dass Zeit keine universale Konstante ist, sondern je nach Position und Bewegung des Standpunkts variieren kann – dass es nicht nur eine Zeit gibt, sondern viele.

Vielleicht ist es gerade diese Multiplizität der Zeit, was die moderne Musik so schwierig macht, denn sie beinhaltet eine Vermeidung, Ablehnung oder ein Verkomplizieren des kontinuierlichen, zielgerichteten Sich-Entwickelns, das in der gesamten abendländischen Musik seit dem 16. und bis ins frühe 20. Jahrhundert so bestimmend war und das dadurch, dass es dem Fluss der Zeit geordnete Gestalt gab, eine solche Macht hatte zu bewegen und zu trösten. Die ausgefransten, unregelmäßigen, vielfältigen oder aufgelösten Zeitkonturen der modernen Musik sind da schwerer fasslich.

Doch verdeutlichen sie uns, in welcher Kultur moderne Musik entsteht. Die Einheit – so wie es sie etwa in den 1880er Jahren gab, zu einer Zeit, als Brahms, Bruckner, Franck, Grieg und Tschaikowski alle die gleiche Sprache sprachen, die gleiche wie Johann Strauß Sohn in seinen Walzern oder der US-amerikanische Dirigent von Militärkapellen John Philip Sousa (1854–1932) in seinen Märschen, und als noch allgemeine Übereinstimmung über das Wesen und die Geschichte der westlichen Tradition herrschte – bekam 1908 einen deutlichen Knacks. Seitdem sind die westlichen musikalischen Sprachen so vielfältig wie die, die auf unserem Planeten gesprochen werden – oder sogar noch vielfältiger angesichts der fehlenden Einigkeit darüber, was Inhalt der Musik ist oder wie man ihn begreift.

Gleichzeitig hat die Technik der Tonaufnahme die Geschichte der Musik – die Geschichte der Kompositionen und Traditionen – um die Komponente der Aufführungen erweitert, bewahrt sie diese doch für Jahrzehnte auf. Die Tontechnik hat auch eine Welt mit sich gebracht, in der musikalisches Erleben nichts Besonderes mehr ist, kein Ereignis, zu dem man sich erst hinbegeben muss oder für das Sachverstand oder überhaupt Personal nötig ist, kein Ereignis, das nur stattfindet, wenn Zuhörer und Musiker im gleichen Raum sind. Musik ist allgegenwärtig. Musik kann auch aus unzähligen Quellen zu uns kommen: aus den höfischen Traditionen Burmas oder Burgunds, von Sängern, die zur Laute oder zur E-Gitarre singen, von Ligeti, Liszt, Lasso oder Landini. Die Relativität der Musik ist überall.

Kapitel 18

Von vorn

Die Moderne begann mit Liedern, Liedern, die Schönberg zu aktuellen Gedichten Stefan Georges komponierte, der in einer visionären, ruhigen Sprache von den Reisen der Seele schrieb. Zwei Werke entstanden aus dieser Begegnung zwischen österreichischem Musiker und deutschem Dichter: Schönbergs 2. Streichquartett (1907/08), bei dem ein Sopran in den letzten beiden von vier Sätzen Georges Worte singt, und sein Liederzyklus *Das Buch der hängenden Gärten* (1908/09) für Sopran und Klavier. Das Quartett verkörpert den historischen Prozess, in dem sich Atonalität entwickelt hatte, fast so, als hätte Schönberg eine Rechtfertigung liefern wollen. Der erste Satz steht in Fis-Dur, einer extremen und unangenehmen Tonart, passend für eine Musik, die karg klingt. Ihm schließen sich Variationen über ein populäres Lied an, die die Melancholie der Melodie in mahlerscher Manier verstärken, und danach setzt der Sopran mit dem ersten George-Gedicht ein, auch das wieder in einer unüblichen Tonart, nämlich in es-Moll. Im letzten Satz wird ein derart instabiles Festhalten an der Tonalität dann aufgegeben. Die Saiten schweben in grenzlosem Raum, und der Sopran singt dazu Georges Worte: »Ich fühle luft von anderen planeten«. Der unmittelbar nach diesem Quartett entstandene Liederzyklus ist vollständig atonal.

Schönberg hätte an der Stelle anhalten können, diese spezielle Sprache der Atonalität für die spezielle Gelegenheit der georgeschen Lyrik ohne Boden reservieren können, die zur gleichen Zeit auch Webern atonal vertonte. Aber beide Komponisten sahen ihre Abkehr von der Tonalität als einen historischen Durchbruch, nicht als vorläufiges Experiment an. Vorerst gab es kein Zurück. Ende 1909 hatte Schönberg sein atonales Oeuvre um eine Oper in einem Akt und für eine Frau (*Erwartung*) erweitert sowie um die Fünf Stücke für Orchester (keine Sinfonie, denn die alten Formen waren mit den alten Harmonien, die sie gestützt hatten, verschwunden) und die Drei Stücke für Klavier. Und er hatte an Busoni geschrieben, ihm erklärt, seine Motivation sei nicht nur, die musikalischen Möglichkeiten zu erweitern, sondern zuallererst einen wahrhaftigeren musikalischen Ausdruck zu schaffen.

Arnold Schönberg

»Dem Menschen ist es *unmöglich*, nur ein Gefühl gleichzeitig zu haben. Man hat *tausende* auf einmal. ... Und diese Buntheit, diese Vielgestaltigkeit, diese *Unlogik*, die unsere Empfindungen zeigen, diese Unlogik, die die Assoziationen aufweisen, die irgend eine aufsteigende Blutwelle, irgend eine Sinnes- oder Nerven-Reaktion aufzeigt, möchte ich in meiner Musik haben.«

»Harmonie ist *Ausdruck*, und nichts anderes als das«, schrieb er im gleichen Brief, ganz im Sinn von Debussy und Busoni. Und um die Komplexität des Erlebens auszudrücken, musste die Harmonie selbst komplex sein, musste musikalische Form sich konstant entwickeln, ohne Themen oder durchgehende Metren zu wiederholen. Hätte Schönberg sich die Frage gestellt, wieso das menschliche Erleben gerade jetzt so außerordentlich komplex war, hätte er als Grund dafür vielleicht die vielen unterschiedlichen Geschwindigkeiten in den Städten genannt, die sich mit motorisierten Fahrzeugen zu füllen begannen, oder die vielen unterschiedlichen Stimuli durch Verkehrsgeräusche, elektrisches Licht und zunehmende Reklame. Vielleicht wäre er auch auf auch die Ideen zu sprechen gekommen, die Sigmund Freud in seiner Heimatstadt Wien vorstellte, denn in diesem Brief an Busoni bezieht er sich letztendlich auf das Unterbewusstsein. So wie ein un-

terbewusster Wunsch Gefühle und Handlungen auslösen kann, die
scheinbar in keinerlei Beziehung zu dem Wunsch oder zueinander stehen, so fehlt Schönbergs atonalen Harmonieverbindungen und -be-
ziehungen die offensichtliche Logik, die das traditionelle Dur-Moll-
System am Leben erhalten hatte. Dies ist eine Harmonik, die gewis-
sermaßen im Dunkeln abläuft.

Sie hätte aber auch aus dem Dunkel selbst kommen können, insofern als Schönberg intuitiv arbeitete. Das Tempo, in dem er komponierte, legt das durchaus nahe: *Erwartung* – eine halbe Stunde sehr far-
biger Orchestermusik, in der üppige harmonische Vielfalt in der ständigen Veränderung von Instrumentation und Textur ihre Entsprechung
hat – wurde von Anfang bis Ende in siebzehn Tagen ausgearbeitet.
Das Libretto, geschrieben von der in Wien ausgebildeten Ärztin Marie
Pappenheim, besteht aus dem Monolog einer Frau, die nachts einen
Wald nach dem Mann absucht, der sie verlassen hat, ein Text, der die
Basis schafft für so gemischte Gefühle, wie Schönberg sie ausdrücken
wollte: Liebe und Angst (und die Angst der Liebe), Wut und Trauer,
Gefühle, die durch Unsicherheit und Selbsttäuschung miteinander
verwoben sind. Die Partitur bestätigt, dass es Schönberg gelungen war,
Musik wirklichkeitsnäher zu machen, denn er richtet sie an der Geschwindigkeit und der Komplexität aus, mit der die Gefühle erlebt
werden. Doch war die atonale Sprache, in der diese Emotionen dargestellt wurden, eigentlich eine Ausweitung der tonalen Sprache: Sie
funktionierte nur in Bezug auf das, was negiert wurde, und konnte
deshalb nicht behaupten, freier oder unmittelbarer zu sein.

Andere Musik der Jahre 1908–09, ob nun atonal oder nicht (sie
war es meist nicht), gehört in die gleiche Zeit emotionaler Komplexität. Schönbergs Brief-Adressat Busoni fand für seine zarte und bewegende Orchestermusik der *Berceuse élégiaque* (Elegisches Wiegenlied,
1909) Harmonien am Rande der Atonalität. Strauss' *Elektra* (1906–
1908) – ebenfalls ein Einakter wie *Erwartung* (allerdings mit einer
Spieldauer von zwei Stunden) und ebenfalls ein Stück, das sich auf
eine Einzelperson konzentriert, die auf jemanden wartet, nämlich
Elektra, die die Rückkehr ihres Bruders Orest herbeisehnt, um den
Mord an ihrem Vater Agamemnon zu rächen – arbeitet mit dissonanten Harmonien, die, wild oder betörend, nur gerade eben noch einen
Hauch von Tonart beibehalten. Mehr oder weniger durchgehend auf
der Bühne, singt die Titelfigur aus einem Gefühlschaos von Wut,
Trauer, Liebe und Sehnsucht heraus; die Figuren um sie herum sind
im gewohnt exakten strauss'schen Stil vokalen und orchestralen Schrei-

bens gezeichnet: die jüngere Schwester Chrysothemis, deren Trost Elektra nicht akzeptieren kann, und die von Schuldgefühlen bebende Mutter Klytämnestra. Für Strauss war extreme Harmonik ein reines Ausdrucksmittel, keine historische Notwendigkeit, und nachdem er sich in der *Elektra* der Welt der Atonalität genähert hatte, ging er weiter in die ganz und gar tonale Welt üppiger Walzer und satter, geschmeidiger Sopranstimmen: in die Welt des *Rosenkavaliers* (1909/ 10).

Mahlers Werke dieser Zeit waren die letzten, die er vollendete: *Das Lied von der Erde* und seine 9. Sinfonie. Ersteres ist eine Sinfonie in sechs Orchesterliedern für Tenor und Mezzosopran (oder Bariton), und die Wahl der chinesischen Gedichte (in deutscher Übersetzung) bietet Mahler Raum für gelegentliche pentatonische Anklänge. Dennoch ist das lange, langsame Finale im Ausdruck durch und durch westlich und romantisch: Der Satz mit dem Titel *Der Abschied* ist eingebettet in eine Sprache, die selbst kurz vor dem Ende ist. Ähnlich schließt auch die 9., textlose Sinfonie. Doch dann, im ersten Satz der unvollendeten Zehnten (1910), ertönt ein schriller Alarm – ein Alarm, den die Musik wegen sich selbst auslöst oder wegen der Welt oder wegen der Figur, deren Gefühle ausgedrückt werden, – ein Alarm in Form eines unerhört dissonanten Akkords. Es ist, als würde der Stoff der tonalen Harmonik, der im *Lied von der Erde* und in der Neunten schon mehr als dünn geworden war, jetzt anfangen zu reißen.

Bei Mahler und Strauss ebenso wie bei Schönberg spricht Dissonanz, gemäß der deutsch-österreichischen romantischen Tradition, von persönlichen Gefühlen. Bei Musik, die aus dieser Tradition kommt, aus der Tradition mit der umfassendsten harmonischen Logik, wurde Dissonanz auch extrem stark empfunden. Anderswo konnte die Ausweitung der Harmonik ohne größeres Aufhebens vonstatten gehen – wie das zum Beispiel in Debussys Musik der Fall war – und weniger subjektive Botschaften beinhalten.

Der Schritt in die Atonalität wurde Schönberg vermutlich dadurch leichter gemacht, dass er von befreundeten, begabten und bewundernden Schülern umgeben war. Zu ihnen zählte neben Webern auch Alban Berg (1885–1935). Doch obwohl Schönbergs Werke weithin bekannt waren (beispielsweise fand 1912 in London eine Aufführung seiner Fünf Stücke für Orchester statt), wurden sie nicht überall verstanden und hatten außerhalb seines eigenen Umfelds erst einmal geringen Einfluss. Ives in den USA dagegen war völlig selbständig und aus ganz anderen Gründen zur Atonalität gelangt, einer Atonalität, die

fast immer innerhalb eines Kontextes steht, der auch Tonalität mit einschließt. Seine *Unanswered Question* (Die unbeantwortete Frage,
1908) ist ein Klangdrama für Instrumentalisten, die an drei verschiedenen Orten aufgestellt sind – auch das eine seiner Innovationen. Eine
Solo-Trompete stellt darin immer wieder die gerade noch tonale Frage,
auf die die Holzbläser mit atonaler Hektik reagieren, was suggeriert,
dass sie der Frage ausweichen; die Streicher dagegen behalten in langen Abgängen dichter Zusammenklänge wie Seher ihre Antworten für
sich. Die strahlende Konsonanz ist hier der von Vaughan Williams'
Fantasie über ein Thema von Thomas Tallis für Streichorchester
(1910) erstaunlich ähnlich. Zu diesem Zeitpunkt konnte keiner der
beiden Komponisten vom anderen gewusst haben, aber sie lebten
beide in einer Welt, in der Dur-Moll-Akkorde mithilfe modaler Skalen frische Effekte erzielen konnten, während sie zugleich im impliziten
ten oder expliziten Kontrast mit der Zeitfülle der schönbergschen Atonalität Zeitlosigkeit vermitteln.

Für Schönberg selbst konnte Atonalität allerdings auch Ausdruck
von Transzendenz sein, das zeigte sich schon in jenem atonalen Final-
satz seines 2. Streichquartetts. Auch in Russland kursierten jetzt solche
Ideen, vor allem durch das Werk Alexander Skrjabins (1872–1915);
abstrakte Kunst und atonale Musik boomten sowohl in Moskau als
auch in der Region München-Wien. Um 1905 begann sich Skrjabins
Musik um statische Harmonien zu bewegen, Harmonien, die aus den
gleichen Prinzipien heraus entstanden, die schon bei Debussy und
Liszt Stagnation bewirkt hatten, unter anderem auf der Ganzton-
Skala. Sein Orchesterstück *Poème de l'extase* (1905–1908) kombiniert
solche Harmonien mit den von einer Trompetenmelodie ausgehenden
stark vorwärtstreibenden Impulsen, was zu einer Reihe von Wellen
führt, die mit unverhohlen sinnlich-erotischen Assoziationen immer
heftiger werden. Das eigentliche Ziel, über lange Zeit in Sicht, aber
immer wieder hinausgezögert, ist hier die konsonante Auflösung. In
Skrjabins nächster Phase aber, in der er nur Werke für Klavier schrieb,
geht von Dissonanzen eine Aura der Stabilität aus. Zu diesen bewe-
gungslosen Disharmonien gehört auch ein vom Komponisten so be-
nannter »mystischer Akkord« aus sechs verschiedenen Tönen, der innerhalb der tonalen Logik nicht einfach zu verstehen ist.

Reaktionen auf die Krise der Harmonik konnten sehr unterschiedlich ausfallen. Hans Pfitzner (1869–1949) lieferte mit in seiner glän-
zenden und rollenreichen Oper *Palestrina* (1912–1915) sowohl ein
Argument als auch ein Beispiel für ältere Werte. Strauss blieb auf Kurs.

Igor Strawinski

Sibelius ebenso, auch wenn seine 4. Sinfonie (1911) seine am heftigsten dissonante ist. Und Skrjabins ehemaliger Klassenkamerad Rachmaninow machte mit seinem 3. Klavierkonzert (1909) weiter, als wäre nichts geschehen. Ein weiterer junger Russe suchte andere Wege: Igor Strawinski (1882–1971). Er kam 1910 mit den Ballets Russes aus Sankt Petersburg nach Paris, einer Tanztruppe, die der Ballettexperte und Impresario Sergej Djagilew (1872–1929) aufgebaut hatte, um russische Musik, Choreographen und Tänzer in Westeuropa bekannt zu machen. In jenem Jahr wurde *Der Feuervogel* gegeben, Strawinskis erstes Auftragswerk für Djagilew. Das Stück hatte einen sensationellen Erfolg, was überwiegend der üppigen post-Rimski-Korsakowschen Musik zu verdanken war, in der aber auch der Einfluss Skrjabins und die eigene Vorliebe für Musik als Mechanik spürbar sind.

Kaum dass er im Westen war, erkannte Strawinski sehr schnell, dass die Zeiten sich änderten und dass er zu diesem Wandel beitragen konnte. Seine zweite Partitur für Djagilew war das ganz und gar eigenständige *Petruschka* (1910/11), mit dem er sich in die Reihe der Radikalen in der Musik stellte, allerdings als einer, dessen eigener Radikalismus sich von dem Schönbergs deutlich unterschied. Die Musik von *Petruschka* kommt weitgehend ohne die romantische Harmonik des *Feuervogels* aus, sie bleibt schlank und schafft komplexe Texturen, indem sie unterschiedliche Musikstränge mit jeweils eigenem Rhythmus und eigener Richtung übereinander schichtet. Genauso setzt sich auch die Form zusammen: Die Musik kann von einer Idee zur nächsten springen, vorausgesetzt der Grundpuls bleibt identisch oder eng verwandt. Dieser Grundpuls übernimmt jetzt die Funktion, Einheit zu schaffen, eine Rolle, die früher der Tonart zukam – und sein Pulsieren treibt die Musik durch sich verschiebende metrische Muster an. Die Melodie ist dabei so unwichtig, dass sie Jahrmarktsmusik oder einfachstes Volkslied sein kann. Das Stück lebt, wie in der neuen Kunst des Films, von Tempo und Schnitt-Technik. Parallelen gibt es auch zu den Collagen, wie sie Pablo Picasso und andere Künstler aus alltäglichen Materialien zusammensetzten.

Dem Grundpuls eine solche Aufmerksamkeit zu widmen, war in einer Ballettpartitur natürlich sinnvoll, aber *Petruschka* zeigt vor allem auch, wie einfallsreich ein fantasievoller Komponist dieses rein formale Problem angehen konnte. Das führte unter anderem dazu, dass Ballettmusik (auch dank Djagilews Einsatz und sicherem Gespür für Neuerungen) bald bei fast jedem Komponisten in Paris und über Paris hinaus auf der Agenda stand. Zu denen, die in den folgenden Jahren für die Ballets Russes schrieben, zählten auch Ravel (*Daphnis et Chloé*, 1912), Debussy (*Jeux*, 1913), Strauss (*Josephs-Legende*, 1914) und Satie (*Parade*, 1917). Ein weiterer Effekt von *Petruschka* bestand darin, dass es ein Beispiel dafür lieferte, wie man Volksmusik auch ganz anders einsetzen konnte als etwa in der Sinfonik Dvořáks, und zwar auf eine Art und Weise, die Lalo, Chabrier und Grieg schon vorbereitet hatten. Jetzt, da die aus der Volksmusik übernommenen Ideen nicht mehr mit traditioneller Harmonik verschmolzen werden mussten, konnten sie ihre ursprüngliche Frische und Vitalität behalten – und genau das hört man den folklorebasierten Werken, die Strawinski in den nächsten Jahren produzierte, an genauso wie jenen so unterschiedlicher Kollegen wie Ravel, de Falla und Bartók.

Petruschka erzählt die Geschichte einer Figur des russischen Marionettentheaters. Sie ist verwandt mit dem melancholischen Einzelgänger Pierrot der italienisch-französischen Tradition, der wiederum Hauptfigur in einem Werk Schönbergs ist, das kurz danach entstand, dem *Pierrot lunaire* (Der mondsüchtige Pierrot, 1912) für eine Sprechstimme und unterschiedlich besetztes Instrumentalquintett. Diese

Duplizität überrascht nicht, denn Marionetten und Masken waren in einer Zeit, da die Künste mithalfen, Begriffe wie Wille, Bewusstsein und Unabhängigkeit neu zu definieren, zu treffenden Bühnenfiguren geworden. Schönbergs *Pierrot* allerdings ist völlig anders als Strawinskis *Petruschka*, ein Liederzyklus, bei dem die Lieder wie bei einer Kabarett-Aufführung halb gesprochen werden, mit einer Musik, die das Spektrum der Texte von monströser Gewalt bis zu heiterer Leichtigkeit unterstreicht. Hier ist die zentrale Figur in Fragmente aufgesplittert, sie wird zusammengehalten nur noch von der Dichtheit, Intensität und Faszination des Instrumentalparts. Unter denen, die frühe Aufführungen des *Pierrot* miterlebten, waren auch Strawinski und Ravel, und beide bringen in Werken, die sie bald danach schrieben, zum Ausdruck, welche Faszination von den harmonischen und instrumentalen Mitteln dieser Partitur ausging – wenn auch nicht von ihrem Sprechgesang, der eine Besonderheit der Schönberg-Schule blieb.

Am 31. März 1913 dirigierte Schönberg in Wien ein Orchesterkonzert, bei dem neben seiner eigenen 1. Kammersinfonie auch atonale Werke zweier seiner Schüler auf dem Programm standen: die Altenberg-Lieder von Berg nach fünf kurzen Ansichtskartentexten des Wiener Zeitgenossen Peter Altenberg sowie eine Gruppe von sechs Orchesterstücken von Webern. Beide Werke sind sehr charakteristisch für ihre Komponisten und könnten daher zu einem frühen Datum nachweisen, wie weit die Atonalität nach Schönbergs Modell schon verbreitet war. Weberns Stücke sind meist sehr kurz, dauern ein oder zwei Minuten; das vierte Stück, ein Trauermarsch von vier Minuten, wirkt in diesem Kontext riesenhaft. Bergs Lieder sind auch recht kurz, aber ihr Atem ist viel länger und ihre sinnliche Orchestrierung ist von der Schönbergs oder Weberns doch ziemlich weit entfernt. Aber nicht alle Stücke wurden damals gehört, denn das aufgebrachte Publikum machte einen solchen Lärm, dass dieses so genannte »Skandalkonzert« abgebrochen werden musste.

Zwei Monate später, am 29. Mai, fand in Paris ein weiterer von heftigen Tumulten begleiteter Abend statt, als nämlich Strawinskis nächstes Ballett, *Le sacre du printemps* (Das Frühlingsopfer), uraufgeführt wurde. Auch der *Sacre* lebt, genau wie *Petruschka*, von einem Grundpuls, der jetzt aber von einem größeren Orchester durch beharrlichere Wiederholungsrhythmen, Ostinati und Synkopierungen wesentlich kraftvoller vorgebracht wird. Die Musik evoziert ein uraltes Ritual und vermittelt gleichzeitig das Bild einer modernen Maschinerie mit sich langsam oder rasend schnell drehenden Zahnrädern aus

Musik, die sich auf die unerbittlichen Finalsätze der beiden Balletteile zubewegt, wobei das zweite Schlussstück – der »Opfertanz«, mit dem das Ritual abschließt – exakt eineindrittelmal so schnell ist wie das erste. Der Lärm der Musik, der an ein primitives Ensemble aus Pfeifen und Trommeln erinnert, und ihre rhythmische Energie führten zu Protesten aus dem Premierenpublikum. Aber anders als Schönberg, der keinen publicity-erfahrenen Djagilew an seiner Seite hatte, ging Strawinski aus diesem Abend schnell als Sieger hervor. Öffentlicher Tumult war Beweis für künstlerischen Triumph. Bald spielte man den *Sacre* zwar nicht als Ballett, aber als Konzertstück überall in der westlichen Welt, wogegen man sich an Bergs Altenberg-Lieder erst 1952 wieder versuchte (dann allerdings erfolgreich, schließlich war das Zeitalter der Skandale längst vorbei).

Debussys *Jeux* (Spiele), die Djagilew erst zwei Wochen zuvor zur Aufführung gebracht hatte, verursachten deutlich weniger Aufregung, obwohl auch sie radikal sind. Die beständige Erneuerung der *Jeux de vagues* wird hier zwanzig Minuten lang aufrechterhalten, und zwar durch eine Musik, die viele verschiedene Texturen, Tempi (teilweise zwei verschiedene gleichzeitig) und Harmonien beinhaltet. Die Spiele des Titels sind erotische Spiele zwischen einem Tennisspieler und zwei jungen Mädchen, und wenn die Musik die Wallungen heftiger Gefühle evoziert, die im Nichts enden können, geht sie weiter als das *Prélude à »L'après-midi d'un faune«*. Oft überlagern sich Intensität und Verwirrung gleichzeitig – eine Komplexität, wie Schönberg sie sich gewünscht hätte, aber erzeugt durch außerordentliche Akkorde, die gerade noch Kontakt zur Tonalität halten.

Im gleichen Jahr entstand auch eine Musik, die noch radikaler den Neuanfang suchte als alles, was es bei Debussy, Strawinski, Schönberg oder Ives gab: die Musik für Lärm erzeugende Maschinen, die Luigi Russolo (1885–1947) erfand, ein Mitglied der italienischen Gruppe der so genannten Futuristen. Zukunft, wie diese Künstler sie sahen, war das Zeitalter der Maschine, der sie noch deutlich mehr huldigten als Strawinski in seinem *Sacre*. Die meisten Futuristen waren Maler oder Dichter, und auch Russolo hatte als Maler angefangen. Sein fehlendes musikalisches Basiswissen war kein Problem, denn was er forderte – in *L'arte dei rumori* (Die Kunst der Geräusche), einem der für die Gruppe typischen Manifeste –, war eine gänzlich neue Kunst, die mit der modernen Welt im Einklang stand: »Die Maschine hat heute eine solche Vielfalt und einen solchen Widerstreit von Geräuschen geschaffen, dass der reine Klang, in seiner Kargheit und Monotonität, kein Gefühl mehr aufkommen lässt.« Russolos Geräusch-Maschinen wurden während des Zweiten Weltkriegs zerstört, aber die Ideen an sich, die er damals umsetzte, waren keineswegs außergewöhnlich. Musiker waren sich der Tatsache, dass sie in einem neuen Zeitalter lebten – dem Zeitalter von Auto, Flugzeug, Grammophon und drahtloser Telegraphie – genauso bewusst wie jeder andere. Doch sollte dieses neue Zeitalter seinen Ausdruck nicht durch ominöse *intonarumori* (Geräuscheerzeuger) in eigenartigen Kisten auf einer Konzertbühne finden.

Nach August 1914 jedenfalls versiegten langsam die schwärmerischen Lobpreisungen der Modernität. Berg reagierte auf den Krieg mit seinen *Drei Orchesterstücken* (1914/15), und das letzte Stück dieses Zyklus ist ein gewaltiger Marsch, der die Atmosphäre einer Katastrophe verbreitet. In dieser Musik schien eine Ära zu Ende zu gehen, und wie sich zeigte, war dem auch so. Bald trug Berg wie viele andere Musiker seiner Generation eine Armeeuniform. Einige vielversprechende Komponisten fielen, unter ihnen George Butterworth (1885–1916) und Rudi Stephan (1887–1915). Konzerte wurden seltener, und manche Orchester nahmen erstmals Frauen auf, da so viele Männer im Krieg waren. Hier und da wurde ein großes neues Stück vorgestellt, so zum Beispiel Sibelius' mächtige 5. Sinfonie 1915 in Helsinki. Viele Komponisten aber konzentrierten sich lieber auf weniger aufwendige Formen.

Schönberg hatte diesen Schritt bereits getan. Strauss ebenfalls: Seine nächste Oper nach dem *Rosenkavalier*, *Ariadne auf Naxos* (1911/12), sah nur noch ein Kammerorchester vor. Der Grund für die kleinere Besetzung lag sowohl in künstlerischen Entscheidungen als auch in der praktischen Notwendigkeit. Strawinski in Paris entdeckte ein Instrument, das seinem mechanischem Rhythmus entsprach, das selbstspielende Pianola, und begann, eigene Stücke für dieses Medium zu bearbeiten, und widmete ihm sogar eigens ein Stück (*Étude pour Pianola*, 1917). Debussy, dem Schönberg schon vor dem Krieg nicht geheuer war und der sich jetzt mehr denn je als Franzose fühlte, suchte eine Verbindung zu nationalen Traditionen und fand sie im Schreiben von Sonaten (für Violoncello und Klavier, für Flöte, Viola und Harfe sowie für Violine und Klavier), die verstohlen Blicke auf Rameau und Couperin werfen. Diese Werke fließen allerdings noch genauso frei dahin, sind ebenso harmonisch kühn wie die *Jeux* und ebenso emotional multivalent. Über die Sonate für Flöte, Viola und Harfe schrieb Debussy an einen Freund: »Es ist schrecklich traurig und ich weiß nicht, ob man dabei lachen oder weinen soll? Vielleicht beides?«

Bartóks Nationalismus war anders gelagert. Was er aus seiner musikethnologischen Arbeit gelernt hatte, war, dass Völker vieles gemeinsam haben, und so schrieb er während des Kriegs Bearbeitungen rumänischer, slowakischer und ungarischer Lieder, und alle diese Quellen nutzte er dann wieder für seine Originalkompositionen. Sein Ballett *Der holzgeschnitzte Prinz* (1914–1917) ist ein Beitrag zur Debatte um Natur und Kunst, an der sich auch Strawinski, Schönberg und Russolo beteiligt hatten. Letzten Endes setzt sich zwar Erstere (in einer letzten Rückkehr zur idyllischen Musik des Eingangsteils) durch, doch die eigentlich eindrucksvollste Stelle der Partitur ist der Tanz für die titelgebende Marionette. In der gleichen Periode schrieb Bartók auch sein 2. Streichquartett, das sich mit dem Gegensatz von Subjektivität und Objektivität befasst. Wie Schönbergs 2. Streichquartett beginnt auch dieses Werk mit Musik erbitterter persönlicher Gefühle, endet aber ganz anders, und zwar in einem ausgelassenen Potpourri aus Dorftänzen.

Im Dorf sah Bartók das Gegenmittel für die städtischen Probleme der Mechanisierung und des Desinteresses und einen Rahmen, in dem er dennoch die modernen urbanen Klänge der Dissonanzen und des von einem Grundpuls angetriebenen Rhythmus unterbringen konnte. Strawinskis Werke dieser Zeit zeugen von ähnlichen Überlegungen. Aber es gab auch Komponisten, die von noch weiter entfernten Utopien träumten: Karol Szymanowski (1882–1937), der die berauschenden Harmonien und Farben eines Skrjabin oder Debussy verwendete, um in seiner 3. Sinfonie (1914–1916) und anderen Werken der Kriegsjahre einen funkelnden Osten heraufzubeschwören, oder Sergej Prokofjew (1891–1953), der sich in seiner *Symphonie classique* (1916/17) vorstellte, wie Haydn jetzt wohl geschrieben hätte. Da Russland am Rande der Revolution stand, könnte das als eigenartig abgehobene Fantasie gewirkt haben, aber die Musik steht mit beiden Füßen auf dem Boden, und ihr heiterer, retrospektiver, ironischer Geist sollte für die Zukunft so wichtig werden wie die Initiativen der Moderne, die mit dem Ausbruch des Krieges unfertig geblieben waren.

Im Wartestand war auch, nicht gerade in Hörweite, die neue populäre Musik in den USA. Strawinski kam mit dem Ragtime erstmals durch Notenausgaben in Berührung und reagierte darauf mit seinem eigenen *Rag-time* für elf Spieler (1918). Zu jener Zeit musste das so wirken, als gäbe es hier eine andere Art von Volksmusik, die genauso imitiert, verwandelt und eingearbeitet werden kann wie die russischen

Lieder und Tänze, die Strawinski auf ähnliche Weise auf Papier entdeckt hatte, und nicht, wie Bartók, in ihrer natürlichen Umgebung. Die große Symbiose von Populärmusik und Tonaufnahme hatte noch nicht eingesetzt.

Kapitel 19

Vorwärts, rückwärts und seitwärts

Der Erste Weltkrieg hatte die westliche Landschaft verändert. Deutschland war durch Reparationsforderungen der Siegermächte geschwächt, das riesige österreichische Reich zerfiel, Russland wurde ein kommunistischer Staat, und die Vereinigten Staaten stiegen zur Weltmacht auf. In der gesamten westlichen Welt kam die Gleichberechtigung der Frauen langsam in Gang, und Arbeiter erlangten ein gewisses Maß an ökonomischer Kontrolle. In Russland erwartete man nach 1917 (ähnlich wie nach 1789 in Frankreich), dass der revolutionäre Wandel der Kultur mit dem der Politik Schritt hielt. Wandel allerdings musste nicht von außen auferlegt sein, denn durch neue Technologien, ein breiteres Publikum und die Verlagerung der ökonomischen Macht war sowieso vieles im Umbruch. Privilegien wie Freizeit und Geld, die früher dem Bürgertum vorbehalten waren, wurden jetzt für die Allgemeinheit leichter verfügbar, und seit den frühen 1920er Jahren brachte der öffentliche Rundfunk in Europa und den USA Musik fast überall hin und das nahezu kostenlos.

In einem Bereich allerdings blieb vieles beim Alten. Was die Radiosender in Moskau, Berlin und Chicago in den 1920er Jahren übertrugen, war weitgehend nichts anderes, als das, was in den Konzertsälen dieser Städte in den 1890er Jahren gespielt worden war. Das Programm hatte sich auf ein Repertoire von Bach bis Strauss und Debussy festgelegt, und von da an kreiste das, was die meisten Menschen – unter anderem natürlich auch die Komponisten – an Musik erlebten, genau um dieses Zentrum: die Vergangenheit.

Die musikalischen Umsetzungen dieser Vergangenheit wurden jetzt zunehmend auch in Form von Tonaufnahmen konserviert. Schellackplatten verdrängten bald nach dem Krieg sowohl Zylinder als auch die Papierrollen der Pianolas, und auch wenn diese Platten nur etwa vier Minuten Musik auf jeder Seite unterbringen konnten, wurden komplette große Orchesterwerke oder Opern auf zahlreichen einzelnen Scheiben aufgenommen, vor allem nach der Entwicklung des Mikrophons im Jahr 1925. (Davor mussten sich Musiker vor einem Trichter drängen, damit der Klang, den sie erzeugten, direkt und mechanisch auf eine Walze eingeritzt werden konnte.) Seither gehören zu den wichtigsten Quellen der Musikgeschichte neben Kompositionen auch Aufführungen, und folglich muss diese Periode nicht nur als die von Strawinski und Schönberg, Bartók und Berg, Ives und Janáček gewertet werden, sondern auch – um nur einige wenige Interpreten von vielen zu nennen, deren Aufnahmen bis heute geschätzt werden – als die Zeit der Dirigenten Felix Weingartner (1962–1942) und Willem Mengelberg (1871–1951), der Sopranistinnen Amelita Galli-Curci (1882–1963) und Elisabeth Schumann (1888–1952) und der Pianisten Josef Hofmann (1876–1957) und Alfred Cortot (1877–1962). Cortot stand Ravel nahe, Schumann war eine von Strauss' Lieblingssängerinnen, und Mengelberg dirigierte Bartók. Die Plattenfirmen aber schenkten neuer Musik relativ wenig Aufmerksamkeit und spiegelten damit das Konzertleben wider – wenn sie es nicht sogar beeinflussten. Bartók, selbst Pianist, konnte nur einen kleinen Teil seiner Musik für kommerzielle Aufnahmen einspielen. Strawinski begann erst 1928 als Dirigent seine eigene Musik aufzunehmen. So tat sich eine Kluft auf zwischen der kommerziell-institutionellen Welt, die problemlos mit verfügbarer Musik überleben konnte, und den zeitgenössischen Komponisten.

Eine frühe Reaktion darauf war der »Verein für musikalische Privataufführungen«, den Schönberg nur wenige Monate nach Kriegsende im November 1918 gründete. Die Konzerte des Vereins brachten nur Musik von Mahler aufwärts zur Aufführung und nur Musik für kleine Besetzungen (große Orchesterpartituren wurden in Bearbeitungen für Klavier oder Kammerensemble aufgeführt) und kultivierten so eine Atmosphäre von Zuspruch und Debatte. Applaus war nicht erwünscht. Ebenso wenig wie Kritiker. Einer Welt der öffentlichen Aufmerksamkeit und Karrieren blieben die Türen verschlossen. Nach vier Jahren löste sich der Verein zwar auf, aber zu der Zeit hatte seinen Platz als Forum für neue Musik bereits eine deutlich größere Einrichtung übernommen, die Internationale Gesellschaft für Neue Musik (IGNM). Orte wie diese, ruhige Plätze für Musik, abseits vom kommerziellen Musikleben, bringen seither kreative Musiker und ein wohlwollendes Publikum zusammen.

Einige Komponisten sahen die Lage nach dem Ersten Weltkrieg noch radikaler und schlossen, dass es für sie keine Verwendung mehr gab oder dass die Voraussetzungen, unter denen sie gearbeitet hatten – die weitgehende Einigkeit über harmonische Sprache und musikalischen Ausdruck – nicht mehr gelten würden. So erklärt sich das verbreitete Schweigen, das in den 1920er Jahren unter jenen Komponisten herrschte, die in den vorausgegangenen Jahrzehnten führend gewesen waren. Elgar vollendete nach seinem Cellokonzert (1918/19), ein Klagelied auf jene Zeit, nur noch kleinere Werke. Dukas produzierte nach 1912 nur noch zwei winzige Stücke. Rachmaninow hörte mit dem Komponieren 1917 auf, fing dann 1926 noch einmal an, aber kam erst in den 1930er Jahren wieder richtig in Gang. Strauss und Vaughan Williams blieben die 1920er Jahre hindurch zwar produktiv, aber ihre besten Werke stammen aus der Zeit davor oder danach. Ives, der immer auf der Suche nach Anerkennung gewesen war, merkte, wie seine Kreativität schwand, ohne dass man ihn richtig wahrgenommen hatte. Sibelius, von allen derjenige, der am kraftvollsten schwieg, schrieb seine kompakte, muskulöse einsätzige 7. Sinfonie (1924), fügte ihr mit seiner sinfonischen Dichtung *Tapiola* (1926) noch ein Postscriptum an und lebte dann noch mehr als dreißig Jahre als gefeierter Meister einer Kunst, die er aufgegeben hatte oder die ihn aufgegeben hatte.

Insofern als die Kunst im Hinblick auf sinfonische Form (oder zumindest sinfonischen Umfang), Tonalität und eine einheitliche expressive Stimme von einem Erbe aus dem 19. Jahrhundert abhing, hatte sie in der Tat die Komponisten sich selbst überlassen. Die eindeutige Vorliebe des Publikums für genau diese Dinge, eine Vorliebe, die die Radiosender förderten, machte die Sache nicht leichter. Aber im Ersten Weltkrieg war zusammen mit den Millionen Soldaten etwas gestorben – das Vertrauen in Subjektivität, in jene klare Stimme und das stetige zeitliche Fließen, das der Musik des 19. Jahrhunderts ihren anhaltenden Reiz verliehen hatte, der jetzt durch den Verlust noch verstärkt wurde.

Ravels Werke bieten hierfür und auch für die Folgen ein Maß. Als einer der großen Meister der Instrumentierung hatte er vor dem Krieg eine große Zahl von Orchesterwerken geschaffen; sie bilden zusammen mit den Klavierstücken den Kern seines Oeuvres. Kreative Fülle ging bei ihm einher mit Opulenz, mit einer höchst farbigen harmonischen Sprache und einer instrumentalen Farbigkeit, die er von Liszt, Rimski-Korsakow und Debussy übernommen hatte. Nach dem Krieg war das anders. Im orchestralen *La Valse* (1919/20), das Djagilew als Ballettwerk abgelehnt hatte, komponierte er einen Totentanz mitten im Zentrum der europäischen Musikkultur: in Wien, der Walzerstadt des 19. Jahrhunderts. Gleichzeitig hedonistisch und verstörend, war dies bis zu den zwei Klavierkonzerten, an denen er zehn Jahre später gleichzeitig schrieb, sein letztes großes Konzertstück für Orchester. Um nicht aus der Übung zu kommen, orchestrierte er fremde Musik, vor allem 1922 Mussorgskis *Bilder einer Ausstellung*. Er komponierte außerdem eine einaktige Oper, *L'Enfant et les sortilèges* (Das Kind und der Zauberspuk, 1920–1925), in dem das Orchester eine konstant wichtige Rolle spielt, da es hilft, die singenden Figuren – vom Baum bis zur Teekanne – darzustellen. Ansonsten waren seine Hauptwerke der 1920er Jahre Stücke für Kammerensemble oder noch sparsamere Besetzung. Die zwei Violinsonaten, eine mit Violoncello (1920–22), die andere mit Klavier (1923–1927), sind absolute Musik, ihnen fehlt das Bildhafte von *La Valse* und den meisten Vorkriegswerken, auch wenn die zweite Sonate einen langsamen Blues-Satz mit einschließt, der die jazzige Tanznummer für Teekanne und Tasse im *Enfant* ergänzt. In den *Chansons madécasses* (Lieder aus Madagaskar, 1925/26) für Sopran mit Flöte, Violoncello und Klavier kehrte Ravel zur exotisch-erotischen Schwüle der *Shéhérazade* zurück, doch sind jetzt die musikalischen Gesten klar artikuliert und deutlich gezeichnet. Schönbergs atonaler *Pierrot lunaire* ist da nicht weit, genauso wenig wie Strawinskis neueste Versuche im folkloristischen Stil. Jede Schwärmerei des Ichs wird in Schach gehalten.

Ein Weg zu neuer Objektivität führte über die alte Musik, und hier war Ravel zusammen mit Prokofjew ein rückschrittlicher Pionier, schrieb er doch sein Klavierwerk *Le Tombeau de Couperin* (1914–1917) in der Form einer barocken Suite. Musik des 18. Jahrhunderts lieferte beiden Komponisten Modelle für klare Formen und kontrapunktische Texturen, und ihre Werke vermitteln, welche Freude und Erleichterung sie empfanden, als sie diese alte Art zu schreiben für sich entdeckten. Die Kompositionen von Busoni und Reger, die sich mit Bach befassten, strahlen ein ähnliches Gefühl aus: Altes mischt sich problemlos mit Neuem, und es mag gut sein, dass die zunehmende Präsenz von Barockmusik in den Konzertsälen dazu beigetragen hat. Anders liegt der Fall bei Strawinskis *Pulcinella* (1919/20), einer Ballettpartitur für Djagilew auf Grundlage einiger Pergolesi zugeschriebener Stücke. (Wie sich herausstellte, waren viele davon Fälschungen aus dem 18. Jahrhundert, die den populären Namen geklaut hatten). Hier sind Alt und Neu wie Öl und Wasser. Das Quellenmaterial bekommt ein harmonisch-orchestrales Kleid übergestülpt, das nicht passt; das Erlebnis ist bifokal.

Strawinski war begeistert, denn für ihn war die *Pulcinella*, wie er sagte, sein »Reisepass« in die Zukunft. Mit den Sinfonien für Blasinstrumente (1920), einer feierlichen Zeremonie von Gesängen und Chorälen für orchestrale Holz- und Blechbläser, schrieb er die Totenmesse auf die Zeit, in der er sich mit russischer Folklore beschäftigt hatte und mit Russland, wohin er seit der Vorkriegszeit nicht mehr zurückgekehrt war und wohin er seit der Revolution von 1917 auch nicht mehr zurück wollte. Eine Aufgabe blieb noch zu erledigen: die Orchestrierung der Ballett-Kantate *Les Noces* (Die Hochzeit). Dieses Werk, auch das wieder eine feierliche Zeremonie, war der Gipfelpunkt seiner pulsierenden Musik; entworfen hatte er es in den Jahren 1914–17, aber erst 1923 fand er die optimale Begleitung dafür – eine Begleitung, die mechanisch, aber doch flexibel war –, und zwar in einem Orchester aus vier Klavieren und Schlagzeug. Danach sollten seine Werke durch und durch westlich, durch und durch modern sein. Bach sollte jetzt seine Folklore werden, aber so behandelt, dass die Musik gespalten ist zwischen einem Sich-Einlassen und Beobachten, zwischen Faszination und Parodie. In seinem Konzert für Klavier und Blasorchester (1923/24) zum Beispiel werden die bachschen Gesten konstant durch »falsche« Noten in der Harmonik zersetzt, durch überraschende Filmschnitte, durch jazzige Rhythmen und durch den instrumentalen Klang. Bei *Oedipus Rex* (1926/27), einer einaktigen Oper, die so angelegt ist, dass sie sowohl im Konzertsaal als auch als Oratorium funktioniert, sind die Modelle unter anderem Händel und – in der Figur der Jocaste – ein verdischer Mezzosopran. Bei *Apollo* (1927/28), einer Ballettpartitur für Streicher, wird Lully mit Kaffeehaus-Musik der 1920er Jahre kombiniert, und diese Mischung hält ebenso gut wie die anderen Beispiele, und die Inkongruenzen sind gewollt. Später bezeichnete man solche Musik als neoklassizistisch; die kühlen und straffen Rhythmen schuldete sie allerdings nicht so sehr dem 18. Jahrhundert als der Art und Weise, wie das 18. Jahrhundert über Interpreten wie Wanda Landowska dem modernen Zeitalter präsentiert wurde.

Der Neoklassizismus war enorm richtunggebend. Strawinskis Präsenz in Paris half – zusammen mit dem stimulierenden Effekt, den er und Djagilew auf Mäzene ausübten –, die französische Hauptstadt in den 1920ern musikalisch so lebendig wie in den 1830ern zu machen. Prokofjew, der sich in diesem Jahrzehnt auch überwiegend dort aufhielt, blieb auf Distanz zu Strawinski, konnte seinen Einfluss aber nicht verhindern. Ältere französische Komponisten wie Ravel und Albert Roussel (1869–1937) passten sich dem herben Geist des Neoklassizismus an; diejenigen aber, die jetzt im Kommen waren – Komponisten wie Arthur Honegger (1892–1955), Darius Milhaud (1892–1974) und Francis Poulenc (1899–1963) – übernahmen diesen Stil als ihre Ausgangsbasis. Wie in der Musik Strawinskis und Ravels konnten darin Elemente der älteren Musik wie Form, Geste und Kontrapunkt kombiniert werden mit Anklängen an die aktuelle Jazz- oder Tanzmusik, und die leicht schräge, dissonante Harmonik und die Orchestrierung gaben dem Mix noch die besondere Würze. Der neoklassische Cocktail gelangte auch nach Deutschland, wo er dem dynamischen Paul Hindemith (1895–1963) zu einem Neuanfang verhalf. Auch etablierte Komponisten wie Janáček, Bartók und Szymanowski, die alle seit *Petruschka* genau beobachteten, was Strawinski tat, nippten davon. Nicht weniger bemerkenswert war das, was dem dänischen Komponisten Carl Nielsen (1865–1931) in seinen späteren Sinfonien und Konzerten gelang: Er zeigte, dass Neoklassizismus und Romantik keine Alternativen sein mussten, sondern miteinander existieren und eine Sprache von ansprechender Dynamik erzeugen konnten.

Die Verwendung von Modellen und Distanz schaffenden Effekten – vergleichbar etwa mit den figurativen Elementen, wie sie in der Malerei der Zeit wieder aufkamen – machte die neoklassizistische Musik ausgesprochen zeitgemäß, und dieser Eindruck wurde noch verstärkt durch Jazzeinflüsse oder durch Verweise auf den Maschinenstil, der die kurze Vorkriegs-Glanzzeit der italienischen Futuristen deutlich überlebt hatte. Ein Beispiel für Letzteren ist Honeggers sinfonischer Satz *Pacific 231* (1923), der musikalisch nachzeichnet, wie eine Dampflokomotive aus dem Bahnhof abfährt. Jazz, der sich in den direkten Nachkriegsjahren in Europa ebenso ausbreitete wie in den gesamten USA, war geprägt von einer Freude an der Geschwindigkeit. Milhaud hörte 1920 Jazz-Gruppen in London und 1922 in New York und integrierte ihren Sound in sein Ballett *La Création du monde* (Die Erschaffung der Welt, 1923), das exakt zeitgleich mit den ersten Aufnahmen von »King« Oliver (1885–1938) und Louis Armstrong (1901–1971) entstand. Mit dem Jazz wurden auch die neuen Tanzstile assimiliert: Hindemiths Klaviersuite *1922*, so benannt, um auf ihren aktuellen Charakter hinzuweisen, enthält einen Shimmy, einen Boston und einen Ragtime. Bald gab es Jazz- oder Blues-Stücke nicht nur von diesen Komponisten, sondern auch von den Tschechen Bohuslav Martinů (1890–1959) und Erwin Schulhoff (1894–1942) und sogar von Schönberg. Es schien aber auch die Möglichkeit einer Fusion von der »anderen« Seite her zu geben: 1924 schuf George Gershwin (1898–1937), bis dahin nur bekannt für seine Songs und seine Stücke für den

Broadway, die *Rhapsody in Blue* für Klavier und Jazz-Band; im Jahr darauf schrieb er ein Klavierkonzert.

Der Jazz bot nicht nur eine Zeitgemäßheit und rhythmische Lebendigkeit, so wertvoll diese Faktoren auch waren, sondern zudem die Möglichkeit, immer breitere Publikumskreise anzusprechen, die ihre Musik in den neuen Songs und in der Tanzmusik fanden. Auch hatten viele eher links stehende Komponisten das Gefühl, eine gewisse Verbundenheit mit dem Jazz sei für sie notwendig, um im sozialen und politischen Wandel eine Rolle zu spielen. Nach Ansicht von Kurt Weill (1900–1950) konnten sich Komponisten durch die neue Objektivität, die die Musik nach der Romantik wiedererlangt hatte, indem sie Kontrapunktik, Grundpuls und klare Struktur neu etablierte, nicht nur mit eigenen, subjektiven Themen befassen, sondern auch mit solchen, die die ganze Gesellschaft betrafen, und das bedeutete, wollte man dieses Ziel erfolgreich umsetzen, einen Dialog mit der Populärkultur. In Bertolt Brecht (1898–1956) fand er in Berlin einen gleichgesinnten Kollegen, und gemeinsam produzierten sie zwei abendfüllende Bühnenwerke: *Die Dreigroschenoper* (1928), die auf John Gays *Beggar's Opera* aus dem 18. Jahrhundert basiert, sowie *Aufstieg und Fall der Stadt Mahagonny* (1927–1929), das in einem düsteren Fantasie-Amerika spielt. Indem Weills Musik Elemente Bachs, der Populärmusik und dissonanter Harmonik zusammenbringt, verfremdet sie Vertrautes und gewinnt eine scharfe Ironie, mit der sie die Sozialkritik des Textes unterstreichen kann. Die Welten beider Opern sind Dystopien, in denen die meisten Menschen unter widrigen Umständen tun, was sie können, und die Musik drückt sowohl Zerfall als auch Hoffnung aus. Bald allerdings – auch das eine weitere Ironie – holte sich die Populärkultur einige der Nummern wieder zurück und nahm ihnen jede Schärfe, so geschehen etwa mit der *Moritat von Mackie Messer* aus der *Dreigroschenoper*.

Weniger Glück hatte der Kommerz mit Hanns Eisler (1898–1962), einem anderen Berliner Komponisten, der 1926 der kommunistischen Partei beitrat und fast allem, was er als Schüler Schönbergs in Wien gelernt hatte, kritisch gegenüberstand. Für ihn wie für einige Komponisten in der Sowjetunion war Musik zu diesem Zeitpunkt gesellschaftlich nur dann sinnvoll, wenn sie gesungen werden konnte – wenn sie eine progressive Botschaft innerhalb eines populären Stils vermittelte, der sich nicht aus dem Jazz der Vereinigten Staaten speiste (der des kapitalistischen Entertainments verdächtigt wurde), sondern aus dem heimischen Vorrat an Volksliedern.

Dmitri Schostakowitsch

In der Sowjetunion gab es aber auch eine alternative Sichtweise, die soziale Revolution mit einer Revolution der Künste paarte. Für diesen Meinungsflügel eröffneten Strawinski und Prokofjew das neue Zeitalter (wenn auch im selbstgewählten Exil), nicht so sehr, weil ihre Musik objektiv war und deshalb auf die Gesellschaft einwirken konnte, sondern eher, weil sie einen revolutionären Impuls in sich trug und nur einen Text oder ein Szenario brauchte, damit dieser Impuls hervorkam. Dmitri Schostakowitsch (1906–1976), dessen 1. Sinfonie (1923–1925) uraufgeführt wurde, als er noch keine zwanzig war, erwies sich bald als der führende Komponist der ersten im sowjetischen System ausgebildeten Generation und er tat genau das, was man von ihm verlangte. Es gibt auch keinen Grund anzunehmen, dass er das mit Anfang zwanzig nicht mit Begeisterung für eine Revolution getan haben sollte, die so viel versprach. In den Chorfinalen seiner nächsten beiden Sinfonien (1927 und 1929) vertonte er revolutionäre Texte, schrieb die Partitur zu zwei revolutionären Balletten (*Das goldene Zeitalter* und *Der Bolzen*) und schenkte der Revolution eine komische Oper nach

Gogol (*Die Nase*, 1927/28), die voller burleskem Humor und Fantasie ist und die musikalische Revolution immerhin so weit vorantreibt, dass sie als Zwischenspiel ein Schlagzeugsolo einbaut.

Dem Neoklassizismus hatten sich inzwischen sehr unterschiedliche Komponisten mehr oder weniger angeschlossen, doch das Einzige, was sie verband, war vermutlich das, was sie – und der Neoklassizismus – ablehnten: alles Romantische, denn das war zu sehr verknüpft mit der Vorkriegswelt und deshalb mit dem Krieg selbst. Das mag auch ein Grund gewesen sein, warum so viele ehemalige spätromantische Komponisten, wie etwa Pfitzner, jetzt schwiegen oder kaum noch etwas zu sagen hatten.

Schönberg allerdings schwieg nicht und wurde auch nicht unproduktiv. Seine romantischen Wurzeln konnte er nicht leugnen, sah er doch sein Oeuvre innerhalb eines historischen Kontinuums und nicht so sehr als Produkt eines neuen Mentalitätswandels. Gleichzeitig fand er es schwierig, sich in einer musikalischen Welt der Atonalität zurechtzufinden, in der Intuition die einzige Orientierungshilfe war. Worte konnten da eine Stütze schaffen, wie zum Beispiel in *Pierrot lunaire* und in der *Jakobsleiter* (1916/17), einem Oratorium über den Kampf der Seele im Himmel, das er zu einem eigenen Text schuf, aber nie vollendete. Dennoch spürte er ein tief sitzendes Bedürfnis nach einem inneren Gerüst, wie es die Tonalität etwa war, und das fand er, vermutlich unter Rücksicht auf die Arbeit des autodidaktischen Wiener Komponisten Josef Matthias Hauer (1883–1959), in seiner »Methode« der Zwölftonkomposition oder der seriellen Musik.

Die Methode ist recht unkompliziert. Atonale Musik hatte, um nicht in die Nähe irgendeines Modus oder einer Tonart zu geraten, ein konstantes Zirkulieren aller oder fast aller zwölf Töne der Skala aufrechtzuerhalten. Die Zwölftontechnik organisierte das nur. Die zwölf Töne sollten in einer bestimmten Abfolge erscheinen: den Serien. Und diese Abfolge sollte das ganze Stück hindurch in verschiedensten Formen wiederholt werden, ganz nach Wunsch des Komponisten. Die Methode verlangte nur, dass die Serien an sich respektiert wurden, dann würde sie im Gegenzug für eine gewisse Logik der melodischen Konturen und der Zusammensetzung von Akkorden garantieren. Schönberg fand bald heraus, dass eine gewählte Serienform fast wie eine Grundtonart der tonalen Musik funktionieren konnte, und hatte damit genau das, was er gesucht hatte: ein Prinzip, das instrumentale Formen so absichern würde, wie das die Tonalität in der Vergangenheit getan hatte. Entsprechend gehören zu den ersten seriellen Werken, die er vollendete, und zwar alle im Jahr 1923, Sätze konventioneller Art: ein Walzer, ein Marsch, ein Menuett und eine ganze Suite im Barockstil. Bald danach kam eine Reihe von Chor-»Satiren«, in denen er sich über den »kleinen Modernsky« lustig machte, weil der Bach mit falschen Noten schrieb. Dennoch waren seine eigenen seriellen Werke ebenso sehr wie Kompositionen Strawinskis geprägt vom Geist des Neoklassizismus.

Berg, einer seiner führenden Schüler, schmeckte 1925 mit der Berliner Uraufführung des *Wozzeck*, seiner ersten abendfüllenden Oper, den Erfolg. Hier spiegelt die Sprache der freien, das heißt nicht seriellen Atonalität perfekt die feindliche und unverständliche Welt wider, in der die Hauptfigur, ein einfacher Soldat, sich befindet, und sie passt auch zur heftigen Unlogik, mit der er reagiert; doch an Stellen, die Ironie oder Trost vermitteln sollen, sind in die Partitur auch tonale Passagen eingebaut. Später dann führten Bühnen sowohl in der deutschsprachigen Welt als auch in Leningrad (1927) und Philadelphia (1931) den *Wozzeck* wiederholt auf. Berg hatte derweil zaghaft begonnen, serielle Technik anzuwenden, und zwar in seiner Lyrischen Suite für Streichquartett (1925/26).

Ganz anders Webern: Er übernahm die Zwölftontechnik sofort und gewollt und er verwendete sie, um sehr abstrakte Formen zu schaffen, die beharrlich eine kleine Anzahl von Motiven verwandeln. Schönberg hatte gehofft, eine neue Basis für Kompositionen zu etablieren – »Man muss der Grundreihe folgen; aber trotzdem komponiert man so frei wie zuvor« –, doch Webern sah das nicht so. Obwohl er genau wie Schönberg das Gefühl hatte, in der großen österreichisch-deutschen Tradition zu stehen, deren Formen und Gattungen er in seiner seriellen Musik wiedereingeführt hatte, sind seine Werke in ihrer Selbstähnlichkeit und ihrer Kürze anders als alles andere. Seine Sinfonie (1927/28) hat keine neoklassische Bifurkation; für ihr Weben der exquisit expressiven Melodie, die so perfekte Formen wie die einer Blume oder eines Kristalls nachzeichnet, gab es nichts Vergleichbares.

Weberns Modell für seine imitatorische Polyphonie war die Polyphonie der Renaissance: Als Doktorand hatte er Messevertonungen von Isaak herausgegeben. Ähnlich hatte Bartók aus der Volksmusik gelernt, dass man kurze Melodieelemente auf verschiedene Arten zusammensetzen kann und dass eine Melodie von Dorf zu Dorf, Sänger zu Sänger variieren kann. Indem er dieses Wissen kreativ umsetzte, schuf er eine Musik, die, ähnlich wie die Weberns, von kleinen Motiven ausgehend dicht gebaut ist und eine Objektivität nicht so sehr durch ein Verweisen auf die Vergangenheit erreicht, sondern durch eine ihr eigene Klarheit und Symmetrie, zum Beispiel in seinem 4. Sreichquartett (1928). Wie zuvor auch, beschränkte sich Bartók nicht auf ungarische Quellen; in seiner orchestralen *Tanz-Suite* (1923) verband er ganz unterschiedliche Traditionen, denen er in Zentraleuropa und Nordafrika begegnet war.

Auch Janáček hatte aus der Volksmusik und aus Strawinskis Folklore-Stücken gelernt und schuf den größten Teil seiner großartigen Werke in den 1920er Jahren, als er schon über fünfundsechzig war. In seinen Opern, angefangen mit *Katja Kabanova* (1920/21) und *Das schlaue Füchslein* (1922/23), betonte er mit Ideen, die kompakt, sehr farbig und von eingängiger Expressivität sind, die Melodien der gesprochenen tschechischen Sprache (abgesehen von gelegentlichen Passagen, wo die Stimme nach oben geht) und behielt im Orchester ein fast sprechähnliches Tempo bei. Diese Opern wurden ähnlich wie die von Berg, Hindemith und Weill von vielen deutschen Opernhäusern begeistert aufgenommen, die inzwischen von öffentlicher Hand finanziert wurden und stärker an aktueller Kultur interessiert waren als private Orchester und Konzerthäuser der Zeit. Was Letztere betraf, so konnte sich ein Komponist noch die größten Hoffnungen machen, wenn er ein Konzert schrieb, das zum einen die Erwartungen befriedigte (weil es virtuos war) und zum anderen mit Prestige und Publicity aufwarten konnte (weil der Komponist, was ziemlich oft vorkam, das Werk auch persönlich spielte). Bartók, Strawinski und Rachmaninow, die alle zu einer Zeit, da Aufträge rar und lohnende Orchesteraufführungen selten waren, die Aufführungshonorare dringend brauchten, schrieben alle Klavierkonzerte für sich selbst, und auch wenn Ravel seine für andere komponierte, begann er sie doch erst zu schreiben, nachdem er auf seiner Tournee durch die Vereinigten Staaten gesehen hatte, dass es ein neues Potenzial für Konzertmusik gab.

Aus der Perspektive Europas, dessen Musikkultur zunehmend konservativ wurde, schienen die USA glänzende Aussichten zu bieten. Was den Reiz des Jazz ausmachte, war zum Teil sein Status – er galt als die neue Musik der neuen Welt –, und selbst die Art, wie Brecht/Weill in *Mahagonny* auf die US-amerikanische Kultur reagierten, ist ebenso erwartungsvoll wie argwöhnisch. Prokofjew, Bartók und Strawinski waren Ravel auf dem Konzertpfad vorausgegangen oder gefolgt; Rachmaninow lebte ab 1918 fest dort. Was die in den USA geborenen Komponisten anging, so hatten sich ihre Möglichkeiten durch den

Nachkriegswohlstand und das neue Selbstvertrauen deutlich verbessert. Selbst Ives trat aus seinem Schattendasein heraus. In den frühen 1920er Jahren veröffentlichte er auf eigene Kosten einen Band mit Liedern sowie seine 2. Klaviersonate. Zur gleichen Zeit vollendete er mehrere Orchesterpartituren, unter anderem die *Three Places in New England* und die Sinfonie *New England Holidays*. Diese Werke blicken, genau wie die Sonate und viele seiner Lieder, zurück in die Jugendzeit des Komponisten und erzeugen unterschiedlichen Atmosphären der Erinnerung durch nebelhafte Harmonien, die in Kontrast stehen zur völlig klar erinnerten athletischen jugendlichen Energie. Ives beschwört hier sowohl zeitliche Distanz als auch die Präsenz vergangener Zeiten herauf, und zwar mithilfe einer freien Fantasie, die in Atonalität, ausgesprochen irregulären Rhythmen und komplexen Texturen mündet. Oft entsteht musikalisches Erinnern auch in einem Allerlei von kirchlichen Hymnen, Märschen, Popsongs und Ragtimes neu. Die imaginäre Vergangenheit wird zur musikalischen Zukunft: Ives' Musik der Überlagerungen diverser musikalischer Ströme und der Verwendung von Zitaten aus der Musikgeschichte, bis dahin etwas völlig Unbekanntes, wurde erst in den 1950er Jahren regelmäßig gespielt oder angemessen gewürdigt, als die Zeit sie endlich eingeholt hatte.

Andere US-amerikanische Komponisten wollten die Zukunft jetzt. Einer von ihnen, Henry Cowell (1897–1965) begann schon als Teenager in San Francisco mit Klavierklängen zu experimentieren und mit »Clusters« (Tontrauben) aus nebeneinanderliegenden Tönen zu arbeiten, die mit der Handfläche oder dem Unterarm angeschlagen werden (*The Tides of Manaunaun*, 1912); später kamen noch Aktionen im Innern des Instruments dazu, bei denen die Saiten gezupft oder mit den Fingern gestreift werden (*The Banshee*, 1925), sowie weitere neue Techniken. Er ging auf Tournee durch Europa, reiste auch in die Sowjetunion und gründete mit Unterstützung von Ives als Plattform für experimentierfreudige Arbeiten sowohl amerikanischer als auch europäischer Komponisten die Zeitschrift »New Music Edition« (1927). Zu denen, die von diesem Forum profitierten, gehörte auch Edgard Varèse (1883–1965), der 1915 seine Heimat Frankreich verlassen hatte und nach New York gegangen war, vor allem um eine neue Musikwelt zu entdecken. Die fand er in solchen Werken wie *Hyperprism* für ein Ensemble aus Bläsern und Schlaginstrumenten (1922/23) – eine Musik, die, ähnlich wie Strawinski in seinen neuesten Werken, Blöcke nebeneinanderstellt, aber in hohem Maße dissonant und rhythmisch komplex ist. Hier gibt es keine Harmonien, eher Klänge, die Ton-Scherben der Bläser gegen prasselnde Rhythmen zu einem schimmernden und metallischen Ganzen kombinieren. Die Vorstellung schon im Kopf, wie elektronische Medien dem Klang noch deutlich mehr Energie und Freiheit verleihen könnten, als in solchen Werken wie *Hyperprism* angedeutet, sah er nur nach vorn. Aber da war er fast der Einzige.

Kapitel 20

Unterschiedliche Bedürfnisse

Um 1930 begannen die festgefahrenen Fronten zwischen kreativen Musikern und Konzertinstitutionen langsam aufzuweichen. Viele der führenden Komponisten waren in diesem außerordentlichen Jahrzehnt zwischen etwa der Mitte der 1870er und der Mitte der 1880er Jahre geboren worden – zu ihnen gehörten Schönberg, Strawinski, Bartók, Webern, Varèse und Berg – und wollten jetzt, da sie im mittleren Alter waren, vielleicht doch noch im kommerziellen Konzertleben ihren Platz finden. Strawinski zum Beispiel hatte seit seiner *Pulcinella*-Suite (1920) nichts für Sinfoniekonzerte geschrieben, doch jetzt kamen solche Werke in regelmäßigen Abständen, angefangen mit *Madrid* (1928), über das Capriccio für Klavier und Orchester (1928/29), die *Psalmensinfonie* (1930) bis hin zum Violinkonzert (1931). Auch begann er mehr zu dirigieren und Platten aufzunehmen. Schönbergs Variationen (1926–1928), seine erste neue Orchesterpartitur seit dem Krieg, wurden von den Berliner Philharmonikern unter Wilhelm Furtwängler (1886–1954) vorgestellt, während Leopold Stokowski (1882–1977) als Chef des Philadelphia Orchestra die Uraufführung von Varèses *Arcana* (1925–1927) leitete – ein Werk, das allerdings wenig Zugeständnisse gegenüber den sinfonischen Gewohnheiten machte.

Zugeständnisse waren auch nicht zwangsläufig notwendig, denn radikale neue Musik – »moderne Musik« oder sogar »ultramoderne Musik« – wurde langsam akzeptiert als das, was sie war, und nicht abgelehnt, weil es etwas nicht war (nämlich sinfonische Romantik). Brahms musste nicht mehr vor Komponisten wie Webern und Bartók in Schutz genommen werden. Brahms, das war klar, würde überdauern, und Webern und Bartók konnten jetzt neben ihm Anerkennung finden. Das Radio hat das Seine dazu beigetragen, diese neue Einstellung zu fördern. Die »Concerts of Contemporary Music« der BBC (Konzerte für zeitgenössische Musik, 1926–1939) unter Leitung von Edward Clark holten viele herausragende Komponisten wie Schönberg, Strawinski, Bartók und Webern nach London, wo sie dirigierten, selbst spielten oder die Einstudierung ihrer Werke überwachten.

Olivier Messiaen

Vielleicht half auch das Kino, die Menschen mit Werken lebender Komponisten vertraut zu machen. In manchen Filmtheatern wurden Stummfilme von einem Orchester live begleitet. Strauss hatte für die Verfilmung seines *Rosenkavaliers* im Jahr 1924 sogar eigens eine Filmmusik-Fassung geschrieben. Die Entwicklung der Tonspur machte es ab 1927 möglich, dass orchestrale Musik – und die meisten Filmmusiken sind seit diesen frühesten Zeiten Orchestermusik – gehört werden konnte, wo immer Filme gezeigt wurden. Zu den Komponisten, die in den ersten Jahren des Tonfilms Beiträge zu diesem Genre lieferten, gehörten Schostakowitsch, Honegger und Eisler; Schönberg dagegen schrieb mit der *Begleitmusik zu einer Lichtspielszene* (1929/30) ein Stück, das zeigte, wie serielle Musik auch im Konzertsaal Kinoatmosphäre aufkommen lassen konnte.

Sicherlich hatten Radio und Film den Boden für mehr Verständnis bereitet, aber auch die Komponisten selbst bewegten sich langsam wieder auf das Publikum zu. Gegen die Romantik anzuschreiben, war nicht mehr so notwendig wie in den ersten Nachkriegsjahren. Außerdem kann man nicht immer weiter nein sagen, ohne das Bedürfnis zu haben, irgendwann auch einmal ja zu sagen. Viele der einst lautstärksten Leugner sagten jetzt in der Tat ja, so wie das Strawinski und Schönberg mit der größeren Bandbreite ihrer neuen Orchesterwerke taten. Dahinter steckte mehr als ein neuer künstlerischer Kurs. Einige Jahre zuvor hatte die Aufnahme von Jazz-Elementen den Weg zu einem breiteren Publikum geöffnet, jetzt schien sich Erfolg durch eine gewisse Anpassung an die vertraute Sprache des Konzertsaals einzustellen. In einer Zeit der Bedrohung, einer Zeit der weltweiten Arbeitslosigkeit und Inflation nach dem New Yorker Börsencrash von 1929 wurde der beethovensche Drang wieder gespürt, alle anzusprechen. So erklärt sich das Comeback der Sinfonie unter anderem bei Honegger (1. Sinfonie, 1929/30) und Strawinski.

Strawinskis *Psalmensinfonie* – drei Sätze für Chor und Orchester, in denen, wie er selbst es ausdrückte, das Singen von Psalmen sinfonisiert wird – zeugt auch von einem Wiederaufleben des Religösen bei einigen Komponisten (nicht Bartók und Varèse, die unbeirrte Atheisten blieben). Olivier Messiaen (1908–1992), ein Vertreter der jüngeren Generation in Paris, startete seine Künstlerkarriere mit sakralen Werken entweder für sein Instrument, die Orgel, oder für den Konzertsaal; *L'Ascension* (Die Auferstehung, 1932–1934) etwa schrieb er in Versionen für beide Besetzungen. Da er die Duplizität und die potenzielle Oberflächlichkeit des Neoklassizismus ablehnte, ließ er seine Musik sich auf die ihm eigene Art bewegen, selbst dann, wenn sie auf verschiedene Quellen zurückgriff (Gregorianik und rhythmische Muster), und zwar ohne den Versuch einer Synthese. In der Tat verleihen seine mosaikartigen Formen zusammen mit den statischen Harmonien seines persönlichen modalen Systems selbst seinen frühesten Stücken ein ganz eigenes Zeitgefühl – Zeit ist nicht etwas, das dahinfließt, sondern etwas, das schon präexistiert, das sich der menschlichen Zeitlichkeit in Folgen geistvoller, einander unähnlicher Momente zeigt.

Was das Formale angeht, war Strawinski sein Vorbild, allerdings eher der Strawinski von *Petruschka* und des *Sacre* als der neueren Werke wie der *Psalmensinfonie*. Diese war, wie Strawinski in die Partitur schrieb, »zum Ruhme Gottes« komponiert, und sie steigert sich in ihren drei Sätzen von der Bitte um Erlösung über das Versprechen der Erhörung bis hin zum Lobgesang. Was die Musik nach Ansicht ihres Komponisten religiös macht, ist jedoch nicht ihre Thematik, sondern ihre Form, und so gesehen war das keine Rückentwicklung vom Neoklassizismus. Sakrale Kunst, beteuerte er, müsse »kanonisch« sein, nicht nur in ihrer Aussage, sondern auch in der Art, wie sie gemacht ist; sie müsse sich an so alte Kompositionsprinzipien wie das der Fuge halten (wie Strawinski das im Mittelsatz der Sinfonie tat). Die Art, wie Strawinski diese Prinzipien umsetzte, macht allerdings klar, dass auf keinen Fall strenge Regeltreue erwartet wurde. Die Musik musste nur in ihren melodischen Imitationen streng klingen, um eine strenge Maske aufzusetzen oder eine innere Zerrissenheit auszudrücken.

Ein Kanon ganz anderer Art wurde Künstlern in Strawinskis Heimatland aufgezwungen, wo Komponisten sich nicht einfach nur an Menschen, sondern an »das Volk« zu wenden hatten. 1931 löste sich die »Assoziation für zeitgenössische Musik« auf, die für revolutionäre Erneuerung gestanden und schon Bartók und Cowell eingeladen hatte. Im Jahr darauf wurde der »Russische Verband sowjetischer Komponisten« als einzige nationale Organisation gegründet und der sozialistische Realismus als offizielle Leitlinie aller Künste verkündet. Dieser forderte, Dinge so darzustellen, wie sie sind, sie nicht aus der persönlichen Sicht eines Künstlers zu zeigen, sondern aus einer gesellschaftlichen Perspektive, die in einer revolutionären Nation optimistisch zu sein hatte. Das auf die Musik zu übertragen, musste zwangsläufig große Schwierigkeiten mit sich bringen. Zunächst aber verhinderte diese Philosophie nicht, dass Schostakowitschs zweite Oper *Lady Macbeth von Mzensk* (1930–32) ein großer Erfolg wurde, auch wenn das Werk die Geschichte eines Verbrechens erzählt und mit grotesken Karikaturen die Polizei verspottet.

Zu der Zeit machten die großen Städte Russlands und Deutschlands Paris den Rang als wichtigstes Musikzentrum streitig. Berlin war die Stadt Weills, Eislers, Hindemiths und ab 1925 auch Schönbergs. 1927 war die Krolloper mit dem Ziel neueröffnet worden, sich auf neue Werke und innovative Produktionen zu konzentrieren – allerdings musste das Haus nur vier Jahre später angesichts immer schwierigerer wirtschaftlicher und politischer Umstände wieder schließen. Die Ernennung Adolf Hitlers zum Reichskanzler am 30. Januar 1933 beendete diese Berliner Periode. Berg – der zu dieser Zeit an seiner zweiten Oper *Lulu* (1929–35) arbeitete, einer prallen Mischung aus Serialismus und romantischer Tonalität, aus Sozialkritik und Sinnlichkeit, aus Modernismus und Modernität (ein Vibraphon, eine Filmsequenz kommen zur Anwendung) – erkannte bald, dass er für eine Kultur schrieb, die verschwunden war, und das mag mit ein Grund gewesen sein, warum er im letzten Akt die Arbeit abbrach und sein Violinkonzert (1935) schrieb.

Weill verließ Berlin 1935 und ging nach Paris; Schönberg folgte ihm wenige Monate später. Stefan Wolpe (1902–1972), ein Berliner

Komponist, der sich dem Widerstand gegen den Aufstieg der Nazis angeschlossen hatte, ging erst nach Wien, wo er bei Webern studierte, dann nach Palästina. Hindemith blieb noch eine Weile, aber bald war abzusehen, dass in einem »endgültig gesäuberten deutschen musikalischen Leben«, um aus einer Rede zu zitieren, die der Reichminister für Volksaufklärung und Propaganda Joseph Goebbels 1938 gehalten hatte, kein Raum war für ihn und seinesgleichen. Im nationalsozialistischen Deutschland wurde Musik, genau wie in der Sowjetunion, nach den vermuteten Bedürfnissen »des Volks« bewertet. Die Fähigkeit, diese Bedürfnisse zu erahnen, sprachen die Politiker den Komponisten ab, sich selbst dagegen sahen sie dazu bestens gerüstet.

Hindemiths Hauptaugenmerk galt in dieser Phase seiner Oper *Mathis der Maler*, einem Werk, das die Verantwortung des Künstlers in turbulenten Zeiten behandelt (Hauptfigur ist der in den Wirren der Bauernkriege lebende Matthias Grünewald). Obwohl das Stück 1934 in einer Sinfoniefassung gespielt wurde (wieder unter Furtwänglers Leitung), konnte die erste szenische Aufführung der Oper erst 1938 in der neutralen Schweiz stattfinden. Wie fast alle anderen Komponisten der Zeit auch war Hindemith in den 1930er Jahren in einer Phase, in der die Musik konsonanter, sinfonischer wurde, und *Mathis* ist eine warm strahlende Partitur. Aber sie wärmte nicht Goebbels, der jene Rede im Rahmen der Reichsmusiktage in Mannheim gehalten hatte, wo eine Ausstellung unter dem Titel »Entartete Musik« anprangerte, was unerwünscht war. Schon der Umschlag des Ausstellungskatalogs, auf dem ein schwarzer Saxofonist mit Davidstern abgebildet ist, machte unmissverständlich klar: jüdische Musik und Jazz waren gleichermaßen verfemt. Hindemith hatte von beidem profitiert. 1940 verließ er Deutschland.

Die Musik in Deutschland verlor außer Weill, Eisler, Schönberg und dann auch Hindemith noch vieles mehr. Bartók, der sein zweites Klavierkonzert genau eine Woche vor Hitlers Machtergreifung in Frankfurt uraufgeführt hatte, beschloss, nicht mehr in ein von den Nazis regiertes Deutschland zurückzukehren. Strawinski kehrte 1938 zwar zurück, aber seine Musik wurde bald verboten. Andere Komponisten, unter ihnen Schulhoff, starben später in den Konzentrationslagern bei einem Massaker, das in der westlichen Kultur tiefe Narben hinterließ.

Diese Kultur erlebte zur gleichen Zeit auch in der Sowjetunion eine schwere Prüfung, wo Joseph Stalin Ende der 1920er Jahre an die Macht gekommen war. Stalin glaubte wie Hitler, dass die Gesundheit einer Nation von der Gesundheit ihrer Musik abhing – in dieser Hinsicht waren beide Diktatoren späte Schüler Platons und Konfuzius'. Im Januar 1936 besuchte Stalin eine Aufführung von Schostakowitschs *Lady Macbeth*, die damals in drei Moskauer Theatern gespielt wurde, und verstand den Witz darin nicht. Kurz darauf druckte die offizielle Tageszeitung *Prawda* unter dem Titel »Chaos statt Musik« einen Bericht, der die Oper sehr genau beschreibt, wenn auch in polemischen Worten: »Bruchstücke von Melodien, Keime einer musikalischen Phrase versinken, reißen sich los und tauchen erneut unter im Gepolter, Geprassel und Gekreisch.« Laut diesem Artikel stand das Werk im Widerspruch zu dem, was sich normale Menschen unter Oper vorstellten – oder eher im Widerspruch zu dem, was sie sich nach Ansicht des Verfassers vorstellen sollten, denn die Oper hatte in Moskau bereits knapp hundert vermutlich gut besuchte Aufführungen erlebt. Das Werk sei, wetterte der Kritiker, eine Provokation und als solche ein Produkt des Formalismus oder des Glaubens daran, dass neue Formen progressiv sein könnten. Dies sei eine typische Idee kleinbürgerlicher Linker, und der Erfolg des Stücks im Ausland solle allen eine Warnung sein, keine Empfehlung.

Prompt wurde das Stück von den sowjetischen Bühnen abgesetzt und sein Komponist von seinen Kollegen im Leningrader Komponistenverband, mit Ausnahme des mutigen Wladimir Tscherbatschew (1889–1952), getadelt. Schostakowitsch beschloss daraufhin, seine neue Sinfonie (die Vierte, 1935/36) beiseite zu legen und eine weitere zu schreiben (die Fünfte, 1937), die, wie der Kritiker der *Prawda* gefordert hatte, keine »linke Entartung« enthielt, sondern das umsetzte, was »das sowjetische Publikum von der Musik erwartet und in ihr sucht«. Was das bedeutete, war klar: deutlich erkennbare Melodien, Einheitlichkeit in Ton und Ausdruck, Musik, die nach Musik klingt. Entsprechend orientierte sich die Fünfte ganz offen an Tschaikowski und Borodin und fand folgerichtig in der *Prawda* als »schöpferische Antwort eines sowjetischen Komponisten auf berechtigte Kritik« (so der Zusatz des Komponisten) Anerkennung. Das Stück wird – weit davon entfernt, bis in alle Ewigkeit als erzwungener Kompromiss angesehen zu werden – weithin zu den besten und persönlichsten Werken des Komponisten gerechnet. Dass dem so ist, kann nur daran liegen, dass Schostakowitsch ein so gespaltener und vielschichtiger Künstler war, dass man endlos über seine Absichten mutmaßen kann. Die dem Neoklassizismus innewohnenden Ironien, wo Stilfehler richtig sein können und Korrektheit bedeutungslos, bilden in seiner Musik Knoten, die nicht gelöst werden können.

Noch komplizierter wird die Sache durch die Art und Weise, wie sich die Entwicklungen der sowjetischen Musik in den USA spiegelten, wo es keine *Prawda* gab und wo Franklin Delano Roosevelt kaum Ähnlichkeit mit Stalin hatte. Dennoch sah sich Ruth Crawford Seeger (1901–1953), deren Streichquartett von 1931 in seiner Wechselwirkung zwischen originellen Prozessen im Hinblick auf Tonhöhe, Rhythmus und Textur umwerfend ist, aufgrund ihrer linken Grundhaltung dazu veranlasst, sich auf Volksmusik zu konzentrieren, und Aaron Copland (1900–1990), der sich in seinen Klaviervariationen (1930) auf Schönberg zubewegt hatte, wandte sich mit *El Salón Mexico* (1933–36), dem Orchesterbild einer Bar in Mexico City, einem temperamentvollen Stil zu, der die spanischen Klänge eines Chabrier, Lalo oder Bizet in das Jazz-Zeitalter versetzte. *El Salón Mexico* war sein Einstieg in einen neuen amerikanischen Stil, der genauso wie die Musik von Ives auf Folksongs und Kirchenlieder zurückgriff, aber harmonisch sehr geradlinig war und mit einer einheitlichen Stimme sprach – das war der Stil seiner Ballette *Billy the Kid* (1938), *Rodeo* (1942) und *Appalachian Spring* (1943/44). Diese Werke wurden landesweit entweder als Suiten oder in Bearbeitungen konzertant aufgeführt und in ihrem Erfolg nur noch übertroffen von dem, den Ray Harris (1898–1979) mit seiner 3. Sinfonie (1938) verzeichnen konnte, die ein ähnlich starkes, direktes und heroisches Bild des Pioniergeists vermittelt. Varèse verfiel unterdessen in Schweigen, und Cowell saß wegen homosexueller Beziehungen zu einem Minderjährigen im Gefängnis.

In den 1930er Jahren wurde die Musik überall einfacher, die Moderne war auf dem Rückzug. In Großbritannien entstanden in der ersten Hälfte des Jahrzehnts mit der f-Moll-Sinfonie (1931–1934) von Vaughan Williams und der Sechsten (1934) von Arnold Bax (1883–1953) extrem düstere und komplexe Sinfonien. Danach traten beide Komponisten wieder mehr ins Licht. Das tat auch Strawinski in Werken wie seinem *Dumbarton Oaks*-Konzert (benannt nach dem Landsitz seiner amerikanischen Mäzene) für Kammerorchester (1937/38), einer heiteren Hommage an Bachs Brandenburgische Konzerte. Das tat auch Bartók, der in seiner Musik für Saiteninstrumente, Schlagzeug und Celesta (1936) und in der Sonate für zwei Klaviere und Schlagzeug (1937) aus harmonischer Düsterkeit heraus zu Lebendigkeit und Klarheit findet.

Die Fragen, mit denen Komponisten sich jetzt konfrontiert sahen, waren mehr denn je nicht nur musikalischer, sondern auch moralischer Natur. Viele sahen ihre Arbeit als etwas an, das aus einer Gesellschaft heraus entstand, egal ob aus einer kommerziell orientierten oder kommunistischen. Und doch war die Musik, die in den Gesellschaften von Russland bis Kalifornien am meisten geschätzt wurde, die stark individuelle Musik der Romantik, des Jazz und des Popsongs. Bartók fand sein Mittel, den Ausdruck zu objektivieren, zum einen in der Verwendung eines Basismaterials, das eher von Gesellschaften denn von Individuen kam, und durch eine objektive Konstruktion (die er selbst dann noch beibehielt, als seine Harmonik milder wurde), und zum anderen dadurch, dass er oft einen Gemeinschaftstanz zum Ziel seiner Musik machte.

Bartók und Strawinski gehörten zu den vielen Komponisten, die sich dem Exodus in die Vereinigten Staaten anschlossen, der 1934 mit der Ankunft zweier Österreicher – Schönberg und Erich Wolfgang Korngold (1897–1957) – in New York begonnen hatte. Schönberg, dessen schöpferische Aktivität zum Erliegen gekommen war, seit er die Arbeit an seiner Oper *Moses und Aron* noch in Berlin abgebrochen hatte, fing an, ein Violinkonzert und ein Streichquartett zu schreiben, gefolgt von einer Bekräftigung seines Judentums in *Kol Nidre* für Rabbi, Chor und Orchester (1938). Korngolds Reaktion auf seine neue Umgebung sah anders aus. In Europa hatte er sich hauptsächlich als Opernkomponist einen Namen gemacht; in den USA dagegen war er bald einer der wichtigsten Filmmusik-Komponisten. Mit Filmmusik wie der für *Die Abenteuer des Robin Hood* (1938) schuf er einen Hollywood-Sound, der in seiner Opulenz und seiner Wandlungsfähigkeit an die schon Jahrzehnte zurückliegenden sinfonischen Dichtungen von Strauss anknüpfte. Auch hier war die musikalische Entwicklung der späten 1930er Jahre im Hinblick auf die Tonsprache eher ein Rückschritt.

Schönberg nahm in Los Angeles seine Lehrtätigkeit wieder auf. Einer seiner Schüler war John Cage (1912–1992), der radikalere Wege als Bartók fand, gesellschaftlich erzeugtes Material in objektive Formen zu gießen. Cage hatte auch bei Cowell studiert, war offen und neugierig und begann 1935 mit Laien-Schlagzeug-Ensembles zu arbeiten, die auch Alltagsgegenstände wie Blechbüchsen, elektrische Summer oder Schrauben und Bolzen als Instrumente verwendeten. Da es hierbei nicht um Tonhöhen und entsprechend auch nicht um Harmonik ging, machte er den Rhythmus – geordnet nach den unwiderlegbaren Fakten von Puls und numerischen Proportionen – zum bestimmenden Element. Die daraus resultierende Musik ist der Musik nicht-westlicher Traditionen, vor allem der balinesischen, sehr ähnlich; alle Befangenheit hinsichtlich der großen westlichen Tradition bleibt außen vor, es ist, als hätte diese Tradition nie existiert. Harry Partch (1901–1974), auch er Kalifornier, ging ebenfalls gern seiner eigenen Wege: Er bewegte sich in Richtung reiner, nicht temperierter Intervalle, für die er traditionelle Instrumente umarbeiten oder völlig neue bauen musste. Diese beiden Komponisten waren zwar Einzelgänger, brachten aber die für jene Zeit typischen gesellschaftlichen Probleme zum Ausdruck. Partch, der zeitweise selbst das Leben eines Hobos, eines Wanderarbeiters, führte, vertonte Texte von anderen Vagabunden, und seine Musik bevorzugte genau wie die von Cage Klänge, die der Mainstream ausgeschlossen hatte.

Währenddessen brachten die Ozeanriesen immer mehr Musiker ins amerikanische Exil. 1935 kam Weill nach New York, wo er sich als Komponist für Broadway-Shows niederließ. Er sah das als eine natürliche Entwicklung an. In einer modernen demokratischen Gesellschaft war die Populärkultur nicht die Alternative zur Hochkunst, sondern im Grunde ihre Verkörperung. Für einen Komponisten konnte es jetzt ebenso angemessen sein, musikalische Komödien zu schreiben, wie für Beethoven, Quartette und Sinfonien zu komponieren. Das Sperrige der deutschen Kompositionen verschwand, während er sich schnell den Stilen und Standards solcher Broadway-Komponisten wie Jerome Kern (1885–1945) und Richard Rodgers (1902–1979) anpasste, um Hits wie »September Song« (aus *Knickerbocker Holiday*, 1938) zu landen. Selbst der politisch aktivere Eisler, entsetzt über den Hitler-Stalin-Pakt von 1939, hatte das Gefühl, dass soziale Gleichheit vielleicht in den Vereinigten Staaten möglich sein würde und dass ein Komponist seinen Beitrag zur Populärkunst leisten sollte, etwa indem er Filmmusik schrieb.

Eisler war 1938 (genau wie Wolpe) in New York angekommen und hatte sich 1942 in Los Angeles niedergelassen, wo Schönberg schon länger lebte. Strawinski, der mit der Komposition seiner Sinfonie in C für Chicago zur Hälfte durch war, folgte 1939, und auch er fand in Los Angeles ein neues Zuhause – allerdings hatte er trotz wiederholter Versuche kein Glück bei Filmgesellschaften. Bartók verließ im Jahr darauf Europa und blieb in New York, während Hindemiths Reiseziel Yale war. Auch viele Dirigenten flüchteten in die USA, unter anderen Otto Klemperer (1885–1973) und Bruno Walter (1876–1962). Arturo Toscanini (1867–1957), dessen Temperament und Intensität in Kontrast standen zur großen Kontinuität, die sein Zeitgenosse Furtwängler an den Tag legte, verließ wie Bartók das Nazireich und verbrachte mehr und mehr Zeit in New York.

Diejenigen, die in Deutschland blieben, haben dies vielleicht getan, weil sie wie Furtwängler fanden, man könne das Land nicht einfach den Barbaren überlassen. Strauss zog sich, nachdem er in den frühen Jahren der Naziherrschaft Stellungen und Aufträge angenommen hatte, ins Private zurück und schrieb mit *Capriccio* (1940/41), seiner letzten Oper, ein Werk, das über allem steht, was er in dreißig Jahren geschrieben hatte. Ein Dichter und ein Komponist buhlen darin um die Zuneigung der Gräfin, in deren Diensten sie stehen, womit Strauss wieder einmal die alte Streitfrage aufwirft, was denn nun wichtiger sei, die Musik oder die Worte. Gesellschaftliche Fragen der Zeit sind nirgendwo erkennbar. Das Werk ist unbefangen romantisch, was nicht verwundert, schließlich hatte Strauss die Romantik in seinem Oeuvre nie aufgegeben.

Jetzt, da sich die Welt wieder im Krieg befand, erhielt Strauss' Oper wesentlich weniger internationale Aufmerksamkeit als Schostakowitschs 7. Sinfonie (1941), die den Zusatz »Leningrader« trug und, zumindest an der monumentalen Oberfläche, den Taten jener Ausdruck verlieh, die der Belagerung der Stadt durch die Deutschen Widerstand entgegengebracht hatten. Selbst Strawinski, der normalerweise für alles, was aus der Sowjetunion kam oder romantische Anklänge aufwies, nur Verachtung übrig hatte, war so beeindruckt, dass er seine eigene thematische Sinfonie schrieben, die Sinfonie in drei Sätzen (1942–1945), über die er in seiner Programmnotiz sagte, sie spiegele »die Reaktion, die unsere schwierige Zeit mit ihren heftigen und wechselnden Ereignissen, ihrer Verzweiflung und Hoffnung, ihrer unausgesetzten Peinigung, ihrer Anspannung und schließlich Entspannung« bei ihm ausgelöst habe. Das Gleiche hätte Bartók über das Werk sagen können, an dem er damals gerade schrieb, das Konzert für Orchester, in dem er allerdings das Schwülstige der »Leningrader« Sinfonie parodierte und sich, wie immer, Entspannung in einem Tanz verschaffte. In den Jahren 1944 bis 1946 war die Luft geschwängert mit Siegessinfonien: Prokofjews Fünfte, Coplands Dritte, Schostakowitschs seltsam aufgekratzte Neunte. Das Erlebnis des Kriegs hatte einen seit Jahrzehnten nicht dagewesenen gesellschaftlichen Zusammenhalt geschaffen. Als er zu Ende ging, spürten Komponisten, dass ihr persönlicher Herzschlag wieder synchron war mit dem Puls der Zeit. Die Zeit war entwirrt, zumindest vorerst.

Kapitel 21

Noch einmal von vorn

Dass Strawinskis Musik über dreißig Jahre nach der Uraufführung des *Sacre du printemps* im gleichen Pariser Theater wieder für Unruhe sorgen würde, überraschte selbst den Komponisten. Diesmal ging der Tumult allerdings nicht von einem schockierten oder verwirrten Publikum der gehobenen Gesellschaft angesichts einer künstlerischen Revolution aus, sondern von einer Gruppe junger Studenten, die empört waren, weil der einstige Revolutionär so gefällig geworden war. 1913 hatte sich die Erde aufgetan. Jetzt, 1945, wurde mit *Four Norwegian Moods* (Vier norwegische Impressionen – eine der Partituren, die der Komponist aus gescheiterten Filmprojekten gerettet hatte) sanftester Grieg heraufbeschworen. Strawinski stellte einige Nachforschungen an und erfuhr, dass Pierre Boulez (geb. 1925) den Protest angeführt hatte, ein ehemaliger Schüler von Messiaen und René Leibowitz (1913–1972) und Fahnenträger der Schönberg-Gruppe in Paris.

Boulez war in einer von den Nazis besetzten Stadt Student gewesen und aus dieser Erfahrung heraus zum leidenschaftlichen Anhänger der Résistance geworden. Musik hatte sich, so empfand er das, nicht nur wegen der Verbote der Nazis (insbesondere der Musik Schönbergs) nicht weiterentwickelt, sondern auch deshalb, weil diejenigen, die sich vor dem vorigen Krieg auf das Abenteuer des Fortschritts eingelassen hatten, jetzt mangelndes Durchhaltevermögen zeigten. Für ihn war dieses Abenteuer nicht vorbei: In seinen Augen war der Neoklassizismus nur ein Abweichen vom Weg gewesen, die neue sinfonische Bewegung der letzten fünfzehn Jahre eine unwürdige Kapitulation vor der allgemeinen Faulheit. Alle Grundsätze der frühen atonalen Werke von Schönberg und Webern – unbeschränkte harmonische Freiheit, unvorhersehbarer Rhythmus, keine Themen, jedes Stück mit seiner eigenen Form – waren immer noch gültig. Der Serialismus, durch den sein Erfinder eine neue Ordnung geschaffen hatte, konnte und musste gänzlich anders eingesetzt werden, nämlich kritisch, um die Musik daran zu hindern, wieder in bekannte Muster zu verfallen. Im Bezug auf den Rhythmus war es wichtig, das Zügellose und Irreguläre des *Sacre* weiterzuentwickeln, wie dies schon Messiaen in seinem Klavierzyklus

John Cage

Vingt Regards sur l'Enfant-Jésus (Zwanzig Betrachtungen über das Jesuskind, 1944) angedeutet hatte.

Dieses Werk hat in der Tat seine bizarren Momente, andere wiederum sind lieblich, ruhig, fantastisch und überwältigend. Die zwanzig Stücke ergeben im Ganzen ein fast zweistündiges Konzert und rufen Stimmungen und Ausdrucksweisen aus der gesamten Klavierliteratur hervor, durchsetzt mit Elementen der Lieblingsquellen des Komponisten: Gregorianik, Exotik (indische Musik) und Vogelgesang. Boulez faszinierten allerdings nur die besonders hektischen Momente in der Musik seines Lehrers, und die ließ er in seinen frühesten Werken mit der Musik Schönbergs kollidieren, was zu deren völliger Zerstörung führte. Für besonders große Aufregung sorgte seine 2. Klaviersonate (1947/48), eine Sturzflut in vier Sätzen, in der alles Tröstende der Musik entweder vermieden oder gestört wird. Wie die Komponisten drei oder vier Jahrzehnte vor ihm, wollte Boulez einen Neubeginn, obwohl das, was seine Musik vor allem ausdrückte, Wut war.

In seiner Ablehnung des Neoklassizismus – sowie sicherlich der Populärmusik der Zeit, egal ob das von Frank Sinatra (1915–1998) eingespielte Songs waren oder die neue Bebop-Musik eines Charlie Parker (1920–1955) – zeigte sich Boulez in gewisser Weise auf einer Linie mit dem Philosophen Theodor W. Adorno (1903–1969), einem

Schriftsteller, der mehr Nähe und mehr Einfluss auf kompositorische Arbeit hatte als irgendjemand seit E.T.A. Hoffmann. Wie Hoffmann glaubte auch Adorno an den Fortschritt der Musik. In seinen Augen kamen Komponisten, die schließlich Mitglieder einer Gesellschaft waren, nicht umhin, sich in ihrer Musik auch mit gesellschaftlichen Spannungen auseinanderzusetzen. Und aus einer zunehmend komplexen und geteilten Gesellschaft musste zwangsläufig eine zunehmend komplexe Musik hervorgehen. Indem Neoklassizismus und eine wiederbelebte Romantik auf frühere Stufen der Musik und daher der Gesellschaft zurückblickten, versuchten sie, die aktuellen Spannungen zu verschleiern, und waren deshalb als Zeichen für das Schwinden moralischer Kraft anzusehen. Serielle Musik dagegen war Musik in einem sehr fortgeschrittenen Stadium, und ausschließlich sie ermöglichte authentischen Ausdruck. Dass diese Sprache im Konzertleben, in Rundfunk, bei den Plattenfirmen und im Publikum wenig Unterstützung gefunden hatte, sollte nach Adorno keineswegs als Beweis für ihre Untauglichkeit angesehen werden, sondern vielmehr als Beweis für ihre Gültigkeit, denn der kommerzielle Musikbetrieb habe keinerlei Interesse für Komposition gezeigt und dadurch der Fähigkeit des Publikums, Musik aufzunehmen, ernsthaft geschadet und die Musik »erniedrigt«. Eine auf diese Weise gehörte Beethoven-Sinfonie transportiere die beschwichtigenden Botschaften derjenigen, die die gesellschaftliche Kontrolle ausübten, und gaukele vor, dass Kultur mühelos allen zur Verfügung stehe, dass alle bedeutenden Werke aus der fernen Vergangenheit stammten und mit Recht ihren Rang hätten, dass Musik zur konsumfähigen häuslichen Bequemlichkeit werden könne. Das Schwierige, das wahrhaft moderne Musik vermittle, sei ihr Stolz; er mache sie resistent gegenüber einer solchen Vereinnahmung.

Wer in Adornos Schrift *Philosophie der Neuen Musik* (1949) die handelnden Personen sind, überrascht nicht: Schönberg ist der Held und Strawinski der Bösewicht. Die damals aktuellen Werke beider Komponisten waren wie geschaffen, Adornos Argumente zu untermauern. Schönbergs Streichtrio etwa (1946) brachte extreme Spannungen in eine kohärente Form, während *Ein Überlebender aus Warschau* (1947) für Sprecher, Männerchor und Orchester die Vermittlerrolle der Musik betonte, auch wenn der Berichtstil Adorno vielleicht gestört haben mochte (das auf einem Zeitungsartikel basierende Werk beschreibt die Niederschlagung des Aufstands der unterdrückten Juden im Warschauer Ghetto). Zur gleichen Zeit komponierte Strawinski das *Ebony Concerto* (1945), eine Art Concerto grosso für Klarinette und Jazz-Band, ein weiteres Konzert für Streicher (Konzert in D, 1946) sowie das kühl leuchtende Ballett *Orpheus* (1947), das freundlich mit zahlreichen klassischen Bildern spielt.

Wer Adornos Herausforderung annahm, machte sich auf einen einsamen Weg, er verließ die Sicherheit des Bekannten und Akzeptablen. Dennoch schlugen ihn viele Komponisten ein. Aber viele auch nicht. Viele gaben Boulez sicherlich dahingehend Recht, dass jetzt eine Art Mixtur aus Meistern des frühen 20. Jahrhunderts gebraucht wurde; die vom jungen Franzosen vorgeschlagene explosive Mischung allerdings lehnten sie ab. In Deutschland führte der Hunger auf alles, was die Nazis verbannt hatten, zur Gründung der Darmstädter Ferienkurse im Jahr 1946. Leibowitz und Messiaen unterrichteten dort in den ersten Jahren, und Hans Werner Henze (geb. 1926) war einer der ersten Studenten. Er saugte Schönberg, Strawinski und Jazzmusik auf, setzte sich damit auseinander und schrieb dann eine Fülle von Orchester- und Theatermusiken – allein bis 1951 unter anderem drei Sinfonien, mehrere Konzerte sowie eine abendfüllende Oper. In England zeigte Benjamin Britten (1913–1976) in seiner Oper *Peter Grimes* (1944/45), wie die Lehren Bergs und Strawinskis in einem dramatisch-naturalistischen und klar tonalen Stil zusammenfließen konnten, während die Musik von Michael Tippett (1905–1998) eine eigene Harmonik aus Bartók, Hindemith und englischem Volkslied schuf. Für diese Komponisten wie auch für Vaughan Williams bedeutete gesellschaftliches Engagement, innerhalb bestehender Institutionen zu arbeiten – auch innerhalb der BBC, die 1946 das dritte Programm zur Verbreitung der ernsten Kultur gründete – sowie neue Institutionen zu schaffen, zum Beispiel im Jahr 1948 das Festival in Brittens Heimatstadt Aldeburgh, für das er anschließend zahlreiche Werke komponierte.

Durch das Prestige, das Britten genoss, entwickelte sich das Aldeburgh Festival bald zu einem nationalen oder gar internationalen Ereignis und bildete so ein Gegengewicht zum noch immer abnehmenden Interesse an lebenden Komponisten auf Seiten der etablierten Konzertagenturen. Die in Westeuropa und in den USA führenden Dirigenten der späten 1940er und der 1950er Jahre – viele von ihnen alternde Herren wie Furtwängler (gegen den die Alliierten ein zweijähriges Auftrittsverbot verhängt hatten), Toscanini, Klemperer, Walter, Pierre Monteux (1875–1964) und Thomas Beecham (1879–1961) – führten nur ganz wenige neue Werke auf. Auch wurde nicht viel neue Musik aufgenommen. Die Entwicklung der Langspielplatte, die ab

1948 bis zu einer Stunde Musik unterbringen konnte, bot stattdessen einen willkommenen Anlass, das Standardrepertoire neu einzuspielen; die neuesten Beiträge zu diesem Repertoire waren Werke von Debussy, vom frühen Strauss und noch früheren Strawinski, die allesamt schon vor einer Generation ihren Platz zugewiesen bekommen hatten. Für aktuelle Musik war kein Raum.

Auch in der Sowjetunion wurde der Raum für neue Musik immer enger, allerdings aus anderen Gründen. 1948 sahen sich Schostakowitsch, Prokofjew und andere Sowjetkomponisten, wie Schostakowitsch schon zwölf Jahre zuvor, scharfer offizieller Kritik ausgesetzt. Man warf ihnen vor, sie würden formale Ideen auf Kosten des sozialistischen Realismus verfolgen. Schostakowitsch entschied sich wieder einmal, ein neues Werk beiseitezulegen (das Violinkonzert Nr. 1); diesmal war seine »Antwort auf gerechte Kritik« ein farbloses Oratorium (*Das Lied von den Wäldern*, 1949), eine Lobeshymne auf Stalins Aufforstungsprogramm.

Adorno hatte geargwöhnt, die Kontrolleure der Gesellschaft würden diktieren, wie gesellschaftliche Kräfte und Richtungen musikalisch zu deuten seien, nicht aber vorhergesehen, dass ausgerechnet der Rundfunk, der für ihn Teil des Problems war, zum größten Förderer und Unterstützer der Komponisten werden würde, vor allem wenn es um besonders radikale neue Musik ging. So förderte der Rundfunk in München die 1946 ins Leben gerufene Musica-Viva-Konzertreihe; der Südwestfunk beteiligte sich ab 1950 an den Musiktagen in Donaueschingen, ein Festival, das schon vor dem Krieg gegründet worden war und sich zu einem der wichtigsten Schauplätze für neue Musik entwickeln sollte. 1948 öffnete Pierre Schaeffer (1910–1995) in den Studios des französischen Rundfunks in Paris die Tür für elektronische Komposition, indem er erste Beispiele für die von ihm so benannte »Musique concrète« schuf, eine Musik aus echten Klängen, die aufgenommen und dann verfremdet werden (durch Veränderung der Bandgeschwindigkeit, Rückwärtsabspielen oder Kombinieren mit anderen Klängen). Drei Jahre später richtete der WDR in Köln ein festes Studio für elektronische Musik ein. Inzwischen waren Tonbandgeräte verfügbar, was das elektronische Komponieren vereinfachte, und das Elektronische Studio des WDR unterschied sich von der Gruppe um Schaeffer dadurch, dass es Klänge bevorzugte, die bereits elektronisch erzeugt und nicht aufgenommen waren.

Diese ganze Entwicklung ausgelöst hatte John Cage, der in Rundfunkanstalten der USA kreativ gearbeitet hatte, dann 1949 für einige

Monate nach Paris ging und enge kollegiale Freundschaft mit Boulez
schloss. Aus ihren Diskussionen, so scheint es, entstand die Vorstellung von den vier Dimensionen oder Parametern des Klangs – Tonhöhe, zeitliche Dauer, Lautstärke und Klangfarbe – und somit die
Idee, dass die grundlegenden Prinzipien des Serialismus auf alle Para-
meter anwendbar seien. Milton Babbitt (geb. 1916), der damals in
Princeton lehrte, hatte in seinen *Three Compositions for Piano* (1947)
ein System eines Serialismus der zeitlichen Dauer entwickelt. Das
hatte auch Messiaen in Teilen seiner *Turangalîla*-Sinfonie (1946–
1948) getan, auch sie wieder ein Werk, das höchst abstraktes und küh-
nes Denken mit stürmischer und beinahe ausgelassener Freude an
sinnlicher Dreiklangs-Harmonik und modaler Melodik kombiniert,
um in diesem Fall ein großartiges Liebeslied in zehn Sätzen zu erschaffen. Messiaen war es auch, der mit seinem Klavierstück *Mode de valeurs
et d'intensités* (1949/50) das erste Stück schrieb, in dem jedem Ton einer Reihe ein bestimmter Lautstärkegrad und eine genaue Tondauer
zugeordnet werden. Adorno hatte sich seinerzeit beschwert, das Radio
würde das Erleben von Musik »atomisieren« und den Hörer dazu er-
mutigen, nur eine Folge von Melodien und einzelnen Takten zu hören
statt des gesamten Werkes. Inzwischen wurde absichtlich atomisierte
Musik komponiert. Das hatte bei elektronischen Kompositionen den
Vorteil, dass die Ästhetik der stückweisen Erschaffung zur Sachlichkeit
eines Mediums passte, bei dem Klänge vor dem Zusammensetzen erst
einzeln gebildet werden mussten.

Boulez produzierte 1952 in Schaeffers Studio zwei seriell-elektroni-
sche Studien. Karlheinz Stockhausen (1928–2007), der überwältigt
war, als er 1951 Messiaens Aufnahme von *Mode de valeurs* in Darmstadt hörte, wurde im folgenden Jahr Messiaens Schüler. Zurück in
Köln realisierte er dort 1953–54 seine eigenen beiden seriell-elek-
tronischen Studien. Beide Komponisten setzten sich – genau wie Jean
Barraqué (1928–1973), ein weiterer Messiaen-Schüler – auch mit den
neuen Ideen im Instrumentalbereich auseinander. Inzwischen war es
nicht mehr so einfach, serielle Musik »so frei wie zuvor« zu komponieren, wie Schönberg es ausgedrückt hatte. Jeder Augenblick beinhaltete
einen Dialog zwischen Bestimmtheit (entsprechend dem sehr detail-
lierten seriellen Plan) und Wahl. Eine Komposition unterlag Ein-
schränkungen, etwa weil ein serielles Stück beziehungsweise viele seiner Bestandteile automatisch abliefen wie eine Maschine, die der
Komponist lediglich eingeschaltet hatte. Beispiele hierfür sind der
streng geordnete Eingangsteil von Boulez' *Structures I* für zwei Kla-

viere (1951/52) oder auch das Jazz-beeinflusste *Kreuzspiel* (1951) von Stockhausen für Oboe, Bassklarinette, Klavier und Schlagzeug. Das Werk allerdings, das die Verzweiflung eines eingesperrten und dennoch fühlenden Bewusstseins am überzeugendsten ausdrückt, ist Barraqués 40-minütige einsätzige Klaviersonate (1950–1952).

Aber auch Barraqué äußerte sich in seinen Schriften kaum zum Thema Ausdruck. Immer ging es nur um die Schaffung neuer Sprachen und neuer Techniken – wären Boulez und Babbitt den Sowjetbehörden bekannt gewesen, hätte der Vorwurf, Formalisten zu sein, wohl kaum Schostakowitsch und Prokofjew getroffen. Die Erfahrungen der Jahre 1933–1945 hatten besonders bei westeuropäischen Komponisten ein tiefes Misstrauen erzeugt, was unter Natürlichkeit zu verstehen sei; ein Organisieren von Musik auf Basis objektiver Wahrheiten (Zahlen, Grundsätze des Klangs) würde den Weg nach vorne weisen, den Weg in eine Zukunft, die genauso gerühmt wurde wie das Bedürfnis nach rationaler Planung. Boulez erklärte »Struktur« zum »Schlüsselwort unserer Epoche«.

Ein solches Denken herrschte keineswegs nur im Kreis um Messiaen, es zeigte sich auch in der Architektur und im Jazz, in Malerei und Literatur. Elliott Carter (geb. 1908), mit Messiaen fast gleichaltrig, musikalisch allerdings recht unähnlich, verließ New York für ein Jahr und ging nach Arizona, um damit auch den neoklassizistischen Stil hinter sich zu lassen, den er, genau wie Copland, in Paris gelernt hatte. Heraus kam sein 1. Streichquartett (1950/51), eine einzigartige Musik, die sich auf einen Weg durch breit gefächerte Harmonien, strukturelle Dichte und wechselnde Metren begibt. Das üppig Charaktervolle der Musik von Ives wird hier mit abstrakten Mitteln und ganz ohne Zitate umgesetzt. In Frankreich bewegte sich Henri Dutilleux (geb. 1916) ganz ähnlich auf einen Stil zu, der harmonisch wie formal komplexer ist, und wie Carter komponierte auch Dutilleux seine kunstvollen Werke in langsamerem Tempo.

In New York blieb John Cage zwar weiter mit Boulez in Briefkontakt, doch war die Distanz zwischen beiden nicht nur geographischer, sondern auch künstlerischer Art. Für ihn wie für seine europäischen Kollegen eröffnete die Anwendung strenger serieller Mechanismen die Möglichkeit, eine Musik zu erzeugen, die aus eigener Kraft vorankommt und bei der sich die Absicht des Komponisten lediglich darauf beschränkt, den Prozess in Gang zu setzen. Zu welchen Schlussfolgerungen das führte, war allerdings in jedem einzelnen Fall unterschiedlich. Boulez dachte daran, seinen *Structures I* den Titel eines Gemäldes

von Paul Klee zu geben: *Monument in Fruchtland*. Das Werk ist eine
Stilstudie – oder eine Studie in Stillosigkeit – eine Fahrt an den Rand
des Abgrunds der totalen schöpferischen Automation, von der der
Komponist mit neuer Klarheit zurückkehren konnte. Es war zudem
ein Austesten der Frage, die sich auch Computerwissenschaftler stellten, worin der Unterschied zwischen Geist und Maschine bestehe. Indem Barraqué ein überwiegend mechanisches Werk schuf, das mit der
Vertrautheit des Verstandes sprach, ging er noch weiter – seine Sonate
drückt mit der ihr eigenen Stimme Frustration und Verzweiflung aus.
Stockhausen, wie Messiaen zutiefst katholisch, sah in möglichst abstrakten und willensfreien Verfahren ein Abbild göttlicher Reinheit.
Cage wiederum wollte durch das Weglassen des kreativen Willens die
Klänge »sie selbst sein lassen«, die Möglichkeit schaffen, dass Musik
nichts aussagt, sondern einfach nur geschieht. Bei der Komposition
seiner *Music of Changes* für Klavier (1951) entschied er Fragen der
Auswahl, Position, Dauer und Lautstärke der Geschehnisse per Münz-
wurf – ein Verfahren, das ebenso zeitraubend ist wie ein komplexes serielles System zu befolgen. Im Jahr darauf ging Cage dann den nächsten, drastisch einfachen Schritt und eliminierte das Komponieren an
sich. In *4'33"* bat er den Pianisten David Tudor, seinen engsten musikalischen Partner, diese vier Minuten und dreiunddreißig Sekunden
an der Klaviatur zu sitzen und nichts zu spielen. Natürlich war das
Stück eine bewusste Provokation, ein Hinweis auf Cages Nähe nicht
nur zu den asiatischen Idealen (vor allem des Zen-Buddhismus) des
fehlenden Absicht, sondern auch zur europäischen »Anti-Kunst« der
1920er Jahre. Aber das Stück lädt auch dazu ein, auf jegliche im Raum
oder außerhalb verursachten Geräusche zu hören. Hier war Musik befreit von Komponisten, Aufführenden, Instrumenten und Anlässen.
Sie war überall.

Alle diese Entwicklungen der Jahre 1950–52 entfernten die Musik
weiter von den Konventionen der Kunst, als das die Entwicklungen
zwischen 1908 und 1913 getan hatten, sie brachten sie weit weg von
den Erwartungen der meisten Hörer, was Musik zu sein hatte. Carters
Streichquartett und Barraqués Sonate waren wenigstens noch in Hinblick auf Umfang, Gattung und Ernsthaftigkeit im Einklang mit der
traditionellen Vorstellung, was Kunst sei. Die Werke von Boulez und
Stockhausen allerdings boten keine rationale Kontinuität, und *4'33"*
war gänzlich inhaltslos. Eine so geartete Musik war nicht für das normale Konzertleben gedacht. Ihre Interpreten fanden die Komponisten
unter den wenigen engagierten Experten und ihr Publikum mithilfe

der Rundfunkanstalten oder über Bildungsinstitutionen. Babbitt, der sein gesamtes Arbeitsleben in Princeton verbrachte, war der Ansicht, eine sichere Beziehung könne es weder zu einem Orchester geben, da dieses es sich nicht leisten könne, eine moderne Partitur zu proben, noch zum normalen Konzertbesucher, denn der wolle etwas, das die moderne Musik nicht bieten könne. In einer Gesellschaft, wie sie eben war, dürften Komponisten nicht erwarten, sich einer Allgemeinheit mitzuteilen – allerdings scheinen Babbitts Werke der späten 1950er Jahre, zum Beispiel sein 2. Streichquartett (1954) und *All Set* für modernes Jazzensemble (1957), ihrem Geist und ihrem Humor nach mehr als nur akademische Anerkennung anzustreben. Inzwischen hatten Cage und Wolpe in den experimentierfreudigen interdisziplinären Kursen, die das Black Mountain College in North Carolina veranstaltete, einen sicheren Hafen gefunden. *4'33"* wurde dort erstmals aufgeführt, und die Atmosphäre inspirierte Wolpe zu einer Synthese aus Serialismus und Jazz in Werken wie seinem Quartett für Tenorsaxofon, Trompete, Klavier und Schlagzeug (1950) oder dem für Oboe, Violoncello, Klavier und Schlagzeug (1955).

Wolpe war auch einer der Dozenten in Darmstadt – neben Boulez, Stockhausen und Luigi Nono (1924–1990), der 1951 die Kurse zusammen mit Stockhausen besucht hatte. Darmstadt bot Studenten aus ganz Europa die Möglichkeit, von den wichtigsten innovativen Komponisten zu lernen und anspruchsvollen inhaltlichen Debatten beizuwohnen. Während Boulez sich in Werken wie *Le Marteau sans maître* (Der Hammer ohne Meister, 1952–1954) für Stimme und Instrumentalensemble einer vollkommenen Beherrschung von Stil und Technik näherte und experimentellere Projekte (seine 3. Klaviersonate von 1955–57, die dem Spieler mehrere Wege durch das komponierte Material anbietet) hinter sich ließ, skizzierte Stockhausen in jedem Stück neue Gesamtkonzepte. In *Gruppen* (1955–1957) überlagern sich etwa drei Orchester in verschiedenen Tempi als Abbild einer wirren Zeit; im *Gesang der Jünglinge* (1955–56), einem elektronischen Drama, interagiert eine auf Tonband aufgenommene Knabenstimme mit Flammen und Funkenschauern elektronisch erzeugter Klänge; in *Kontakte* (1959/60) müssen zwei Musiker an Klavier und Schlagzeug die charakteristischen Merkmale einer sich auf Tonband entwickelnden Klanglandschaft erfassen, sie herauslocken und sich mit ihnen austauschen. Nonos Ansatz war wieder anders. Überzeugt weder von Boulez' Differenziertheit noch von Stockhausens hektischer Jagd nach neuen Mitteln, setzte Nono das Grenzüberschreitende der neuen musikalischen Möglichkeiten ein, um einen heftigen und expressiven Protest gegen die Geschehnisse in der Nazizeit und während des Spanischen Bürgerkriegs auszudrücken – Gefahren, die für ihn als Kommunisten durch den Sieg des Westens nicht auf Dauer überwunden waren. Ständige Spannung singt leidenschaftlich aus Nonos *Il canto sospeso* (Der schwebende Gesang, 1956), der Auszüge aus Briefen von Gefangenen der Nazis für Solisten, Chor und Orchester vertont.

Trotz ihrer unterschiedlichen Auffassungen hatten diese drei Komponisten das Gefühl, ein gemeinsames Ziel zu verfolgen, und alle blieben zumindest dem Konzept des Serialismus verpflichtet. Dieses Konzept wurde erst von Iannis Xenakis (1922–2001) infrage gestellt, einem der aufkommenden Komponisten, der aufgrund seiner Architektenausbildung Sinn für Volumen und Form in seine Musik einfließen ließ. In seinem ersten bedeutenden Werk, *Metastasis* (1953/54) für Orchester, schrieb er für jedes einzelne Streichinstrument große Glissando-Kurven und überzeichneten so eine Art der Klangerzeugung (das Durchgleiten eines großen Tonintervalls), die als Symbol der Sentimentalität des 19. Jahrhunderts aus der Orchesterpraxis beinahe gelöscht worden war. Xenakis traute sich, sie neu aufzulegen, in einer unbekümmert klangdramatischen Musik, die, vergleicht man sie mit der von Komponisten der frühen Moderne, höchstens an Varèse erinnerte. Die Uraufführung des Werkes 1955 in Donaueschingen rief, zusammen mit kritischen, in einem Artikel geäußerten Bemerkungen über den Serialismus, Fassungslosigkeit hervor. Boulez fand die Musik von Xenakis primitiv, sie zeige seine mangelnde musikalische Bildung und Erfahrung. Doch so primitiv sie auch sein mochte, ignorieren konnte man sie nicht.

Boulez, Stockhausen und Nono, alle noch junge Männer, fanden zu dieser Zeit auch außerhalb der studentischen Kreise in Darmstadt bereits ernsthafte Beachtung. Adorno, in den 1950er Jahren dort regelmäßiger Dozent, zeigte sich zwar enttäuscht von einer Musik, die sich auf Fragen der Kompositionstechnik konzentrierte und in Fachkursen, Rundfunkprogrammen und Festivals einen geschützten Raum gefunden hatte, aber allein schon durch seine Anwesenheit und sein Engagement verlieh er diesen Komponisten intellektuelles Gewicht. Gleichzeitig wurden sie von offizieller Seite zunehmend gefördert, zum Teil deswegen, weil die Kultur eines der Schlachtfelder des Kalten Kriegs war und ihre Musik – wie die ihrer älteren Zeitgenossen Carter, Cage und Babbitt – als Beweis der schöpferischen Freiheit dienen konnte im Gegensatz zu den staatlichen Kontrollen in der Sowjetunion, die Stalins Tod 1953 überlebt hatten. Die Tatsache, dass eine Musik, die Dinge hinterfragt und Widerstand leistet, vom Status quo gebilligt wurde, dessen Macht somit grenzenlos schien, auf diese Art abweichende Meinungen zu neutralisieren, war sicherlich ein weiterer Grund für Adornos Enttäuschung.

Die Sowjetbehörden verstanden diese Lektion nur langsam. Komponisten in der UdSSR konnten inzwischen zwar etwas angstfreier arbeiten, wie die dunkle Kraft von Schostakowitschs 10. Sinfonie (1953), ein offensichtliches postumes Porträt Stalins, bezeugt; eine Öffnung für neue westliche Ideen ging allerdings nur sehr allmählich vonstatten und auch erst nur an den Rändern des kommunistischen Blocks. Das Warschauer Herbstfest, gegründet 1956, brachte Witold Lutosławski (1913–1994) und andere polnische Komponisten in Kontakt mit diesen Ideen. Der Ungar György Kurtág (geb. 1928) bekam sogar die seltene Gelegenheit, in Paris zu studieren und Köln zu besuchen, wo er *Gruppen* hörte. Kulturelle Unterschiede blieben jedoch insofern bestehen, als Komponisten in Osteuropa die traditionellen Formen der musikalischen Kommunikation nicht aufgeben konnten oder wollten. Wo im Westen Webern ein Vorreiter der rotierenden Intervalle innerhalb von Akkorden (Boulez) und der Form als Produkt des seriellen Verfahrens (Stockhausen) gewesen war, war im Osten das Pathos für Kurtág ebenso wichtig wie die strenge Struktur.

Die jungen westeuropäischen Komponisten beeinflussten auch ihre älteren Kollegen. Messiaen fuhr in den 1950er Jahren die Opulenz seiner *Turangalîla* wieder zurück und suchte sein Material in der Natur, als er deren Vorbehalte gegenüber einer durch kein System geführten Fantasie bemerkt hatte. So machte er in seinem kompakten Klavierkonzert *Oiseaux exotiques* (Exotische Vögel, 1955/56) und in anderen Werken Vogelstimmen – die Gesänge, Rufe und Schreie, die er häufig in der freien Natur aufgezeichnet hatte – zur Basis der Komposition, indem er sie durch seine Auswahl an Harmonien und Klangfülle verstärkte und ihnen strahlende Farben verlieh. Sowohl Carter als auch Wolpe erkannten in der neuen europäischen Musik das Paradoxon eines Systems, das eine konstante Unvorhersehbarkeit garantierte. In anderen Fällen mag es keinen direkten Einfluss gegeben haben, eher eine parallele Entwicklung, wenn man etwa die Bedeutung vergleicht, die dem Schlagwerk in Boulez' *Marteau* und in Brittens Ballettpartitur *The Prince of the Pagodas* (1956) sowie Vaughan Williams' 8. Sinfonie (1953–55) zukommt. Ein weiteres Beispiel sind die vorherbestimmten Prozesse, bei denen sich die Stimmen meist kanonartig in unter-

schiedlichen Tempi oder Metren bewegen, die Conlon Nancarrow
(1912–1997) in Studien für ein Instrument erstellte, das rhythmische
Komplexität problemlos bieten konnte: das Player-Piano, das mechanische Selbstspielklavier. Wie früher Ives suchte auch Nancarrow nicht
nach Anerkennung, sondern bewahrte einfach die gestanzten Papierrollen in seinem Haus in Mexico City auf.

Am anderen Ende der Aufmerksamkeits-Skala lernte Strawinski sicherlich von der jüngeren Generation. Während der Arbeiten an *The
Rake's Progress* (Die Karriere eines Wüstlings, 1947–1951), einer
abendfüllenden Oper, die auf Mozart (Verdi, Donizetti, Monteverdi
usw.) zurückblickte, nahm er in Los Angeles einen jungen Dirigenten
bei sich auf, dessen Interesse nicht nur der Musik seines Gastgebers,
sondern auch der der Schönberg-Schule galt: Robert Craft (geb.
1923). Schönberg starb 1951; er und Strawinski waren über zehn
Jahre lang quasi Nachbarn gewesen, sich aber nur einmal begegnet,
und zwar 1945 bei der Beerdigung des Schriftstellers Franz Werfel. Als
Craft einige Monate nach Schönbergs Tod die Aufnahme eines seiner
seriellen Werke, die Suite für Septett (1929), vorbereitete, wohnte
Strawinski den Proben bei. Wieder einige Monate später arbeitete dieser aufmerksame Zuhörer dann selbst an einem Septett und wagte sich
allmählich an einen chromatischeren Stil heran, der auch serielle Elemente aufgriff. Somit begann der über 70-Jährige noch einmal eine
neue schöpferische Sprache zu erlernen. Was dabei herauskam, waren
zuerst Werke, in denen ein musikgeschichtlicher Nachhall noch zu erahnen war: *Canticum sacrum* (1955) für Solisten, Chor und ein dunk-
les, blechbläserbetontes Orchester, komponiert für Venedig und mit
Anklängen an Gabrieli, sowie das Ballett *Agon* (1954–1957), dessen
Bezüge von Tänzen der Renaissance bis Webern reichen. In den Jahren 1957 und 1958 hörte Strawinski dann Boulez' *Le Marteau* (in Los
Angeles, dirigiert vom Komponisten selbst) sowie Stockhausens *Gruppen* (in Donaueschingen), und seine Musik nahm wieder eine neue
Wendung, hin zur Luftigkeit und Reduktion der *Movements* für Klavier und Kammerorchester (1958/59). In diesem Werk spiegelte Strawinski die athematische Abstraktion, rhythmische Flexibilität und In-
stabilität der Werke jüngerer Komponisten, ohne aber seine alten Tugenden der Präzision, der Leichtigkeit und des Elans einzubüßen.

Inzwischen hatte die neue Musik eine breitere öffentliche Basis gefunden. Boulez gründete 1954 in Paris eine Konzertreihe, die später
als Domaine Musicale bekannt wurde, in der er neue Werke vorstellte,
und zwar im Kontext mit klassischen Werken des 20. Jahrhunderts so-

wie Werken von Komponisten Alter Musik, die sich auf ähnlich Weise mit Fragen der Struktur auseinandergesetzt hatten (Bach, Gabrieli). In den späteren 1950er Jahren begann er mit deutschen Rundfunkorchestern ein ähnliches Repertoire einzustudieren. Viele der frühen Domaine-Aufführungen wurden auf Schallplatte aufgenommen, so auch die Uraufführung von Barraqués *Séquence* (1950–1955), ein Stück, das wie *Le Marteau* für weibliche Singstimme und Ensemble mit großem Schlagwerk komponiert wurde, sich davon aber unterscheidet in seiner Kontinuität, seiner Dramatik und seinem Verständnis der Stimme als der Stimme des Werkes an sich, das sein entschlossenes, aber gleichwohl prekäres Festhalten am Sein ausdrückt. Boulez beschrieb *Le Marteau* als »organisiertes Delirium«, was in Einklang steht mit seiner anhaltenden Begeisterung für die konvulsivische, schamanistische Kunstauffassung, die Antonin Artaud propagierte; und doch klingt das, was er produzierte, in seiner exotischen Klanglichkeit und seinem geschmeidigen Glanz andeutungsweise wie neuer Ravel. *Séquence*, das Gedichte von Friedrich Nietzsche vertont, ist strahlend und rau zugleich und blickt ausschließlich nach innen.

Entsprechungen zwischen neuer Musik und der Musik Bachs zeigten sich auch in einer Aufnahme der Goldberg-Variationen durch Glenn Gould (1932–1982) aus dem Jahr 1955, die in ihrer strukturellen Klarheit, dem unabhängigen Denken und sogar dem atomatisierten Klang Boulez nahesteht. Der Schallplattenmarkt wurde allerdings zunehmend von einer anderen Art von Musik beherrscht. Das zweite Werk von Barraqué für die Domaine Musical – ... *au delà du hasard* (Jenseits des Zufalls, 1959) für Stimmen und Instrumentalgruppen, ein Stück, bei dem die Stimmen wieder von Seelenqual, Agonie und der Erfüllung der Selbstbestimmung singen – spiegelte indirekt, wie sehr er den Modern Jazz schätzte, insbesondere die Musik von Thelonius Monk (1917–82) und dem Modern Jazz Quartet. Doch hatte sich die populäre Musik in den sieben Jahren seit seiner Klaviersonate verändert. Strawinskis Aufgreifen serieller Techniken fiel zeitlich zusammen mit der Entstehung des Rock and Roll; Barraqués *Séquence* und Messiaens *Oiseaux exotiques* wurden erstmals bei einem Domaine-Musical-Konzert am 10. März 1956 vorgestellt, nur sechs Wochen nach der Veröffentlichung von *Heartbreak Hotel*, einem Song, der dem Namen Elvis Presley (1935–1977) sehr schnell zu allgemeiner Bekanntheit verhalf.

Kapitel 22

Verwirbelungen

1962 dachte sich György Ligeti (1923–2006) – der nach der sowjetischen Invasion von 1956 aus Ungarn geflohen war, erst spät zu den westeuropäischen Komponisten stieß und immer eine Art Außenseiter blieb – ein Stück aus, das ein klares Bild von Zeit als verknotetes Netz vermitteln sollte, und zwar mit Materialien von elementarer Einfachheit. Für dieses Stück, das *Poème symphonique* (Sinfonisches Gedicht), braucht man nur hundert mechanische Metronome, die in unterschiedlichen Geschwindigkeiten ticken und nach unterschiedlichen Zeitspannen ablaufen. So entsteht ein Dickicht aus Geräuschen, das immer lichter wird, in Verflechtungen verschiedener Grundpulse ausläuft und schließlich in völliger Stille endet. Ein Instrument, das Zeit misst wie eine Uhr, erzeugt durch Vervielfachung eine Wolke aus Klang, um zwei Begriffe zu verwenden, die der Komponist selbst von dem österreichisch-britischen Philosophen Karl Popper übernommen hatte. Popper verwendete sie, um zwischen Phänomenen zu unterscheiden, die rational vorhersagbar sind (Uhren), und jenen, die in gewissem Maß chaotisch sind (Wolken).

Die in den frühen 1950er Jahren weit verbreitete Auffassung sah westliche Musik insgesamt als eine Uhr an, als ein System, das sich in einer bestimmten Richtung entweder graduell oder, wie zu dieser Zeit, durch Phasen der Revolution vorwärts bewegte. Gestützt wurde diese Auffassung durch die gesamte abendländische Musikgeschichte: Die Modi waren den Dur-Moll-Tonarten gewichen; die Möglichkeiten der Tonarten wurden ausgeweitet; danach folgte die Atonalität. Aber sehr bald schon – zum Teil wegen innerer Meinungsverschiedenheiten, zum Teil paradoxerweise deshalb, weil die Plausibilität und der Erfolg des neuen Vorwärtsgehens so viele Anhänger fand – wirkte die Uhr eher wie eine Wolke.

Boulez hatte auf der Notwendigkeit des Serialismus bestanden, aber Ende der 1950er Jahre war der Begriff so weit gedehnt, dass er praktisch bedeutungslos war. Sicherlich gab es wenig, was die erklärten seriellen Komponisten von Nono bis Strawinski einte oder was sie von jenen trennte, die nichts dergleichen forderten. Dennoch bestand all-

Karlheinz Stockhausen

gemeine Einigkeit darüber, dass ein System an sich wichtig war. Auch Cage bestritt das nicht, schließlich hatte er beharrlich systematische Verfahren angewandt – auch weniger mühsame als bei seiner *Music of Changes* –, um den Willen des Zufalls zu bestimmen. So nutzten Komponisten, die geographisch und ästhetisch so weit von einander entfernt waren wie Nancarrow und Xenakis oder Babbitt und Ligeti kreative Routinen, um die Fantasie zu beschränken, zu lenken oder anzuregen. Und sie alle taten das einerseits aus einem Misstrauen gegenüber den alten Ausdruckscodes heraus, andererseits aus einem Vertrauen darauf, dass sie auf eine Zukunft der Musik hinarbeiteten, selbst zu einer Zeit, da die Zukunft der Menschheit durch die drohende Gefahr eines Atomkriegs unsicher geworden war. So gesehen war die Wolke begrenzt.

Ein Jahr nach Ligeti kam auch Mauricio Kagel (geb. 1931) aus Buenos Aires dazu, und auch Luciano Berio (1925–2003) schloss sich dem Netzwerk an. Alle diese Komponisten, die nicht die Manie der fast totalen Determinierung der Jahre 1950 bis 1952 erlebt hatten, zeigten eine entspanntere Einstellung zur Idee einer konstanten Erneuerung. Für Berio mussten Musiksprachen nicht neu erfunden, sondern eher absorbiert, weiterentwickelt und kritisch zueinander in Beziehung gesetzt werden. Kagel war der Spaßvogel der Truppe, er hakte bei Ideen ein, die seine Kollegen verworfen hatten, oder verwendete die Präzision ihrer Notation auf ironische Art und Weise. Auch Ligeti konnte humorvoll sein, aber er wollte vor allem eine eigene neue Musiksprache schaffen, die nicht, wie in seriellen Kompositionen, von kleinen Einheiten ausging, sondern sich aus einem nicht definierten Klang entwickelte, aus dem heraus breite Bahnen unterschiedlicher Texturen entstehen konnten. Sein Orchesterstück *Atmosphères*, das 1961 bei den Donaueschinger Musiktagen uraufgeführt wurde, provozierte den größten Schock seit Xenakis' *Metastasis* am selben Ort sechs Jahre zuvor, denn hier war ein Musiker, der zwar eine Analyse von Boulez' extrem asketischer Studie in vorprogrammierter Komposition (Abschnitt Ia der *Structures I*) veröffentlicht hatte, der aber in seinem eigenen Werk einen Bogen um den Serialismus machte und lieber mit sich langsam verändernden Clusters arbeitete. Der Effekt – Farben, die langsam aufscheinen, sich wandeln, verschwinden – war hoch beeindruckend.

Das war auch die Aufführung von Kagels *Anagrama* für vier Sänger, Sprechchor und Kammerensemble ein Jahr zuvor in Köln gewesen. Der Sprechchor verband das Werk nicht mit den offiziellen Vorfahren der Moderne (Schönberg, Webern, Strawinski, Debussy), sondern auch mit Milhaud und dem russisch-schweizerischen Komponisten Wladimir Vogel (1896–1984); die Verwendung ungewöhnlicher Vokaltechniken verwies dagegen auf die *Ursonate* (1932) des Universalkünstlers Kurt Schwitters (1877–1948), eine Lautdichtung, die derartige Klänge mithilfe einer eigenwilligen typographischen Umsetzung von Nonsense-Silben suggeriert. Kagel blieb auch später dabei, dass Musik nicht *eine* Geschichte habe, sondern viele verschiedene, vor allem seit dem frühen 20. Jahrhundert, und dass die Normen des Musiklebens nichts weiter seien als gesellschaftliche Konventionen. In diesem speziellen Fall von *Anagrama* schuf er zudem neue klangliche Möglichkeiten, die viele seiner Zeitgenossen stimulierten.

Dass diese neuen Möglichkeiten aus einer völlig neuen Ecke kamen, machte *Anagrama* zu einem typischen Beispiel einer Periode, die von Mitte der 1950er bis Anfang der 1970er Jahre reichte und in der die Betonung vor allem auf den Unterschieden zur Tradition lag. Da allerdings das, was traditionell zum Konzertleben gehört, bis ins 21.

Jahrhundert kaum Änderungen erfahren hat, sind solche Werke nach ihrer Erstaufführung nicht durch weitere Aufführungen vertraut geworden. Sie bleiben wie Kometen in äußerer Dunkelheit, scheinen nur bei gelegentlichen Festivals oder jährlichen Wiederaufführungen kurz im Licht auf. Doch das gilt fast genauso für Werke, die sich in der Besetzung nach dem Standard richten, selbst für Strawinskis *Movements* und die Orchestervariationen (1963/64). Die radikalen Aufbrüche jener Zeit mögen von der allgemeinen Kultur toleriert worden sein, aber die Tolerierung war zeitlich begrenzt. Vieles – Strawinskis serielle Werke, einige der besten Stücke von Stockhausen und Kagel, das Gesamtschaffen von Barraqué – fand weiter keine Beachtung.

Es herrschte aber durchaus auch Optimismus. Mehrere Komponisten schrieben um 1960 große Werke mit Sologesang. Nono schuf *Intolleranza 1960*, eine Oper bzw. »szenische Aktion« zu einem eigenen Libretto über die Unmenschlichkeit, der ein Wanderarbeiter ausgesetzt ist. Boulez, der sich immer weiter von der artaud'schen rauschhaften Ekstase und der totalen musikalischen Revolution entfernte, die er in seinen Essays und Interviews weiter propagierte, fand seine schöpferischen Ideale der Reinheit, linguistischen Innovation und klaren Form gespiegelt in den Gedichten Mallarmés, die er in *Pli selon pli* (1957–1960) für Sopran und Orchester mit großem Stabspielinstrumentarium vertonte. Berio verwob in *Epifanie* (1959–1961) für Stimme und Orchester, das er für seine Frau Cathy Berberian (1925–1983) geschrieben hatte, mehrere unterschiedliche Stile vokaler Kommunikation, vom Jubelgesang bis zum Gesprochenen. Stockhausens *Momente* (1961–1964) waren auch wieder ein Stück für solistische Frauenstimme, diesmal mit einem kleinen Chor und einer Instrumentalgruppe, der auch zwei elektrische Orgeln angehören, und sie alle werden eingesetzt, um neue Klänge zu erforschen, ähnlich wie beim kagelschen Prototypus, nur ohne Ironie. Ligetis Requiem (1963–1965) für zwei solistische Frauenstimmen, Chor und Orchester verwendet eindeutig Ironie als Mittel der Komposition, und zwar in der schwarzen Komödie des Dies Irae, das zwischen Sätzen steht, bei denen der *Atmosphères*-Stil düster, bedrohlich und am Ende strahlend wird.

Inzwischen waren einige Aspekte der Musik der Nachkriegsgeneration – nicht-tonale Harmonik, diskontinuierliche Formen, komplexe Texturen, ungewöhnliche Besetzungen – bei fast allen Komponisten anzutreffen. Schostakowitsch schrieb seine 13. Sinfonie (1962), eine kompakte und kämpferische Kantate, in der er während einer Phase gelockerter staatlicher Kontrolle seiner Abscheu nicht nur über die Nazi-Greueltaten Ausdruck verlieh, sondern auch Karrieristen in seinem näheren Umfeld verspottete. Lutosławski nahm in seine Musik auf, was er von Cage (im Hinblick auf Freiheiten im Ensemblespiel) und Boulez (was klangliche Finesse anging) gelernt hatte, ohne dabei allerdings seine polnischen Wurzeln zu verleugnen. Britten schrieb *Curlew River* (1964) für eine extra kleine gemischte Instrumentalgruppe und nahm damit eine Vorliebe unter jüngeren Kollegen für klein besetzte Theaterwerke mit Musik vorweg. Tippett verabschiedete sich von der Ausgelassenheit und dem Zauber seiner ersten Oper *The Midsummer Marriage* (1946–1952) und ging in seiner zweiten Oper *King Priam* (1958–1961) über zu einer vielfarbigen Musik aus Klangscherben.

In dem Moment, da die jüngeren Komponisten anerkannt waren, stand die Frage, wie sie sich gegenüber dem Mainstream des Musiklebens verhalten sollten, noch drängender im Raum. Boulez war ab 1960 regelmäßiger Gast des Concertgebouw-Orchesters in Amsterdam und ab 1961 auch der Berliner Philharmoniker; 1963 dirigierte er an der Pariser Oper Bergs *Wozzeck* und trat 1965 erstmals als Orchesterleiter des Cleveland Orchestra in den USA auf. Das Komponieren hatte er praktisch aufgegeben, abgesehen davon, dass er *Pli selon pli* und andere Partituren überarbeitete. Stockhausen setzte erfolgreich seine Vorstellung von einer Karriere als Interpret um und trat ab 1964 mit einem Ensemble von Musikern auf, die sowohl Standard- als auch elektronische Instrumente verwendeten. Nono gab keine Konzerte in traditionellen Räumen mehr, sondern ging mit seiner Musik direkt zu den Menschen an ihren Arbeitsplätzen. Zu diesem Zweck schrieb er ein neues Repertoire, das zwar ebenfalls auf elektronischen Klang setzte, allerdings in seinem Fall aus dem Grund, weil er Fabrik- und Straßengeräusche in die Musik einarbeitete, etwa bei *La fabbrica illuminata* (Die beleuchtete Fabrik, 1964) für Mezzosopran und Tonband. Babbitt arbeitete in den Jahren 1961–64 ausschließlich mit Synthesizer, was ihm ermöglichte, seine Kompositionen ohne Interpreten und ohne Konzerte zu realisieren.

Während Babbitt in seinem Studio saß, nahm die Außenwelt die ersten Aufnahmen zur Kenntnis, die die Beatles, Bob Dylan, die Beach Boys und die Rolling Stones eingespielt hatten – Musiker, deren Arbeit der Plattenindustrie hohe Gewinne bescherte, die in den klassischen Bereich überflossen. Mit dem Abschluss der ersten vollständigen kommerziellen Aufnahme von Wagners *Ring* 1966 unter Georg

Solti (1912–1997) war das gesamte Kernrepertoire auf LP verfügbar, und die Firmen suchten nach neuen Sparten. Eine war die »Alte Musik«, womit ursprünglich die Musik vor Bach gemeint war. Sie wurde jetzt mit wachsender Begeisterung ausgegraben und kam beim Publikum immer besser an. Meilensteine in dieser Hinsicht waren die Gründung des Early Music Consort 1967 durch den englischen Musiker David Munrow (1942–1976) und die Aufführung der Monteverdi-Vespern durch John Eliot Gardiner (geb. 1943) bei den London Proms im folgenden Jahr. Die zweite noch junge Plattensparte war jene mit Neuer Musik; sie hatte man bis dahin vernachlässigt, abgesehen von der Aufmerksamkeit, die Columbia Strawinski und Decca Britten entgegenbrachten. Die jährlichen, aus mehreren LPs bestehenden »avant garde«-Alben der Deutschen Grammophon, die ab 1968 erschienen, waren da nur das aufwändigste derartiger Unterfangen.

Da die Kosten für Platten relativ gesehen sanken, entwickelte sich die LP zum beherrschenden Medium für populäre und klassische Musik. Entsprechend begannen Popmusiker, nicht nur in einzelnen Songs zu denken, sondern in ganzen Alben. Manche dieser Alben wurden direkt als Einheit geplant (z.B. *Sergeant Pepper's Lonely Hearts Club Band* der Beatles, 1967). Für die Musikhörer waren Platten bald so wichtig wie das Radio oder sogar wichtiger. Die Gestaltung der Plattenhüllen trug dazu bei, sie zu Objekten der Begierde zu machen. Auf dem von Peter Blake entworfenen *Sergeant Pepper*-Cover sind die Beatles umringt von einer Gruppe von Helden, unter ihnen auch Stockhausen, dessen Beitrag zu elektronischer Klangtransformation sie sehr wohl kannten. Ihn auszuwählen, war keineswegs völlig abwegig. In den Sammlungen vieler junger Leute jener Zeit, die offen waren für alte, neue und ungewöhnliche Musik, mag dieses Album durchaus neben einer Stockhausen-Aufnahme gestanden haben, und an der anderen Seite lehnte vielleicht die aktuelle Platte des Labels Nonesuch, das ab 1965 unter der künstlerischen Leitung von Teresa Sterne (1927–2000) ausgefallene Aufnahmen herausbrachte.

Die Unterscheidung zwischen Pop- und klassischer Musik blieb zwar bestehen, Überlappungen waren aber unvermeidbar. Die fröhliche Einfachheit der Popmusik der frühen1960er Jahre kam gerade auf, als einige klassisch ausgebildete Musiker ihre Grundlagen neu überdachten. 1963 begann La Monte Young (geb. 1935), der 1958 ein serielles Streichtrio mit sehr langen Noten geschrieben hatte, in New York Stücke aufzuführen, die auf *drone tones* (lang ausgehaltenen Tönen) und wiederholten Figuren basierten und einige Einflüsse aus indischer Musik aufwiesen. Hier war der Ursprung eines bald als Minimalismus bezeichneten neuen Stils. Typisch für die Minimal Music waren tonale, sehr langsam wechselnde Harmonien, die durch Wiederholung und sehr häufig einen starken, dem Beat der Popmusik ähnlichen Puls aufrechterhalten werden. Ein früher Klassiker dieses Stils war *In C* (1964) von Youngs kalifornischem Kollegen Terry Riley (geb. 1935). Riley fordert die Musiker dieses Stücks dazu auf, sich unabhängig voneinander durch 53 Figuren durchzuarbeiten, um warm leuchtende statische Harmonien als Zeichen einer Zusammengehörigkeit zu erzeugen. Unter denen, die bei der Erstaufführung in San Francisco mitwirkten, war auch Steve Reich (geb. 1936), der bei *Come out* (1966) mit der gestaffelten Wiederholung auf Tonband aufgenommener Wortfetzen ähnliche Prinzipien anwendete.

Der Minimalismus wird retrospektiv gern als Kampfansage an die anerkannte moderne Tradition interpretiert. Doch war diese Tradition alles andere als monolithisch. Babbitt und andere in den USA, die größtmögliche Rationalität in ihre Kompositionsverfahren brachten, verachteten das, was sie in den Theorien Stockhausens für wissenschaftlich-mathematische Augenwischerei hielten. Boulez, der mitnichten nur Xenakis ablehnend gegenüber stand, verlor nach *Gruppen* das Interesse an Stockhausen und dirigierte bis in die 1970er Jahre nichts von Ligeti. Der Minimalismus schien zu der Zeit nicht mehr zu sein als ein weiterer Faden im schweren Stoff der zeitgenössischen Musik, nichts anderes, als die diversen Versuche dieser eher älteren Komponisten oder als all die anderen neuen Ansätze. Allein in England verlieh Harrison Birtwistle (geb. 1934) in Werken wie *Ring a Dumb Carillon* (1965) für Sopran, Klarinette und Schlagzeug der Moderne den Nachhall alter Zeiten und die Unmittelbarkeit eines Dramas, während Cornelius Cardew (1936–1981), der bei Stockhausen studiert hatte, in der Improvisationsgruppe AMM spielte. Da inzwischen auch Ives' Musik recht bekannt war, arbeiteten zur gleichen Zeit viele Komponisten mit Zitaten, vor allem Bernd Alois Zimmermann (1918–1970) in Werken wie *Monolog* für zwei Klaviere (1964, eigentlich ein »Polylog«, zu dessen Stimmen die von Bach und Messiaen gehören) oder in seiner Post-Berg-Oper *Die Soldaten* (1958–1964). Differenzen – und Einigkeit darüber, dass kunstphilosophische Fragen von Bedeutung und für die Zukunft der Musik lebenswichtig waren – trugen ihren Teil dazu bei, dieser Periode ihre Energie zu geben.

Als die 1960er Jahre zu Ende gingen und Komponisten auf die Aufsplitterungen dieses Zeitabschnitts reagierten – oder sich daran beteiligten –, wurde diese Energie stärker und äußerte sich auf vielfältigere Weise. Viele junge Leute gingen auf die Straße und protestierten, erst gegen die USA-Politik in Vietnam, dann allgemeiner für einen Wandel. Doch Radikalismus wurde bald zu Ablehnung, zu einer Suche nach innerer Wahrheit in östlicher Spiritualität. Die Ausdrucksformen waren sehr unterschiedlich, selbst unter Komponisten, die sich zum politisch linken Flügel zählten. So arbeitete Nono an großen elektronischen Fresken, die an unterschiedlichsten öffentlichen Orten präsentiert werden konnten, während Henze die Botschaft der Revolution mit Werken wie *Das Floß der Medusa* (1968), einem Oratorium zum Gedächtnis an Che Guevara, in die Konzertsäle trug. Die geplante Uraufführung in Hamburg wurde dann allerdings abgesagt, weil die Solisten (oder, wie auch kolportiert wird, das Orchester) sich weigerten, mit einer über dem Podium drapierten roten Flagge aufzutreten. Henze verbrachte dann 1969/70 längere Aufenthalte in Kuba, wo er unterrichtete und selbst lernte. Zur gleichen Zeit war Cardew auf der Suche nach einer Musik, die nicht nur Engagement ausdrückte, sondern eine egalitäre Gesellschaft aktiv förderte, und gründete deshalb in London das Scratch Orchestra, dessen Aufnahmekriterium ein grundsätzliches Interesse an der Musik war, nicht etwa musikalisches Können. Im Programm dieses Ensembles waren sowohl Popklassiker als auch neue, per Abstimmung ausgewählte Kompositionen sowie »Scratch Music«-Stücke (zu Deutsch etwa »improvisierte Musik«), bei der die Aufführenden unabhängig voneinander, aber in Bezug aufeinander ihre eigene Musik spielten.

Aktives Einbeziehen, nicht aber politische Ambition, kam von Cage, der seit den frühen 1960ern keine Werke mehr, sondern nur noch Anleitungen für musikalische Aktion produziert hatte. Sein *HPSCHD* für bis zu sieben Cembalisten und bis zu 51 Tonbändern wurde, ergänzt durch Dias und Filme, erstmals 1969 an der University of Illinois aufgeführt. Die Einspielung bei Nonesuch lieferte, um der so wesentlichen Variabilität Genüge zu tun, einen Computerausdruck mit, der für jedes Exemplar einen genauen Plan für Lautstärkeveränderungen enthielt, die der Plattenhörer zu Hause vornehmen sollte. *HPSCHD* war Cages erstes Stück, bei dem er den Computer einsetzte, um die Zufallsdaten zu bekommen, die er haben wollte. Aber Computer wurden auch anders, musikalisch genutzt, denn wenn man Kompositionsregeln beschreiben konnte, dann musste ein Computer auch nach einem vorgegebenen Programm komponieren können: Für die erste Computerkomposition aus dem Jahr 1957 (die *ILLIAC Suite*

für Streichquartett) hatte Lejaren Hiller (1924–1994), der mit Cage
bei *HPSCHD* zusammengearbeitet hatte, verantwortlich gezeichnet.
Auch Xenakis hatte Computerprogramme entworfen, um die Details
der musikalischen Texturen auszuarbeiten; doch wollte er die nur allgemein definieren, sie waren wie Wolken aus vielen Elementen, deren
genaue Eigenschaften keinerlei Bedeutung hatten. Andere Komponis-
ten-Ingenieure wie vor allem Max Mathews (geb. 1926) in Boston
und John Chowning (geb. 1934) an der Stanford University entwickelten Software für Klangsynthesen. Und so liefen allein auf einem
relativ begrenzten Feld der Computermusik ganz unterschiedliche Aktivitäten.

Auch da, wo weiterhin mit traditionellen Medien gearbeitet wurde,
war das Spektrum nicht geringer. Um nur einige Werke zu nennen,
die im Jahr 1969 uraufgeführt wurden: Messiaens Oratorium *La
Transfiguration de Notre Seigneur Jésus-Christ* (Die Verklärung unseres
Herrn Jesus Christus) vereinte in seiner Verbindung aus Evangelien-
Rezitationen, Chorälen und Meditationen über seine Lieblingsthe-
men Berge, Licht und Präsenz des Göttlichen den typisch hellen Vo-
gelstimmenstil mit modaler Melodie und den prächtigen Konsonanzen seiner früheren Musik. Carter bewegte sich mit seinem Konzert
für Orchester – einem Auftragswerk für die New Yorker Philharmoniker und Leonhard Bernstein (1918–1990) – hin zu einer neuen Über-
schwänglichkeit. Birtwistle machte in den *Verses for Ensembles* für Blä-
ser- und Schlagzeuggruppen instrumentales Theater, während sein
Landsmann Peter Maxwell Davies (geb. 1934) in jenem Jahr ein Theaterstück für einen sich vokal wild gebärdenden Sänger mit Ensemble
(*Eight Songs for a Mad King*) produzierte sowie einen gewaltigen Kla-
gegesang für Orchester (*Worldes Blis*). Schostakowitsch schrieb seine
14. Sinfonie für Streichorchester und Schlagzeug als eine Folge von
Liedern über den Tod, die abwechselnd trostlos und sarkastisch sind.
Kagel komponierte mit *Atem,* einer Soloszene für einen der neuen Virtuosen der zeitgenössischen Musik, den slowenischen Posaunisten
Vinko Globokar (geb. 1934), das Porträt eines erschöpften Musikers,
das in Stil und Empfinden den damals aktuellen Stücken Samuel Be-
cketts nahe stand. Für Heinz Holliger (geb. 1939), einen weiteren Re-
präsentanten neuer Musik, schrieb Berio im Rahmen einer Reihe von
Solo-Sequenzen die *Sequenza VII* für Oboe solo. Philip Glass (geb.
1937) produzierte in der Tradition des Minimalismus mit *Music in
Fifths* für verstärktes Orchester eine Musik, die schnell rotierte wie ein
Diskantus des 12. Jahrhunderts. Und Babbitt, der außerhalb dieser

Sphären geweilt hatte und jetzt wieder Interesse verspürte, für Interpreten zu schreiben, bot in seinem 3. Streichquartett heitere Komplexität.

Nach alledem musste die Musik, genau wie Kagels strapazierter Blechbläser, erst einmal Atem holen. Mehrere Komponisten, die in den späten 1960ern ihre Musik zunehmend freier gestaltet hatten, gingen jetzt einen Schritt zurück. Einer von ihnen war Stockhausen, dessen Arbeit mit seinem eigenen Ensemble so weit fortgeschritten war, dass er in den Jahren 1968/69 das Gefühl hatte, seinen Musikern eine Partitur anbieten zu können, die aus nicht mehr als einer verbalen Botschaft bestand, auf die sie dann intuitiv zu reagieren hatten. Dann kam *Mantra* für zwei Pianisten (1969/70), eine vollständig ausgeschriebene Folge von dachziegelartig angeordneten Variationen über eine melodische »Formel« (um hier seinen Begriff für etwas zu verwenden, das irgendwo zwischen Reihe und Thema liegt), und danach das fesselnde *Trans* (1971), bei dem nicht nur die Musik, sondern auch ihre szenische Umsetzung genau vorgegeben sind: Das Orchester ist hinter einem Gazevorhang in violettem Licht zu sehen, und der Klang gehaltener Streicherakkorde wird immer wieder durch das Geräusch eines Weberschiffchens erschüttert, das vom Band eingespielt wird. Cage kehrte, was noch überraschender ist, mit *Cheap Imitation* (Billige Imitation, 1969) zur normalen Notation zurück, allerdings nur weil er, nachdem er ein Werk von Satie bearbeitet und Merce Cunningham (mit dem er häufig zusammenarbeitete) das Stück bereits fertig choreographiert hatte, erfuhr, dass er die Rechte an dem Satie-Stück nicht bekommen würde, und deshalb eine neue Musik über die gleichen Phrasen schreiben musste. Für Cage eröffneten sich nach dieser über zehnjährigen Abstinenz vom traditionellen Notenliniensystem neue Möglichkeiten, etwa in den virtuosen *Études australes* für Klavier (1974/75).

Für die jüngeren Komponisten – die meisten waren in 1930ern geboren – war dieses Sich-Beschränken verbunden mit einem Reifen. Doch jetzt wurde es Zeit für ein großes Werk wie etwa Birtwistles Orchesterstück *The Triumph of Time* (1972), bei dem die Instrumente in einem gigantischen Trauermarsch am Hörer vorbeizuschreiten scheinen, manche langsamer werden oder für ein Solo anhalten. Oder es wurde Zeit dafür, das Image einer experimentellen oder Underground-Musik aufzugeben und eine öffentliche Aussage zu machen, wie das etwa Reich mit seinem *Drumming* (1970/71) tat, einem ausladenden Stück in Konzertlänge. Ein weiteres Beispiel wäre das Streichquartett

Gran torso (Großer Torso, 1971/72) von Helmut Lachenmann (geb. 1935), der bei Nono studiert und von ihm die Begeisterung für musikalischen Fortschritt übernommen hatte. Die Aufgabe, so sah es Lachenmann, bestand darin, die Welten hinter den klar bestimmten Tonhöhen zu kultivieren, die die elektronische Musik geöffnet hatte, die Welten dessen, was er als »instrumentale Musique concrète« bezeichnete, die Welt der Geräusche und des Flatterigen, alles Dinge, die früher bei Aufführungen von Instrumentalmusik ausdrücklich vermieden wurden. *Gran torso* etablierte solche Klänge als Material für ein Werk, das auf die Bedürfnisse des angesehensten Mediums der Musik reagierte.

Inzwischen besann auch Nono sich neu. Auf Anregung des Dirigenten Claudio Abbado (geb. 1933) und des Pianisten Maurizio Pollini (geb. 1942) fing er wieder an, für den Konzertsaal zu schreiben: *Como una ola de fuerza y luz* (Wie eine Welle aus Kraft und Licht, 1971/72), ein Klavierkonzert mit Sopran und Tonband, ist nicht weniger kraftvoll als seine Musik der 1950er Jahre und reagiert dennoch als Nonos Antwort auf den Tod eines chilenischen Revolutionärs auf aktuelle Politik. Und von Ligeti kamen die *Melodien* für Orchester (1971), das Werk, bei dem die progressive Rückgewinnung musikalischer Ressourcen (von den amorphen Klängen der *Atmosphères* über die Harmonien und spätromantischen Auren von *Lontano*) in den einfallsreichen und expressiven Melodien eine sprudelnde Lebendigkeit gewinnt – in Melodien, die allerdings nur andeutungsweise an die Musik der Vergangenheit erinnern.

Anders war es bei Werken, die kurz darauf entstanden. Der US-amerikanische Komponist George Rochberg (1918–2005), der mit Ende dreißig seriell schrieb und bald danach begann, Zitate in seine Musik einzubauen, ging bei seinem 3. Quartett (1972) einen Schritt weiter und ließ den Stil Mahlers oder den des späten Beethoven vollständig wiederaufleben. In Deutschland sorgte Manfred Trojahn (geb. 1949) mit dem Rückgriff auf romantische Rhetorik in seiner 1. Sinfonie (1973/74) für Aufregung. Und plötzlich wurde auch die Sowjetunion, wo musikalischer Fortschritt seit 1936 nach Ansicht westlicher Beobachter in einer Mahler-Tschaikowski-Steinzeit erstarrt war, musikalisch wieder relevant. Stilistischer Fortschritt war im Westen seit den späten 1960er Jahren zum Stillstand gekommen; es war, als wäre jede nur denkbare Veränderung oder Befreiung ausprobiert worden. Was blieb, war eine Veränderung der Sensibilität, eine Bereitschaft, die Vergangenheit neu zu sehen, wenn auch mit einem wie auch immer gearteten ironischen Blick. Als die sowjetische Musik dann im Westen bekannter wurde, stellte sich heraus, dass Komponisten in Moskau und Leningrad in dieser Hinsicht durchaus mithalten konnten. Alfred Schnittke (1934–1998) schuf in seiner 1. Sinfonie (1969–1972) etwas, das er als »polystilistische« Mischung bezeichnete. Sie wurzelte zwar in der Musik Schostakowitschs, schloss aber auch Elemente der westlichen Moderne, der Trivialmusik und des Jazz mit ein, und auch Schostakowitsch selbst ließ in seiner 15. Sinfonie (1972) die Musik sich durch Zitate von Wagner und Rossini bewegen.

Allerdings gab es im Westen ein noch früheres Beispiel, und zwar in einem weiteren von Bernstein bestellten Werk: Berios *Sinfonia* (1968/69) für acht Stimmen und Orchester. Als ein Versuch über die Struktur der Sprachen setzt dieses Werk mit instrumentalen und vokalen Klängen ein, als wäre seine Musik in einem Naturzustand, als riefe sie aus einem urzeitlichen Dschungel heraus. Als Zeugnis der damaligen Zeit schließt es einen bewegenden Trauergesang auf den schwarzen amerikanischen Bürgerrechtler Martin Luther King ein. In seinem Zentrum aber steht die Wiedergabe eines Mahler-Satzes, des Scherzos aus der 2. Sinfonie, auf den verschiedene Zitate gepfropft werden. Was dabei herauskommt, ist eine rauschende Geschichte der Musik des 20. Jahrhunderts, der Musik von Debussy und Strauss bis Boulez und Stockhausen. Hier, im Mahler, fließt Zeit ewig weiter, aber wie ein Fluss durchläuft sie unzählige Windungen, Wirbel und Strudel. Fortschritt? Das war gestern.

Teil VIII

Verlorene Zeit: 1975–

Eine lineare Erzählung hat ihre Grenzen. Die immer verschlungeneren Pfade der Musik in den ersten drei Jahrzehnten nach dem Zweiten Weltkrieg waren aus diesen Grenzen bereits ausgebrochen, denn die beiden vorausgegangenen Kapitel haben nicht nur vieles außer Acht oder weggelassen, was an kompositorischen Energien der Zeit vorhanden war, sondern auch fast nichts über den großen kontinuierlichen Fluss des Musiklebens gesagt. Verglichen mit der gewaltigen Zahl an Aufführungen und Aufnahmen älterer Musik plätscherte die Neue Musik eigentlich nur an der Oberfläche dahin. Und diese Riesenmenge an erhaltener Vergangenheit ist noch immer da, jetzt sogar in einer doppelten Vergangenheit, denn viele kommerzielle Aufnahmen oder auch Rundfunkmitschnitte von damals wurden und werden neu herausgebracht.

So kann jeder, der Interesse daran hat zu hören, wie etwa John Barbirolli (1899–1970) Mahlers 1. Sinfonie dirigierte, die Aufnahme von 1957 aus Manchester für Pye Records mit dem Mitschnitt einer Aufführung zwei Jahre später in New York vergleichen. Dasselbe Werk kann aber auch in anderen Aufnahmen dieser Zeit gehört werden, unter der Leitung so unterschiedlicher wie geschätzter Dirigenten wie Rudolf Kempe (1910–1976), Igor Markevitch (1912–1983), Dimitri Mitropoulos (1896–1960) und Bruno Walter, die Radiosender oder Orchesterarchive wieder zutage fördern – ganz zu schweigen von den Studiofassungen von Bruno Walter und anderen. Das gleiche gilt natürlich für unzählige andere Stücke und für die künstlerischen Entwicklungen zahlloser anderer Musiker, die alle gründlich dokumentiert sind. Die ein halbes Jahrhundert zurückliegende Vergangenheit ist daher in Bezug auf die verfügbaren akustischen Zeugnisse heute dichter, als sie es damals war.

Selbst im Bereich der Neuen Musik werden immerhin einige – wenn auch sehr wenige – Werke aus der Zeit von 1945 bis 1975 relativ häufig aufgeführt und eingespielt und erfahren dadurch eine Bereicherung (herausragendes Beispiel ist *Le Marteau sans maître*, das allein Boulez fünf Mal einspielte), aber auch Konzertmitschnitte aus diesen Jahrzehnten kommen neu auf CD heraus.

Die Einführung dieses neuen Mediums im Jahr 1983 und die Beharrlichkeit, mit der Plattenfirmen ihre alten Kataloge durchforsteten, lösten ein breites Interesse an historischen Aufnahmen aus – 15 Jahre zuvor ein Bereich, für den sich nur wenige Liebhaber begeisterten. Diese Wiederauferstehung der Vergangenheit ist allerdings mehr als nur ein Phänomen der Plattenindustrie. Ende der 1980er Jahre reklamierte die Alte-Musik-Bewegung, die ihre Autorität nicht auf lebendige Tradition, sondern auf Quellenstudium gründete, ein Repertoire bis inklusive Brahms. Wieder wurde hier Geschichte umgearbeitet. Vertrautes klang plötzlich fremd (Beethoven hörte sich jetzt ganz neu an), und Fremdes vertraut (als längst vergessene Florentiner Liederdichter aus dem 14. Jahrhundert, italienische Geigenvirtuosen aus dem 17. und skandinavische Sinfoniker aus dem 19. Jahrhundert wieder zum Leben erweckt und ins Blickfeld gerückt wurden). So gesehen waren Alte und Neue Musik eins. In beiden ging es um Wandel und neue Möglichkeiten. Auch Boulez misstraute den Traditionen.

Zurück zu Mahler: Seine Musik bestätigte die Veränderlichkeit von Geschichte insofern, als ihr Revival in den 1960er Jahren sie gründlich und offenbar dauerhaft im Kernrepertoire verankerte und damit bestehende Vorstellungen von der Zeit um 1900 veränderte. Wenn Geschichte sich einmal ändern konnte, warum dann nicht noch einmal? Und wenn sie sich ändern konnte, was war Geschichte dann überhaupt? Sie konnte nichts weiter sein als eine chronologische Abhandlung von Ereignissen der Vergangenheit, eine unter Berücksichtigung von Fakten gegebene Erzählung, die allerdings dadurch, dass Zeit vergeht und Geschichte sich wandelt, nach und nach ihre Relevanz verliert. Die Vergangenheit ist kein gerader Weg, auf dem wir und unsere Vorgänger wandern, sondern ein Labyrinth, und dieses Labyrinth ist in einem ewigen Wandel.

Die Weg-Metapher machte die ganze Entwicklung der westlichen Musik, deren Zeuge wir waren, überhaupt erst möglich. Ob Tinctoris im 15., Mozart im 18. oder Schönberg im frühen 20. Jahrhundert – sie alle sagten das Gleiche: Musik bewegt sich vorwärts, ob nun hin zu einer besseren Verständlichkeit, zu einer neuen Form, Musik anzutreiben, oder zu einer größeren, ihr eigenen Vielfalt. Innerhalb eines Labyrinths aber, das ständig seine Form verändert, kann sich nichts geradlinig nach vorn bewegen. Unsere Uhren messen nur die ständige Erweiterung des Labyrinths. Es gibt keine stabile Entwicklungsachse, keinen Grund, warum sich eins aus dem anderen ergeben sollte, und keinen Hinderungsgrund, direkte Verbindungen zwischen den Jahrhunderten herzustellen, wie etwa Strawinski es tat, als er in seinem Konzert für Klavier und Bläser Bach und Jazz in eine Reihe stellte, oder wie Reich es tat, als er Perotin mit balinesischem Gamelan-Ensemble verband.

In diesem Gewirr, das sich seit 1975 sicher nicht verringert hat, war die einzige überraschende Innovation das Ausbleiben von Innovation. Viele Komponisten haben die Sprache der Modernität, wie sie in Werken von Strawinski, Messiaen, Carter, Babbitt, Nono, Boulez, Barraqué und Stockhausen schon in den 1950er und 1960er Jahren existierte, geschickt und einfallsreich weitergeführt. Andere dagegen haben ältere Sprachen wiederbelebt, etwa die der englischen Musik des frühen 20. oder der russischen des späten 19. Jahrhunderts. Wieder andere bewegten sich kreuz und quer durch die labyrinthische Vergangenheit. Das Einzige, was man von ihnen erwartete, war, dass sie auf ihrem Weg etwas bis dato Ungehörtes fanden.

Ein solches Kriterium mag dem einzelnen Zuhörer genügen, aber nicht einer ganzen Zuhörerkultur, und so kann die Bewertung von Originalität angesichts fehlender Normen nur eine persönliche sein. Die westliche Kultur hat, kaum verwunderlich, große Schwierigkeiten zu entscheiden, was in der Musik seit 1975 von Wert ist – oder sogar seit 1945. Die vielen verschiedenen jüngsten Vergangenheiten sind bis heute nicht wirklich integriert.

Unsere Zeit ist eine für die Musik reiche Zeit. Sie ist auch eine melancholische Zeit. Verirrt im Labyrinth, scheint die Musik jetzt unfähig, mit lauter Stimme eine unbekannte Zukunft auszurufen – wie Beethoven es tat oder Debussy, Schönberg und Strawinski auf die ihnen jeweils eigene Art, oder eher leise wie Chopin und Dufay. Diese Zeiten sind vergangen – oder sie sind nach wie vor lebendig, und wir können sie nicht abschütteln.

Kapitel 23

Echos im Labyrinth

Betritt man das Feld der Postmoderne, ist die Versuchung groß, sich darauf zu bewegen, als ob eigentlich alles normal wäre – als gäbe es wichtige Komponisten, große oder historisch bedeutsame Werke (was nicht unbedingt dasselbe ist), Verbindungslinien, Trends und Entwicklungsrichtungen. Angesichts der Menge an ungewöhnlicher, immer wieder neu aufkommender Musik ist es fast unmöglich, dieser Versuchung zu widerstehen. Doch das Feld ist tückisch – alles was Orientierung und Sicherheit geben könnte, ist verschwunden.

Zu Beginn der hier behandelten Periode schrieb Ligeti eine Oper, *Le Grand Macabre* (1974–1977), die hierfür bezeichnend ist. Nekrotzar, ein selbst ernannter Unheilsprophet, erscheint in einem Renaissance-Fantasieland, um das Ende der Welt anzukündigen. Es kommt, was kommen muss (oder dann doch nicht), aber danach geht alles genauso weiter wie zuvor.

Für die Musik kam das Ende der Welt in den Jahren 1950–52, als Cage es mit *4'33"* wagte, vollkommene Leere anzubieten, als Boulez mit dem ersten Teil seiner *Structures I* totale Finsternis erzeugte, und als Barraqué in seiner Sonate die Vernichtung für sich selbst sprechen ließ. Alles was danach kam, so wunderbar vieles davon auch sein mag, entstand in dem Versuch, entweder das Bewusstsein auszuschalten – oder aber zu genießen (Cage) oder zu verzweifeln (Barraqué).

Vielleicht aber ist das so, damit Zeit als lineare Entwicklung gesehen werden kann. Es gibt geschichtliche Sichtweisen, für die die Ereignisse der Jahre 1950–52 Irrwege waren, so wie es auch solche gibt, für die die Atonalität ein furchtbarer Fehler war (diese Ansicht hat in der Tat viele Komponisten seit Mitte der 1970er Jahre geprägt). Sie alle müssen jetzt als Teilansichten erkannt werden, und es gibt Myriaden davon. Es kann gut sein, dass jeder Komponist – vielleicht sogar jede Komposition – seit Ligetis Oper einen anderen Weg vorgeschlagen hat, die Vergangenheit zu verstehen; ohne Zweifel ist auch der Akt des Hörens zum Teil ein Einordnen in den Kontext, und dabei kann die Musik ein ähnliches Verständnis von ihrer Vergangenheit haben wie der Hörer oder auch nicht. Dies ist ein relativistischer Alptraum, in dem alle Kommunikation nur selbstbezüglich stattfindet.

Wenn es trotzdem immer noch Musik gibt, die überraschen kann, und Formen des Hörens existieren, die für das Unerwartete offen sind, dann setzt das eine gewisse Einsicht voraus, dass die Postmoderne keine Alternative zur Moderne ist, sondern ihre logische Folge.

Und doch: wenn Postmoderne ohne Moderne unmöglich ist, dann ist auch Moderne ohne Postmoderne nicht denkbar. 1977 erfüllte sich Boulez' langjähriger Wunsch nach einem Forum für musikalische Abenteuer, als das von ihm geleitete Institut de Recherche et Coordination Acoustique/Musique (IRCAM) in Paris eröffnet wurde. An der Rhetorik seiner Äußerungen hatte sich seit den frühen 1950ern oder gar seit dem, was Varèse drei Jahrzehnte davor gesagt hatte, nichts geändert: Musik sollte auf einer Welle der Klangerforschung, der Erforschung von zeitlichen Strukturen, Instrumenten und Aufführungsmöglichkeiten in die Zukunft getragen werden, in einem gemeinsamen Bemühen von Theoretikern, Interpreten, Technikern und Komponisten. Aber abgesehen davon, dass Boulez im gleichen Jahr den Jahrhundert-*Ring* in Bayreuth dirigierte, führte er in seinen Konzerten Musik auf, die sehr weit abseits vom Kurs der Modernisten lag: viel Berg, viel Ravel, sogar Richard Strauss, ganz zu schweigen vom noch breiteren Repertoire des 19. und 20. Jahrhunderts, das er als Chefdirigent des BBC Symphony Orchestra (1971–1975) und musikalischer Leiter des New York Philharmonic (1971–1977) übernahm. Seine eigenen neuesten Werke waren zum einen eine feierliche Zeremonie, die eine gewisse Verwandtschaft mit Messiaen aufwies (*Rituel* für Orchester, 1974/75), sowie zum anderen *Répons* (1980–1984), das Ergebnis seiner ersten Jahre am IRCAM, ein groß angelegtes Stück, das auch wieder zeremoniellen Charakter hat als dass es Fortschritt verkörpert. Mit eindrucksvoller Zuversicht wendet es sich an sein Publikum: Sechs Solisten an gestimmten Schlagwerkinstrumenten (einschließlich zwei Klavieren) sind um das kleine Orchester und das Publikum herum postiert, und ihre Klänge werden von einer am Institut entwickelten Gerätschaft auf spektakuläre Weise verstärkt und transformiert. Doch auch wenn das nichts völlig Neues ist (das Prinzip eines Dialogs zwischen perkussiven und statischen Klängen war schon in *Eclat,* einem Fragment von 1965 für 15–köpfiges Ensemble, erkennbar), so ist es doch ein Wunder an schillerndem Klang und ansteckender rhythmischer Lebendigkeit.

Die Karnevalslaune, die in Ligetis Oper mit schwarzer Komödie gespiegelt wird, tauchte auch an anderer Stelle auf. Reich, der in den frühen 1970er Jahren mit immer umfangreicheren Ensembles gearbeitet hatte, schrieb mit *Music für Eighteen Musicians* (1974–1976) ein Werk, in dem die Wechsel von Puls und Harmonik in einer einzigen großen Entwicklung über eine Stunde lang fortlaufen. Der Erfolg dieses Werks sowohl beim Konzert- als auch beim Plattenpublikum motivierte den Komponisten, seine Musik zu veröffentlichen, die er bis dahin für sein eigenes Ensemble reserviert hatte. Während Boulez also mit *Répons* eine Komposition schuf, die ohne sein eigenes Team von IRCAM-Technikern gar nicht realisierbar war, führte Reich seine Musik hinaus in die weite Welt. Ähnlich war es bei Glass mit *Einstein on the Beach* (1975/76), einer Aneinanderreihung von Gesängen und Tänzen ohne große narrative Handlung, die er zusammen mit dem amerikanischen Theaterregisseur Robert Wilson entwickelt hatte.

In dieser Zeit schrieb auch Xenakis zwei seiner besten Stücke: *Jonchaies* für großes Orchester (1977), seine Antwort auf Strawinskis *Sacre du printemps*, und *Akanthos* für Sopran und Oktett (ebenfalls 1977), das mehr in Richtung Ravel geht. In diesen und anderen Werken zeigte Xenakis ein neues Interesse an Volksmusik, das auch Berio zu seinem *Coro* für 40 Sänger und 40 Instrumentalisten (1975–1977) inspiriert hatte. Hier werden in riesigen, an ein Oratorium erinnernden Tutti-Sätzen die Worte unerbittlichen Protests von Pablo Neruda vertont, während leichter gesetzte Passagen aus musikalischen Traditionen der ganzen Welt bunte Kränze flechten. Und wieder ist da, wie schon in *Répons, Jonchaies, Einstein* und *Music for Eighteen Musicians*, dieser Charakter des Festlichen, wenn auch der Jubel in *Coro* im Ton abwechslungsreicher ist. Das Werk wirft Fragen auf, die die westlichen Gesellschaften intensiv beschäftigten – wie verschiedene Kulturen zusammenleben und kommunizieren können, was am menschlichen Verhalten natürlich ist (eines Tages hatten Frauen beispielsweise alte Erwartungen von sich gewiesen, und Homosexuelle hatten behauptet, normal zu sein), und welche Verantwortung das Individuum für die Allgemeinheit hat. Es schafft sowohl ein Modell für harmonische Integration und warnt zugleich, dass ein Kampf endlos sein würde.

Volksmusik war auch für andere Komponisten ein naturgegebener Talisman, auf den man sich besann, wenn die Weiterentwicklung der Musik zum Stillstand gekommen war. Der englische Komponist Brian Ferneyhough (geb. 1943) war zusammen mit Lachenmann einer der wenigen, die sich weigerten zu glauben, dass es keine Entwicklung mehr geben könne. In ihrer Musik bewegten sie sich weiter vorwärts.

Allerdings steht Ferneyhoughs *Unity Capsule* für Solo-Flöte (1975/76)
– virtuos in seiner kompositorischen Machart und fast unspielbar für
den Interpreten – auch in der Tradition eines der ältesten und am weitesten verbreiteten Instrumente, einer Kultur, die zurückreicht bis
nach Jiahu und darüber hinaus.

Wenn der Maßstab nicht in der Volksmusik zu finden ist, dann
vielleicht in der westlichen Musikgeschichte. Der estnische Komponist Arvo Pärt (geb. 1935) war in den 1960er Jahren – genauso wie
Schnittke – einer der vielen jungen sowjetischen Komponisten, die
sich ernstlich für serielle Musik und andere westliche Neuerungen interessierten. Aber für ihn waren diese inzwischen abgestanden, und in
den frühen 1970ern gab er das Komponieren auf, um zu studieren
und eine neue Orientierung zu finden. 1976–77 kamen dann die ersten Stücke im neuen Stil heraus, den er nach dem Effekt, den eine einzelne Harmonie erzeugt, die ähnlich klingt wie das Läuten einer Glocke, als »Tintinnabuli-Stil« bezeichnete. In diesen Stücken – darunter
Tabula rasa für Streichorchester und *Fratres*, das der Komponist in verschiedenen Bearbeitungen veröffentlichte – werden die Töne eines
Dreiklangs (meist ein a-Moll-Dreiklang) ausgehalten oder sie rotieren,
um langsame, ruhige Melodien in der entsprechenden Tonart zu begleiten. Eine so klare Musik gleitet durch die Musikgeschichte: Sie
passt auf den Platz neben Vivaldi oder neben das Organum des 12.
Jahrhunderts. In ihrer Allgegenwart jedoch gehört sie ganz und gar in
ihre eigene Zeit.

Für viele, die in den 1950ern oder davor musikalisch erwachsen
wurden, war die Rückkehr zur Tonalität, die bei vielen jüngeren Komponisten zu beobachten war, deprimierend – egal ob sie nun Minima-
listen in der Nachfolge Reichs waren oder neue Romantiker im Fahr-
wasser Trojahns oder Puritaner nach pärtschem Vorbild. Ligeti, der
nach Vollendung seiner Oper fünf Jahre lang praktisch komplett geschwiegen hatte, antwortete seinen Studenten mit seinem Trio für
Violine, Horn und Klavier (1982) aus einer Welt, in der Musik von
Brahms eine Form von Volksmusik ist, nicht anders als Musik der Ka-
ribik, und in der die Naturstimmung des Horns (wenn das Horn reine
Obertöne, und keine temperierten Töne spielt) zu einem leicht schie-
fen Zusammenklang führt; das Zurückgreifen auf traditionelle Form-
modelle sollte er später allerdings bedauern.

Stockhausen schrieb 1978 und 1983–85 Kadenzen zu Konzerten
aus dem 18. Jahrhundert, aber nur für den engen Familienkreis derer,
die jetzt sein neues Ensemble bildeten: für die Klarinettistin Suzanne

Stephens und seinen Sohn, den Trompeter Markus Stockhausen. Ab 1977 ging er im Grunde als Komponist allein seiner Wege. Für *Licht*, den gewaltigen Zyklus von sieben Opern für die sieben Tage der Woche, erweiterte er seine Technik der Komposition mit melodischen Formeln. Dieses Projekt beschäftigte ihn bis 2003 und brachte eine große Zahl einzeln aufführbarer Szenen, Einzelstücke und Nebenprodukte für verschiedene Besetzungskombinationen hervor, in denen meist Solo-Instrumentalisten gleichzeitig Schauspieler in den tragenden Rollen der Oper sind. Inzwischen war er sein eigener Verleger (er hatte 1969 seine Beziehung mit der Wiener Universal Edition beendet, das Verlagshaus vieler Komponisten von Mahler bis Birtwistle) und sein eigener Plattenproduzent (seit Mitte der 1980er, nach beinahe 20 Jahren kontinuierlicher Unterstützung durch die Deutsche Grammophon) und distanzierte sich immer mehr von der Musikwelt. Und auch wenn die ersten drei *Licht*-Opern nacheinander in den 1980ern an der Mailänder Scala vorgestellt wurden, zögerte sich die Uraufführung der beiden letzten doch lange hinaus.

Nonos Rückzug nach innen sah anders aus. Ausgelöst hatte ihn seine Bestürzung darüber, wie stark der Radikalismus nach den frühen 1970er Jahren nachgelassen hatte, nicht nur innerhalb der Musik, sondern auch im Bereich der Politik. In dem Gefühl, dass das Scheitern in beiden Bereichen auf die Unfähigkeit zurückzuführen sei, genau hinzuhören, begann er Musik zu schreiben, die sich nicht mehr vor dem Hörer ausbreitet (wie seine früheren Werke es getan hatten), sondern ihn hineinzieht. Als Pollini ihn um ein Solostück bat, komponierte er *...sofferte onde serene...* (... durchlittene heitere Wellen..., 1976), ein Werk, in dem das Klavier selbst zu hören scheint, und zwar auf seine eigenen, auf Band aufgenommenen Klänge. Wiederholte nachhallende Akkorde aus verschiedenen Teilen des Instruments suggerieren den Klang von Glocken, deren Echo über die Lagune von Venedig hallt, der Heimatstadt des Komponisten: »Rufe zur Arbeit und zur Meditation«, wie er es nannte, »Warnungen«. Es mag in diesem kantigen, klarsichtigen Nocturne auch ähnliche Anklänge an die Klangdramen Gabrielis geben, wie sie in dem Spiel von Klangfarbe und Raum evoziert werden, das Nonos großes Musiktheaterprojekt der nächsten Jahre war: *Prometeo* (1978–1984), eine Art Konzert-Oper oder »Hörtragödie«.

Es war eine außergewöhnliche Zeit für derartige Großprojekte. Das größte von allen, Messiaens Oper *Saint François d'Assise* (Der heilige Franz von Assisi, 1975–1983), ist eine grandiose Zusammenfassung all seiner Stilrichtungen: Hier findet man die üppigen Harmonien und treibenden Rhythmen seiner frühesten Orchesterstücke, die weltfernen Melodien der Ondes Martenot (einem elektronischen Instrument, das er in *Turangalîla* und anderen Stücken aus den 1930er und 1940er Jahren verwendet hatte), abstrakten Serialismus, traditionsverhaftete modale Gesänge für die Hauptfiguren und den Chor sowie nahezu überall die typischen Vogelklänge, die von den Instrumenten eines riesigen Orchesters gespielt werden. Auch Birtwistle vollendete ein jahrelanges Projekt, seine Oper *The Mask of Orpheus* (Die Maske des Orpheus, 1973–1983), in der der Mythos als Splitterwerk eines Monuments erzählt wird, begleitet von einem modern-altertümlichen Orchester aus Blas- und Schlaginstrumenten. Berio schuf *Un re in ascolto* (Ein König horcht, 1979–1984), eine Oper, in der sich die dargestellten Ereignisse – die Vorbereitungen für eine Inszenierung von Shakespeares *Sturm* – mit den Träumen und Erinnerungen der Hauptfigur verheddern, und ein Werk, das wiederum ein Aufruf ist, genau hinzuhören.

Für viele Komponisten dieser Zeit war es wichtiger, auf die physikalischen Eigenschaften des Klangs zu hören, als die Volksmusik oder die kultivierte Musik der Vergangenheit zu beachten. Stockhausen hatte in den 1950er Jahren versucht, künstliche Klangfarben zu erzeugen, indem er elektronische Töne oder instrumentale Klänge zusammenfügte, aber diese Versuche waren bis in die späten 1970er Jahre, als dann mithilfe leistungsfähigerer Computer Klangspektren analysiert werden konnten, wenig erfolgreich. Horatiu Radulescu (geb. 1942), ein Rumäne, der 1969 nach Paris gezogen und zu einer Art Joker-Karte der französischen Musik geworden war, arbeitete mit Flügeln, die er auf reine Frequenzverhältnisse gestimmt und auf die Seite gelegt hatte, so dass ihre Saiten gestrichen werden konnten, und erzeugte mit ganzen Orchestern aus Flöten oder anderen Instrumenten neue Klangfarben. Weitere Anregungen kamen vom IRCAM, das bald als Computermusik-Studio enger definiert wurde und sein Interesse an neuen akustischen Instrumenten aufgab. Für manche der jüngeren französischen Komponisten, die in frühen Jahren am IRCAM gewesen waren, besonders Gérard Grisey (1946–1998) und Hugues Dufourt (geb. 1943), war die Klangfarben-Komposition die wichtigste Herausforderung, und Dufourt prägte für Werke dieser Art die Bezeichnung »Spektralmusik«.

Sie hatten einigen Einfluss auf die frühe Musik des englischen Wunderkinds George Benjamin (geb. 1960), der einer der letzten Lieblingsschüler Messiaens war und schon während seiner Studienzeit frischen, sicheren und poetischen Umgang mit dem Orchester (*Ringed by the Flat Horizon*, 1979/80) bewiesen hatte. Sie mögen auch Auswirkungen auf Claude Vivier (1948–1983) gehabt haben, einen Komponisten aus Montreal, der in den letzten Jahren seines Lebens Musik komponierte, bei der einfache, prägnante Melodien ein Gegengewicht bilden zu den dichten, aber leuchtenden Akkorden, die als künstliche Spektren komponiert wurden (*Lonely Child* für Sopran und Kammerorchester, 1980). Zwei junge Finnen, die um diese Zeit am IRCAM arbeiteten – die Komponistin Kaija Saariaho (geb. 1952) und ihr Kollege Magnus Lindberg (geb. 1958) – profitierten sicherlich von der Spektralbewegung. Die größte Errungenschaft des frühen Spektralismus aber war Griseys anderthalbstündiges Werk *Les espaces acoustiques* (Akustische Räume, 1974–1985), ein sechsteiliger Zyklus, der sich von einer kleinen Besetzung (Viola solo) über Stücke für 7, 18 und 33 Musiker bis hin zu einem Satz für großes Orchester und einem Epilog für Orchester mit vier Hörnern entwickelt, wobei alle Teile auf dem Oberton-Spektrum über einem tiefen E basieren. Aus einfachen Elementen – Spektrum, gleichmäßigem Rhythmus, kurzen melodischen Motiven – entsteht ein lebendiges Drama aus orchesterartig synthetischen Klängen. Ähnlich komponierte zu dieser Zeit Ferneyhough – auch wenn er vom Spektralismus unberührt blieb – bei seinen *Carceri d'invenzione* (Kerker der Erfindung, 1981–1986), einem Konzert aus sieben einzelnen Werken, in dem ein Flötist den Weg absteckt, wie Ariadne mit ihrem Faden, von einem eröffnenden Piccolo-Solo durch Szenen meist überreizter Exaltation für diverse instrumentale Besetzungen unter Orchestergröße, bis zum Ende des Wegs in einem Spiegelkabinett, wo der Solist auf der Bassflöte zwischen vom Band kommenden Selbstbildern spielt. So wenig ähnlich sich diese beiden Zyklen sind – so vollkommen anders in ihren Verlaufsbahnen: die eine ein großes Crescendo, die andere ein Abstieg von hohem zu tiefem Klangregister –, so sind sie doch Zeugnisse einer fantasievollen inneren Stärke und Kraft, die ohne Unterstützung durch irgendeine direkte Zuflucht zur tonalen Vergangenheit auskommt.

Diese umfassenden Arbeiten von Grisey und Ferneyhough gaben, zusammen mit Birtwistles *Earth Dances* (1985/86) – ein Orchesterwerk aus gigantischen, sich knirschend verschiebenden Schichten, aber auch ein von Holzbläsern gesungenes Klagelied –, das Maß für kompositorische Absicht und Umsetzung vor. Die Musik der späten 1980er Jahre war oft kleiner dimensioniert, sie zeichnete sich aus durch einen Ton, der Zerbrechlichkeit, Trotz oder Bedauern vermittelte, möglicherweise als Antwort darauf, dass nach wie vor kein Weg nach vorn gewiesen wurde (auch nicht vom IRCAM, wo die Hoffnungen so hochgesteckt waren), oder als Antwort auf größere Gefahren wie etwa das für die darstellenden Künste härtere ökonomische Klima und die Verbreitung von Aids. Im Kontrast dazu erlebte der neue Optimismus, der aufgrund der Entspannung zwischen dem Westen und dem kommunistischen Lager nach der Ernennung Michail Gorbatschows 1985 zum sowjetischen Präsidenten aufkam, am Weihnachtstag 1989 seinen musikalischen Höhepunkt, als Bernstein Beethovens Neunte im früheren russischen Sektor Berlins zur Feier der Maueröffnung im Monat zuvor dirigierte. Dieser Optimismus verstummte allerdings, als dann die neuere sowjetische Musik dank Gorbatschows Glasnost-Politik frei exportiert werden konnte.

Die Unterdrückung hatte offenbar die Ausdruckskraft nur intensiviert. Sowjetische Komponisten – allen voran Schnittke – hatten von Schostakowitsch gelernt, wie man, allen Einflussnahmen zum Trotz, eine eigene expressive Stimme beibehalten konnte, die, ähnlich wie im 19. Jahrhundert, auf der Dur-Moll-Tonalität und auf einer fließenden Kontinuität beruht. Sie hatten auch gelernt, wie man mit mehr als einer Stimme gleichzeitig sprechen konnte. Schnittkes 2. und 4. Sinfonie (1979 bzw. 1984) sind religiöse Werke, deren eigentlicher Inhalt nur in Andeutungen dargestellt werden kann: seine Zweite ist eine Messe ohne Worte, die Vierte ein Zusammentreffen und Verschmelzen von orthodoxen, katholischen und jüdischen Kirchengesängen. Andere Werke Schnittkes, besonders Konzerte und Kammermusikwerke, knüpfen direkt an die Mahler-Schostakowitsch-Linie der extremen Gefühle, erschöpften Sensibilität und Selbstironie an. Die mit ihm fast gleichaltrige Sofia Gubaidulina (geb. 1931) kam eindeutig aus derselben Welt, aber bei ihr bekommen auch die disparatesten Kontraste Sinn durch einen beständig klaren Blick, einen Balanceakt entschlossener improvisatorischer Sicherheit. Zu den Werken, die ihren Ruf im Westen begründeten, gehört *Perception* (1983) für Sopran, Bariton und Streichseptett, ein Dialog zwischen Weiblichem und Männlichem, zwischen Geistigem und Weltlichem. *Offertorium* (1980) ist ein Violinkonzert, in dem das sechsstimmige Ricercar aus Bachs *Musikalischem Opfer* in der Orchestrierung von Webern selbst zu einer Opfergabe wird, die zerbrochen und zu etwas Neuem zusammengesetzt wird. Bei Galina Ustvolskaya (1919–2006) erzeugt eine unerschütterliche Einfachheit mit oft kargen Wiederholungen eine

Sofia Gubaidulina

furchtlose Intensität, Präsenz und Notwendigkeit, etwa in ihrer 5. Sinfonie (1989/90) mit dem Untertitel »Amen« für männlichen Sprecher mit disparatem Instrumentalensemble (Violine, Oboe, Trompete, Tuba und einem großen hölzernen Kubus, der mit einem Hammer gespielt wird). Für die etwas zurückhaltendere Art von Spiritualität gab es Pärt. Und für einen eher heiteren, nostalgischen und prachtvoll schönen Blick auf die Musik im Stadium des Zusammenbruchs gab es Valentin Silvestrov (geb. 1937), insbesondere seine 5. Sinfonie (1980–1982), die dort anzufangen scheint, wo ein langsamer Satz von Bruckner, Tschaikowski oder Mahler vielleicht aufgehört hätte, und dann fortfährt aufzuhören.

Die Innerlichkeit und stabile Unabhängigkeit der Werke dieser sowjetischen Komponisten trafen den richtigen Ton zu einer Zeit, als viele Komponisten sich andernorts innerlich zurückzogen und eine neue musikalische Heimat suchten. Ligeti vertonte zum ersten Mal, seit er das Land verlassen hatte, ungarische Texte (*Magyar Etüdök*, ungarische Etüden für Chor, 1983), fand aber sein eigentliches Territorium in einem imaginären Reich, wo zentraleuropäische Melodie, lateinamerikanischer Rhythmus und ostasiatische Klangfarben sich kreuzen konnten, im Reich seines Klavierkonzerts (1985–1988). Ebenfalls 1985 begann er einen Zyklus von Klavieretüden, deren ausgeklügelte Mechanismen, etwa in der Art Nancarrows, eine Nähe zu Debussy, Bartók und anderen aufweisen und zugleich erlauben, durch die vielfarbigen Schichten von Virtuosität Leidenschaft zu fühlen. Sein Landsmann Kurtág, der dazu neigte, immer wieder für längere Zeit zu zweifeln und zu schweigen, komponierte sehr viel freier in einer dem Intimen zuträglichen Atmosphäre. Er produzierte in dieser Zeit die *Kafka-Fragmente* (1985–1987), einen einstündigen Zyklus für Sopran und Violine, der aus vierzig extrem expressiven Aphorismen- und Anekdoten-Vertonungen nach Kafkas Tagebüchern und Briefen besteht, sowie ein *Officium breve* (1988/89), ein Streichquartett, dessen fünfzehn wiederum kurze Sätze eine Art instrumentales Requiem bilden.

Wo das Innenleben so deutlich in den Vordergrund trat, betont auch die Tragikomödie *Nixon in China* (1985–1987), die erste Oper des amerikanischen Komponisten John Adams (geb. 1947), die innere Leere ihrer Charaktere, aber sie zeigt auch, wie verloren sie sind in der Welt der hohen Politik und in der Welt einer hämmernden, temperamentvollen Partitur, die sich einerseits vom Reich-Glass'schen Minimalismus und andererseits vom Broadway ableitet. Cages späte, nach 1987 geschriebene Werke bringen Klangereignisse, die in klar definierten Zeiträumen gespielt werden müssen und das Driften von Zeit farbig darstellen. Zur selben Zeit widmete sich Carter kurzen Kammermusikstücken von lebendiger, durchsichtiger Leichtigkeit neben knappen orchestralen Gedenkstücken und Konzerten. Reich schrieb *Different Trains* (1988) für Streichquartett und Bandaufnahmen, ein Stück über seine sich trübenden Erinnerungen an Zugfahrten in den 1940er Jahren, in dem sich die musikalische Linien aus Sprachfragmenten entwickeln. Musik kam, wo immer man sie finden mochte, aus privater Erfahrung und Erinnerung.

Kapitel 24

Zwischenspiel

Der Tod von Messiaen und Cage im Frühling und Sommer 1992 nahm der Musik ihre bekanntesten Komponisten. Viele von denen, die zurückblieben, waren inzwischen über fünfzig, sechzig oder sogar (in Carters Fall) über achtzig. Als dann in einer solchen Situation so kreative neue Talente wie etwa Thomas Adès (geb. 1971) auftauchten, wurde das ebenso erleichtert wie begeistert begrüßt. Hier war ein Komponist von verblüffend einfallsreicher Präzision und mit einer großen Bandbreite, der aus vielen verschiedenen Musikarten schöpfen konnte – Pop, Klassik, Ethno –, und dies entschlossen und eigenständig tat.

Allerdings brachten nicht nur die Jungen frischen Wind in die Kunst der Komposition, indem sie von dort, wo sie waren, in andere Richtungen schauten und hörten. Auch Werke von Ligeti, wie etwa seine lebendige und humorvolle Vertonung von Liedern für Mezzosopran und Schlagzeug-Quartett, *With Pipes, Drums, Fiddles* (2000), verschmelzen Traditionen von drei oder vier Kontinenten zu einer Welt-Volksmusik.

Die klassische Tradition hatte immer schon unscharfe Ränder, Stellen, wo sie sich mit kommerzieller Musik überschnitt (Brahms mit Johann Strauß Sohn, Ives mit David T. Shaw, dem Verfasser des patriotischen Lieds »Columbia, the Gem of the Ocean«), mit Volksmusik (was praktisch jeder tat, höchstwahrscheinlich bis zurück zu den Troubadours) oder mit geistlicher Musik. Was heute anders ist, ist die Vielfalt der Quellen, die heutigen Komponisten, so sie offene Ohren haben, über Radio, Tonaufnahmen und, seit Mitte der 1990er, das Internet zugänglich sind.

Als sich im neuen Jahrhundert die Standards der Klangtreue verbesserten, entwickelte sich das Internet zu einem Medium, über das Komponisten ihre Werke verbreiten konnten. Da inzwischen die meisten Menschen in der westlichen Gesellschaft über den Computer Zugang zu Klangproben haben (von Musik ganz unterschiedlicher Art) sowie zu Methoden, Klänge zu synthetisieren und zu transformieren, könnte das Komponieren bald so verbreitet sein wie das Schreiben von Gedichten.

Doch Komponisten wird es immer geben, genauso wie es immer noch Dichter gibt. Abgesehen von einigen Aufsehen erregenden Erfolgen ist elektronische Musik seit den 1960er Jahren noch marginaler geworden – nicht weil klassische Musik per se konservativ ist oder weil sie konservativ geworden ist, sondern weil diese Musik im Grunde genommen eine Dreierbeziehung ist zwischen Komponist, Interpret und Zuhörer. Jeder hat seine Rolle zu spielen.

Den Niedergang der elektronischen Musik auf der einen Seite glich der Aufstieg von Ensembles für Neue Musik mit ihrem jeweils besetzungstypischen Charakter auf der anderen Seite wieder aus. Fires of London (1970–1987), eines der ersten solcher Ensembles, bildete sich aus den Musikern, die für Schönbergs *Pierrot lunaire* nötig waren (plus einem Schlagzeuger), und wurde von Peter Maxwell Davies geleitet, der verschiedene Originalwerke und Arrangements für diese Gruppe schrieb. Neuere Beispiele sind das australische Elision Ensemble (gegr. 1986), das mit gezupften Streichinstrumenten und Elektronik einen ganz speziellen Klang schafft, sowie das Ensemble Recherche aus Freiburg (gegr. 1985), ein gemischtes Nonett. Solche Formationen tragen dazu bei, die Landkarte der Neuen Musik mit Farben zu schmücken, bislang ohne den Vorrang der Partitur zu gefährden. Ferneyhoughs Werke beispielsweise werden sowohl durch Elision als auch das Ensemble Recherche sehr gefördert, doch hat jedes Ensemble durch sein jeweiliges Repertoire (auch wenn es Überlappungen gibt) seine eigene Identität.

Klassische Musik kann, da sie aufführbar und immer wieder aufführbar ist, ihre Vergangenheit lebendig erhalten, und zu keiner Zeit hat sie das so umfassend getan wie heute. Diese Präsenz der Vergangenheit bleibt auch der neuen Musik nicht verborgen. Birtwistles *Pulse Shadows* (1989–96) für Sopran und Ensemble mit Streichquartett-Zwischenspielen zeichnet einen Pfad von der Poesie Paul Celans zurück zu den alten Traditionen der Lamentationen, und sein Orchesterstück *The Shadow of Night* (2001) ist eine Meditation über ein Dowland-Lied. Die dunklen Kammern des kreativen Geistes Gesualdo betritt Salvatore Sciarrino (geb. 1947) wieder in einigen seiner wispernden, raschelnden, äußerst empfindsamen Musiken. *Stanze* (2003) für Bariton, Männerchor und Orchester, Berios letztes Werk, ist ein mahlerscher Liederzyklus. Carters *Symphonia* (1993–97) setzt alle anderen Sinfonien als selbstverständlich voraus. Das Streichquartett ist noch immer lebendig und bereit zu neuen Abenteuern, wie etwa den beweglichen Filigranarbeiten des Werks, das der Schweizer Komponist

Hanspeter Kyburz (geb. 1960) 2004 produzierte. Lachenmanns Oper *Das Mädchen mit den Schwefelhölzern* (1990–96) hält die Tradition von Musik als moralischer Kraft aufrecht, die zurückreicht bis zu Konfuzius und Platon – während sie sich selbst all die Bequemlichkeiten des Genres verweigert und mit Hans Christian Andersens Heldin zusammen in der Kälte bleibt, einer Kälte aus Klängen wie abgekratzem Eis.

Die Vergangenheit trägt uns und wir tragen sie, eben dadurch, dass wir sie als Teil unserer Gegenwart erhalten und immer wieder neu gestalten. Auch in dem, was ihr fehlt, kann sie uns die Zukunft zeigen.

Lese- und Hörempfehlungen

Teil I Zeit als Ganzes

Kapitel 1 Von den Babyloniern zu den Franken

📖

John Harper, The Forms und Orders of Western Liturgy from the Tenth to the Eighteenth Century, Oxford 1991
David Hiley, Western Plainchant. A Handbook, Oxford 1993
Karlheinrich Hodes, Der Gregorianische Choral. Eine Einführung, Langwaden ⁴1992

🎧

Gregorianischer Choral: The Benedictine Monks of Santo Domingo de Silos (EMI)
Chant de l'Eglise Milanaise (Ambrosianische Gesängen), Ensemble Organum (Harmonia Mundi)
Edda, Ensemble Sequentia (Deutsche Harmonia Mundi)

Teil II Gemessene Zeit: 1100–1400

📖

Peter Gülke, Mönche, Bürger, Minnesänger: die Musik in der Welt des Mittelalters, Laaber ³1998
Hartmut Möller/Rudolf Stephan (Hg.), Die Musik des Mittelalters (Neues Handbuch der Musikwissenschaft Bd. 2), Laaber 1991
Bernhard Morbach, Die Musikwelt des Mittelalters, Kassel 2004
Jeremy Yudkin, Music in Medieval Europe, Englewood Cliffs, NJ 1989

Kapitel 2 Troubadours und Organisten

📖

Elisabeth Aubrey, The Music of the Troubadours, Bloomington, Ind. 1996
Christopher Page, The Owl and the Nightingale, London 1989
Carsten Seibold/Bettina Musiol, Auf den Spuren der Troubadours durch Südfrankreich, München 1989

🎧

Ars Trobar (I) (Chansons der Troubadours und Tänze der Spielleute), Ensemble Millenarium (Ricercar)
A Feather on the Breath of God (Lieder von Hildegard von Bingen), Gothic Voices (Hyperion)

Perotin, Hilliard Ensemble (ECM)
Proensa (Chansons der Troubadours), Paul Hillier mit Instrumentalisten (ECM)

Kapitel 3   Ars nova und die Uhr des Narziss

📖

Hellmut Kühn, Die Harmonik der Ars nova, München 1973
Daniel Leech-Wilkinson, Machaut's Mass: An Introduction, Oxford 1990

🎶

Machaut, *Messe de Nostre Dame*, Taverner Consort (EMI)
Machaut, *Motets*, Hilliard Ensemble (ECM)
Lancaster and Valois; *The Medieval Romantics* (2 Einspielungen mit Liedern von
    Machaut und Nachfolgern), Gothic Voices (Hyperion)
The Mirror of Narcissus (Lieder von Machaut), Gothic Voices (Hyperion)
Narcisso speculando (Lieder von Paolo da Firenze), Mala Punica (Harmonia Mundi)

Teil III   Empfundene Zeit: 1400–1630

📖

Allan W. Atlas, Renaissance Music, New York 1998
Ignace Bossuyt, Die Kunst der Polyphonie, Zürich 1997
Ludwig Finscher (Hrsg.), Die Musik des 15. und 16. Jahrhunderts (Neues Handbuch
    der Musikwissenschaft Bd. 3), Laaber 1989f.
Bernhard Morbach, Die Musikwelt der Renaissance, Kassel 2006
Walter Rüegg/Annegrit Schmitt (Hrsg.), Musik in Humanismus und Renaissance,
    Weinheim 1983

Kapitel 4   Harmonie, das Licht der Zeit

📖

Peter Gülke, Guillaume Du Fay. Musik des 15. Jahrhunderts. Stuttgart 2003
Reinhard Strohm, Guillaume Du Fay, Martin le Franc und die humanistische Legende
    der Musik, Winterthur 2007
Ders., The Rise of European Music, 1380-1500, Cambridge 1993

🎶

Dufay, Messe *L'homme armé* und Motetten, Hilliard Ensemble (EMI)
Dufay, Messe *Se la face ay pale*, Diabolus in Musica (Alpha)
Dufay, *Ave regina coelorum* etc., Binchois Consort (Hyperion)
Frye, Messe *Flos regalis* etc., Hilliard Ensemble (ECM)
Ockeghem, Messe *De plus en plus* und Lieder, Orlando Consort (Deutsche Grammo-
    phon)

Kapitel 5   Das Leuchten der Hochrenaissance

📖

Robert C. Wegman, Born for the Muses. The Life and Masses of Jacob Obrecht, Oxford 1994

💿

Josquin, Messe *Pange lingua* etc. Choir of S. John's College, Cambridge (Meridian)
Josquin, Motetten, Choir of New College, Oxford (Meridian)
Motetten von Browne, Carver, Taverner, Taverner Choir (EMI)
Music from the Eton Choirbook, The Sixteen (Meridian)

Kapitel 6   Reformation und Herzschmerz

📖

Iain Fenlon, Music and Culture in Late Renaissance Italy, Oxford 2002
Joseph Kerman, The Masses and Motets of William Byrd, London 1981
Ulrich Schulz-Buschhaus, Das Madrigal. Zur Stilgeschichte der italienischen Lyrik zwischen Renaissance und Barock, Bad Homburg 1969
Glenn Watkins, Carlo Gesualdo di Venosa. Leben und Werk eines fürstlichen Komponisten, München 2000

💿

The John Dowland Collection (Deutsche Grammophon)
Gabrieli, *Music for San Rocco*, Gabrieli Consort (Deutsche Grammophon)
Gesualdo, *Tenebrae*, Taverner Consort (Sony)
Palestrina, *Missa Papae Marcelli* etc., Choir of Westminster Cathedral (Hyperion)
Tallis, *Spem in alium* etc., Choir of King's College, Cambridge (Decca)
Victoria, *Requiem*, Choir of Westminster Cathedral (Hyperion)

Kapitel 7   In Musik sprechen

📖

Claudio Monteverdi – um die Geburt der Oper (Musik-Konzepte 88), München 1995
Koldau, Linda Maria, Die venezianische Kirchenmusik von Claudio Monteverdi, Kassel 2001
Silke Leopold, Monteverdi und seine Zeit, Laaber ³2002
Dies., Die Oper im 17. Jahrhundert (Handbuch der musikalischen Gattungen Bd. 11), Laaber 2004
John Whenham, The Cambridge Companion to Monteverdi, Cambridge 2007

💿

Frescobaldi, *Fiori musicali*, Rinaldo Alessandrini (Naive)
Monteverdi, *Orfeo*, Concerto vocale (Harmonia Mundi)
Monteverdi, *Vespro della Beata Vergine*, Monteverdi Choir (Deutsche Grammophon)
Monteverdi, *Ottavo libro dei madrigali*, vol. II, Concerto Italiano (Opus 111)

Teil IV Erkannte Zeit: 1630–1770

📖

Nicholas Anderson, Baroque Music, London 1994
Werner Braun, Die Musik des 17. Jahrhunderts (Neues Handbuch der Musikwissenschaft Bd. 4), Laaber ²1996
Bernhard Morbach, Die Musikwelt des Barock, Kassel 2008

Kapitel 8   Barockes Erwachen

📖

Peter Holman, Henry Purcell, Oxford 2003

🎧

Biber, *Die Rosenkranz-Sonaten*, Andrew Manze (Harmonia Mundi)
Corelli, *Sonate da chiesa 1 & 3*, London baroque (Harmonia Mundi)
Lully, *Atys*, William Christie (Harmonia Mundi)
Purcell, *Dido and Aeneas*, Emmanuelle Haïm (Virgin)
New World Symphonies, Jeffrey Skidmore(Hyperion)

Kapitel 9   Fuge, Konzert und Opernleidenschaft

📖

Martin Geck, Johann Sebastian Bach, Hamburg ⁴2005
Christopher Hogwood, Georg Friedrich Händel, Frankfurt a. M. 2000
Ralph Kirkpatrick, Domenico Scarlatti, Princeton 1983
Konrad Küster (Hrsg.), Bach-Handbuch, Kassel 1999
Michael Talbot, Antoni Vivaldi, Frankfurt a.M. 1998
Christoph Wolff (Hrsg.), Die Welt der Bach-Kantaten. 3 Bde., Stuttgart 2006

🎧

Bach, *Brandenburger Konzerte und Orchestersuiten*, Trevor Pinnock (Deutsche Grammophon)
Bach, *Das wohltemperierte Klavier*, Till Fellner (ECM)
Bach, *Johannes-Passion*, Philipp Herreweghe (Harmonia Mundi)
Händel, *Giulio Cesare*, Renée Jacobs (Harmonia Mundi)
D. Scarlatti, *Sonaten*, Ivo Pogorelich (Deutsche Grammophon)
Vivaldi, *Die vier Jahreszeiten*, etc. Trevor Pinnock (Deutsche Grammophon)

Kapitel 10   Rokoko und Reform

📖

Cuthbert Girdlestone, Jean-Philippe Rameau. His Life and Work, New York 1969
Klaus Hortschansky (Hrsg.), Christoph Willibald Gluck und die Opernreform, Darmstadt 1989

Peter Schleuning, Der Bürger erhebt sich. Geschichte der deutschen Musik im 18. Jahrhundert, Stuttgart 2000

◈

Bach, *Musikalisches Opfer*, Ensemble Sonnerie (Virgin)
Gluck, *Iphigenie auf Tauris*, Ivor Bolton (Orfeo)
Händel, *Messiah*, Paul McCreesh (Deutsche Grammophon)
Rameau, *Castor et Pollux*, William Christie (Harmonia Mundi)
Arias for Farinelli, Vivica Genaux und Renée Jacobs (Harmonia Mundi)

Teil V   Verinnerlichte Zeit: 1770–1815

📖

Carl Dahlhaus (Hrsg.), Die Musik des 18. Jahrhunderts (Neues Handbuch der Musikwissenschaft Bd. 5), Laaber 1985
Carl Dahlhaus/Norbert Miller, Europäische Romantik in der Musik, Bd. 1: Oper und symphonischer Stil 1770-1820, Stuttgart 1999
Charles Rosen, Der klassische Stil: Haydn, Mozart, Beethoven. Kassel ⁴2003
Herbert Schneider/Reinhard Wiesend (Hrsg.), Die Oper im 18. Jahrhundert (Handbuch der musikalischen Gattungen Bd. 12), Laaber 2001

Kapitel 11   Sonate als Komödie

📖

Ludwig Finscher, Joseph Haydn und seine Zeit. Laaber 2000
Martin Geck, Mozart, Frankfurt a.M. 2007
Silke Leopold (Hrsg.), Mozart-Handbuch, Kassel 2005
Maynard Solomon, Mozart. Ein Leben. Kassel ³2006

◈

C.Ph.E. Bach, *Sonaten und Rondos*, Mikhail Pletnev (Deutsche Grammophon)
Haydn, *Sinfonien Nr. 31 und 45*, Charles Mackerras (Telarc)
Haydn, *Streichquartette op. 33* (Nr. 1, 4, 6), Quatuor Mosaïques (Astrée)
Mozart, *Klaviersonaten* (KV 310, 331, 332), Mitsuko Uchida (Philips)
Mozart, *Klavierkonzerte Nr. 19 und 23*, Murray Perahia, The English Chamber Orchestra (Sony)
Mozart, *Figaros Hochzeit*, Renée Jacobs (Harmonia Mundi)

Kapitel 12   Der Impuls der Revolution

📖

Martin Geck, Von Beethoven bis Mahler, Hamburg 2000
Sven Hiemke (Hrsg.), Beethoven-Handbuch, Kassel 2009
Klaus Kropfinger, Beethoven, Kassel 2001
Lewis Lockwood, Beethoven, New York 2003
Maynard Solomon, Beethoven, New York ²1998

❦

Beethoven, *Sinfonien Nr. 5 und 7*, Carlos Kleiber, Wiener Philharmoniker (Deutsche Grammophon)
Beethoven, *Klaviersonaten*, Vol. III, Annie Fischer (Hungaroton)
Beethoven, *Fidelio*, Otto Klemperer (EMI)
Cherubini, *Sinfonie in D und Ouvertüren*, Howard Griffiths (cpo)
Haydn, *Sinfonien Nr. 101 und 104*, Charles Mackerras (Telarc)
Haydn, *Nelsonmesse und Te Deum*, Trevor Pinnock (Deutsche Grammophon)

Teil VI   Flüchtige Zeit: 1815–1907

📖

Carl Dahlhaus, Die Musik des 19. Jahrhunderts (Neues Handbuch der Musikwissenschaft Bd. 6), Laaber 1996
Carl Dahlhaus/Norbert Miller, Europäische Romantik in der Musik, Bd. 2: Von E.T.A. Hoffmann zu Richard Wagner, 1800-1850, Stuttgart 2007
Martin Geck, Von Beethoven bis Mahler, Hamburg 2000
Ders., Zwischen Romantik und Restauration. Musik im Realismus-Diskurs 1848–1871, Stuttgart 2001

Kapitel 13   Der taube Mann und der Sänger

📖

Walter Dürr/Andreas Krause, Schubert-Handbuch, Kassel 2007
Peter Gülke, Franz Schubert und seine Zeit, Laaber 2002
Volker Scherliess, Giacchino Rossini, Hamburg ⁴2002
John Warrack, Carl Maria von Weber, Leipzig 1986

❦

Beethoven, *Diabelli-Variationen*, Piotr Anderszewski (Virgin)
Beethoven, *Sinfonie Nr. 9*, Philippe Herreweghe
Rossini, *Il barbiere di Siviglia*, Vittorio Gui (EMI)
Schubert, *Die Winterreise*, Matthias Goerne und Alfred Brendel (Hyperion)
Schubert, *Klaviersonate B-Dur*, Leon Fleisher (Artemis)
Weber, *Der Freischütz*, Carlos Kleiber (Deutsche Grammophon)

Kapitel 14   Engel und andere Wunderwesen

📖

Wolfgang Dömling, Hector Berlioz und seine Zeit, Laaber 1986
David R. Kimbel, Italian Opera, Cambridge 1991
Klaus Heinrich Kohrs, Hector Berlioz. Autobiographie als Kunstentwurf, Frankfurt a.M. 2003
Charles Rosen, Musik der Romantik, Salzburg 2000
Jim Samson, Frédéric Chopin (Reclams Musikführer), Stuttgart 1991
Ulrich Tadday (Hrsg.), Schumann-Handbuch, Stuttgart 2006

R. Larry Todd, Mendelssohn Bartholdy, Stuttgart 2008
Herbert Weinstock, Vincenzo Bellini, Adliswil 1985

Bellini, *Norma*, Maria Callas und Tullio Serafin (EMI)
Berlioz, *Symphonie fantastique*, Marc Minkowski (Deutsche Grammophon)
Berlioz, *La damnation de Faust*, Colin Davis, London Symphony Chorus and Orchestra (Philips)
Chopin, *Sonate h-moll* etc. Martha Argerich (EMI)
Mendelssohn/Beethoven, *Violinkonzerte*, Joshua Bell (Sony)
Schumann, *Carnaval* und Chopin, *Ballade g-moll* etc., Youri Egorov (Royal)

Kapitel 15   Neue Deutsche und altes Wien

Dieter Borchmeyer, Richard Wagner, Frankfurt a.M. 2002
Winton Dean, Georges Bizet, Stuttgart 1988
Wolfgang Dömling, Franz Liszt und seine Zeit, Laaber ²1998
Anselm Gerhard/Uwe Schweikert (Hrsg.), Verdi-Handbuch, Stuttgart 2001
Ernst Kuhn (Hrsg.), Modest Mussorgsky. Zugänge zu Leben und Werk, Berlin 1995

Bizet, *Carmen*, Georg Solti (Decca)
Liszt, *Sonate h-moll*, Krystian Zimerman (Deutsche Grammophon)
Liszt, *Eine Faust-Sinfonie*, Jascha Horenstein (Vox)
Mussorgski, *Boris Godunov*, Claudio Abbado (Sony)
Verdi, *Don Carlos*, Antonio Pappano (EMI)
Wagner, *Tristan und Isolde*, Karl Böhm (Deutsche Grammophon)

Kapitel 16   Romantische Abende

Klaus Döge, Antonin Dvořák. Leben – Werke – Dokumente, Zürich ²1997
Edward Garden, Tschaikowsky, Frankfurt 1998
Peter Gülke, Brahms Bruckner, Kassel 1989
Theo Hirsbrunner, Claude Debussy und seine Zeit, Laaber 1981
Dorothea Redepenning (Hrsg.), Geschichte der russischen und sowjetischen Musik, Bd. 1: Das 19. Jahrhundert, Laaber 1994
Wolfgang Sandberger (Hrsg.), Brahms-Handbuch, Stuttgart 2009

Brahms, *Sinfonien Nr. 3 und 4*, Charles Mackerras (Telarc)
Bruckner, *Sinfonie Nr. 8*, Carl Schuricht (EMI)
Debussy, *Orchesterwerke*, Pierre Boulez (Sony)
Dvořák, *Sinfonie Nr. 9*, Leonard Bernstein (Sony)
Franck, *Sinfonie d-moll*, Leonard Bernstein (Deutsche Grammophon)
Tschaikowski, *Sinfonie Nr. 4*, Mariss Jansons (Chandos)

Kapitel 17   Abenddämmerung und Sonnenaufgang

📖

Jens Malte Fischer, Gustav Mahler, Wien 2004
Alexander L. Ringer, Arnold Schönberg – das Leben im Werk, Stuttgart 2002
Erik Tawaststjerna, Jean Sibelius, Salzburg 2005
Michael Walter, Richard Strauss und seine Zeit, Laaber 2000

Debussy, *Pelléas et Melisande*, Pierre Boulez (Sony)
Dukas, *Der Zauberlehrling*, Leonard Bernstein (Sony)
Mahler, *Sinfonie Nr. 4*, Leonard Bernstein (Deutsche Grammophon)
Schönberg, *Kammersinfonie Nr. 1* etc., Heinz Holliger (Apex)
Sibelius, *Violinkonzert*, Ida Haendel (EMI)
Strauss, *Ein Heldenleben*, Richard Strauss (Dutton)

Teil VII   Verworrene Zeit: 1908–1975

📖

Hermann Danuser, Die Musik des 20. Jahrhunderts (Neues Handbuch der Musikwissenschaft Bd. 7), Laaber ²1992
Paul Griffiths, Modern Music and After, Oxford 1995
Jean-Noel von der Weid, Die Musik des 20. Jahrhunderts, Frankfurt a.M. 1991

Kapitel 18   Von vorn

📖

Robert Craft, Strawinsky, Zürich 2000
Hermann Danuser u.a. (Hrsg.), Amerikanische Musik seit Charles Ives, Laaber 1987
Malcolm Gillies (Hrsg.), The Bartók Companion, London 1993
Anthony Pople, Alban Berg und seine Zeit, Laaber 2000
Wolfgang Rathert, Charles Ives, ²1996
Siegfried Schibli, Alexander Skrjabin und seine Musik, München 1983

👁

Bartók, *Streichquartette*, Keller-Quartett (Erato)
Berg, *Altenberg-Lieder* etc., Claudio Abbado (Deutsche Grammophon)
Ives, *Three Places in England* etc., Orpheus Chamber Orchestra (Deutsche Grammophon)
Schönberg, *Pierrot lunaire* und *Das Buch der hängenden Gärten*, Jan De Gaetani (Nonesuch)
Skrjabin, *Vers la flamme* (Sammlung von Klavierstücken), Christopher O'Riley (Image)
Strawinski, Le sacre du printemps, Igor Markevitch (BBC)

Kapitel 19   Vorwärts, rückwärts und seitwärts

📖

Bernd Feuchtner, Dimitri Schostakowitsch, Kassel 2002
Michael Kennedy, Portrait of Elgar, Oxford ³1987
Helga de la Motte-Haber (Hrsg.), Edgar Varèse. Die Befreiung des Klangs, Hofheim
    1992
Oliver Neighbour/Paul Griffiths/George Perle, Schönberg, Webern, Berg. Die Zweite
    Wiener Schule, Stuttgart 1992
Meinhard Saremba, Elgar, Britten & Co. Eine Geschichte der britischen Musik in
    zwölf Portraits, Zürich 1994
Hans Heinz Stuckenschmidt, Maurice Ravel, Frankfurt a.M. 1976

🎵

Ravel, *Chansons madécasses* etc., Magdalena Kožená (Deutsche Grammophon)
Sibelius, *Sinfonie Nr. 7* etc., Osmo Vänskä (BIS)
Strawinski, *Oedipus Rex*, Claudio Abbado (Opera d'oro)
Varèse, *Hyperprism* etc., Pierre Boulez (Hyperion)
Webern, *Sinfonie* etc., Christoph von Dohnányi (Decca)
Weill, *Aufstieg und Fall der Stadt Mahagonny*, Jan Latham-König (Capriccio)

Kapitel 20   Unterschiedliche Bedürfnisse

📖

Friedrich Geiger, Musik in zwei Diktaturen. Verfolgung von Komponisten unter Hitler
    und Stalin, Kassel 2004
Michael H. Kater, Die mißbrauchte Muse. Musiker im Dritten Reich, München 2000
Ders., Komponisten im Nationalsozialismus, Berlin 2004
Boris Schwarz, Musik und Musikleben in der Sowjetunion, Wilhelmshaven 1982

🎵

Bartók, *Konzert für Orchester* und *Musik für Saiteninstrumente, Schlagzeug und Celesta*,
    Mariss Jansons (EMI)
Copland, *Appalachian Spring* etc., Leonard Bernstein (Sony)
Prokofjew, *Sinfonie Nr. 5*, Simon Rattle (EMI)
Schostakowitsch, *Sinfonien Nr. 5 und 9*, Jewgenij Mrawinski (Chant du Monde)
Strauss, *Capriccio*, Wolfgang Sawallisch (EMI)
Strawinski, *Psalmensinfonie, Canticum sacrum* etc., James O'Donnell (Hyperion)

Kapitel 21   Noch einmal von vorn

📖

Theodor W. Adorno, Philosophie der neuen Musik, Frankfurt a.M. 1997
Milton Babbitt, Words about Music, Madison, Wis. 1987
Pierre Boulez, Leitlinien. Gedankengänge eines Komponisten, Kassel 2000
John Cage, Silence. Aus dem Amerikan. von E. Jandl, Frankfurt a.M. 1995

Paul Griffiths, The Sea on Fire: Jean Barraqué, Rochester, NY 2003
Otto Kolleritsch (Hrsg.), Die Neue Musik in Amerika, Wien 1994
Olivier Messiaen, Music and Color: Conversations with Claude Samuel, Portland, Ore. 1994
Michael Nyman, Experimental Music: Cage and Beyond, Cambridge ²1999
Karlheinz Stockhausen, Texte zur Musik, Bd. 1-10, Köln 1963-1998
Bálint András Varga, Gespräche mit Iannis Xenakis, Zürich 1995

🎵

Babbitt, *All Set* und Wolpe, *Saxophonquartett* etc., Arthur Weisberg (Nonesuch)
Barraqué, *Klaviersonate*, Herbert Henck (ECM)
Boulez, *Le Marteau sans maître*, Pierre Boulez (Deutsche Grammophon)
Messiaen, *Turangalîla-Sinfonie*, Esa-Pekka Salonen (CBS)
Stockhausen, *Gesang der Jünglinge* etc. (Stockhausen)
Xenakis, *Metastasis* etc., Hans Rosbaud (Col Legno)

Kapitel 22   Verwirbelungen

📖

Jonathan Cross, Harrison Birtwistle: Man, Mind, Music, London 2000
„Träumen Sie in Farbe?". György Ligeti im Gespräch mit Eckhard Roelcke, Wien 2003
Fabian R. Lovisa, Minimal Music, Kassel 1996
David Osmond-Smith (Hrsg.), Luciano Berio. Two Interviews, London 1985
Steve Reich, Writings on Music, 1965-2000, Oxford 2002
Elliott Schwartz/Barney Childs (Hrsg.), Contemporary Composers on Contemporary Music, New York 1998

🎵

Berio, *Sinfonia* etc., Peter Eötvös (Deutsche Grammophon)
Birtwistle, *Verses for Ensembles* etc., James Wood (Etcetera)
Ligeti, *Atmosphères* etc., Jonathan Nott (Teldec)
Nancarrow, *Studies for Player Piano* (Wergo)
Nono, *Como una ola de fuerza y luz* etc., Herbert Kegel (Berlin Classics)
Reich, *Drumming* etc., Steve Reich and Musicians (Deutsche Grammophon)

Teil VIII   Verlorene Zeit: 1975–

Kapitel 23   Echos im Labyrinth

📖

Brian Ferneyhough, Collected Writings, London 1995
Paul Hillier, Arvo Pärt, Oxford 2002
Wolfgang Rihm, Offene Enden. Denkbewegungen um und durch Musik, München 2002
Dieter Schnebel, Anschläge, Ausschläge. Texte zur neuen Musik, München 1993

◈

Ferneyhough, *Unity Capsule* etc., Elison (Etcetera)
Grisey, *Les espaces acoustiques*, Pierre André Valade und Sylvain Cambreling (Accord)
Lachenmann, *Schwankungen am Rand* etc., Peter Eötvös (ECM)
Kurtág, *Kafka-Fragmente*, Adrienne Csengery (Hungaraton)
Messiaen, *Saint François d'Assise*, Kent Nagano (Deutsche Grammophon)
Pärt, *Tabula rasa* etc., Saulius Sondeckis (ECM)

Kapitel 24   Zwischenspiel

◈

Adès, *Asyla* etc., Simon Rattle (EMI)
Birtwistle, *Pulse Shadows*, Reinbert de Leeuw (Teldec)
Carter, *Symphonia* etc., Oliver Knussen (Deutsche Grammophon)
Kyburz, *The Voynich Cipher Manuscript* etc., Rupert Huber (Kairos)
Ligeti, *With Pipes, Drums, Fiddles* etc., Amadinda Percussion Group (Teldec)
Sciarrino, *Infinito nero* etc., Ensemble Recherche (Kairos)

Personenregister

Bildquellen

Umschlagabbildung: Der Cellist. Gemälde von Marc Chagall, 1939. London, Sammlung Hulton. © VG Bild-Kunst, Bonn 2008

Seite 20: *Troubadour.* Französische Buchmalerei, 13. Jahrhundert. © ullstein bild
Seite 30: *Guillaume de Machaut schreibt eine Ballade.* Französische Buchmalerei, 14. Jahrhundert. Aus: Ms. français 1584, fol.242. © akg-images
Seite 43: *Guillaume Dufay (links) und Gilles Binchois.* Französische Buchmalerei, 15. Jahrhundert. Aus: Martin le Franc, Le Champion des Dames. © ullstein bild
Seite 53: *Josquin des Prez.* Holzschnitt, 1611
Seite 63: *Palestrina überreicht untertänigst Papst Julius III. seine Messe.* Holzschnitt, 16. Jahrhundert. © ullstein bild
Seite 74: *Claudio Monteverdi.* Gemälde von Bernardo Strozzi, um 1640. Tiroler Landesmuseum. © ullstein bild
Seite 89: *Henry Purcell.* Gemälde von oder nach John Closterman, 1695. © ullstein bild
Seite 100: *Johann Sebastian Bach.* Gemälde von Elias Gottlieb Haussman, 1746. Leipzig, Stadtgeschichtliches Museum. © ullstein bild
Seite 106: *Georg Friedrich Händel.* Ölgemälde von Balthasar Denner, ca. 1726–1728. London, National Portrait Gallery. © ullstein bild
Seite 112: *Christoph Willibald Gluck.* Ölgemälde von Joseph-Siffred Duplessis, 1775. Wien, Kunsthistorisches Museum. © ullstein bild
Seite 127: *Wolfgang Amadeus Mozart.* Ölgemälde, 1819. Wien, Gesellschaft der Musikfreunde. © ullstein bild
Seite 132: *Joseph Haydn.* Portrait. Eisenstadt, Haydn-Haus. © ullstein bild
Seite 138: *Ludwig van Beethoven.* Ölgemälde von Joseph Karl Stieler, 1820. © ullstein bild
Seite 151: *Franz Schubert.* Aquarell von W.A. Rieder, 1825. © ullstein bild
Seite 161: *Fryderyk Chopin.* Portrait, um 1840. © ullstein bild
Seite 172: *Der junge Franz Liszt.* Fotographie. © ullstein bild
Seite 177: *Richard Wagner.* Fotographie, 1868. © ullstein bild
Seite 183: *Johannes Brahms.* Bemalte Fotographie. © ullstein bild
Seite 189: *Claude Debussy.* Fotographie von Nadar, ca. 1908. © ullstein bild
Seite 195: *Gustav Mahler.* Fotographie von Moriz Naehr, 1907. © ullstein bild
Seite 209: *Arnold Schönberg.* Gemälde von Egon Schiele, 1917. © ullstein bild
Seite 213: *Igor Strawinski.* Fotographie,1929. © ullstein bild
Seite 227: *Dmitri Schostakowitsch.* Gemälde eines unbekannten russischen Malers, 1955. © akg-images
Seite 234: *Olivier Messiaen.* Fotographie,1960. © ullstein bild
Seite 244: *John Cage.* Fotographie, 1981. © akg-images/Marion Kalter
Seite 257: *Karlheinz Stockhausen.* Fotographie, 2000. © ullstein bild
Seite 280: *Sofia Gubaidulina.* Fotographie, 1990er Jahre. © ullstein bild